I0528106

一路劫尘

（下）

邓乐荫　著

加拿大国际出版社

Canada International Press

书名：一路劫尘（下）

作者：邓乐荫

出版：加拿大国际出版社 www.intlpressca.com

Email: service@intlpressca.com

2024 年 5 月加拿大第一版

2024 年 5 月第一次印刷

印刷版国际书号 ISBN: 978-1-990872-68-6

电子版国际书号 ISBN: 978-1-990872-69-3

Title: The Life of Chaos and Disasters (Second Half)

Author: Leyin Deng

Published by: Canada International Press www.intlpressca.com

Email: service@intlpressca.com

First Edition in Canada, May. 2024

First Print, May. 2024

Print Edition ISBN: 978-1-990872-68-6

E-Book ISBN: 978-1-990872-69-3

作者简介

　　邓乐荫，本名邓安邦，湖南祁东人，热爱文学，当过农民，干过水泥工，1986 年调入河南省义马市文联。自 1981 年发表小说以来，开始在多家报刊发表文学作品，至今已撰写有《邓乐荫中短集》、《邓乐荫散文集》、《冰雪集》（诗歌集）、长篇小说《虚空》及《陪护日记》等作品，共计约四百万余字，为河南省作家协会会员。

小说是一个民族的秘史。

——巴尔扎克

目　录

下　册

第十七章 黑云压城

交出信件

"笃，笃，笃！"

钟文在朦胧的睡梦中，听见一阵敲门声。他侧耳一听，有人在敲他的房门——原来天已经大亮了。他连忙穿上衣服，拉开门一看，门口站着队长张方杰——钟文已料到了他的来意。不过，张队长前来找他却有点让他意外。张队长是管行政的，这事应当由政工干部主管，也许别的政工干部已回家探亲，工程处只好让张队长暂时来处理他的问题。

张队长是上海川沙人，年龄大约四十来岁，有一张清瘦的脸，与众不同的是他的眼睛大，圆鼓鼓的，猛一看，令人想起张翼德的环眼。当他对什么事不满意用眼睛瞪视别人的时候，就会两眼突出，眼神具有一股穿透力。而他的身体却非常单薄，患有支气管炎，一到冬天稍受点凉就气喘嘘嘘。他的穿着也与别人不一样，从不穿劳动布工作服。一年到头总是一身上海郊区农村出产的灰蓝细格的土布衣服，就像电影里的南方农民。川沙是有名的泥瓦匠之乡，公司的许多职工都来自川沙。张队长原是粉刷工出身，他的粉刷技术十分高超，深得师傅的真传，在施工队无人可比。虽然当了施工队长，仍保持工人本色，不离生产一线。张队长文化不高，解放初期在工人扫盲识字班识了几个字，勉强能读报看文件签名。他平日不苟言笑，脸上总是一副冷冰冰的表情。但面若冰霜的外表下，却有着一副火热心肠，职工有什么困难，找到他准保设法替你解决。因此在职工中极有威信，钟文对张队长也十分敬重。

张队长走进宿舍，对着钟文打量了一下，冷着脸叫了他一声"邓钟文！"——以前他总叫他小邓的。钟文清楚此刻他被直呼其名的含义。

张队长在宿舍巡视了一番，然后严肃地对他宣布说："从今天起，工程处专案组决定对你进行全面审查。你要端正态度，不要有任何抵触情绪，老老实实接受组织审查。"

钟文早做好了思想准备，听了张队长的话，非常诚恳地说："我回来就是接受组织审查的，哪会有抵触情绪呢？"

张队长看了看他，说："这很好，但光嘴头说说不行，得拿出实际行动。"顿了顿，一双眼在屋里扫视了一遍，屋里有两张床，斜对面那张床是张二亭的，铺盖已卷起来，房里别无他物。张队长问："你的东西呢？"

钟文一时没弄明白张队长所说的"东西"指的什么？。想了想，觉得张队长所说的"东西"很可能是指有关他写的文字方面的。这类"东西"是有不少，自打他离家以来，就养成了写日记的习惯。几年来从没间断过，已经记了好几大本。此外还有他写的读书笔记和所写的诗以及一些杂七杂八的文稿⋯⋯

这些东西难道都要交出去？

张队长看他愣在那里不动，不满地瞪了他一眼："侬哪能还不动，站着做啥么事？"

钟文迟迟艾艾地弯下腰，极不情愿地从床底下把木箱拖出来，把里面的东西一本一本往外拿。然而张队长却止住他说："谁要你这些东西？只要你的信，你把信全交出来！"

听到这话，钟文明白过来，一定是专案组的意见——专案组实在高明！要查出他和刘景和的关系，来往信件当然是最有力的证据。不过，这对钟文来说，却无异是一道救命灵符。他心里清楚：自那次在洛阳和景和分手之后，他没有和景和有任何联系，也没有景和的任何音讯。因此他不怕检查他的信件，这些信件恰可以帮他洗刷罪名。此时让钟文最担心的是他的日记——这些日记，是他这几年来的生活记录，也记述着他的心路历程。尽管日记的主基调跟那个时代的热血青年一样，对社会现实充满热情，代表着社会的"正能量"。但也不可否认，在这些日记里，也或多或少地记录着他灵魂深处一些鲜为人知属于个人隐私的内容。其中有爱情，也不乏友谊，也有平时对一些事物的不同观点和看法。钟文是那种特重感情的人，尽管他和景和相识不久，却一直对他非常思念，充满了无比的牵挂——这在他的日记里自然有所流露。受三十年代文学的影响，小资色彩比较浓厚——这是最要命的。幸好，张队长只要他交出信件，不要他的日记，他仿佛得到赦免似的，不禁长嘘了一口气。

钟文从木箱里把信件一一拿了出来，交给了张队长："你看，我所有的信件全在这里，就这些。"

张队长一直在旁边观察着他的动作，相信钟文说的不错，接过钟文递过来的信，认真点了点数，一共是 108 封。这些信钟文以前从没有清点过，也没有数过。钟文脑际突然一动，由此想起水泊梁山天罡地煞 108 这个数字。怎么这么巧？他的信也正好是这个数！从水泊梁山这一百单八位好汉的结局来看，一个个都比较凄惨，难道这些信也一样？这究竟是吉还是凶？

　　这些信件都是他参加工作后所收到的来信，有杨春明、谭东林和别的几个朋友写来的，也有不少是家信。一封也没有丢失，全放在箱里收着。信交给张队长以后，他显得有点激动，他觉得自己已毫无保留地将个人的全部思想和生活信息交了出去，相当于将自己的生命交给了组织，任由组织对他进行评判和发落！

　　张队长对钟文的配合颇为满意，说："邓钟文，侬的态度很好，应该这样。"

　　"张队长，我是清白的，我这次去洛阳，没干过任何对不起党对不起组织的事！"

　　张队长一脸严肃地说："清白不清白，不是由你说了算，审查结束之后，组织上会给你作结论的！你要相信群众相信党，共产党从不冤枉一个好人，也不会放过一个坏人。"

　　临走的时候，张队长把信拿在手里，看着钟文："你找张纸给我。"

　　钟文不解其意望着张队长："纸？"

　　张队长说："一张纸就可以。"

　　钟文还是不解张队长要纸何意？从木箱里拿了一摞空白信纸撕了一张递到他手里。张队长接了信纸，又要了钟文的钢笔。

　　——原来，他要给钟文打收条。张队长用钢笔歪歪扭扭写道：收到邓钟文交来信件 108 封，末尾，很郑重地写上了他的名字，然后交给了钟文。

　　这使钟文非常感动——在未来的日子里，钟文的住处屡屡被查抄，张队长是唯一给他打收条的人。

　　接着，张队长又指令钟文写交待材料，就像玻璃厂军管小组红脸军人所指令的那样，要他把这次洛阳之行的经过以及他和刘景和杨春明的关系一一写出来。

临走，张队长又向钟文说："现在是组织对你进行审查阶段，你要注意，这段时间你不要随便乱跑，你的活动范围只能在河东，有事须请假。"

钟文明白，王名江在河西，他没得到指令都不能去那里。他的行动已被限制。

临难托命

张队长离开以后，钟文急不可耐地从箱子里翻出那些日记，早饭也顾不上吃，就坐在床边翻看起来。越看越发现日记里有问题的地方似乎越多，心里越发感到紧张和不安。他清楚：专案组对所谓有问题人员的审查是无所不用其极，惯用的手段是吹毛求疵鸡蛋里挑骨头。如果这些东西一旦落在他们手里，即便浑身长着嘴，也是说不清的。幸好张队长没有拿走他箱子里的日记。如果换一个人来，那情况也许完全两样了。他感到手里拿着的那几本沉甸甸的日记，仿佛变成了一只魔盒，里面装满了勾魂摄魄的魔鬼。稍有不慎，那些魔鬼就会从盒子里飞出来作祟害人！他战战兢兢抚摸着那些泛黄的纸页，不知怎么办好？

他很想找个地方把那些本子处理掉，可又担心被人发现——他的行动已经受到监视，私自销毁材料，那可不是小事，他没罪也就变成了有罪……

然而过后一想，又觉得无所谓，不必过于担心！组织上只要他的信件，又不知道他还写有日记。相信自己的心是红的，是经得起考验和审查的！行得稳，坐得正，从没有干违法的事。刘景和是刘景和，我是我，我和刘景和没有任何关系。他离开前进矿之后就没有和他联系，他干了什么坏事，我什么都不知道。从他交出去的信件可以得到证明。他也许是多虑了！他又进行自我安慰……

就这样，头脑里就像走马灯似的，反来复去全是这些乱七八糟的内容，他的脑子简直成了一盆浆糊，想得脑袋瓜发疼。他不知怎么办好，焦躁地在房里坐立不安。刚坐下，一会儿又腾地站起来，在房里走来走去。房间就那么大，只有几步宽的空间，走到门口拐回来。眼睛茫然地望着墙上的红砖，不一样颜色的红砖和水泥石灰浆抹的灰缝，在变幻着各种图形，他仿佛着了魔……

他忽然想起了好友王名江，心中一阵不安。他给他哥嫂的信没有给他捎到，已被玻璃厂抄去，他觉得很对不起朋友。不知信里写的什么内容？是否会对他有不好的影响？应该把这事告诉名江，让他心里有个准备。他真想立马见到名江，名江见多识广，也许能帮他出点主意。但他忽然想起张队长对他的警告：不能随便走动，离开二队必须请假……

还是先写材料吧。吃完早饭，邓钟文按照张队长说的，找出纸笔，爬在床边，开始写这次洛阳之行以及与刘景和杨春明结识的材料。材料写得很顺畅，几天前，他在洛阳玻璃厂就已经写过了，他和景和及春明在一起相处的往事历历在目。写好之后便把材料交给了张队长。张队长接过材料大致看了看，没提什么意见，然后阴沉着脸吩咐钟文说："从今天起，你参加施工队的学习班吧。"

学习班倒不是专为钟文而举办的。

三线工地是苦寒之地，一到冬天石头都会冻裂，铁镐挖在地上只出现一个白点，捣浇的混凝土一化冻就会变成一堆散沙，冬季不能施工。留在工地没有回家探亲的职工们无事可干，但也不能让这些人闲着，人闲着就会生事。那么，让他们做什么呢？正如后来一个作家所说的，走资派斗过了，地富反坏右斗过了，臭老九斗过了，父子斗过了，夫妻斗过了，现在是群众自己斗自己的时候。学习班正是对人们斗争和肃清自己头脑里的私心，进行自我革命最有效的方式。于是上面要他们一律参加学习班。学习的内容首先是学"毛著"，然后"斗私批修"。"毛著"是武器，学好了"毛著"，有了毛泽东思想这个战无不胜的武器，才能 "斗私字批修"，"狠挖私字一闪念"，"灵魂深处闹革命"，以使人变得"纯"而又"纯"，一点私心杂念都没有。

这全是空对空的游戏，凭的是嘴皮子功夫。这样的学习班，实际上从冬训就开始了。天天学天天念天天谈，时间长了，便有点乏味，职工们不过虚应故事而已。当然不会那么认真，懒懒散散昏昏欲睡打不起精神。只有传听小道消息，侃大山，人们的精神才会振奋。

钟文的到来，使"学习班"骤然有了活力，好似一个人在一个死寂的湖面投进了一块石子，兴起了一阵不大不小的涟漪。有了"阶级敌人"这个"活靶子"，懒散的人就像怠战中的士兵，猛然间看见了冲上战壕的敌人。大家纷纷摩拳擦掌，和邓钟文开展了面对面的交锋，要他老实交待在洛阳所搞的"反革命活动"。

"邓钟文，想不到，你这个人看起来蛮老实的，可谁知是装出来的！国家给了你探亲假，你不回家，却要拐到半路进行反革命活动！"

"是呀，你在洛阳到底搞了什么反革命活动？老实交待出来吧！"

言辞激烈，火力全开，将钟文打了个晕头转向，有点不知所措。他大惑不解，怎么会这样呢？不是说对他进行审查吗？是这样审查的吗？这分明对他的行为作了认定，把他当成了反革命，对他采取了对待阶级敌人残酷斗争的方式。面对大家的质问和批斗，他诚惶诚恐，一脸茫然，委屈地说："我哪搞什么反革命活动？你们听我说好吗？我什么事都没有做，什么活动都没有搞！我去洛阳，是去会见一个朋友，人家要给我介绍对象，哪知我过去在渑邑一起工作过的一个人，他出了问题！"

接下来，钟文便把这次洛阳之行的详细情况给大家说了说，还谈了谈他和刘景和杨春明认识交往的详细经过。大家听了觉得稀松平常，不过如此，也没有什么出格的地方。但大家警惕性很高，斗争性又强，不相信他的"鬼话""谎话"，对他毫不放松，紧追不舍，要他丢掉幻想，不要企图蒙混过关，坦白交待实质问题。

钟文没干反革命的事，当然交待不出他进行反革命活动的事实。

经过几天激烈的交锋，钟文要说的都说过了，该挖思想根源的都挖过了。大家看看再也弄不出什么油水，只好作罢，不再纠缠他的事。张队长在学习班上也不再提他在洛阳的话题。于是，热闹了几天的学习班又恢复了原先的疲沓状态，相互之间拍开了闲话，说起了小道消息，有的还呵欠连天打起了瞌睡……

不几天，王名江在河西工地的学习班上，得知了钟文在洛阳出事的消息。没等钟文找他，他倒自个儿赶过来了。

钟文刚从食堂吃完晚饭回来。

外面很冷，风呼呼地刮着，他缩着脖子回到宿舍，捅开煤炉，从大铁壶里倒出热水正准备洗脸泡脚。忽听见"咚咚"有人敲门，他不知这个时候还有谁会来找他？拉开门一看，竟然是名江，不禁喜出望外。

名江的脸差不多被裹在皮帽里，只露出一双眼睛。钟文就像见到久别的亲人，眼泪差点流出来。名江摘了帽子，脱了大衣，顺手放在钟文的床上，在火炉边的小木凳上坐下，伸出手在火炉边烤着。他的脸色有点凝重，望着钟文看了看，说："小邓，你怎么搞的？听说你在洛阳出事了！人家说你在洛阳进行什么活动，把我都急死了，我不放心你，抽了空就跑来了。快说说，到底怎么回事？"

钟文见名江提起，满腹委屈没处诉似地说："名江，你我相识几年了，我是什么样的人，别人不了解我，难道你还不了解吗？你说我会搞什么活动？"

名江说："当然，我一听说这事就有点不相信，你给我说说，具体情况怎样？我听人家说得怪吓人的！"

于是，钟文便把这次洛阳之行的经过，以及和刘景和认识的前前后后毫无隐瞒地向名江说了一遍。

名江一听，略放了点心，便安慰钟文说："你和刘景和的关系，相信组织上总会搞清楚的，你也不必过于担心。"

"名江，真对不住，你写给你哥的信，我没有给你带到，被人家拿去了。"

名江说："嗨，信拿去就拿去吧，也没有什么重要内容。"

钟文哪里知道，那封信是名江托他哥嫂帮钟文介绍女朋友的。名江是那种古道热肠之人，一直惦记着钟文的婚事，以前他深知钟文心里恋着司慧梅，如今司慧梅走了，钟文在感情上特别失落，想要帮他物色个对象。他知道他哥嫂棉纺厂女工较多，便写了那封信，想要他哥嫂在厂子里留意是否有合适的女孩……

钟文听完，满含感激地望着名江，然后深深地叹了口气："名江，我怎么这么不走运，倒霉事都叫我碰上了。那天，要是我及时离开洛阳就什么事也没有了……"

名江说："后悔是没有用的，既然问题已经出来了，就要认真面对。"说完，他顿了顿，若有所思地说："这事要是换了别人，一点事儿没有，可放在你我这样出身不好的人身上，也许问题不会那么简单。你那本被他们抄去的诗稿，会不会有什么问题？"

钟文说："这两天我也认真想了想，诗稿不会有问题。我过去所写的诗以及送给春明的那本诗稿，你也曾经读过的，不会有问题。我所担心的是我的几本日记。"

钟文望着名江的脸，继续说下去："你不知道，我自离家以来，几乎天天写日记，已经写了好几本了，那些日记我不知怎么办好……"

名江听了，不由一愣："这些东西现在哪儿？"

钟文回答说："还在我床底下的箱子里放着呢！"

"既然你觉得有些问题，那还不赶快处理掉，还留着干什么？"

钟文说："可我……"

名江明白钟文的意思，"看你这人，都到这个时候了，做事还这么不果断！我看，你交给我好了。"

听了名江的话，钟文心里一热，不知说什么好。

"这……"

钟文还想说什么，但被名江打断："我的夫子，还婆婆妈妈什么，你把那些日记都拿出来，我一会儿带走，我来帮你处理！"

钟文再也不敢犹豫，拉出床底下的箱子，把里面的日记本一一拿了出来。然后又从屋里找了张旧《青海日报》，严严实实把日记本包好。

名江和钟文又说了一些话，便准备告辞。钟文也不挽留，帮他把门拉开，名江接过钟文手里的东西，往大衣里一揣，弯着腰走了出去，不一会就消失在蒙蒙的夜色里。

一阵寒风迎面刮来，钟文感觉脸上就像刀子割似的生疼，身子也不由得打了个趔趄，赶紧把门关紧……

不翼而飞

随着天气转暖，探亲回家的职工陆续归队，工地开始喧闹，政治空气也随之紧张起来。

钟文相对平静的生活终于被打破。到处张贴着阶级斗争火药味浓浓的标语：千万不要忘记阶级斗争！

加强无产阶级专政！

彻底镇压反革命！

······

里里外外对他形成了一种高压态势。

那天，工程处专政小组突然找到他，通知他说："明天上午乐都县召开镇压反革命分子的宣判大会，决定你去参加！"

钟文一听，心里一惊。这样的宣判大会，往常参加的都是关进牛棚里的牛鬼蛇神。这一次要他参加，很明显带有敲山震虎杀鸡骇猴的意味。他只得怀着郁闷的心情和那几个被关进牛棚的人一起乘卡车去了会场。整个过程他心里都很压抑，心情沉重而又憋屈。

会上对一个反革命分子进行了宣判，然后执行了枪决。那是一个 60 多岁的老头，是当地的一个地主。老头穿一身粗黑的土布棉衣棉裤，看起来脏兮兮的。老头全身都是灰土，头发斑白，一脸的皱皮，乱糟糟的花白胡子。被押上会场的时候，头上戴着一顶纸糊的高帽，胸前挂着黑牌，双手反剪在背后，用绳子五花大绑结结实实捆绑着身子。一位穿旧军装的中年人宣读了宣判书。然后两个士兵押着罪犯走向刑场。刑场就在旁边的一个高坡下，一个士兵按住老头跪下，另一个士兵用枪瞄准罪犯的后脑，扣动了板机，一声沉闷的枪响之后，老头倒地，士兵查验了一下死者，便脚步匆匆地迅速撤离了现场。

人们立即向死者围了过去。

钟文是第一次看枪决人，便和工程处那两个一起参加宣判大会的人也走过去看了看。死者的脑袋已被洞穿，死鱼样的眼睛望着地上，血汩汩地从下腭处流出来。死者的下巴血糊糊的有点瘆人。钟文顿感不适，不敢再看，随之胃里上下翻腾，一阵恶心，早上吃的东西差点呕出来。他赶紧离开那里。坐在返回工地的汽车上还止不住想呕吐。回到工地，午饭从食堂买了两个馒头，一个菜，可胃里却饱饱的，一想起死者满下巴血糊糊的模样，差点又要呕，勉强吃了几口便放下了。

形势越来越严峻，两天之后，专案组便在全工程处召开了大会，令钟文没想到的是他竟然被公开点名！说他探亲期间不好好回家探亲却在半路上进行反革命活动！钟文犹如一只被围猎的兔子，不由胆颤心惊！共产党对他进行审查就是使用这种方式吗？还没审查就将他定性为反革命，怎么会这样？他实在无法理解，也无法接受这样的现实！

大会结束后，专案组组长唐之宫找到他，撅着嘴严厉地对他说："邓钟文，你写的交待材料我们看了，没有一句实际内容，全是鸡毛蒜皮的事，好像挠痒痒，你别想着滑过去，必须老老实实交待实质问题！"

邓钟文没想到唐之宫竟然担任了专案组长！他本来对这个人就没有好感，想不到这次竟然又撞在他手里！肯定不会有好果子给他吃，心里就像吃了苍蝇一样难受。可是，人为刀俎，我为鱼肉，有什么办法呢？

果然，大会之后，唐之宫特意向班组进行了布置，利用每天的班组会对他进行围攻和逼迫，要他交待去洛阳进行"反革命"活动的实情。班组同志除了沈师傅之外，大家都对他带着敌视的目光，开会要他谈问题的时候，火力很猛，帽子乱扣，明显把他当成了阶级敌人。尤其凌师傅和张二亭，更是幸灾乐祸。会上会下，对他横加指责，严加声讨。

墙倒众人推。

在这种情势之下，没有人相信他，没有人帮他说话，他成了孤家寡人，成了所谓的"反革命"。人们对他这个所谓的"反革命"表现出一副大义凛然义愤填膺的态度。尽管他把洛阳之行的情况事实求是说过无数次了，可人们硬说他不老实，妄图蒙混过关，使他百口莫辩。

有时唐之宫亲自在班组坐镇，严厉地喝斥他说："邓钟文，你不要避重就轻，不谈实质问题，休想蒙混过去！"

钟文听了，觉得冤枉，他大惑不解！他们凭什么说他不老实，根据在哪里？他怎样回答才算老实？他没干反革命活动，难道非要说自己干了反革命才算老实吗？

钟文满心疑惑满腹委屈，很想找个地方倒倒心中的苦水，可如今，他连个说句话的人都找不到。就像患了恶性传染病的患者，职工们不管认识的不认识的，看他时都带着异样的眼神，惟恐躲避不及，再也没有人敢和他接近。即便好友万胜生，见了他也像不认识一样，不和他搭腔。有时在工地迎面碰上了，竟然把头扭向一边。只有张小虎仍不避嫌隙，时不时和他说话，问问他的情况。但钟文自尊心极强，有时为了避嫌，主动和小虎及别的一些熟人拉开一段距离……

钟文更惦记名江，自那次冒着风险，帮他把日记本带走之后，没有再来河东，他一直惴惴不安。

这些天来，他一直心怀焦虑，不知那几本日记名江帮他处理完了没有？又是怎么处置的？会不会让人发现，连累到他呢……不过，他相信一向办事精明干练的名江一定不会出什么事……

——钟文当然不清楚，名江虽说在钟文面前表现得斩钉截铁，信心满满，但他心里还是免不了提心吊胆，畏首畏尾。把钟文的日记带回去以后，先放在床底下的一个木箱里，想找个机会烧掉，可一直没有机会。日记不是几张纸，而有好几大本，不是一下子就能烧掉的。焚烧纸张的时候会冒烟，会发出火光，还有纸灰——这是最不安全的。即使日记烧了，假如有人发现一大堆焚烧后的纸灰，便会怀疑什么人一定烧了"黑材料"。报告到专案组，追查起来，那就死定了！何况许多人都知道他和邓钟文是要好的朋友，人家也将眼睛盯着他呢。哪敢轻举妄动？他必须小心谨慎。因此，日记本放在箱子里，放的时间越长，名江越是担心。感觉箱子里放的不是日记本，而是一枚定时炸弹，随时都会爆炸。他担惊受怕了好几天，不敢轻易行动。他思考着烧毁日记的地点，觉得这么多东西放在宿舍里烧毁显然不行，烟气太大，大冬天门窗紧闭，烟气不易散尽，万一有人撞进来，看见火光，闻见烟气，那就完了。惟有的办法是放在外边烧毁。外边什么地方才安全呢？他突然想起了厕所。厕所建在山脚下，前边是厕所墙，后边是山坡，厕所后边是粪池，臭烘烘的，一般人不会到那里去，燃烧的火焰被厕所墙遮挡住，即便有人上厕所，也不会发现。他上厕所的时候，特意仔细地观察了一下，觉得厕所是惟一可用的地方。

他终于等来了机会。

一个漆黑的夜晚，宿舍里的人都出去了，静悄悄的，这是多么难得的时机！不敢稍有迟疑，他心一横牙一咬，壮起胆子，穿上大衣，怀揣那几本日记本，战战兢兢装作上厕所的样子，来到工地靠近山脚的厕所。往厕所看了看，厕所里没人，立即来到厕所后边的粪池边行动起来。

这时夜色深浓，只有风在山顶上刮，厕所四周没有一点声息，他为选的这个地方大感欣慰。赶紧蹲下身子，把日记本的纸页一张张撕开，用打火机点着了，日记本终于化作了灰烬。他又小心翼翼把灰烬弄进了粪池……

这个情况钟文当然无法得知。

形势越来越严峻，钟文每天都在惶恐不安中过着日子。每天上下班时间，他都要注意观察宿舍墙上所张贴的标语，内容是否有所变化？是否是针对他的？神经变得特别敏感，稍有点动静，标语内容稍有点变化，他就会心惊肉跳。

一天，他从工地干活回来，翻看木箱的时候，发现放在木箱里面的两本诗稿不翼而飞！

那次名江从河西来找他的时候，曾要钟文把那两本诗稿也一起让他带走，可钟文自认为诗稿没有问题，也实在有点不舍得，像宝贝似的放在箱子里，隔几天翻出来看看。前两天诗稿还在，怎么突然找不见了呢？他和张二亭住一个宿舍，除张二亭之外没有别人来过。"泡子"认字不多，以往他从没有动过他的东西，诗稿的不翼而飞，他觉得有点蹊跷。这些日子，"泡子"非常得意，他看见钟文受到批斗，心里像喝了蜜似的舒坦，终于报了他一箭之仇！看你再漏蛋不能？

正在这时，"泡子"从外头回来了。看见钟文在木箱里翻找东西，书籍纸张丢满一地，不由暗自得意，嘴里竟然哼起了豫剧："下朝来一边走一边长叹……"

钟文莫明其妙地望他一眼，随口问了句："二亭，你看见有人动我的木箱没有？"

钟文本没有怀疑"泡子"，只是随便问问，但"泡子"心里有鬼，见钟文问他，就像钟文已经知道了他内心的秘密似的，神色很不自在：“你的本子找不见了问我？你交给我了？”

钟文从"泡子"的话里明显听出了问题。"泡子"也许是做贼心虚，加上蠢，紧张之中，竟不打自招，无意中说漏了嘴。

钟文口气很冲地问道：“我又没问你本子，你怎么知道我的本子找不见了？”

“我……我猜的！”

钟文嘲弄地对他说：“你脑子怪聪明嘛，还会猜哩！”随后，他把语气一转：“恐怕你不是猜的，是你拿的吧！”

“泡子”急了：“谁……谁说我拿的！”

钟文说：“张二亭，你没有拿，你急什么？”

“谁说我急了？”

钟文进一步对"泡子"敲打说：“你不说没有关系，我知道是谁拿的。”

“谁？”

“要想人不知除非己莫为……”

“我……没拿……”

“泡子”心里有鬼，回答得结结巴巴。至此，事情已十分清楚。

“你说说，你为什么拿我的本子？你把我本子弄哪去了？”

“我没见你的本子，也没拿你的本子！”

既然他不承认，钟文也拿他毫无办法，他知道自己的目前的处境，便不打算和他多费口舌。只是他不明白：他为什么要拿他的诗稿？他拿他的诗稿干什么？莫不是他把诗稿交到了专案组？这才是问题的症结。

钟文猜想的不错，那两本不翼而飞的诗稿确是"泡子"所为。因为他收听敌台被拿获的事，就一直对钟文耿耿于怀。钟文从洛阳回来以后，他看钟文受到专案组的审查，接二连三在班组接受批斗，心里十分解气。他虽不懂什么诗歌，但他知道这些东西是钟文写的，对专案组一定有用。于是趁钟文不在的时候，就偷偷地拿走了那两本诗稿，送到了专案组，交给了专案组长唐之宫。

唐之宫正准备拿钟文开刀，把他批倒批臭。可他未免又有点犯难，凭目前他所掌握的材料，邓钟文还只是属于思想认识上的问题，他和叛国投敌分子刘景和的关系还只是一般朋友关系。至今还没有掌握他和刘景和进行反革命活动的确凿证据。"泡子"给他送来的那两本诗稿，非常及时！企望从里面能够找到有用的线索，唐之宫高兴得眯缝着两眼，说："好！好！你表现得不错！"

"泡子"得到唐之宫的表扬，那张苦瓜脸立即舒展开来，向唐之宫讨好地说："应该的！应该的！"

唐之宫得了宝似的把钟文所写的诗翻过来翻过去，看了又看，可他一边看却一边直挠头——他实在理解不了钟文所写诗的意思。

他只不过上过小学，文化程度毕竟有限，钟文所写的诗有两种形式。一种是自由诗，一种是模仿古体诗所写的古体诗。自由诗一目了然比较好懂，而古体诗就绕口聱牙看不明白。诗里有的地方还用了典故，这就更让他云天雾里摸不着北。专案组那几个比他的文化也强不到哪去，看了半天也琢磨不透诗句里所说的是什么意思，一直无从下手。

搜查

正在唐之宫抓耳挠腮束手无策之时，上天凭空给他送来了一个大秀才。

此人叫高文来，他是北师院 1965 级中文专业的学生。高文来在文化大革命中当过红卫兵头目，极具造反精神。他常在人前吹嘘，文革初期，在北京大破"四旧"，大立"四新"的造反运动中，他如何领着一帮同学抄老师的家，如何勇敢地用皮带抽打"反动学术权威"。那些住在中南海里的走资派如何被他们揪出去批斗，尤其值得他深感自豪的是他们还组织并参加过批斗刘少奇，王光美……

事实确如此，因他造反精神强，深为谭厚兰所赏识，成为北京"毛泽东思想红卫兵井冈山战斗兵团"的重要骨干。在砸烂"孔家店"的斗争中，更是大显身手。说到砸烂"孔家店"时，高文来更是得意洋洋，吐沫四溅。他说，曲阜当地的造反派早就想将孔庙砸个稀巴烂，可他们的举动遭到当地人的反对和阻挠，一直举棋不定。谭厚兰得知这消息，兴奋不已。孔家店是全国封建主义最主要的标志，也是四旧的代表，必须彻底将它砸烂。砸烂了孔家店会在全国产生影响，必将为文化大革命立一大功！中央文革也会肯定他们的造反精神。当即便和高文来几个造反骨干领着二百多人赶到了曲阜。他们和曲阜当地造反派组织的人取得了联系。第二天，就召开了捣毁孔庙的万人大会。群情激昂，口号震天！一定听从毛主席的召唤，彻底砸烂孔家店！于是谭厚兰带领他们一起行动，砸了孔庙，全国重点文物保护单位的石碑也被打得粉碎。他们还在孔庙抄走了大批文物、古籍和字画，然后将这些东西堆放在孔庙前边的广场上，在熊熊大火中化为灰烬。

他说，当时烧毁四旧的现场好气派！真是火光冲天，烟雾升腾，纸灰遍地，看着真是过瘾！真是痛快！他们还不满足，接着他们领着一帮人把孔林也砸了个稀巴烂！

高文来还得意地吹嘘说："他们井冈山战斗兵团和北京地质学院的东方红公社联合起来，组成了地派，与天派进行了坚决顽强的斗争。"

为了取得胜利，响应中央文革的号召——他们进行文攻武卫，每个人都发了枪，武斗最激烈的时候，甚至还动用了机枪……

他炫耀说："我使用的那支枪是五四手枪，崭新的，皮套金黄，手枪的漆呈宝蓝色……"

正因为像高文来这样的"红卫兵"在城里越闹动静越大，越闹越厉害，越来越不像话，毛主席怕他们闹出乱子，继续留在城里担心他们惹事生非，才来了个上山下乡运动，把他们统统赶到乡下去接受贫下中农再教育。高文来就是在这种大背景下来到三线工地进行劳动锻炼的。

他的老家在米脂县。米脂婆姨俊俏在全国出了名的，男人也应该差不到哪去。而这个高文来却有点另类。他的长相实在不敢恭唯，长着一张三角脸，皮肤倒也白皙，而浓密的须发看起来犹如一头黑猩猩。要不是两只宽大的近视镜盖在脸上，人们不敢细看他毛绒绒的脸。

一开始，他被分在钟文所在的水泥班劳动。

上大学曾是萦绕在邓钟文心中的梦，平时总渴望遇见懂文学的老师对他予以指导。如今一个北师院中文系学生突然来到自己面前，怎不对他钦佩有加，肃然起敬？真有点相见恨晚！可是，通过一段时间的接触和交谈，钟文发现，面前的这位北师院高材生其实难符。除了夸夸其谈，吹嘘他的造反经历和功绩，并没有读过多少书。钟文所看过的一些书高文来连书目都不知道。这也难怪他读书不多，在大学读了一年书，文化大革命就轰轰烈烈地开始了，大串连，大造反，大破四旧，斗批走资派，参加武斗……忙得不亦乐乎，哪有时间读那些劳什子书？可他毕竟是名校出来的，又曾经叱咤风云，见过世面。一个只上过初中，常年在山沟里干苦活的水泥工，有什么了不起，当然不入他的眼，竟然敢和他较劲。这让他的脸往哪儿搁？因此只好打肿脸充胖子，在钟文面前夜郎自大架子端得十足。许多时候还强词夺理自以为是，根本不把钟文放在眼里。钟文是那种倔脾气，又有点好认死理。自以为是不懂装懂糊弄人最为他所不齿，当然不卖高文来的账。常为一些问题说着说着就争执起来，弄得面红耳赤。高文来以为钟文伤了他的自尊，便对钟文有了看法，开始和钟文疏远，并产生了忌恨。

高文来因其出身好，又曾是红卫兵头目，造反精神强，自然为公司头儿所重视，不久就被提拔到工程处政工组。唐之宫早听说过高文来的大名，他一来工程处，便如获至宝，把高文来调进了专案组。高文来不负厚望，从钟文所写的笔记和诗稿鸡蛋里挑骨头。很快就有所发现——他到底比玻璃厂军管小组那个红脸军人有水平，并没有提"君"与"臣"之类低级可笑的问题。却另辟蹊径，使用政治显微镜和政治放大镜的方法找出了问题："唐组长，你不知道，这家伙问题大得很，他写的那些诗许多都是含沙射影，表现了对党的不满！"

唐之宫立即瞪大了吃惊的眼睛："哦?这家伙竟这么反动？"

接着高文来向唐之宫提出建议："我觉得，邓钟文不止保存这些诗稿，肯定还有别的东西。我觉得，对邓钟文的宿舍再彻底搜查一次！"

唐之宫听了高文来的建议，一拍即合："好！好！还是你们红卫兵斗争性强，分析水平高，再狡猾的狐狸也斗不过好猎手！"

于是当天晚上他们就对钟文的住处进行了搜查。

那天，钟文像往常一样，吃过晚饭洗漱完之后，正趴在床边写日记。

——自名江将他的日记本带走之后，他本不想再写日记，何必再自找麻烦呢？但这些天来发生的事情很多，感受太深，他觉得应该把自己的经历和想法记录下来，即使专案组发现了，把日记本拿去，也没什么，正好让他们了解自己的心声。所以，他重又买了本日记本，写起日记来。

宿舍门没有关，钟文听见门外脚步声，转过头一看，见唐之宫和高文来冷不防走了进来，他感到有点突然，一颗心禁不住别别地跳！除了那天他从洛阳回来，张队长来过他宿舍，专案组人员来他宿舍还是头一回。他弄不明白他们来宿舍干什么？估摸着不会有什么好事，心情有点紧张。

两人谁也不说话，板着脸站在房里，目光四下里扫视着：房间不大，不足二十平米，是那种墙面没有粉刷的红砖房。房里的东西一览无余。共有两张床，除钟文的一张，对面的那张床便是张二亭的。建筑工人流动性大，为了便于搬迁，行李十分简单，除了一只放衣服的箱子，没有别的东西。只是钟文与别人不同，他好看书，多了个放书的木箱，木箱其实就是工地常见的那种洋钉箱，没有安锁，所以张二亭才很容易从箱子里把诗稿拿走。

好一会儿，唐之宫才猫戏老鼠似地对钟文说："你写的什么？"

他把钟文手里的本子抓过来一看，见是日记，露出了得意之色，然后脸又一板，对钟文说："你别的东西呢？"

钟文一时没弄明白唐之宫所说的意思："我的东西都在这里。"

"这屋里哪些东西是你的？"

钟文终于明白了：他们是来抄家的！心里暗自庆幸——谢天谢地，幸亏名江前些时把他的那些日记本拿走了，要不然今天肯定在劫难逃！正在他这样想的时候，耳边响起唐之宫公鸭嗓似的喝叫声："邓钟文，你发什么愣？还不赶紧把你的东西交出来！"

钟文并不着急，十分坦然地说："都在床底下的箱子里呢。"

听钟文说完，高文来便弯腰把床底下的木箱拖了出来。

这时钟文突然感到一阵不安，他倒不怕有什么见不得人的东西被他们抄去，而是担心放在木箱里几本向别人借来的书会遭到不测。其中有一本《普希金文集》和《唐·吉诃德》，接照当时的政治标准无疑属于"封、资、修"的内容。他从洛阳回来之后再没有找着给人家还书的机会。自己的书被抄去就抄去了，而别人的书被抄去了怎么向人家交待？

这时，他的木箱已被高文来打开，书籍，笔记本乱七八糟地被翻得丢满一地。

他所担心的事终于发生了，那本《普希金文集》和《唐·吉诃德》果然被高文来拿了出来。除此之外，凡钟文用钢笔书写的包括他以往摘抄的诗词和一些读书笔记，也全都被拿去，他刚写了不几天的那本崭新的日记本也统统成了他们的战利品。

批斗会

第二天，钟文刚从工地下班，走回宿舍的路上，发现先一步到家的几个人纷纷把目光朝他脸上瞅，好像不认识似的，还有几个人在小声地耳语。他觉得有点不正常。正疑惑间，放眼往宿舍楼前边一看，就在宿舍楼的红砖墙上，发现了一条触目惊心的横幅标语："邓钟文是地主阶级的孝子贤孙！"

他大感事情不妙——要来的终于来了！不由一阵惊悸，心一下子被揪紧，紧张到了极点，一颗心在不安地咚咚地乱跳。他立即意识到将要发生什么事？走进宿舍，看见"泡子"已从工地回来，也许他早已知道底细，得意洋洋地唱开了小曲。钟文不想让"泡子"看出他内心的紧张和不安，以极大的毅力控制着内心的情绪，没在脸上表现出来，装着一副镇静自若满不在乎的样子。干了一天活，肚子早饿了，不管怎样，先吃饭要紧，于是拿着饭碗硬着头皮到食堂打饭去。

过了防洪沟上的水泥桥，望见了食堂，食堂外边的山墙上又一幅大标语赫然跳进了他的眼帘："揪出书写反动诗词的邓钟文！"

钟文顿感到心跳加速，看来，晚上施工队确实要召开对他的批斗会！以往那些被揪斗的对象，在对他们召开批斗大会之前，就是这样大造声势的，往往从精神上给人一种压迫感，让你从心理上产生紧张和恐惧，精神堤防崩溃，以达到他们想要预定的目的。他不由得一阵惊怵——自洛阳回来以后，学习班和班组对他的批斗，已进行过多次，而像这样开大会对他进行的批斗，还是头一回。他想象着自己被批斗的情形——将和那些被批斗的走资派、牛鬼蛇神一样，在台上被人揪着头发押进会场，然后被人声色俱厉地进行批斗——按脖子，揪耳朵，人被推来搡去……

这会儿，他的两腿不禁有点发软，脑子嗡嗡直响。他想退回宿舍，可又无路可退，离食堂大门已一步之遥，他不想让人家说他是软蛋是孬种，他只好硬着头皮继续往前走。来来往往打饭的人络绎不绝，人人都把眼睛往他身上瞅，像看一个怪物！他生怕别人看出他内心的荏苒和恐慌，迎着人们投来的目光，强装着没事人似的迈着步子跨进了食堂。事情并没有结束。他的双脚刚迈进食堂，就看见了食堂正面墙上的横幅上用墨汁写着四个斗大的字：批斗大会。尽管他知道会是这样，但脑子还是轰响了一下，全身差点瘫软下去。脑子里稀里糊涂的，但他还是振作精神，来到卖饭窗口，掏出饭菜票，买了两个馒头一份肉菜，回到了宿舍。

买的饭菜一直放在小木桌上，一直没动筷子——他干了一天重体力活，肚子早饿了，但他这时却毫无食欲，胃里满满的。稍迟疑了一会，似乎清醒了一点，他觉得害怕是没有用的，必须面对这样的变故，越是这样，越要吃饱饭。任何环境下，都要活得堂堂正正！

于是，他慢慢端起碗，饭菜已经没有热气，冰凉冰凉的，他勉强地一边把饭往嘴里扒拉着。可他脑子里却翻腾着在食堂将要召开的针对他的批斗大会的情形。

文革以来，他无数次参加过类似的批斗大会，每一次的批斗大会，都是别人站在台上他站在台下，一点不知道被批斗者的心里感受。马上他也要被押到台上接受人们的批斗，无数只眼睛朝他看，无数张嘴义愤填膺地对着他喊口号，他将颜面扫地人格丢尽。想到这，不由感到一阵恐慌……就像一只待宰的羔羊，听见了屠宰者霍霍的磨刀声……

那一刻终于来了。

慢慢地把买来的饭菜总算扒拉到嘴里，碗筷刚洗涮好。不一会，开会集合的哨声一声接一声在宿舍外面"矍矍"地响起来。阵阵急促的哨声在钟文听来，是那样的惊心动魄刺肝裂肺！好像一个初上战场的士兵听见了白刃格斗时的号角声，他的身体很快就会被尖刀刺穿，血肉模糊，不禁胆颤心惊！

"集合！集合！"施工队各班组已经开始排队集合。邓钟文在宿舍听见了召集人紧急的呟喊声。

正要站起身从宿舍走出去排队，专政小组的一个人走了进来，和他差点碰了个满怀，那人使劲瞪了他一眼，声音严厉地对他说："邓钟文！你等一会走！"

钟文只好退回房里等着。直到各班组集合完毕，职工们按次序进了会场，钟文才被专政小组的人带到食堂门口，正迈步走进去，却被喝令他停下："站好！你在外边等一会！"。

这时，钟文的脑子已经麻木，像只惊恐的兔子不安地站在那里。外边的冷风一阵阵呼啸着刮过来，押他的两人在旁边缩着脖子看守着他。

忽然，食堂里一阵嗡嗡声响过之后，会议主持人声音严厉地大声喝叫了一声："把邓钟文带进来……"

喊声有点震耳欲聋！他的身子不禁哆嗦了一下。

守着钟文等候在门外的两个汉子，一边一个非常熟练地反剪着钟文的双臂，使劲揪住他的头发，把他押进了会场。

只听见一声断喝："邓钟文，老实站好！"

他只好低头站立。这时，奇怪的是他倒没有开始时那么紧张了，心也不跳了，稍稍抬起头用目光往下扫了一眼，只见前边黑压压坐满了人，一双双眼睛齐刷刷对着他扫射过来，钟文感到那无数射向他的目光像一支支利箭，射向他的心脏，他感到万箭穿心似的发疼，赶紧把视线收回到自己脚下。

主持人唐之宫宣布批斗大会开始。

首先发言的是高文来。他念批判稿用的是普通话，但普通话中时不时夹进一些陕北腔。特别明显的是将"我"念成"饿"。

钟文低着头，对高文来念的批判稿听得很仔细，每一个字每一句话都没有漏掉。高文来将大帽子一顶一顶往他头上扣，棍子往他身上狠狠地抽。说他思想一贯反动，在老家的时候就殴打过贫下中农，进行阶级报复，现今又和叛国投敌分子相互勾结，进行反革命活动云云。

接着高文来又慷慨激昂地批判他写的诗，说他利用诗歌形式抒发对党的不满，对共产党指桑骂槐含沙射影进行恶毒攻击。高文来拿腔拿调地念了钟文的一首诗：

　　　　"鼓动阶级斗争的谬论，饿不死的马克思呀，

　　　　不能克绍箕裘，甘心附逆的恩格斯呀，

　　　　亘古的大盗，实行共产主义的列宁呀，

　　　　西北南东古来今，一切社会革命的匪徒呀，

万岁，万岁，万万岁！"

高文来停止念批判稿，掠了一下头发，怪声怪气地说："你们听听！"然后抬起头提高声音对大家说，"这首诗有多反动！邓钟文利用诗歌的形式恶毒地攻击马克思、恩格斯和列宁。污蔑他们是匪徒，是大盗，真是罪该万死！"

听到这话，钟文感到一阵好笑，这个高文来怎么这么浅薄这么无知？连郭沫若的《女神》都不知道！高文来刚才念的是《女神·匪徒颂》的一节。这个北师大的高材生，竟然是这种水平！连我国著名的文学家——中国新文化运动的奠基者之一郭沫若的大作《女神》，都没有读过。竟将郭老的大作安到了他的头上！真是荣幸之至！

《女神》算得上是中国现代诗的开山之作，在中国现代文学史上具有划时代的意义。这是钟文在洛阳图书馆借到这本书的。当他读完《女神》，就被《女神》和诗人所表现的大无畏的反叛精神所深深地震撼。这首诗郭老以反讽的手法，表达了对无产阶级革命导师叛逆精神的颂扬和敬仰。他很想买一本收藏起来，可解放后《女神》已不再版，书店再没有卖的。他只得将这首诗最精华的部分以及令他最感动的句子摘抄在一本深蓝色笔记本里。

这个高文来真是旷古少有的文才呀。钟文心里鄙视地冷笑了一声。

"你笑什么？还不老实！"旁边的人对他一声吆喝，头被用劲按了下去。

接着，高文来又提高声音念了钟文自己所写的一首古体诗：

时有阴风时遭难，我自巍峨如泰山。
高览东溟千帆竞，常怀西湖一线天！"

高文来说："邓钟文反动透顶，清队期间，他把广大群众对他的帮助当成阴风，尤其可恶的是他怀着资本主义复辟的希望，梦想着蒋介石反攻大陆！"

高文来又说："这首诗的要害是最后一句：'常怀西湖一线天。'西湖就是台湾，他把自己所有的希望寄托在台湾，寄托在蒋介石反攻大陆上……"

经他这样一说，立即引起了广大群众的义愤，会场顿时响起一阵声讨的口号声。接着，高文来又以政治放大镜和政治显微镜为武器，对他另外一些诗以及写给春明的信进行了分析批判。

钟文这才知道，玻璃厂把他写给春明的信及诗稿全部转到了公司专案组。

这会儿，钟文反倒不害怕了，内心只有气愤。当高文来向他质问的时候，他倔强地回答说："你这是断章取义，攻其一点不及其余！你也算北师院中文系的学生，连郭老的《女神》都没有读过，你回去找到《女神》好好读读再来对我批判……"

高文来听了钟文的回答，就像耳光打在他脸上一样，非常尴尬，脸上火烧火燎的。但他毕竟久经沙场，什么没有见过？见钟文揭了他的短，气急败坏："你嚣张什么？揭到你的要害了，是吧？你这个地主阶级的孝子贤孙，到这个时候了，你还在为自己狡辩！"

专政小组那几个人对钟文所表现的强硬态度也十分恼火，像一群狼似的扑上来，按头的按头，架胳膊的架胳膊，其中的一个人还掂着他的耳朵使劲一揪，把他拉出了好远。钟文感到耳朵一阵剧痛，但他并没有叫唤，忍着疼痛把目光狠狠瞪了那人一眼。这一来，会场乱成了一锅粥。

这时，唐之宫重又让高文来继续进行揭批。高文来念完批判稿，其他人接着批判。

唐之宫念了下一个批判发言者的名字："万胜生"。

钟文听到这名字，不由被火燎着似的疼了一下！他稍稍抬了抬头，用眼角的余光扫了扫刚从会场走上来的小万。只见小万低垂着头，忧郁的目光不敢朝四周看，一副怯生生的样子。念批判稿的声音也压得很低，声音似乎紧张得有点颤抖。也许此刻他的心情比钟文还要痛苦和难受。钟文知道，他是那种谨小慎微之人，专案组要他作批判发言，他当然不敢违抗，只好违心地上台揭批一下。他的发言稿写得十分勉强也非常简单，不过隔靴搔痒地作一个姿态而已，以表示他和钟文划清界线。

另外几个人的揭批稿子也大抵如此，没有什么实质性的内容，全是一些空洞的口号和大帽子。

钟文终于熬到批斗大会结束。大会主持人怕钟文思想上一时想不开，做出什么傻事儿，便要专政小组的几个人把他送回宿舍。

说来也怪，这时钟文的心情倒放松了，既然如此，他也无所谓了，随他们去吧！来到宿舍的时候，班组和他同宿舍的人尚未回来。门还锁着，公用钥匙放在厕所间的窗口上方。这时宿舍楼道里的灯没有开，黑漆漆的什么也看不见，当钟文摸着黑走进厕所间拿钥匙的时候，一只脚正好踢到了放在墙角的几把铁锹，钟文故意用脚把铁锹猛然一踢，那几把铁锹一齐滑倒在水泥地上。倒地的铁锹"哗啦啦"发出一阵尖利刺耳的金属的碰撞声。专政小组的那几个人以为钟文要拿铁锹和他们拼命，吓得一个个惊慌失措连连后退："你想干啥？你想干啥？"

钟文不由得感到一阵好笑，说："瞧你们的胆子，不要怕，里面太黑，我把铁锹踢翻了……"

坦白从宽 抗拒从严

接连好几天，专案组逼迫邓钟文写交待材料。除了要他交待他和刘景和的关系，还追问起他和杨和堂的一些事，他和杨和堂是怎样认识的？钟文立即意识到，这一定是前进矿向单位提供的材料。从中可以想见杨书记现在的情况很不妙，他的日子也不好过。

钟文不会忘记杨书记的恩德，当他从湖南乡下出来讨生活，来到渑邑——他人生的第一个驿站，是杨书记给了他极大的帮助，给他解决了"农转非"，使他成了梦寐已久的城里人。他在满叔那里闲得无聊，急切地想找事做，又是杨书记亲自安排他去前进矿干了临时工。这所有的一切他一直铭记在心。离开渑邑正式参加工作以后，他虽也利用探亲假看望满叔的机会去过几次东工地，想去看看杨书记。但他在渑邑停留的时间实在太短，总是来去匆匆，好几年了，一次也没有看过他，心里总觉得惭愧。文化大革命开始以后，全国各地的老革命都相继被打成了走资派，他猜想杨书记也会受到冲击。果不其然，春明在一次给他的信中谈到了杨书记的情况。原来，杨书记也被打成了渑邑矿务局最大的走资派，因他过去和满叔的交往，也成了他的一条罪状，说他丧失无产阶级立场，包庇地主分子……

去年冬天探亲假期间，钟文下了决心，利用到渑邑看望叔叔的机会，特地赶到杨书记家看望了他——还是在那一排简易的平房小院，在寒风中钟文踏着厚厚的积雪，来到了杨书记家。杨书记坐在硬木质的沙发上，身上穿着那身厚实的旧军棉衣，腿上盖着毛毯。钟文进来的时候，杨书记一时竟没认出他，抬眼向他打量着，当钟文走到杨书记面前，叫了他一声杨伯伯，他才认出是钟文。

"钟文，是你呀！"杨伯伯似乎有点激动，嘴唇哆嗦着。然后拉住他的手，要他在他面前坐下。在这人人自危惟恐避之不及的时刻，钟文千里迢迢前来看望他，使他非常感动。

"钟文，你真是一个重情义的孩子，你能在这个时候来看我，我很高兴。"

"我早应该来看你，可我来不了。杨伯伯，你都好吧？"

杨伯伯说："不好！好什么呀，落了一身病，革命了一辈子，现在却成了走资本主义道路的当权派，天天写检查！挨批斗，不说这些了……"

他将话头一转，问了问钟文的情况，钟文将自己的情况简单说了一下，他现在正在青海参加三线建设。杨伯伯听了很高兴，连声说："好啊，三线建设很重要，这是毛主席的伟大战略部署，帝国主义总想侵略咱们，咱们建好了三线就不怕帝国主义闹事……"钟文怕影响杨伯伯休息，准备告辞。临走，杨伯伯握着他的手说："请你相信杨伯伯，我对党是忠诚的，我对党的忠心矢志不渝！"

钟文望着杨伯伯点点头，说："杨伯伯，我相信你！你的问题迟早会大白于天下。"

钟文说完，便告辞出来了。

谁承想，钟文这次的渑邑之行，竟给杨伯伯带来了麻烦。杨伯伯的住处早已受到监视，钟文的造访，被汇报到专案组。专案组怀疑钟文前来探望杨伯伯搞了见不得人的活动……

钟文见唐之宫追问起杨伯伯，便照实把认识杨书记的经过说了说。但唐之宫仍然阴沉着脸，对钟文进行逼问："你说的倒轻松！就这么简单？你去年去他家，到底和他搞了什么鬼？还是老实坦白出来的好！"

钟文回答说："什么鬼也没搞，只不过看望他而已。"唐之宫看看再也问不出别的来，要他写一份材料交给他，便没有再追问这事。

过了两天，唐之宫竟向钟文追问起了他老家的一个人，他的名字叫陈静波。

钟文在家时曾经听说过这个人。

在老家，陈静波是一个传奇式的人物。他原是彭德怀的亲信，也有人说，他做过彭德怀的秘书。彭德怀被打成右倾机会主义分子之后，陈静波也遭到了批判。他不想再待在京城，想回乡务农，于是抛家别妻只身回到了湖南老家——祁东县的草源冲。他不像别的社员那样天天在生产队出工挣工分，可以自由自在地活动。有时给生产队鱼塘扯鱼草，扯了鱼草随便扔在鱼塘里，不要生产队任何报酬。只在生产队分些粮食。受到处分后，国家还给他一定的生活费。听人说，他夫人还按时给他寄钱。夫人和孩子还留在北京，据说夫人是中央的一个大干部，工资很高，差不多每年都要回乡下来看他一次。他手上不缺钱，而生活却非常节俭。衣服穿的很旧，吃的也是很普通的家常饭，大多是自己动手做。而他对于别人却慷慨大方，谁有困难便鼎力相助。一些社员生病买不起药，他还给人家拿钱买药。齐云桥离草源冲尽管只有十五六里路，人们很少看见他——也许看见也不认识。从人们对他的片言只语的传说中，正面的评价比较多，说他是一个奇人、怪人、好人！总之是一个令人捉摸不透的神秘人物。

钟文去年回家探亲，和谭东林闲聊的时候，才知道陈静波被抓起来了。原来彭德怀被打成右倾机会主义分子，他心里一直不服，一直在为彭德怀鸣冤叫屈。文革开始之后，还在老家组织了什么青年军。钟文听了唐之宫的话，感到有点纳闷：专案组怎么知道这事儿？随即他便恍然大悟：一定是乌塘的贫下中农在去年的清队运动中，整了他有关这方面的材料，说他和陈静波如何如何，真是荒唐之极！

事情确是如此，只是当时凌指导员看材料写得太离谱明显是编造出来的故事，便没有向钟文提这事。而今却被唐之宫当宝贝似的重又拾了出来。

唐之宫追问了几天，见得不到什么有用的东西，让钟文写了一份材料交给他，唐之宫看了看，觉得没有什么油水，也就不再提起这事。

而对他和刘景和的关系，唐之宫却紧抓不放紧追不舍！认定他就是所谓的"反革命同盟党"的骨干。后来，干脆采取了逼迫的手段，天天逼着他交待所谓的"反革命罪行"。

唐之宫每天都要找钟文训一次话："邓钟文，你以为你不说，就能蒙混过去吗？没门！多少比你狡猾的敌人都被弄出来了，老老实实向革命群众缴械投降！如果认不清形势，继续顽抗到底，只有死路一条！坦白交待才是你惟一的出路！我不相信你能和无产阶级专政硬抗到底！"

唐之宫每次训话之前他总要撇着嘴用尖利的声音逼着钟文背诵党的政策："邓钟文，你先背背我党的政策！"

钟文不得不背："坦白从宽，抗拒从严。"

背完之后，唐之宫还要叫他再背一遍。

"坦白从宽，抗拒从严！"钟文只得再背一遍。

唐之宫说："既然你已经懂得党的政策，那你是选择从宽呢，还是选择从严？"

钟文说："我当然要选择从宽。"

"那你还不赶紧交待！"

"你要我交待什么？要说的我都说了，我和刘景和没有什么可说的了。我认识他的时候，他的表现还是不错的，并没有发现他有什么反党反社会主义的言行。"

"那我们冤枉你啦？"

"我没有说冤枉，我说的是实话，你们总不能要我编瞎话。"

唐之宫听钟文这样一说，气急败坏地把桌子一拍："邓钟文，你老实一点，谁要你编瞎话？老实对你说吧，我们已经充分掌握了证据，不掌握证据是不会来找你的！你想蒙混过关，那是痴心妄想！"

钟文无语。

"今天晚上你好好想想，把你想起来的事写出来，明天早上交给我！"唐之宫说完，气冲冲噘着嘴走了。

唐之宫真是敬业，也许做梦都在想着邓钟文写材料的事，第二天清早，天刚蒙蒙亮，就黑丧着脸如期而至，一进门就说："昨晚要你写的检查交待呢？想出新的内容来了没有 ？"

钟文把昨天晚上所写的一张纸递到他手里，唐之宫接过来一看，脸都气歪了："怎么，还是老一套！"

钟文说："我说过，需要交待的，我都交待过了，并没有对组织有半点隐瞒。你还要我交待什么？"钟文的话里带着一股冲劲，一种压抑不住的抗争。

"几天了，你还是这个态度，岂有此理！"唐之宫脸色发青，大声吼叫道："邓钟文，你给我站起来！"

钟文站倒站起来了，但脸上仍是一副桀骜不驯的表情。

"你给我继续写！不信我收拾不了你！"说完铁青着脸走了。刚走到门口，又拐了回来，气急地吼叫说："从这个月起，停发你的工资！"显然这是他临时想出来的招式。

他的话就是圣旨，果然，月底发工资的时候，他只领了二十元的生活费。

他又一次想起了那句古语："人为刀俎，我为鱼肉！"

冷暖人世

邓钟文白天在班组劳动，晚上回到宿舍被唐之宫逼迫着写检查交待。作为对他的惩罚，唐之宫还给钟文规定：清早起来打扫楼下的厕所。一般情况打扫起来还容易，不怎么费劲，用扫帚扫扫就行。可那几天偏偏接连下了几场大雨，厕所里灌满了雨水，粪水从厕所溢出来，污水横流。班里原先那几个对他有意见的人便撺掇着韩师傅："不能让邓钟文太舒服，叫他担粪水！"

群众的意见韩师傅不能不听。

"天天读"结束之后，韩师傅叫住邓钟文："从明天开始，你提早半个小时起床，把厕所里的粪水担干净。"

他一下子愣在那里！

他倒不是怕担粪水——这种活，他早已有过历炼。初中毕业后，在继父家当社员的时候，生产队掏茅厕，出猪粪牛粪什么的他都干过。当初他闻不了那种臭气，一边出粪一边被臭气熏得不停地呕吐。继父看见了，对他说："你看谁像你这样呀？真是出洋相！怕臭还当什么农民？不怕人家笑话你呀！"听了继父的话，再去出粪的时候，闻见那股气味想要呕吐的时候，便强憋着不让呕出来，硬着头皮坚持。不多久，他就适应了，再臭也不用掩鼻子！后来从老家农村出来，在东工地当黑人黑户，在陈家洼开荒种地时，也在东工地的公厕担过茅粪。

不过这次担茅粪和过去完全不同——这是对他的一种惩罚，是对他人格上的莫大羞辱和践踏！他自认没干过对不起人的事，完全是无辜的，为什么对他这样？这类事通常都是"牛棚"里那些所谓的"牛鬼蛇神"干的，他如今莫名其妙地竟也成了"牛鬼蛇神"，他从心理上实在接受不了这个事实！

"我不是牛鬼蛇神！怎么让我干这个？"他在心里为自己叫屈。但他知道抗拒会带来更坏的后果，革命群众的话就是铁定，人在矮檐下不能不低头，打碎牙齿带血吞，无可奈何只得收拾起担粪水的工具。

　　第二天天不亮，钟文便早早起床，担着粪桶从宿舍出来，在楼下碰见了扫地的伪镇长史天青。他满腹的苦水无处诉说，以为史天青和他是同类，想和他说句话，得到点安慰。然而还没等他开口，史天青就知道他要说什么似的，竟然脸一扭转身走开了，钟文感觉脸上重重地挨了一巴掌，心里好难受！

　　他怀着满腹委屈，情绪低落地担着粪桶来到厕所。厕所里恶臭难闻，蛆虫乱爬，苍蝇乱飞。灌满了雨水的粪坑已经溢出来，污浊的臭水把厕所泡成了软泥，一时无法下脚。他在门口立了一会，委屈的眼泪在眼眶里打转。但他很快就回心转意，心情变得顺畅起来——学雷锋那会儿，不是争抢着打扫卫生吗？这不正是为大家作好事的机会？就当学雷锋做好事吧——老祖宗流传下来的精神安慰法很快在他心里发挥了作用！心情轻松了不少，稍稍迟疑了一下，便动手干起来。先用粪斗把粪水一斗一斗起到粪桶里，装满了两个粪桶，然后再担走。一担又一担，直到快上班时，他才放下粪桶到工地和班组其他人一起上班。咬着牙一连干了三个早上，终于把厕所里的粪水担干净，弄得一身都是臭烘烘的。

　　脏点累点倒没什么，他正年轻，身上有的是力气，把厕所打扫干净，去厕所方便时大家感觉舒服，他自己也舒畅。当他担着粪水从人前走过的时候，那些人看他的眼神犹如看一个罪犯，目光里带着刺钩，饱含着轻侮和厌恶。他再怎么自我安慰也不起作用，感觉人格和尊严已被扔进了粪坑里！他和那些被关进牛棚的"牛鬼蛇神"已经没有区别，而且还要低下，连史天青这样的人都对他不愿搭理！他为此他感到痛苦和烦恼，神经快要崩溃！

　　专案组这样对待他，一部分是因为他倔强的个性，唐之宫想从心理上给他造成一种压力，从精神上把他彻底打垮！

　　钟文实在想不通，他怎么就成了阶级敌人？他感到冤枉，越是这样，他从内心就越是不服气！他打上学开始，学校老师就教育他，热爱党热爱毛主席热爱社会主义，他一直牢记着老师的教导，从没有（至少从主观上）做过对不起党对不起毛主席对不起社会主义的事。难道他的家庭成份不好，就决定他的一切吗？就不能革命吗？老子革命儿好汉，老子反动儿混蛋，这是什么逻辑？他曾看过遇罗克的一篇文章，就是反驳这种错误观念的，钟文非常认同。可是，遇罗克竟被关进了监狱。这是为什么呢？

如果他有错的话，千不该万不该，不该认识刘景和。可他和刘景和认识的时候，并没有发现他有半点反动言行。和他分手之后，也再无往来，再没有和他联系，他怎么知道刘景和后来的事？景和呀景和，几年不见，你怎么如此糊涂？怎么会组织反革命同盟党？更不该叛国投敌，这实在让他无法理解他怎么走上了这条路……

钟文在对景和生气的同时又未免感到疑惑：他究竟逃到了哪个国家？他在新疆谋生，新疆和苏联接壤，难道他逃往苏联了吗？他又是怎么被抓回来的？这对钟文来说，是一个无法解开的谜。专案组对他封锁得很紧，从没有向他透露过半点消息。他又不好问他们，就是问了，人家未必会告诉他，反会遭来一顿训斥。

在沉重的压力下，他又暗自埋怨自己倒霉！怎么偏偏摊上这档子事？唉！他突然又回想起韩师傅在洛阳时对他所说的那句话："有许多事你是无法说清的！"当时，他对韩师傅的这句话并不理解，只是心理上感到一种屈辱，对自己还充满自信，相信组织很快会把问题弄清，还他以清白。现在看来，他想得太简单了，他已经掉进了一个臭烘烘的污水坑，任他样努力，也休想把自己身上的脏东西清洗干净！他这辈子算是完了！

他年轻的生命哪经得起如此严厉的打击，不由得心灰意冷神情怠倦。好几天了，他在工地干活的时候，总要站在高高的脚手架上望着远处的高山和天边的流云发怔。

天上的云彩真好啊，可以自由自在无拘无束，变幻着各种图形，一会儿变成一团棉絮，一会儿成了一匹骏马……想去哪里就去哪里，东西南北任他飘忽。哪像自己，如今灰溜溜的，像只灰老鼠似的活在这个世界上，被一张看不见的大网束缚着……

人常说，人活一张脸，树活一张皮。如今，他人格丧尽，颜面尽失。再苦再累再脏他不怕，也不在乎，但他受不了这种人格上的侮辱。他是一个自尊心极强又十分敏感的人，脑子里不由产生了一种荒唐可怕的念头——人活在世上怎么这么苦这么难？像他目前这样憋屈地苟活着还有什么意思？何时是个头？何必在世上遭这份罪？精神上遭受这样的折磨和摧残？只要自己往下那么一纵，就什么也不知道了，一切都解脱了，省去了多少烦恼和痛苦，那是多么痛快淋漓的事……

他看过关于老舍投未名湖自杀的传单，大约老舍先生也是处于他这样的情况，在痛苦不堪前途无望之际，才选择投湖……

可就在他这样想的时候，脑海不由浮现母亲凄苦的面容。母亲对他多么疼爱，对他寄予了多么深切的期望。万一他有个三长两短，母亲会多么悲伤，那对母亲的打击将是致命的。还有可爱的弟弟青子和妹妹，他们将怎么生活……

钟文不敢想下去了，鼻子酸酸的不是滋味。

并不是所有人的良心都已泯灭，班长沈师傅就一直关注着钟文。

那天下班之后，钟文情绪低落，懒懒地回到宿舍，脸也不洗，饭也不打，只呆呆地站在窗前默默地出神，眼里凝满泪水。沈师傅早把这一切看在眼里，于是走过去轻轻地对他说："小邓，想什么呢，开饭了，去食堂吃饭呀！再不去买饭食堂就要打烊了！"

沈师傅见钟文充耳不闻，表情木然，怕惊动他似的，脚步轻轻自个儿去了食堂。从食堂吃完饭，把碗筷洗涮干净，来到卖饭窗口，又买了一份饭菜捎了回来。回到宿舍，他见钟文仍然呆立在窗前不动，眼泪汪汪地向外流淌。他走过去，轻轻地对钟文说："小邓，你别想不开呀，吃饭吧，我在食堂给你买了一份，今天的红烧排骨不错，排骨烩得很烂，你尝尝，很好吃的！"

　说着便把饭菜递到他的手里，钟文感激地看了沈师傅一眼，眼泪又要掉下来。沈师傅安慰他说："小邓，你这样下去咋行呀。人是铁饭是钢，不吃东西哪挺得住啊？思想上有再大的包袱也不能不吃饭。我知道你心里在想什么，怕什么呀，事情总会弄清楚的！千万别想不开！人生在世，不会总是一帆风顺的，总会碰到这样那样的坎。这没什么了不起的，再大的事，往往咬咬牙就挺过去了。我跟你说，你还年轻，以后的路还长呢，凡事一定要往远处想，看开点……"

钟文听到这话，很受感动，擦掉了脸上的泪水，转过身来，接过沈师傅递过来的饭慢慢吃起来。

吃完饭，沈师傅又神秘地对钟文说："听说施工队在海南藏族自治州的德令哈接到一个工程，需要派三个班组先去作施工准备，我们班组被抽到了呢，过几天就要走……"

听到这消息，钟文感到就像脱离牢笼一样高兴。

然而，他未免高兴得太早，班组就要准备出发的时候，钟文却被专案组留了下来。唐之宫板着脸对钟文说："邓钟文，你留下！你的问题还没有交待完就想走，没那么容易！你留在这里继续交待问题！"

钟文听了，就像头上被人冷不防打了一棍！

粉刷班的小工

钟文留下来，被安排到粉刷班当小工。

他之所以被安排在粉刷班而不是别的班，是因为粉刷班是个先进班组，粉刷班长是个身体结实的实干家，粉刷技术用南方话说顶呱呱的。而政治宣传员技术虽然一般般，而阶级观念却特别强。他好像不会笑似的，对人说话的时候总板着一张僵硬的脸。

钟文每天的工作是给粉刷班搅拌沙浆。先要将黄沙过筛，筛出黄沙里的石子。然后一锹一锹将黄沙铲进搅拌机，再往搅拌机里倒进水泥，搅拌成水泥沙浆。粉刷班连新老工人算上有十多个人，每天粉墙的沙浆用量很大，平常好几个人都忙不过来。唐之宫指令叫钟文去干这样的活，自然带有惩罚性质。

钟文十分清楚专案组的用意，但他毫不在乎。活再脏再累他不怕，他是那种干起活来不要命的角色，不会耍奸使滑。从小奶奶和母亲就对他说，世上别的东西都能用完，用一点就会少一点，唯独身上的力气用不完。休息一会，睡一觉力气就又有了。无论在哪里，他干活都不惜力气。以前在渑邑干临时工也是如此。而今，人家要以重活累活惩治他，他偏要争一口气，他要那些人看，他邓钟文不是软蛋，是压不垮的硬骨头。

粉刷班长是个通情达理的人，他怕人手少，搅拌的水泥沙浆供不上使用，影响班里的工程进度，另派了一个新工人给钟文打下手。新工人是个学徒工，刚从西宁农村招来。身体壮实，言语不多，人老实憨厚，对钟文毫不介意。钟文叫他干啥他干啥，配合得很默契，这使钟文非常满意。干活不用看人脸色，随着自己的意愿，钟文觉得很惬意。为了满足粉刷班的沙浆供应，一上班他就甩开膀子筛沙子，搬水泥，搅拌沙浆，有条不紊干下去……大冷的天干得满头大汗，身上冒着腾腾热气。惟有在沉重的劳动中，心中的郁闷才得以释放，痛苦和烦恼才抛之脑后。哪怕粉刷班沙浆用量再大，他总能把沙浆及时搅拌出来，从没有耽搁粉刷班使用，他出色的工作表现使班长非常满意。

然而，那天还是发生了一件意想不到的事，钟文差点吓出一身冷汗！

钟文往沙浆机装好黄沙水泥，沙浆机转动起来的时候，突然，机器嗡嗡响了几下便不转了，沙浆机料斗猛然倾倒下来，没搅拌好的沙浆水泥倾泄一地。钟文不知怎么回事，心里非常着急。他弯腰一检查，原来料斗下边的固定螺丝断了！沙浆机固定不了，沙浆机不能使用，停了下来。

这事非同小可！

不一会儿，粉刷班长和政治宣传员势急火忙地赶了过来，蹲下来看了看，只见沙浆机料斗底座的一根固定螺丝断成了两截！

政治宣传员对钟文非常不满，板着脸瞪着钟文说：“沙浆机刚才还好好的，怎么突然坏了？”

钟文说：“你看，沙浆机料斗的固定螺丝断了！”

“这螺丝是怎么断的？”一副吃人架式。

钟文摊着手说：“我也不知道怎么坏的。料斗突然倾倒下来，沙浆水泥倾泄一地，吓了我一跳！”

政治宣传员是对敌斗争的好手，敌情观念极强，什么事都会联系到阶级斗争这根弦上。“你不知道？你得给我说清楚！你不要装着无辜的样子！”弦外之音，怀疑机器是钟文有意弄坏的。

钟文不由心里一惊：以前报纸上曾有过不少这方面的报导，说是阶级敌人为了发泄他们的不满，常常破坏机器破坏生产。钟文听政治宣传员这样一说，头脑中“轰”地响了一下，生怕这事汇报给专案组，专案组又要以此为题对他大做文章。

谢天谢地！那天恰巧张队长在粉刷班劳动，闻声赶了过来。他认真察看了搅拌机料斗底座折断的螺丝，什么话也没说，便叫来机修工找来一个新螺丝换上，沙浆机重新转动起来。

张队长向大家挥了挥手："大家回去干活吧，沙浆机好了！"

工人们回到各自岗位干起活来。

第二天，"天天读"以后，政治宣传员突然又提出了昨天沙浆机出故障的事。口气十分严厉，要钟文解释沙浆机是怎么坏的？大有借题发挥之势："邓钟文，你给大家说说清楚，昨天沙浆机螺丝折断的事！"

钟文心里一阵紧张，他说："我昨天对你说过了，我真的不知道是怎么回事，螺丝是怎么断的！沙浆机转着转着就倒下了！"

"沙浆机是你开的，你怎么不知道？"口气十分严厉。

班组的人听政治宣传员这样一说，空气一下子紧张起来，人们的神情变得严肃，谁都没有做声，纷纷把目光投到钟文身上，好像沙浆机就是他有意弄坏的。

这时，一个声音打破了难堪的寂静："我说两句吧。"

说话的是张队长。那天早上，他也参加了这个班组的"天天读"。政治宣传员的话刚说完，张队长咳嗽两声，接着又说："昨天，搅拌机发生故障之后，我特地察看了一下，很明显是因为机器老化的原故。时间一长，螺丝生了锈，再加这几天沙浆用量大，机器不停地转，没有停息过，螺丝磨损得很厉害，自然就断了，一点不奇怪。"

一槌定音，张队长说了话，政治宣传员不好再说什么，钟文终于松了口气，对张队长充满了感激。

粉刷班终于完成了厂房的粉刷任务。在班前会上，班长对粉刷班的工作进行了小结。他对大家前段工作十分满意，说粉刷班这次能提前完工，得到了施工队的表扬，是大家共同努力的结果。最后他还表扬了搅拌沙浆的人。说粉刷班之所以取得这样好的成绩，也与搅拌沙浆的同志积极配合分不开的。虽然是捎带性的表扬，没有提钟文的名，但钟文却感到有点意外。以往，他哪怕干得再好再出色，人家也都视而不见充耳不闻的。

钟文仍像以往一样，下班后天天读《青海日报》，听工地大喇叭的广播，密切关注着政治形势的发展。不久，从报纸广播上传来毛主席"要落实政策"的最新指示。

毛主席的最新指示发出不几天，便从报纸广播上传来邓小平复出的消息。过去"打倒刘邓陶"，口号喊得震天响，而今竟让他重新出来主持中央工作，这是怎么回事？人们都一头雾水，搞不懂这复杂多变的形势。紧接着，在文革中被打倒的一些老干部也陆陆续续回到了原先的岗位。这意味着什么呢？

邓钟文觉得这是一个可喜的变化。

随之，公司各单位也开始了落实政策的行动。一些人从牛棚被解脱出来，让他们恢复了原先的工作；一些人不再被批斗，不再被强逼着写检查。钟文也感觉到对他的监管开始放松，专案组不再要他打扫厕所，不再威逼他写检查交待。不几天，发工资的时候，他领到了足额的工资。尽管过去扣发的那几个月的工资没有补发给他，但对钟文来说，还是无比的欣慰。工作再苦再累他不怕，怕的是要他违心地写那些没完没了的检查和交待，尤其勒令他干那种丧失人格尊严的活儿。

政治环境稍一宽松，钟文立马想起名江，很想见见名江，心里有许多话想对他说，多亏他帮他把日记本烧了，要不然，他会吃更大更多的苦头。他已经好长时间没有见到名江了。尽管河东河西相距不到一里地，却如同隔着一条天河，两人再难见面。不知他的情况怎样？估计他的日子也不好过。他也出身不好，钟文出了事，自然会给他增加压力，他只有挟着尾巴做人。钟文不想让他牵连进去，只有把自己对朋友的思念埋在心里……

一天，他突然心血来潮地又想念起名江来，呆立在窗前默默地发呆。窗外是一片朦胧的夜色，没有月亮，星星也被掩没在厚厚的云层里，四周一片漆黑，河滩死一样寂静，这是多么难得的见名江的机会！犹豫了一会，便偷偷地下了楼，做贼一样趁着夜色出发了。工地高挂在电杆上的照明电灯在寒风中摇曳，把晕黄的光洒在四周；河沟两边职工宿舍的窗户透露出星星点点的电灯光，形成一道淡黄的光带，与别处幽暗的天空形成鲜明的对照，这个寂静的山沟才有了一点生气。

他低一脚高一脚顺着小路走着，终于来到了乱石嶙峋的河滩，朦胧的夜色中，看见了那座水泥板铺成的小桥，听见了汩汩的流水声。水花在远处灯光的映照下，闪烁着幽暗色的光，对面职工宿舍的灯光从窗口散射出来，他似乎望见了名江宿舍的窗口。这会儿他在干嘛呢……

他兴奋地朝前走着，可是，他刚跨上桥上的水泥板，却不由自主地停住了脚步。想想觉得不对，这个时候贸然去见名江，是否会给他带来麻烦？如惊弓之鸟的他，每走一步都颤颤兢兢，不能不多想想。他觉得，这个时候还是不见名江为好，现在还不是和他见面倾诉衷肠的时候，他只得悄悄地转身拐了回来……

跟思念名江一样，钟文也无时无刻不想念着春明，自洛阳回来之后，再也得不到他一星半点的消息。他究竟怎样了？很想给他写一封信，可犹豫再三还是没有动笔。也许他和他一样正在接受组织的审查。这个时候给他写信，必将给他带来不必要的麻烦……

时光飞快逝去，转眼夏天到了，河谷两岸的农田渐渐披上了绿装，青裸已长到了及腰深，岸边的柳丝随风摇曳，河谷两边的路边和沟坎上，马兰花兢相绽放。这里别的花不多，惟有马兰花长势旺盛。沿着河沟的水渠边，吸足水分沐浴着阳光的马兰花顽强地展现了生命的活力。一簇簇，一片片，蓬勃地生长着。嫩绿狭长的叶片分外水嫩，花瓣紫莹莹的，紫得耀眼，紫得绚目。他曾看过一部电影《马兰花》，那是一部黑白电影，讲述了仙人马郎与勤劳善良的小兰以马兰花为媒喜结良缘的故事。因是黑白电影，他看不出马兰花的真颜色，而真实的马兰花实在太美了！

夏天的青海不愧为凉都，不冷不热，气候适宜，人在这里生活真是惬意，职工们感受到了青海夏日的舒适……

洛阳留守处的一些职工子弟，为了躲避夏日火一般燃烧的炎热，利用暑假的机会，纷纷来到青海探望他们的父亲。

粉刷班夏师傅的孩子也来了。这孩子是个初中生，叫大平，长着一张小圆脸，留着小分头。常常在钟文搅拌沙浆的地方玩儿，渐渐地和钟文熟悉了。知道钟文的情况之后竟然毫不避讳，主动和他说话，向他问这问那，有时还向他请教一些语文习题。称呼钟文为"小邓叔叔"。暑假结束，中学生准备返回洛阳的时候，竟主动找到钟文，说："小邓叔叔，我要回去了，你有什么信要我捎的吗？"

钟文大感诧异，小家伙怎么知道他的情况？怎么知道他要捎信？怎么这么神？他早想给春明写一封信。中学生怎么知道了他的心思？钟文猜想，很可能中学生从他爸嘴里听说了有关钟文的事，他爸对钟文有点同情，在背后说过他什么，使大平对钟文有了某种好感。大平看钟文有点犹豫，似乎对他不信任似的。便偏起头，凑近钟文小声地说："我知道你不是坏人！"

钟文听了小家伙的话非常感动，这话虽然出自一个小孩子之口，但也包含着小孩背后大人的意见，不禁使他怦然心动。便壮起胆子，利用晚上的时间，给春明写了封信。当他想要把信交给中学生的时候，又犹豫起来：中学生的话可靠吗？这事可不是闹着玩儿的，他知道自己的身份，弄不好信没捎成，反倒惹来更大的麻烦——所谓偷鸡不成蚀把米！

也许钟文想春明想疯了，头脑膨胀发热，第二天，犹豫再三，在太平快要离开乐都的那个晚上，还是把写给春明的信交给了大平。对他嘱咐了再嘱咐："大平，千万小心，甭让任何人知道这事！"

中学生说："放心吧，小邓叔叔，我不会让任何人知道的，信我一定帮你送到你朋友手里。我们住的地方离玻璃厂很近，我去过那里好多次，还在车间外边捡过玻璃弹子呢！"

大平的话让钟文放下了心。

大平走了，带着钟文满怀的希望。

钟文度日如年在工地等待着大平的回信……

大平生终于回信了，可大平的回信无疑在钟文头上浇了一瓢冷水——

大平在信上说："小邓叔叔，对不起，信没有给你送到，你的好友春明所住的临时家属房早换了人，门卫那里我也打听了，也没有打听到他任何消息！你的信，我暂时给你放在家里，只要有你朋友的消息，我就去找他……"

这是怎么回事呢？

钟文估摸着春明的情况不妙。可他也毫无办法，只好在心里为好友默默地祝福。他禁不住在自己的日记本上写了一首为好友祝福的诗：

> 我心灵的每一个瞬间，
> 把远方的朋友怀念，
> 真挚的情涛化作无声的祝福，

一遍一遍又一遍……

受宠若惊

秋风瑟索，黄叶飘零。

邓钟文所在的水泥班从海南的德令哈回来了。

职工们坐着汽车风尘仆仆地回到了马家湾工地。汽车一停下，人们就围了过去，返回工地的职工就像凯旋而归的战士受到了大家的欢迎。帮他们卸行李，拿东西，向他们问长问短。钟文在闹哄哄的人群中寻找着沈师傅，可是，没有发现沈师傅的踪影，班里还有几个人也不见。他十分纳闷，问了旁人才知道，原来沈师傅和一部分人仍留在那里扫尾，小虎也留在那里没有回来。原班组一分为二，沈师傅仍是班长，留在了德令哈。而回来的这个班则由凌师傅担任班长，韩师傅仍是班里的政治宣传员。

听到这个消息，钟文有点愕然，心里感到非常难过和失落，他实在不舍得和沈师傅分开。自参加工作以来，一直得到沈师傅的关心和爱护，深深感觉到了沈师傅的善良和宽厚。如今凌师傅又当了班长，因为文革开始时的那点误会，对他来说，决不是什么好事，无异于雪上加霜。

水泥班一回来，第二天，张队长便要邓钟文从粉刷班回到了水泥班。他开始在水泥班上班，因担心凌师傅找他的茬，在工地不敢稍有懈怠，兢兢业业埋头干活。令他奇怪的是凌师傅并没有为难他，对他说话还很和气——他现在已是班组的生产骨干，年轻，身体好，有技术，又有力气，各种活都拿得下，派他干什么事都很放心，凌师傅没必要再和他过不去。

　　这时，文化大革命已进入"斗批改"阶段。工人阶级虽冠为"领导阶级"，加上了很高的头衔和耀眼的光环。但国家的大政方针，由上面说了算，底下的人只是跟着瞎嚷嚷而已。并没有谁让他们领导，反而被人家所领导——公司来了军代表，各施工队也都派驻了军代表，凡事都得听军代表的。

　　邓钟文这个施工队的军代表是解放军驻西宁某部的一个排长，姓李，中等个儿，脸孔红红的，穿一身崭新的军装，皮鞋擦得锃亮，很有精神头儿。

　　青海天冷得早，秋天很快过去，转眼又到了冬季。天气逐渐变得寒冷，天空总是阴沉沉的像是挂着沉重的铅块，不时飘下些雪花，北风呼啸，沙尘滚滚。进入十一月，工地就已结冰，渐渐地河水被冻结实，十八磅大铁锤砸上去只有一个白点。无法进行施工，职工们又开始进行冬训。

　　冬训的内容除了组织职工进行"斗、批、改"之外，仍坚持不懈地学习毛著，用毛泽东思想武装头脑，这是最根本的任务；仍进行"斗私、批修"，"狠斗私字一闪念"。人们头脑里的私心杂念不能留下一丝一毫，千方百计要用铁钩子给钩出来，扫荡得干干净净才放心。

　　职工们无须在建筑工地顶风冒寒出苦力，能够坐在其暖融融的室内喝着茶水，读着报纸，进行学习，毕竟是件轻松愉快的事。

　　开始的时候，大家都很认真，但时间一长，有的人便开始懈怠，侃起了大山，说起了小道消息，开会时甚至打起了瞌睡。

　　扑克象棋有一段时间曾被当作"四旧"遭到禁止，但一些人还是不顾禁令偷偷地干，好像轰轰烈烈的无产阶级文化大革命与他们无关一样。

　　恰在这时，发生了一件惊天大事，打破了工地的沉闷——苏联社会帝国主义悍然入侵我国珍宝岛。我驻岛部队奋起抗击了敌人的入侵，捍卫了祖国领土的完整。但苏联社会帝国主义并不死心，虎视眈眈地在中苏中蒙边境陈兵百万，随时都有进攻我国的可能。为了粉碎敌人的侵略图谋，做好反侵略战争的准备，全国上下开展了战备动员。毛主席还发出了"深挖洞，广积粮，不称霸"的指示。身处三线的职工更是首当其冲，他们闻风而动，率先在工地开展了轰轰烈烈的军训活动。

军训第一天，邓钟文也被通知参加军训！

这对他来说，真是件希罕事，莫不是太阳打西边出来了！他感到无比的惊喜。

钟文参加军训是韩师傅通知他的。清早起来，全班同志在学习室做完"三件事"，快要散去的时候，韩师傅叫住了他："邓钟文，你别走，从今天开始，你和全班同志一起参加军训。"韩师傅没说别的话，口气很平淡。

听了韩师傅的话，不光钟文大感意外，连班组里一些人也感到惊讶，用眼睛看看韩师傅，再打量着钟文。

钟文禁不住内心一阵激动，这是他没有想到的！因为施工队并非所有人都有参加军训的资格，走资派、"四类分子"以及所谓的"牛鬼蛇神"都排除在外。这分明是一种政治待遇，自他被"揪"出来以后从未享受过的政治待遇。他怀着无比激动振奋的心情小心翼翼地来到了操场，用心观察着周围的动静。全施工队所有参加军训的人都陆陆续续到了。有的在说话，有的在相互打趣，有的站在那里准备排队。没有一个人答理他，他就像一个地位低下的小媳妇，低着头怯生生地站在一边，默默地等待着军训开始。

负责军训的是施工队的军代表李排长。李排长在施工队有着很大的权力，施工队头儿差不多都得听他的。

　　不一会儿，钟文瞧见李排长迈着军人步伐来到了操场，看看参加军训的人都到齐了，李排长拿起挂在脖子上的哨子"瞿"地吹了起来，大家行动迅速地在操场上站好了队。李排长站在队伍前边，目光炯炯地向站成一路横队的职工扫视了一周，然后挨个和参加军训的人亲切地握手。挨到钟文的时候，钟文以为军代表会隔过他不会和他握手。但就在这一刻，军代表竟然把手伸向了他——他的手本来是往回缩的，见军代表把手伸了过来，赶紧把手伸过去让他握住。军代表握住他手的时候，还看了看他，特意亲切地向他笑笑，叫了他一声"邓钟文同志"！

　　突然听到军代表叫他"同志"，钟文愣了愣，简直不敢相信自己的耳朵，感到有点突然，一时无所措手脚，以为自己是在做梦。好一会他才恍然明白过来，不是做梦，这是真切不过的现实！他立即意识到，李排长不是随便和他握手，也不是随意叫他"同志"，革命队伍里只有自己人才叫"同志"。他非常清楚，军代表掌握着施工队的实际权力。除了施工，各类事务他是绝对领导，差不多都是他说了算，造反派也要听他的。钟文的情况李排长完全掌握。之前，李排长对他不是这样的，态度非常冷峻，从没有正眼看过他。有时在路上碰见了，也是一脸冰霜，很明显把他当成了阶级敌人。今天的握手和那一声"同志"的称呼，明显包含着一种深意。他联想起自己被审查的事，难道他的问题已经弄清楚了，有了明确的结论？钟文顿感到久压在身上的石头被卸掉似的一阵轻松，欣喜之情可想而知！有点受宠若惊的感觉！

　　可他不敢放肆，未敢喜形于色，尽力掩饰着内心的激动和兴奋，站在队列里。不敢有丝毫的懈怠，集中注意力，以高昂的姿态投入到军训中去。

　　每天清晨，天还不亮，寒风凛冽，工地一吹响军训的哨子，钟文立马就从热被窝里爬出来，和职工们一起，冒着刺骨的寒风来到训练场，认真地进行操练。

开始训练的科目是队列，钟文对此并不陌生。他在警卫队就经过这种训练，因而操练起来轻车熟路并不怎么费劲。作的动作也比较标准和规范，也很娴熟，这使李排长非常满意。而那些上了年纪笨手笨脚的老工人操练起来，却很艰难。动作怪模怪样，笑话百出，令人忍俊不禁。李排长很有耐性，他一遍又一遍地给大家做示范，纠正个别人的错误动作，队列训练颇费了一些时日。但是有些老胳膊老腿的老师傅再怎么操练，也无法做到步伐一致准确到位，弄得李排长直摇头。经过一段时间的操练，总算马马虎虎达到了要求，结束了这个科目的训练。

接下来便是训练刺杀，职工们对这个项目颇感兴趣，训练起来劲头十足，特别认真。大家都觉得练刺杀很有实用，学会了这一招，就有了杀敌的本领，有朝一日苏修社会帝国主义真的来到面前就可以面对面和他们干，来个刺刀见红！

职工们练刺杀不可能有那种真枪真刺刀，他们便用腊木棍代替。这种腊木棍工地的材料仓库里多的是，是用来做铁锹柄用的。人们把仓库里的棍子都抱了出来，参加军训的一人发了一根。就像少林棍僧（就差没有剃光头）一样，手里全是亮闪闪的清一色的长棍。棍子拿在手里就成了真正的武器。大家情绪高昂，跃跃欲试。还没正式操练，一些人就迫不及待拿着木棍兴奋地在训练场上相互比划起来。你捣我一下，我戳你一棍，你打我的头，我攻你的下路。叮叮咣咣，木棍乱舞，棍棒齐举，有的人身上被击中一棍，有的人腿上挨了一下，疼得呲牙咧嘴。但人们并不怕疼，尤其那些年轻人，手脚并用，各显奇能，笑得前俯后仰，感到十分过瘾……

"停！停！"

　　李排长连忙叫住大家："这样不行！大家注意，练刺杀不是闹着玩儿。安全第一，这样乱打乱戳很危险！不小心捣到人的脸上眼睛上会把人弄伤的，那就问题大了！"

　　大家只好停下手里的家伙什，听李排长吩咐。

　　李排长说："大家注意，你们应该把木棍的一头用布包裹起来，戳到人身上也不会伤到人！"

　　听李排长说完，大家一齐行动，连忙找来些破布，把木棍的一头用破布包好。

　　于是在李排长的带领下，职工们就在训练场上认真操练起来。向左刺，杀！向右刺，杀！一时间，训练场上热气沸腾，杀声振天。

第十八章 获准探亲

母亲的忧虑

人们在热火朝天的军训中迎来了 1970 年的元旦，随之一年一度的探亲假又一天天临近。

钟文去年探亲的时候，因为刘景和的问题没有回家。随着探亲假的日渐临近，他越来越想家，越来越想母亲和弟弟妹妹。晚上做梦都梦见回到家里，和家人在一起过年的情景。年夜饭是过年的重头戏。生活再难，母亲也要倾尽全力，想法设法为他们弄一桌丰盛的年夜饭。有他最爱吃的糯米酒，香喷喷的腊鱼腊肉，还有母亲擅长的杂烩菜。吃着年夜饭，门外噼啪的鞭炮声响过不停，全家人都沉浸在过年的欢乐中。饭一吃完，青子便拉着他去放鞭炮。他拿着鞭炮，青子拿着点鞭炮的香。青子一只手捂着耳朵，一只手把鞭炮点燃，噼啪的鞭炮声在夜空震响，笑声鞭炮声响成一片……

今年是否同意他回家探亲呢？他和刘景和的问题还挂在那里，还没有结论。原以为专案组让他参加军训，对他的审查很快就要结束，会向他宣布审查结果，他将从沉重的桎梏中解脱出来。可他把事情想得太简单太美好了！他们好像已经忘记了这档子事，再也没有人对他提起。钟文重又被打入闷葫芦里。

施工队已开始向职工布置登记探亲的火车票。

"天天读"刚结束，凌师傅在班会上要全班同志报一下回家的时间。大家听了凌师傅的话，禁不住发出一阵欢呼——就要回家和亲人团聚了，多么美好的事啊！在三线工地待了一年，饥渴了一年的单身汉们，天天盼呀盼，终于盼到了回家和妻子团聚的日子，那种激动和兴奋的情绪再也抑制不住，七嘴八舌相互打趣着，相互说着骚话和荤话，房里充满着荷尔蒙膨胀的气息……

凌师傅向大家摆摆手，制止大家的喧闹，粗起嗓子说："大家别闹了，都把回家的时间报一报！"

大家这才停止闹腾，纷纷向凌师傅围过来，报了回家探亲的日期。在这热闹的氛围里，只有钟文有点落寞，冷兮兮地坐在角落里没有做声，低着头在想心事。凌师傅没有叫他报回家的时间，大约今年的探亲假没有他的份……

这时，张队长进来了，大家热情地给张队长让坐。张队长脸上露出了难得的笑容，向大家打了招呼，然后说："你们班探亲的时间定下来了吗？"

韩师傅说："张队长，我们正在登记班里同志回家的时间呢。"

"好，登记好了，告诉我，我好叫人去车站订票。"

张队长接着说："都熬了一年了，大家都急着回家，都准备好了吧？"

凌师傅说："差不多了，其实也没啥准备的！"

韩师傅说："张队长，你几时走？"

张队长说："我是最后一批，事情处理完了再走。"说完，目光转向钟文，说："邓钟文，你也准备回家探亲吧！"

听到这话，钟文一时没有反应过来。

张队长说："你准备哪天走？报个时间，我们好给你买火车票。"

他终于听清楚了，高兴得不知说什么好？差点要喊万岁！恨不能长出一对翅膀，立即飞到家里！他清楚地意识到，要他回家探亲，意味着组织上把他的问题按人民内部矛盾处理！这比允许他参加军训更有实际意义，更让他心情振奋！但他控制着自己的情绪，没让自己激动的情绪表露出来，说："我和班组里的同志一起走吧。"

张队长说："也好！那就这样定了！"

张队长说了一会儿话，便走了。

令钟文惊喜的还有呢——当他去劳资科领工资的时候，劳资科竟给他补发了扣发的那几个月的全部工资！

从劳资科出来，他激动得一颗心差点要蹦出来！口袋里装了厚厚的一摞，走路都轻飘飘的差点飞起来。

当他提着旅行包走向车站的时候，不禁百感交集：这一年来，他过得多么艰难，多么惊心动魄，经过了多少惊涛骇浪，走过了多少坎坷曲折的路程……

为了避免节外生枝，他吸取了教训，这次，哪儿也没有去，连渑邑满叔那儿也没有拐，便直接回到了家乡。

当钟文走到继父家门口的时候，看见母亲正从屋门口走出来。母亲习惯性朝前边的山坡上眺望，猛抬头，看见拎着提包从山坡的小路上走下来的儿子，简直有点不相信自己的眼睛。

"崽呀，是你吗？你回来了？"

母亲激动地看着儿子，眼里凝满了泪花。儿子去年没回来过春节，老人家像是掉了魂似的饭也吃不下觉也睡不着。她并不知道儿子因为刘景和的问题被审查而回不来，以为儿子在外头出了什么岔子！外面的世界太乱了，城市里到处搞武斗，这里打死人，那里有人受伤；乡下有些地方还把地富子女关押起来，又是批斗又是围殴，死了不少人，生怕儿子有什么不测。今年刚过"十一"，母亲就吩咐写信。一定要儿子回来过春节，让她看看。眼看着快过元旦了，儿子在信里还不敢确定今年能不能回来，越发增添了母亲的忧愁。以为钟文真出了什么事，晚上老是做噩梦，整夜整夜失眠。这些天不由自主地天天站在屋门口朝着山坡上的小路眺望，希望儿子在山坡上的小路出现，继父和青子劝也劝不住……

如今看见儿子猛一下出现在面前，哪有不激动的？忙拉住儿子的手："崽呀，你真回来咧，我不是做梦吧？"

钟文说："妈妈，不是做梦。你拉着我的手呢！"母亲这才相信是真的。

钟文发现母亲脸色苍白，白发增加了不少，不由得鼻子一酸。这两年母亲老了许多。

母亲心地善良，很有识见，好帮人排忧解难，在周围团转极有口碑。但由于成份问题，母亲被带上了"四类分子"的帽子。文化大革命开始以后，虽不像别的"四类分子"那样动不动挨批斗，被戴上高帽游街，但公社召开的"四类分子"会她不能不参加，给"四类分子"下派的差使，一样也不能少。母亲是极要面子的人，每当她和那些"四类分子"在一起开会劳动，被吆喝着去干活，被训斥的时候，她就感到无地自容，就像有人拿着鞭子在她身上抽一样……

母子俩正说着话，青子从邻居家回来了，看见了哥哥，高兴地跑过来，亲热地站在钟文面前，叫了声哥哥，望着哥哥笑着。青子的个子快到钟文耳根了。

"青子，你该上初二了吧？"

青子听见哥哥问起他上学的事，眼圈红了一下。钟文不知何意？母亲给钟文解释说："快不要提了，你弟弟早就不读书了！"

"何解不读书？"钟文大为诧异！

"受我的影响啊！你弟弟三岁就过继给你继父了，还写了契约的。可人家硬说你弟弟是从邓家带来的，是地富子女，硬是不准你弟弟读书！"

怎么会这样呢？钟文的心一阵揪痛。弟弟跟他一样，学习成绩优秀，年年都在班上考第一。尤其具有数学天赋，再难的数学题弟弟都能做出来。农村流行一种鸡兔同笼的数学游戏，钟文用方程才能解出来，而青子往往用口算就能算出答案，这叫钟文很惊奇。钟文参加工作以后常常想，自己因为家庭困难才失去了上学的机会。他参加了工作，有了工资，无论如何，一定要供弟弟上学，上完中学上大学。可谁知因为成份问题，竟连初中都上不了，谁能想到呢，这算什么事呢，难道地富子女就不是中国人吗，要把他们灭绝吗……

继父听说了钟文回来的消息，赶紧从地里回来了。也许走得急了点，有点上气不接下气，嘴张开着，拉风箱似的，呼呼地喘气。钟文感觉继父的哮喘病似乎比过去严重了。迎上去叫了一声："亲爹，你怎么喘得这么狠？"

母亲看继父喘过不停，一时答话都难，便代替继父说："这些天天气太冷，你亲爹受了点凉。哮喘病又犯了。"

继父稍平缓了一下呼吸："你回来得正好，你妈妈天天念叨着你，着急死了！"继父一边喘气一边说："一路上还顺利吧？车上很挤吧？"

钟文说："车上挤得很，还晚点。"

继父说："你回来之前，也不给家里写封信，以为你今年过年又不回来了，你母亲急得要命，总以为你出了什么事，经常流眼泪，我劝也劝不住。你看，"继父呼呼喘着气，笑着对母亲说："你看，你儿子不是好好的吗？"

"是啊，我在外边挺好的，妈妈，你不要惦记我，我都这么大人了！"

"崽呀，你再大，在娘眼里，你还是孩子，哪有娘不惦记孩子的！"

"我能照顾好自己的，你惦记我干什么呀？"

母亲说："崽呀，你在外边，娘看不见你，心里总是想七想八的，你回来就好了！见你很好，娘就放心了！"

钟文非常惦记俏妹，在青海的时候，他接过俏妹的信。从信上，得知俏妹已经结婚。因为成份问题，俏妹的婚事也是一波三折，谈了好几个对象都没有成。后来由人介绍，和冷水滩一个人结了婚，妹夫是冷水滩水泥厂的工人。

他问母亲："俏妹呢？她最近回来过没有？"

母亲回答说："不久前回来过一趟，说你如果回来，要你一定到冷水滩去玩哩……"

"冷水滩我是要去的，等我回去再说吧。"

钟文回来，对全家来说，无疑是一件喜事。母亲赶紧从箱子里拿出一小袋炒花生："崽呀，吃吧，你在外边难得吃到花生。"

继父说："这是前不久人家过寿散的'分奖'，你妈妈不舍得吃，说你快回来了，特意给你留下的。吃吧！"

钟文抓起一把花生，正要吃，连忙对继父说："亲爹，你也吃呀！"

继父说："我不吃，我正咳嗽呢，这东西粘都不能粘！"

钟文要母亲吃，又抓了点给青子。一家人高高兴兴围坐在一起，吃着花生说着话，屋里响起一阵欢乐的笑声。

母亲总是比一般人头脑清醒，在欢乐中不忘忧患，突然想起来似的问钟文："你在齐云桥汽车站下车的时候没有让乌塘人看见吧？"

钟文见母亲问起这，心里格磴了一下："我没怎么注意，怎么？"

母亲担心地说："崽呀，如果被姓屈的发现你回来就麻烦了！你不知道，姓屈的一直在找你的事哩。他们到米塘都来过几次了，一直在探听你回来的消息哩！"

继父说："怕他卵子！这里不是乌塘！"

母亲说："常言说，好汉不吃眼前亏，还是小心点为好！"母亲十分感慨地说："现在世道乱呀。听你妹夫讲，不少地方的地富子女有被搞死的！"

大家的心不由得绷紧了，欢乐的气氛蒙上了一层不安的阴影。

不速之客

母亲的担心并不多余，乌塘的屈长庚对邓钟文并没有死心。他看向单位整材料不起作用，没能把他弄回来，心中大为不满，并为此愤愤不平！不整倒整死邓钟文便成了他一块心病。挖空心思寻找着别的途径。心想，邓钟文年年都有探亲假回到他继父那里，这岂不是搞他最好的机会？眼看着年关一天天临近，邓钟文也该回来了，于是派人打探着他的消息。尤其齐云桥汽车站，是邓钟文回来的必经之地。这些天就特别注意。汽车站对面有一个理发店，里面一个人正是屈长庚的堂哥，此人便充当了暗探的角色。从白地市开来的班车一天只有两趟，而且都有固定的时间，每当班车开过来的时候，发动机还会发出轰隆隆的声音，这无疑给那人提供了信号，他只要一扭头就能发现下车的人。那天钟文刚下汽车，就被那人看见了，消息很快传到了乌塘屈长庚耳里，立即准备要派人来米塘冲，毕竟顾忌春节是中国的传统节日，不能随便动手，暂时延缓了几天。

　　春节过后第三天，乌塘的屈长庚就急不可耐的派人来到了米塘。邓钟文从邻居叔伯家刚回来，就看见屋门口站着两个年轻人在向母亲问话。

　　"邓钟文哪去了？"

　　"你们找他做什么？"

　　"我们找他有事。"

　　"他不在家呢……"

　　母亲心神不宁，一边和年轻人敷衍着，一边用目光望着钟文回来的方向，生怕儿子不巧突然这个时候回来被两人撞见，事情就麻烦了。然而，还是被发现了——钟文没有防备，在离家不远处一间房子的拐角处刚走出来，就看见屋门口站着两个年轻人在和母亲说话。和母亲说话的是什么人呢？他一时没认出来，又往前走了两步，人已经到了跟前。要躲避已来不及。两人中的一个已经看见了他，两眼盯着他打量着。他只好镇静下来，大方地走了过去。只见两人胳膊上都戴着红卫兵常戴的那种耀眼的红袖套，胸前挂着毛主席像章，知道来者不善。细看两人的脸似乎有点面熟，一时又不敢确认，稍迟疑了一下还是认出来了：一个是他的小学同学，一个是屈长庚的侄子。钟文小时候和这两人都是在一个院子里玩泥巴长大的伙伴。炎夏时节，他们曾一起在乌塘玩水打水仗，在田边玩泥巴做弹子，打泥炮；在屋后的山上拾柴掏鸟蛋；在门前的水田捡田螺捉青蛙，好得能穿一条裤子……几年不见，如今都长成大人了。

钟文来到两人面前，两人猛一看见他，见钟文镇静自若气定神闲，不由得愣了愣神，有点手脚无措，巴呱了一下嘴。钟文抢先用家乡话十分客气地说："莫接得，你们进屋坐吧，站在门外做么子？"

那位小学同学看了看他，倒不好意思起来，低下头一时找不到应对的话，红着脸不敢迎着钟文的目光。而屈长庚的侄儿却僵硬着一张脸，装出一副冷冰冰的样子，口气生硬地说："不进屋了，我们一会就走。"

"我们好久不见了，怕有七八年了吧？想不到啊，差点认不出来了！真是难得啊！新年大节的，客气什么，快进屋坐啊！"

小学同学红着脸没趣地"嗯"了一声，而屈长庚的侄子却仍然虎着脸一本正经地说："说不进屋就不进屋，我们有事找你！"

钟文问道："什么事呀？"

"乌塘大队贫下中农派我们来叫你回去，要你回乌塘谈谈。"

"哦？因为什么事，要我去乌塘谈谈？"

"关于你和你满叔在乌塘房屋的事。"

哈哈，他们自然没有正当的理由要他回乌塘，只好找出了这样一个不是理由的理由，钟文又"哦"了一声，望着那人说："什么大不了的事，要我回去，我现在就可以答复你。我的房子现在我大叔住着，如果大队不要他住就随大队的便，怎么着都行。我满叔的房子你得问他自己，我当不了他的家……"

两人听钟文话说得大方而得体，滴水不漏，句句在理，找不出反驳的话，倒不好言语了，尴尬地立在那里。好一会儿，屈长庚的侄儿仍拧着脸强硬地说："不行，大队要你去一趟，你不去是不行的……"

　　钟文当然没必要听他们的，说："我的态度已经很明确了。我觉得没有去乌塘的必要，我的假期有限，回来住不了几天。我还有别的事，确实去不了，请你们代替我把意见向大队说说，向他们问好！"

　　正如继父所说，这里不是乌塘，他们也不能强拉，见说不动钟文，只得悻悻地走了。

　　不一会，继父回来了，母亲和他说起这事，老头子生气地说："你们怎么不来叫我？"

　　母亲说："叫你有什么用？他们不叫青子上学，你不是照样没有法子？还是钟文刚才的话回答得好，把他们打发走了。"

　　继父见母亲揭了老底，脸上有点挂不住，慢慢走进屋里。

　　钟文说："量他们也不能把我怎么样？"

　　但是母亲却非常担心："崽呀，你是不晓得，这里不比外面，农村人蛮得很，不按政策来的。他们今天没有把你弄走，明天肯定还要来，到时他们通过大队要大队出面，看你怎么办？"

　　母亲虽然不识字，有些事情还是看得很准的。这一点连继父都不得不佩服。

　　母亲脸色凝重地说："崽呀，你千万不能大意，我看，你还是出去躲几天好。"

　　钟文说："我又没有犯什么法，办什么坏事？我怕什么？"

　　继父也看出了其中的凶险，也帮母亲劝起钟文来："这些狗卵子是不会和你讲理的！他们万一来的人多，硬把你弄到乌塘，把你搞一顿，那不是好耍的！道县江永那一带。搞死了好多地富子女，有被活活打死的，还有几个是被活埋的！"

　　钟文吃惊得张大了嘴："还有这事？"

　　"你妹夫说的。冷水滩离那里很近，他说这消息非常确切，不会有假！"母亲忧心忡忡地说。

　　听继父和母亲这一说，钟文不能不重视起来。可他又能躲到哪里去呢？母亲想了想说："去你初中同学谭东林家吧！"

　　钟文觉得母亲的提议正合他的心意，他也有这个想法。

　　钟文在齐云桥附中读初中时有三个要好的同学，谭东林就是其中之一。东林个子不高，人却特别聪明，是班上屈指可数的好学生之一。他本来考上了衡阳铁道学校，可他到学校报到进行体检时，却发现肝功化验呈阳性，从此便失去了上学的机会，只得在家务农。他家兄弟姐妹四人，母亲过世早，全靠父亲把他们拉扯大。父亲又患有咳喘病，一到冬天便不能干活，家里生活非常难。钟文参加工作后，两人一直保持着书信往来。每次回家探亲，他都要去他家看看，一次还给他家寄过钱。东林是一个血性汉子，又极讲情义，每次钟文去他家，哪怕再困难，都要想方设法好吃好喝尽情招待，这叫钟文十分感动。东林住在齐云桥附近，离小镇不过二三里路，钟文在乌塘的情况他完全了解。东林家世代赤贫，没有人敢找他的岔儿，去他家最合适不过。

　　第二天清早，钟文吃了早饭就出发了。十来里路很快就赶到了。当钟文走进东林家，他们一家刚吃过早饭。东林的妹子正在洗碗。东林猛抬头见钟文来了，连忙迎过来："啊呀呀，稀客稀客！老同学，你什么时候回来的？快请坐！"

　　"年前，快过年的时候到家的。"

　　东林父亲连忙提醒东林说："别光顾着说话，还不赶快给你同学盛饭！"

　　钟文说："伯伯，我已经吃过了，你们千万别客气。"

　　东林说："真的？你不吃不要紧，反正饿你自己。"

　　东林父亲说了几句话就走开了，钟文这才说："东林，我向你避难来了！"

　　东林起先以为钟文说笑话，可看他表情严肃，说得一本正经的，便说："怎么回事？"

钟文便把乌塘大队来人叫他的情况说了说。东林惊讶地说："叫你去乌塘？老同学，那是万万去不得的，去了不死也得脱层皮！你没听说道县和江永发生的事吧？"

钟文说："多少听说了一些，具体情况不十分了解。"

东林说："我也是听人说的，消息封锁得很紧，严禁外传！据说他们针对的大都是家庭出身不好的地富子女，受害最深的是下放在那里的长沙知青。那些家伙简直疯了，失去了人性，只要出身不好，不管你表现怎样，统统抓起来，一个生产队活埋了几十人呢！下放那里的长沙知青眼看着没有活路，开始集体大逃亡，有来不及跑的，被民兵抓住就关押起来，有的竟被活活打死！有些地富子女临死的时候，还喊'毛主席万岁'的 口号哩……"

这太可怕了！怎么会这样？真是无法无天了！在社会主义国家竟然会发生这样惨无人道令人发指的事！他们难道疯了吗？钟文实在想不明白为什么会这样，他的眉头紧锁着，脸色非常难看。

东林非常理解钟文的心境，连忙安慰他说："老同学，你能在这个时候想到我，是看得起我，这没有什么好说的！"

"所以我投奔你来了！"

东林说："你放心，你来我这里不用怕！"

钟文不安地说："我在你这里行吗？会不会给你带来麻烦？"

东林说："老同学，我这里不行，这里离乌塘不到四里路，来来往往的人很多，人多嘴杂，难免不把消息透出去，我这里不安全！"

钟文立马怔住了，一颗心又悬起来。东林赶紧对钟文说："你放心，老同学，我另给你找个地方，保管没人知道！"

钟文问："什么地方？"

"我姐姐家，"东林说："我姐姐家就在杳湖山脚下，那是个单屋院子，非常偏僻，很少有外人去那里。"

"这真是贴心贴肺的好兄弟!"钟文听了十分感动,难为他想得这么周到。

不敢多耽搁,东林给他父亲交待了几句就和钟文一起出发了。

山村老者

走在路上,钟文不由感慨万端。过去从小说中读到地下工作者为了躲避敌人的搜捕,到处躲来躲去。如今他自己竟也成了逃亡者,这算什么事啊?

两人迈开脚步向杳湖山走去。

杳湖山是祁东西部最高的山峰。是一座氤氲着仙风灵气的神秘之山。清代祁阳的一位知县曾著文对杳湖山进行了这样的描写:"祁邑杳湖,支出九嶷,东枕衡岳,西向湘山,南通熊岭,北接邵陵,其山岭有石壁千仞,形似龙头,足以俯视群峦者,此山之大几也……"

关于杳湖山,曾有过许多神秘的传说故事。

解放前,山顶上曾建有一座寺庙,里面供奉着玄帝菩萨塑像金身。据传,玄帝菩萨十分灵验,人们向他求子求福往往有求必应,因此前来烧香求神的香客络绎不绝,香火鼎盛。杳湖山南面的悬崖上不知什么时候刻凿着一座石头轿子,香客们只要冒着生命危险围着石头轿子转一圈,心愿就会得到菩萨的允诺和庇佑。

钟文曾听母亲说起过他的出生还和石头轿子有点因缘呢——

母亲来邓家大院之后,久无身孕,好几年了,肚子还是平平的。母亲和奶奶非常着急,后来在奶奶的提议下,来到杳湖山向菩萨求子。母亲费尽力气爬上了杳湖山,在玄帝菩萨金身前烧香许愿,还冒着舍身坠崖的危险围着石头轿子转了转,果然,回来不久就怀上他……

解放后破除迷信,人民政府拆掉了山上的庙观,打碎了菩萨,再没有求子求福的香客。但这个故事已经深深地烙入钟文幼小的心灵。无事的时候，无知的小钟文常常睁大眼睛，向远处的山峰眺望，想着有一天能登上山去看看，可是这个愿望至今没有实现。

在之前，也有过上杳湖山的机会——那是他读小学六年级，全国开展"大炼钢铁"的时候。社员们天天都忙着炼钢煮铁，杳湖山半坡上社员们种植的油茶籽没人摘收。连绵秋雨一场接一场不断地下，大片油茶林淋泡在雨水里。熟透了的油茶籽从树上掉落下来在山里烂掉，社员们感到十分心疼，可也没有法子。

公社头儿突然想出了一个主意，那些学生伢天天上山砍树烧黄柴，叫他们暂时停一停，上山去摘捡油茶籽。通知一下，立即行动。在老师的带领下，同学们来到杳湖山，开始捡摘油茶籽。清早起来，他们就背着背篓上山捡摘油茶籽，晚上天黑才下山休息。吃住在山下的生产队里。他们的生活十分艰苦，吃的全是大食堂的蒸红薯。睡觉就在山下生产队腾出来的几间屋子里。没有被子，屋地上铺着厚厚的稻草，他们就和衣睡在稻草上。

捡摘油茶籽虽然辛苦，但他们感觉新鲜，山上风景很美，到处是一片高高低低参差不一的绿树，树林里栖息着不同颜色不同形状的鸟儿。鸟儿在林间飞来飞去，发出婉转的啼叫声。惊飞的山鸡不时嘎嘎地从头顶飞过；有时还会看见火红色狐狸拖着长长的尾巴站在远处的高岗上，对这些不速之客发出汪汪的叫声……

这时，他们往往会高兴得大喊大叫，忘乎所以。

他们在山上忙乎了半个月，捡摘的下来的油茶籽在生产队的屋地上堆成了一座小山。看看油菜籽捡拾得差不多了，他们才回到了学校。那时，他多么想爬到山顶上看看。可时间很紧，领队的老师怕同学出事，对学生看管得很严，不准学生私自行动，油茶籽一捡摘完，老师便带着他们返回了学校，始终没有上到山顶……

这次，为了躲避乌塘的加害，他竟意想不到地故地重游——实在有趣。

这次上杳湖山虽带有逃难的意味，但有好朋友东林陪着，一路上和东林说着话，心情渐渐开朗起来，不再那么郁闷。

杳湖山看起来很近，站在齐云桥任何一个地方，一抬头都能看见那高高耸立的峰峦。山上一年到头云雾缭绕雾气蒸腾，笼罩着神秘的面纱。只有小数晴朗天气才能看见苍翠的山岭，如羽箭般插在岭上朦胧的树影。而走起来却有点远，人感觉老是在山下转似的。

走了一会就到了乔木堂，再往里走不多一会儿，就来到了杳湖山脚下。钟文看见，不远的山凹处，在绿树掩映中出现了一个农家院子，院子的四周还种着一人多高的竹子，虽是隆冬季节，竹叶却是一片苍翠，把院子围得严严的，只露出青色的屋顶。

"汪汪！"也许因为来了生人，一只小黄狗从柴房里窜出来，向着来人一阵吠叫。随着狗吠声从屋里走出一个年轻妇女，把吠叫的小黄狗给喝住。东林对走过来的妇女叫了声："姐姐！"

年轻妇女亲热地笑着说："东林，是你呀？"她看了一眼钟文觉得面生，有点纳闷，"这是……？"

"姐姐，进屋说吧。"

东林便领着钟文进了屋。

这是湖南农村常见的那种土砖垒墙灰瓦盖顶砖木结构的房子，一排三间，旁边还有几间脚屋，倒也宽敞干净。前边是窄窄的几排水田，已经犁过了，田里水汪汪的，打着几何图形的肥氹。几只鸭子嘎嘎地叫着，扑腾着翅膀在水面追逐；后边是靠山坡生长的树木，山峦起伏重重叠叠，环境确实幽静。

这里就一户人家，共五口人——东林的姐姐、姐夫、两个孩子还有一个七十多岁的公公。正是春节串亲戚的时候，姐夫走亲戚去了。东林和姐姐在里面说了一会话，对她说了他陪钟文来此的原因，姐姐以同情的眼神望着钟文，和善地笑笑说："没事，让他安心在这里住吧！"

姐弟俩说着话一起从房里走出来。东林想起来似地问："伯伯呢？"

姐姐说："他有点怕冷，在里屋床上躺着呢。"钟文猜想东山说的伯伯可能指是姐姐的公公。

东林连忙走进里间，很亲热地叫了声："伯伯"。

过了好一会儿，老人抖抖索索从里屋走出来。老人也许患中风症留下的后遗症，走路腿有点打颤，左手不住地哆嗦。眼睛也红肿得厉害，结着哆目糊。钟文一看，受到感染似的眼睛似乎有点痒。

钟文在路上听东林介绍过，老人虽然其貌不扬，却有一肚子学问，解放前曾当过私塾先生。他便迎上去很礼貌地叫了声"伯伯。"东林连忙把钟文给老人作了介绍。老人看起来老态龙钟，步履蹒跚，病恹恹的，而脑子清醒思维敏捷。他听了东林的介绍，知道钟文喜欢读书有知识，又看他人长得俊朗，自然非常喜欢。也许想考考他似的，嘴里不时迸出一两句古文或古诗。钟文十分高兴，能在这深山老林之中，遇到如此有学问的长者，算得上是自己的运气。好在他曾经读过一些古文，也下功夫背过古诗，老人的话他完全能够应对。

老人也许很长时间没有见识过像钟文这样有文化，又能谈到一起的年轻人，就像遇见了忘年交似地高兴得仿佛回到了青年时代，脸上笑成一朵菊花，眼泪鼻涕都流了出来。一旁的东林简直看呆了，他从没有见老人这么激动开心过。

很快就到吃中午饭的时间了，姐姐将饭菜端了上来。因为是春节期间，菜肴自然丰盛，有鱼有肉，老式八仙桌摆满了一桌子。女主人还要上酒。钟文不喝酒，不叫上酒，但东林好酒："姐姐，有酒只管拿来，新年大节的，哪能不喝酒呢？"

他也就不说什么，只好客随主便。这也是湖南待客的习惯，叫"无酒不成礼"。这里人虽不像北方人那样好喝豪饮，但差不多家家都有用高粱或大米酿出来的酒，度数不高味道很醇。老先生本来也能喝，年岁大了有点不胜酒力，生病之后就把酒也戒了。今天因为特别高兴，嚷嚷着也要喝一点，他知道东林很能喝酒，吩咐东林陪钟文喝，他便在旁边劝。钟文一是盛情难却，二是心里高兴，就举起酒杯喝起来。

三杯酒下肚，老先生脸上立即飞起一片红云，话也多起来，不由得吟诵起李白的《下终南山过斛斯山人宿置酒》：

"……

　　　　　绿竹入幽径，青萝拂人衣，
　　　　　欢言得所憩，美酒聊共挥，
　　　　　长歌吟松风，曲尽河星稀，
　　　　　我醉君须乐，陶然共忘机。"

老先生吟诵得摇头晃脑拖腔拖调十分投入，听起来很有味。钟文非常惊讶，这种吟诵方式他还是第一次听到。钟文是 1953 年上的学，学生读书已废除唱读实行朗诵，老先生吟诗的方式对他来说自然陌生，但仔细一听，又别有一番韵味，这首诗尤其切合他此时此刻的心情。

老先生端起一杯酒喝下，感慨地说："论起饮酒诗，我还是喜欢王瀚的《凉州词》：

　　　　　葡萄美酒夜光杯，欲饮琵琶马上催，
　　　　　醉卧沙场君莫笑，古人征战几人回？"

"这算得上是唐人饮酒诗的上乘之作。"

钟文看老先生心情这样好，便接过话头："老伯，若要说起唐人的饮酒诗，李白的《将进酒》也是无与伦比的：

　　　　　君不见，大河之水天上来，
　　　　　奔流到海不复回，
　　　　　君不见高堂明镜悲白发，
　　　　　朝如青丝暮成雪……
　　　　　五花马，千金裘，

> 呼儿将出换美酒，
>
> 与尔同销万古愁……"

"何等的大气！"

老先生连忙赞同说："贤侄说得很对，李白真不愧为酒中仙，这首诗最具豪气！天生我才必有用，千金散尽还复来……"

"这是何等的豪迈气概！"

不等钟文回答，老人举起酒杯，和钟文碰了一下，然后抿一口酒说："曹孟德的《短歌行》也气魄非凡。"

然后老人拉着长调吟诵道：

> "对酒当歌，人生几何？
>
> 譬如朝露，去日苦多。
>
> 慨当以慷，忧思难忘。
>
> 何以解忧？唯有杜康。
>
> 青青子衿，悠悠我心。
>
> 何以解忧，惟有杜康……"

钟文由衷地称赞说："伯伯真是好记性。"

听钟文这一称赞，老人就像小孩似的脸上堆满了笑意。

钟文话头一转，说道："论起饮酒诗，不知伯伯看过石达开的《饮酒诗》没有？"顿了顿便吟诵道：

> "千颗明珠一瓮收，君王到此也低头，
>
> 五岳抱住擎天柱，吸尽黄河水倒流！"

"你看看，这首诗多么豪放，多有气魄！也只有石达开才作得出这样气吞山河雄奇豪迈的诗！"

老先生生一时愣住了，他生当晚清，石达开被清廷称为"长毛贼"，他的诗作在当时是被禁止的，自然没有读过。他见钟文年纪轻轻就有这么丰富的学养，心里越发喜爱。正所谓酒逢知己千杯少，竟忘了自己有病之躯，连喝了几杯，菜凉了又热，直喝到下午三点才结束。

钟文好久没有这样高兴过了，忘记自己是在避难中。

云消雾散

晚上，三人又谈到多晚才睡。东林看钟文和老人很谈得来，心情也不错，他一个人在这里待几天问题不大，因为家里还有些事，不能在此久留。第二天，吃过早饭之后，他向姐姐交待了一番，又和钟文嘱咐了几句便回去了。

东林走后不多久，东林的姐夫回来了。这是个朴实厚道不多说话的农民，对钟文的到来也表示了欢迎。因为生产队有事，他和钟文说了几句话就忙去了。钟文便由老人陪着说话，一老一少谈古论今谈天说地，说说笑笑十分开心……

钟文念念不忘上杳湖山。真是天赐良机，让他来到杳湖山下，这正是上山观览的绝佳机会。但不巧的是他正要登山的时候，老天竟纷纷扬扬下起雨来，开始只有几滴，滴在手上冷冷的，但雨点开始密集起来，逐渐越下越大，檐口哗哗地挂起了水柱，没有停歇的样子。湘南的天气就是这样，春节期间多阴雨，淅淅沥沥一连好几天都会下过不停。这次也一样，看着好不容易雨停了，天空露出晴曦，可晴不了半天，莫名其妙，一刹时风云突变阴云密布，不一会雨又哗哗地下起来。土地、田畴、树木都笼罩在烟雨里。到处都是湿漉漉的，感觉随便抓一把空气都会挤出水来。

钟文站在台阶上向山岭望去，从山脚到山顶都笼罩在一片乳白色的雨雾里，雾气像一团薄纱，在山腰间曼舞升腾，缭绕起伏。整个山岭都是云遮雾罩，看不清真面目。钟文看了一会雨中的山岭，将目光收回，只见前边的水田全是白色雨点，溅起无数的白花，茫茫一片水天……

他无奈地回到房里，哪里也不能去，百无聊赖，心情又开始变得郁闷，想起自己的遭遇，想起乌塘来人要把他弄回去的这些烦心的烂事，心里就一阵阵发堵，话也不想多说，顾自长长地叹息。坐在一旁陪他说话的老人尽管耳背，听不见他的叹息声。但钟文郁闷愁苦的情绪老人还是看出来了。

他谆谆开导钟文说："贤侄，知道你有心事，凡事往开了想，任何成大气者不遭受点坎坷不经受点磨难是不可能成功的。孟子说：'天将降大任于斯人也，必先饿其体肤，劳其筋骨，苦其心志，使其空乏其身……孔子厄陈删诗，左氏失明而作春秋'……"

钟文听了，只好苦笑：我成什么大气？只要能像普通人那样生活，在世上能安心立命，就已经不错了，哪还有别的奢望？这样一想，心里越发悲苦……

好在第二天，天突然放晴了。

钟文有早起的习惯，无论在哪，哪怕睡得再晚，天亮都会醒来。洗漱好之后，来到禾坪，站在那里一看，眼前出现了一副从未见过的田园美景，他差点被这一片如梦似幻的景象呆住了！

只见东边山岗上出现了一轮红日，像圆圆的红灯笼挂在林梢间，四周是晕染过的那种湖蓝，随着红灯笼似的太阳渐渐升高，光线似乎变得明亮起来，天边开始呈现一种玫瑰色，千万道霞光照射下来，到处亮闪闪的，遍地一片金黄。视线稍一转移，眼前的景色更加明丽。屋后的翠竹像是洗涤过似的干净，细条形的竹叶上沾满了晶莹的露珠，整个山冲沐浴在金色的霞光里，朦朦胧胧五光十色。前边田垅里一丘丘梯田就像无数面镜子，那些肥坨，就像规则的几乎图形，分列在水田里。在太阳光的映照下，反射着耀眼的光芒。背后巍峨的杳湖山笼罩着一片乳白色的雾幛，隐约显现着峰峦的轮廓，白色的雾岚轻纱似的在山腰轻轻地飘荡，这一切看起来仿佛仙境……

钟文陶醉在如画的美景里，有点忘乎所以，吃过早饭，又来到禾坪向远处的杳湖山眺望。这时，雾岚快要收尽，山上的树木便清晰地显现出来，就像水洗过一样郁郁葱葱。虽然是隆冬季节，林木仍枝繁叶茂，一片苍翠，呈现出勃勃生机。随着太阳升高，田垄间水光潋滟，几只觅食的鸭子欢快地相互追逐着，拍打着翅膀，发出嘎嘎的欢叫声，多么美妙的田园景色，今天是多么好的登山机会，吃了早饭一定上杳湖山看看……

正在这时，从对面田垄间的小路上走过来一个身材单薄的小伙子。渐渐走近了，钟文发现向这边走来的是青子。

"青子！"

"哥哥！"

"你怎么来了？"钟文惊奇地问。

青子走得有点急，喘着气，一时没有回答。钟文又问："你是怎么找到这里的？"

青子回答说："我先去了齐云桥你同学东林那里，他有事，来不了，是他告诉我你在这里的，我就按照他说的找来了。哥哥，妈妈叫你回去。"

"怎么？"

"没事了！"

青子便把情况给钟文说了说。

果如母亲所预料的那样——

那天，钟文去东林家之后，乌塘大队又来了三个人，除那天来的两人之外，另外又来了一个皮肤又黑又粗，牙齿暴突的男人，那个暴牙子态度十分张狂，叫嚷着一定要把钟文弄走。

"邓钟文快出来！"暴牙子蛮横地在屋门口叫喊着。

母亲忙从屋里走出来，对那人说："钟文已经回单位去了！"

"回单位？谁相信你的鬼话！"

母亲说："那你们自己进屋看吧！"

两个人进屋看了看，嘀咕着说："一定是躲起来了吧？"

另一个接着说："想躲起来，休想！躲到石板缝里，我们也要用铁夹子把他夹出来！"

他们四处寻找了一会，见找不见钟文，又在门口等了一会儿，只好悻悻地回去了，扬言过几天还来。母亲看这架式，觉得躲来躲去也不是办法，这事最好给大队说说，只要大队出面不让乌塘人把儿子弄走，乌塘来的人再多也没有用。母亲和继父一商量，继父立即赞成母亲的意见，他立即找到大队反映了这事。

钟文对母亲和继父一贯孝顺，这在大队有口皆碑，加上他又曾给五保户寄过钱，方圆左近都知道这事，名气传得很响。大队干部听继父这一说，对乌塘的做法十分不满："扯卵蛋！人家邓钟文是有单位的，有什么问题你找单位呀，乌塘大队凭什么这样不讲政策？不经过我们同意，就随便跑到我这里抓人，简直是乱弹琴！下次他们再来，你就告诉我们！"

全家这才吃了定心丸，赶紧打发青子叫钟文回去。钟文听了青子的述说，自然满心欢喜，连登杳湖山的事也抛到了脑后，立即辞别老人和东林姐姐，回到了米塘冲。

从那以后，乌塘的人再没有来过。但钟文心里仍是惴惴的，高兴不起来。他倒不是担心乌塘人再来找他麻烦，而是联想着正进行着的文化大革命。自己这样的家族出身，而且还被组织上认为有问题的人，将来会怎样呢？有什么样的命运等着他？这纷乱的世界将走向何方……心里烦躁郁闷，懒懒的不想多说话，在家待了半个月就打算回单位。

母亲听说钟文要返回单位，心里非常难过，怎么也不让他走："崽呀，你两年都没有回来，当娘的盼星星盼月亮，好不容易盼着你回来了，住不了几天就要走，下次回来又要再等一年！娘儿俩还没有说多少话，你就要离开……"

说着，声音便哽咽起来。弄得钟文心里不是滋味，只好答应在家再住几天，陪陪母亲，和母亲说说话。母亲当然不知道钟文在单位所发生的事。几年来，他怕母亲为他担惊受怕，从没有把自己的事向母亲透露过一丝一毫，只好自己憋在心里硬抗着。

母亲看他一天到晚愁眉不展忧心忡忡的样子，猜想儿子一定有什么解不开的心结，多次追问钟文："崽呀，我看你常常叹息，你心里是不是有什么事？快对娘说出来！"

钟文当然不愿母亲为他的事操心，总是搪塞着，强装欢笑地逗母亲开心："妈妈，我在外头好好的，吃得好，穿得暖，能有什么事儿？妈妈，你别多想乱想。"

母亲说："崽呀，你有什么心事就对妈妈说出来，不要闷在心里，那样会把人憋出病来的！"

"妈妈，我真没有事，我年纪轻轻的，身体棒棒的，不要担心我，你只管注意保重自己的身体，不要不舍得吃，我会按时寄钱给你！"

母亲说："别的我不担心，我只挂念你的婚事，儿呀，你今年已经二十六了，和你一般大的都有孩子了。可如今，你连对象也没谈，我想起这事就睡不着觉……"

钟文听了母亲的话，心里有一股说不出的滋味。现在这样的处境，还谈什么婚事？但他又怕母亲着急难受，便装作毫不在乎地说："妈妈，你不知道，现在国家提倡晚婚，外面的人结婚都晚，和我一样没结婚的多了去了。你放心，总有一天，我会给你带一个既漂亮又贤慧的儿媳回来的……"一句话把母亲逗笑了。

钟文在家又过了两天，再没有心思在家待下去，他准备返回单位。母亲见留不住他，只好帮儿子打点行囊，家乡好吃的东西鼓鼓囊囊装了一提兜。

临走的时候，母亲担心乌塘姓屈的在齐云桥汽车站找儿子的麻烦，便要钟文找东林给他买了汽车票。钟文提前来到了东林家，在东林家住了一晚。上车那天，钟文提心吊胆做贼似的从东林家走出来，东林和青子帮着在汽车站巡查观望着四周的动静，看有没有乌塘的人出现。

谢天谢地，没有发现乌塘人的踪影。

汽车一到站，钟文赶紧钻进了汽车，汽车开动的时候，一颗心才放下来。

第十九章　风云突变

"一打三反"

春节一过，刚刚平和了一阵子的政治空气又突然被打破，国家又开始折腾——全国上上下下掀起了轰轰烈烈的"一打三反"运动，到处呈现出一股浓浓的火药味。钟文还在回来的路上，就感到气氛非同寻常——无论车站码头或是大街小巷，到处悬挂着横幅，张贴着标语，全是"一打三反"的内容。口气之严厉，措辞之激烈，使人联想起文革初期的破"四旧"和其后的"清理阶级队伍"运动，严峻紧张的空气令人心胆俱寒，有一种压迫得令人透不过气来的感觉。

钟文预感到，像他这样的家庭出身，又是正在接受审查的人，恐怕他又将面临着一场劫难！

果然，钟文一回到单位，工程处就召开了"一打三反"的"宽严"大会。钟文竟也和一批有现行"反革命"活动的人一起被揪上台进行"示众"。

所谓"现行反革命"活动，无非是无意中做了对毛主席不敬的事或说了对毛主席不敬的话，抑或做了一些错事。

　　一处三队有一个和钟文一起从渑邑参加工作的粉刷工，这人平时油嘴滑舌惯了，嘴不把门好开玩笑。一次，他和班组的人开玩笑说："下定决心，割肉一斤，不怕牺牲，一顿吃净。"想不到，他说的玩笑话，在这次"一打三反"中被人揭发出来，说他恶毒篡改毛主席语录，这是对毛主席的极大不敬和污蔑！明显是反对毛主席，这还了得，他便被扣上了"反革命分子"的帽子。

　　钟文没有现行活动，把他揪上台示众，是唐之宫从中作祟。他觉得邓钟文决不是什么好鸟，对党一贯不满，思想极其反动，他和叛国投敌分子关系亲密，是否参加反革命同盟党，尽管没有确凿证据，但他写的诗词问题很大，他的意见得到了高文来的全力支持。两人一唱一和，哪还有他的好果子吃？

　　他再一次被"揪"了出来！为了搜集到他更多的"犯罪"证据，第二天晚上，专案组唐之宫和高文来气势汹汹又一次查抄了他的宿舍。

　　除了钟文正写着的一本日记（上次查抄后，钟文从商店重又买了本新日记本），一无所获。唐之宫未免有点失望，高文来重又在钟文的书箱里乱翻了一通。木箱被翻了个底朝天，书籍纸张被散落一地，仍没有翻到他所想得到的东西。一气之下，竟把《联共（布）党史》、《中国文学史》、《欧洲文学史》当成了战利品。

　　钟文非常气愤，对高文来说："你也是中文系毕业的，没有学过文学史吗？怎么连教科书都要抄走？"

　　高文来对他喝斥说。"老实点，现在哪有你说话的份儿！"

　　一旁的唐之宫，见钟文不服气，非常恼火，一把夺过钟文手里正准备写的日记本，拿在手里哗哗地翻看着。突然发现日记本当中有被撕掉的痕迹，终于抓住了把柄。眼睛顿时冒出凶光，板起那张扁脸，撅着嘴，将日记本递到钟文面前，口气严厉地问道："邓钟文，你解释一下，这是怎么回事，这一页哪去了？"

日记本中某一页被撕掉，这本是最正常不过的事，任何写东西的人都有这样的经历。钟文写东西有一个习惯，也是他的一个毛病，句子写得不满意或是字写错写脏了就会将那一页撕了，重新再写。

他回答说："撕了。"

唐之宫却歪着头，认定钟文写了不可告人的东西："为什么把这一页撕了，别的留着？"

"写错了写脏了，觉得不好就撕了。"

"你别给我打马虎眼，撕掉的这一页纸肯定写了什么反动话！"

"不是！"回答的口气很冲。

"胡说！"唐之宫见邓钟文这个态度，企图从气势上压住他，厉声喝道，"邓钟文，你给我老实交待！到底撕了什么见不得人的内容？"

钟文听唐之宫如此蛮不讲理，心里憋着一股火："我说过，写脏了写错了才撕了的，没有什么见不得人的东西！"

"听你说话的口气，你不服气是不是？"

"没有什么服气不服气，我是实事求是！"钟文回答说，态度仍然有点不驯。

"邓钟文！你什么态度？你给我站好！"

湖南人那种犟驴脾气上来了，钟文"登登"几步跑到床头边毛主席挂像的下边（毛主席挂像是单位发的，人手一幅）。对着毛主席像口气很冲地说："毛主席，我向你保证：日记本撕去的那一页，没有见不得人的东西！可他们硬是不相信！"

唐之宫被钟文的举动气得脸色乌青，打断钟文："你太嚣张了！你以为我们治不了你，是不是？邓钟文，你给我站好！"他从没有见过一个被揪斗的对象竟然是这个态度，竟敢用这样的口吻对他说话，气得眼睛冒火，鼻孔生烟，露出一副吃人的架式。

钟文就那样在墙边站立着，昂着头，仍然是一副桀骜不驯的表情。他想，反正是这样了，你想怎么着随你的便吧！

僵持了一会儿，唐之宫也没有别的法子，看看从他这里实在弄不出什么，只好鼻子里哼了一声，撇着嘴和高文来走了。

无产阶级专政不是吃素的！三天后，专案组又一次召开了对邓钟文的批斗大会！

钟文听说召开他的批斗大会，像病人有了免疫力，经过了第一次批斗会，习惯了似的丝毫没有第一次被批斗时的那种张惶失措惊恐不安的情绪，内心倒很安然，变得非常冷静，他被专政小组的两个人挟持着站在会场大门外等待着。

会场闹哄哄的声音平静下去以后，只听见猛然一声吆喝："把反革命分子邓钟文带上台！"

听见喊声，他的内心稍稍悸动了一下，但随之便放松下来。

他被站在身边两侧的两个人揪着头发架着胳膊押进了会场，又将他推上了台子。

这一次的批斗大会，参加的人比上一次多，声势自然也大——会场竟然安排在河西。整个工程处三个施工队的职工都参加了，会场坐得满满的。虽然是毛竹临时搭建的大席棚，倒搭建得分外结实，几年了仍那么牢固。文革初期，对工程处李文秀书记的批斗大会就是在这里进行的。想不到今天竟然轮到他在这个台子上被批斗，真是何其有幸！

钟文故意把头高高地昂起来，用目光扫了扫台下的观众。台上的电灯光太亮，刺得他睁不开眼睛。他只好将目光收回。他想着，既然是全工程处的批斗大会，王名江一定也参加了批斗大会，这会儿正坐在某个角落里吧。不知他是怎样的心情？反正他今天是豁上了！既然如此，他就不能做怂包，软蛋！有必要保持自己的尊严，这是比什么都重要的。

台下的人看他一副满不在乎的态度，会场上顿时响起一片嗡嗡的声音，很快有人跑过来将他的头按了下去。

批判开始，仍是高文来首先对他发言批判，批判的重点是他的诗词。除了上次批判的那首诗《巍峨》之外，又找出了几首新的。以他那夹着陕北腔的普通话拿腔拿调地念了他的一首七言绝句——《月夜吟》：

"浩月千里抖吟鞭，豪兴借酒不能眠。

何人能识《长门赋》，如椽大笔指山关！

这是他写的一首古体诗，比较难懂。高文来怕参加批斗会的群众听不懂诗的意思，诗一念完，就开始对这首诗进行口诛："你们听听，邓钟文是何等的嚣张和反动！又是多么的目空一切！这是他用诗歌形式在向党发泄他的不满，抱怨他的怀才不遇！"

说到这里，高文来脱了稿子，转过身指着钟文斥骂道："邓钟文，你也太狂妄了，你有什么了不起？你有什么才？你只不过会写几首歪诗而已！贫下中农和工人阶级早看穿了你的本质，你不过是地主阶级的孝子贤孙！你也不撒泡尿照照，你写的什么狗屁诗啊。什么'如椽大笔'，呸！我看不过是狗屁！你才读几天书？真不知道羞耻，还《长门赋》哩！"

说完，他又面向会场，大声地说："同志们，这首诗的要害的是这一句：'何人能识《长门赋》？'这是邓钟文说他怀才不遇，发泄对党的不满……"

高文来说完，又高声说："下边还有更恶毒的呢！听我再来给大家念一首！"

于是怪声怪气又念了一首诗：

"潇湘梦里几回吟，谁听山歌谁知音？

纵破歌喉啼血块，吴市箫声白马听。"

高文来念完之后，继续批判说："这首诗跟上首诗一样，利用了两个典故，恶毒攻击我们党。他自命不凡，把自己比作伍子胥，呸！狗屁，狗屎……"

钟文听着听着，不知怎么的，对自己所写的诗产生了欣赏的情致。他第一次发现，他所写的那些诗经高文来这么一念，觉得还是蛮不错呢……

钟文心想，接下来高文来很可能还要批判他摘抄郭老的《女神·匪徒颂》。可是，他等了好一会，高文来却没有再说《匪徒颂》的事，很可能那次在批判会上，他被钟文当面驳斥之后，他已经意识到了自己的无知。这次，他害怕再出洋相在众人面前丢丑，识相地再不提那首《匪徒颂》。

高文来口若悬河在台上对邓钟文的诗断章取义进行了批判，下边坐着的群众开始并不理解钟文所写诗词的意思，听的稀里糊涂的。听了高文来的解释和上纲上线的批判，才明白怎么回事，自然非常气愤。跟着台上的人呼起了口号："揪出用诗词向党攻击的反动分子邓钟文！"

"批倒批臭邓钟文！"

口号声在会场此落彼起……

批斗会结束之后，钟文回到宿舍，便被专案组逼迫着写检查交待。不过这一次唐之宫不再提他和刘景和的事儿，只责令他交待他所写的"反动诗词"的思想动机。

钟文抱定的态度是事实求是，尽可能从思想深处挖根源，决不承认那些强加给他的莫须有的罪名。这就使唐之宫特别恼火，指斥他顽固不化，态度嚣张。

"邓钟文，我警告你！你老实交待你写这些反动诗词的动机，争取宽大处理，你不承认也不要紧，白纸黑字写着的，你想抵赖也抵赖不了！你以为我们收拾不了你！告诉你，顽抗到底死路一条！"

男儿有泪不轻弹

无休止的检查交待，没完没了的批斗，成了邓钟文下班后的日常功课。哪一天专案组不来找他，不对他喝斥，勒令他写检查交待，便会觉得希奇。他是个实诚的人，他认为错误的东西早就交待过了，再写只能重复那些内容。老是那些事那些内容，写了一遍又一遍，写出来的检查交待他已经记不清有多少，摞起来怕有尺把厚了吧。他实在不理解，为什么要对他这样？他觉得自己简直成了写检查的机器。脑子充斥的全是这些东西，有时连做梦都梦见自己在台上被批斗，在写检查。因而天天晚上都睡不安稳，有时整宵整宵地失眠，一天到晚脑子木木的，头脑发胀发疼。

在这孤立无援万般无奈心情沮丧之际，钟文没想到张小虎会从千里之外的德令哈驱车赶来看他，这让他激动万分！又一次感受了人世的温暖和朋友间的真情。

因为他的检查没有新的内容，正如唐之宫说的全是"千篇一律"的"陈词滥调"。他们就对他进行疲劳战，车轮战。白天在工地和班组同志一起干活，晚上接受班组的批判。弄得钟文焦头烂额，疲惫不堪，心力憔悴。

一天晚上，专案组又指令班组召开了对他的批斗会。为了逼迫钟文就范，让他低头认罪，唐之宫在班组亲自坐镇。唐之宫的到来，使得班组职工的情绪为之振奋，会上火药味格外浓烈。

"邓钟文，你不要避实就轻！谈你的实质问题！"

"老实交待你写反动诗词的动机！"

"……"

正在这时，忽听得有人敲门，随之门被推开，只见一个头戴蓝色鸭舌帽，身穿大衣的年轻人走了进来。钟文一看，进来的竟是张小虎！不禁又惊又喜——自他出事之后，许多和他曾经要好的朋友一个个离他而去，见了面也不说话，惟恐避之不及。而张小虎远在千里之外，竟然不避嫌弃，前来看望他，自然抑制不住内心的激动，满腹委屈在心里翻滚，就像猛然见到亲人似的泪水溢满了眼眶，但他使劲忍住，才没让泪水流出来。

班组的人包括唐之宫在内，都知道邓钟文和张小虎的关系非同寻常，好得能伙穿一条裤子。前几天，唐之宫还专门追问他，要他交待和张小虎关系这样密切是不是怀着不可告人的目的？是不是想把张小虎从工人阶级队伍拉过去？张小虎的突然造访，不光班组人感到有点意外，就连唐之宫也大为吃惊，有点不知所措——他知道，张小虎不是省油的灯。两年前因为画毛主席画像，他嫌小虎画得慢，就吃过他的瘪。一时间，小小会议室空气凝固了似的，谁也没有吭一声，眼睛都聚焦在小虎身上。

张小虎站在门口，神色淡然地扫视了一下会场，明白了钟文在挨批斗。就当什么也没有发生一样，满不在乎地对主持会议的韩师傅说："韩师傅，我找小邓有点事，想和他说几句话。"

韩师傅看着小虎，愣住了，一时不好表态，旁边还有唐之宫呢。他将脸转向唐之宫："老唐，你看……"。

唐之宫明白韩师傅的意思，他不表态也不行，于是撇着嘴说："我们正在开会，要邓钟文交待问题，你找他什么事？"

小虎说："他借了我一本书，我刚从德令哈赶来，想把书拿回去。"

理由充分，不容拒绝，唐之宫不好再说什么，说："那好。"回头绷紧着脸对钟文说："给你五分钟，你去吧，不能耽搁，把书给他就回来继续接受批判！"

钟文便和小虎一起走出会议室，来到了钟文的宿舍。这时，四目相对，钟文再也控制不住内心奔涌的感情，热泪夺眶而出，哽咽着说："小虎，谢谢你从那么远地方赶来看我……"

"看你，别说那样的话。咱俩是朋友，友谊啥时候都不会变的！我知道你的情况不妙，一直牵挂着你。"

钟文有许多话想对小虎说，但话一出口，便哽咽起来："小虎，我怎么也想不到，我会是这样的结果，难道我真的成了反革命……"

"小邓，快不要这样说，别人不了解你，我是了解你的！你决不是那种人，你要相信自己！哪有你这样的反革命？那全施工队的人不都成反革命了！"

听到这话，钟文痛苦的心情轻松了不少。

小虎继续开导说："小邓，凡事都要想开点，千万不要胡思乱想，这没有什么了不得的！无论别人怎么说你，自己首先不要乱了阵脚！要保持头脑清醒，你得相信自己！自己看得起自己！你还记得唐代大诗人刘禹锡那首有名的诗吗？'沉舟侧畔千帆过，病树前头万木春'。毛主席说：'我们的同志在困难的时候要看到成绩，要看到光明，要提高我们的勇气。'我还送你一句话：'黑暗即将过去，曙光就在前头'……"

钟文听了小虎的话，心头顿然一热，眼泪又要流出来。钟文是那种刚强的性格，参加工作之后哪怕遇见再难的事儿从没有流过眼泪。如今，在他人生的低谷，在他最为痛苦，前途暗淡，心理承受力达到极限，眼看情绪就要崩溃的时刻，听了这样刻骨铭心的安慰话，让他感受到了人世间的温暖和最为宝贵的友谊，怎不令他激动得热泪盈眶？男人有泪不轻弹，只缘不到伤心处……

张小虎关心地对他说："我早就听说了你的事，早就想来看你。你也知道，施工任务很紧，日夜加班加点，而况德令哈离西宁太远，出来一次很不方便。冬训以后，虽然有时间，但交通不便，也没有机会出来。好不容易等到昨天，正好工地有一辆顺路车来西宁，我便向沈师傅请了假赶来了！"

"你来看我，他们会不会找你的麻烦？"

"我才不在乎呢！这些家伙吃柿子专拣软的捏！"

"你今晚住在哪里？"

"住在我一个老乡家里。"

钟文说："小虎，你那本《联共（布）党史》被专案组抄去了！"

"嗨！我不是真来拿书的，那只不过是个借口，我知道唐之宫不是什么好鸟，人家背地骂他是女人下边那玩艺！才故意那样说的。"

小虎一句话差点把钟文逗乐了。

他和钟文又说了几句话，还把班长沈师傅的话带给了他，沈师傅对他也非常关心，向他问好！注意保重身体。时间很快过去了，不便多耽搁，小虎便准备告辞。小虎转过身对钟文说："你千万想开点，不要难过，这个时候一定要挺住！只要有空，我还会前来看你的！"

钟文紧紧拉住小虎的手不肯松开。

张小虎和邓钟文从宿舍出来，唐之宫还等在那里，他看小虎两手空空什么也没有拿，板着张脸，问道："你说找邓钟文要书，书呢？"

张小虎终于逮住了找茬的机会，毫不客气地对唐之宫说："书被你抄去了——你不问我我还要找你呢！我问你，为什么把我那本书抄走？"

"你什么书被我抄去了？"

"你还给我装糊涂，你从小邓那里抄去什么书你不知道吗？还问我。"唐之宫一时没有反应过来，张口结舌地望着小虎："你，你怎么这样说话？"

小虎嘲弄地对唐之宫说："别'你！你！'了，我问你，你是不是从小邓那里抄走了一本《联共（布）党史》！"

唐之宫这才明白过来，理直气壮地回答说："这是修正主义的书！"

"什么修正主义？我看你就跟赫鲁晓夫是一样的货色！也是修正主义！"

"你说什么？"

"我说的够清楚了，你没听明白吗？这本书是斯大林编的，你说他是修正主义的书，这和赫鲁晓夫反斯大林有什么两样？"

"你……"唐之宫面红耳赤狼狈不堪，半天说不出话来。

"我什么？我说得不对吗？就你这水平还在专案组混，还是去干你的瓦工砌墙去吧！"小虎说完，便昂然而去。

唐之宫气得七窍生烟，差点岔过气去，可他拿张小虎也毫无办法，只好涨红着脸望着小虎离去。在凳子上愣怔了一会儿，终于找到了发泄的对象。气急败坏地喝叫着邓钟文，要他站好，招呼大家继续批判。毕竟当着班组职工的面被张小虎挖苦羞辱了一番，伤了自尊，脸上便有点挂不住。对钟文吼叫了几声，便借故走了。他这一走，大家自然有点泄气，对钟文无关痛痒地追问了一会，韩师傅便宣布散会。

经过一段时间的追查，专案组看看在钟文身上实在弄不出什么，只好偃旗息鼓，不了了之。

钟文的问题便被挂了起来，专案组不再找他，也不对他怎么限制，他想干啥就干啥，无人干涉。但过去批斗他时强加在他头上的那些罪名并没有宣布取消，他和刘景和的问题也没有做出结论。许多场合，如有些会议仍不让他参加，有时向职工传达中央文件也不许他听。在人们眼里，他仍属于被打入另册的异类。

国家出大事了

时间的车轮在缓慢地向前行进，终于喘着粗气十分艰难地驶进了 1971 年。钟文所在的施工队已经搬迁了几个工地，从乐都来到了西宁最西边的多巴。这是过去的一个旧军校所在地，军校的一些设施尚在。这里不像狭窄的山沟，地势比较平坦开阔，属于西宁盆地，工地靠近青藏公路，日夜轰响着隆隆的汽车马达声。西边不远的地方便是拉鸡雪山，晴天的晚上，可以望见晶莹的雪峰。工地四周是一片干枯的庄稼地，湟水河在旁边汨汨流过，河滩长满了茂密的大青杨。如今，气候已是深秋，大青杨已逐渐变暗变黄。人们已经收割完了青稞和玉米，天气开始转凉，西北风阵阵袭来，树叶扑簌簌往下掉落，大地呈现出一片萧索的秋色。

钟文在平淡孤寂中过着日子，再没有人找他麻烦，逼他写检查和交待。他的问题究竟怎样？没有人对他提起。他仍在班组上班，参加班组的政治学习。过去强加在头上的那些罪名和帽子，仍像狗皮膏药似的粘在他的身上，再也无法去掉，只好不明不白地继续背下去。

大约是九月十六号，张小虎急匆匆来多巴看望钟文。

——公司革委会成立之后，机构进行调整，张小虎随着沈师傅所在的班组并入了别的施工队。他们早已结束了德令哈的施工任务，现在西宁附近的大通县施工。不在一起上班，他们自然难得相见，自那次张小虎以拿书的名义从德令哈赶来和钟文匆匆见过一面，两人再没有见面。小虎的到来，钟文就像猛然见到亲人似地无比激动，有无数的话想要对他说。

宿舍人多，说话不方便，吃过晚饭之后，他们便走出宿舍，来到了工地。工人们已经下班，工地一片寂静，即将竣工的厂房在墨绿色的天幕下显得旷远而又巍峨。工地上到处堆放着高高低低的建筑材料，钢筋、水泥、沙石、砖头。他们小心地绕着道走，默默地谁也没有说话。平时能言善辩的小虎，这会儿却不说话，脸色有点凝重。他们悠然地走着，脚步迈得很慢。一阵风扑竦竦刮来，工地的照明电灯在风中摇拽，闪烁着扑朔迷离的光影。白天看起来朦胧模糊的雪峰，在月色中闪着银光，显现出清晰的轮廓，亮晶晶的几乎触手可及，就像神话里的仙山琼阁。

九月的西宁，天气开始冷起来，晚上的凉风还是很浸人的，刮在人身上凉嗖嗖的。人们早穿上了毛衣，钟文和小虎在毛衣外还加了一件厚厚的劳动布工作服，仍感觉到了夜空中的寒气。

两人肩并肩缓缓走着。

钟文今天心情很好，他好长时间没有和好友一起这样悠然地散步了——他现在已经成了孤家寡人，没有人和他说话，更没有人和他来往，除了上班埋头干活，他简直成了哑巴。再也找不来书看。下班之后，只要班组不开会，没有政治学习，他都是独自待在宿舍，哪儿也不去，在烦闷和孤寂中打发日子。

他记得：文革初期，他和张小虎、王名江、万胜生几个要好的朋友，下班之后，常在乐都工地附近的小河边自由自在地漫步。口若悬河地高谈阔论，纵横古今，气冲斗牛！那会儿是多么开心。自从那次洛阳之行，他被"揪"出来之后，再没有了这样的机会。没完没了的检查、交待和批斗，弄得他声名狼藉颜面扫地，人们看他的目光都带着鄙视。如今，他人不人鬼不鬼的，哪有散步的兴趣和心境？大多数时候，他只是一个人在房里闷坐，对着夜空发呆。这个时候他才深切地感到，能和相亲相知的朋友在一起散步谈心也是一种幸福和享受。

钟文一边走一边在心里发出感叹。这会儿，小虎表情严肃冷峻，许久没有说话。钟文看他的神态，猜想他好像有什么事要对他说。

什么事呢？

他们已经走出宿舍很远，快要走到厂房的尽头，小虎看看四周寂静无人，这才对钟文说："钟文，你知道吗？我们国家出大事了！"

钟文吓了一跳："什么？出什么大事？"

"林彪竟敢反对毛主席！"

钟文以为自己听错了，可他明明白白听见小虎是这么说的！这消息在他心里引起的反响不亚于刮起十二级台风，他的心禁不住一阵咚咚的狂跳。他侧过头望着小虎说："这是真的吗？"

"林彪反对毛主席的事败露之后，害怕受到惩罚，竟然带着他的老婆和儿子驾着三叉戟叛逃，在蒙古国温都尔汗机毁人亡！"

"怎么会这样？搞不懂！"

"这事确实令人费解！也许过几天这消息就会公布！"

这令人震惊的消息也不知小虎是从哪儿听来的？他也没有多问，只静静地听着。小虎就像讲述传奇故事一样，把林彪企图谋害毛主席，又怎样叛逃的事前前后后详详细细地说了一遍。

钟文听了不由得瞠目结舌，许久，都无法抑制住内心的震撼和诧异！他感觉到，吃惊中又似乎隐隐地夹杂着一丝兴奋的情愫。他不明白这兴奋源自何处？说实在的，这事太过重大，他掂量不清！他，一个生活在社会底层的普通工人，一个被抛入社会边缘的异类。林彪离他实在太遥远太遥远，简直可望而不可及。林彪好比天上的月亮，他只不过是地上的一棵微弱的小草，所谓草民——其实，应该说，他现在连正常的草民都算不上，不够资格，连屁民也都不是，也许只是一只小小的蚂蚁。以往头脑中形成的对林彪的印象全都是正面的，都是报纸、广播、书籍、媒体上看到听到的。镀金镶银光芒四射，人世间所有的颂词和美誉都汇集在他身上。他从来都是毛主席最忠实的战友和学生，是毛主席著作学得最好理解最深最忠于毛主席革命路线的法定接班人。全国全党全军的副统帅。他最先提出在全军突出政治，学习毛主席著作，树立毛主席的绝对权威，他总是跟在毛主席的身后，挥动红宝书，口里喊着万岁，无异于毛主席的化身。所谓高大上伟光正的代表！他怎么会反对毛主席呢？他不理解……

钟文的脑子里，从来没有对他产生过一丝一毫的怀疑和不恭，有的只是仰慕和崇敬，因而对林彪也说不上有什么反感和厌恶。之所以有点兴奋，是他的思想意识深处，从这件事的本身隐隐约约感觉到中国政治的复杂，斗争的残酷！前者刘少奇、邓小平被打倒，创建新中国的开国元勋和有功之臣都成了修正主义，走资派，而只剩下了一个林彪。如今林彪竟又如此！这究竟是怎么回事呢？其中隐藏着怎样的内幕和玄机？他实在无法参透！他隐隐地感觉到，中国的政治将会因为这件事的发生而发生变化，这对他们这些生活在高压政治下的另类来说是最希望的，希望在这暗夜里投下一丝亮光。

他望着小虎，轻声地说："这一来，中国会不会变化呢？比方说，国家路线政策方面是否会有变化？"

小虎说："林彪一死，政局发生变化是肯定的，这里面要牵扯多少人啊，在中国政坛肯定会有一场大地震发生！"

钟文说："中国政局会向哪个方向变化呢？"

"大的变化不会发生，因为毛主席还健在，他的路线方针不会改变……"小虎仿佛一个成竹在胸的政治家，充满自信地说。

其实这一点，钟文也意识到了，尽管林彪在中国的政治生活中占据着重要位置，或者说，起着不可替代的作用，但无论怎样，中国这艘航船是毛主席亲自掌握的，政治车轮是按着毛泽东思想和毛主席的路线来转动的。这是谁也不可改变的客观现实……

两个相知相交的朋友，在工地悠然地走着说着，推心置腹地谈论着，但这复杂的政治形势对于他们来说，实在是一个猜不透的谜，他们都感到非常迷茫。

夜渐渐深了，寒气越来越重，一阵风刮来，他们禁不住打了一个寒颤。小虎对钟文说："时间不早了，我得走了。"

"这么晚了，今晚你去哪里？"

"住我老乡那里。"

钟文说："不走吧，今晚就住我这里。"

小虎说："不了，我还住老乡家，和他说好了的。"

既然这样，钟文也不挽留，看见小虎消失在茫茫夜色里，钟文才回转身，赶回自己的宿舍。

钟文躺在床上，久久不能入睡，望着屋顶呆呆地出神。小虎带来的消息无异于原子弹爆炸的冲击波，在他心灵上产生的震撼是前所未有，甚至可以说是颠覆性的，他的认知再也回不到过去。他一直在思考着这事，思考得脑壳发疼也没有思索出一点头绪，脑子里仍是一片浆糊……

不几天，从上而下传达了中共中央关于粉碎林彪反革命集团的文件。钟文也被允许参加了传达大会。文件的内容和小虎说的差不多，只不过，林彪的死和小虎所说的大相径庭。小虎说林彪的飞机是被导弹打下来的，而文件上说林彪是自己驾着飞机逃窜的时候，在蒙古国的温都尔汗因为飞机失事而摔死的……

职工们听了文件之后，炸了锅似的议论纷纷，说什么的都有。林彪这人怎么隐藏得这么深？他口口声声说自己无限忠于毛主席，无限忠于毛主席的革命路线，却原来是个两面三刀当面说好话背后下毒手的伪君子；有的说，看他的长相就不是好人，一副奸臣样儿；有的还说，林彪也太性急了一点，九大以后，他被定为毛主席的法定接班人，被写进了党章和宪法，江山迟早是他的，为什么不耐心等待呢；尤其让人们不可思议的，文件里说他驾着三叉机逃窜的时候还带着一些美女……

人们由此而产生许多联想……

钟文企盼着国家在政治上能够宽松一下的想法，只不过是他一相情愿的美好愿望。果如小虎分析的那样，笼罩在中国上空的高压政治并不因为林彪的死而出现一丝一毫松动的迹象，反而变本加厉更加强调阶级斗争和无产阶级专政。就连过去反对过林彪的人也不予平反，这实在叫人有点匪夷所思！

勿庸置疑，因为9·13事件，多年来在人们心灵上建造的精神大厦已经轰毁，就连毛主席亲自指定的革命接班人，都可以对他进行背叛，信誓旦旦的话都是谎言，那世界上哪还有什么是真的？谁还能相信谁呢？人们对文化大革命的热情无可避免地大打了折扣，无论开什么会，再也激不起人们过去那种几乎是宗教般的狂热和虔诚……

第二十章　重返河南

撤离三线

正在这时，日夜奋战在三线工地的职工们突然得到一个消息：中央决定撤销三线建设！七公司所在的三线工程很可能马上就要停工停建。这爆炸性的消息在工地不胫而走，大家一时感到莫知所从，不知怎么回事？这是国家大事，小老百姓当然不明就里，大家纷纷猜测，这消息是真是假？一下子被打入闷葫芦里。

消息是真的，这是中国高层决策者根据国际国内大环境的变化所采取的一项重大举措。三线建设的初衷是为了应对敌人对中国发动的战争，而做出的重大的战略部署和战略调整。但目前的国际形势，弥漫在中国头上的战争阴云已基本消散。苏联对中国不再那么张牙舞爪，磨刀霍霍，中苏边境冲突已有所缓和。同时，美国为了拉拢中国与苏联抗衡，美国总统国家安全助理基辛格对中国首次进行了访问，美国的对华政策有所调整，表示愿意向中国政府改善关系。另外，从三线建设的实际效果看，有些项目确实不切实际，没有产生任何经济效益，反而成了负担。这些工厂大都远离城市，建在山区，零星分散，多数是一厂一点，有的甚至是一厂多点，车间与车间之间相距很远。工厂布局被人称为"羊拉屎"、"瓜蔓式"、"村落式"。一个产品零部件的生产分散在许多处，组装起来费时费力，成本大造价高，且产品及工艺落后而过时，无法跟上世界潮流。山沟又时不时爆发山洪、冰冻等自然灾害，企业损失惨重……

中央在这种大形势下才审时度势，决定撤销合并三线工程的部分项目。七公司所属单位的施工项目，正是被撤销之列。

工程停工停建，职工们并不在乎，只要工资照发就行。他们将往何处去？这才是大家最关心的！小道消息传来传去，有人说，公司最大的可能是调入内地——内地许多重大经济建设项目急等着上马呢！

职工们听到这个消息，就像他们当初听说将要开赴大西北一样，不由喜笑颜开热血沸腾，恨不能马上就调回内地——他们觉得在这里已经待够了！一些人生怕调离内地的消息不确切，见了面就相互打探，那些和公司头儿走得近的消息灵通人士，备受大家的欢迎。这些人却故作姿态，见人问得紧了，才神秘地透露一丁点的消息：调离青海的事已成定局，至于搬迁去哪儿？具体地点暂时还没有确定……

谣言四起众说纷纭莫衷一是——有的说将调往河南，有的说搬迁到武汉，还有说将去上海的……完全依据各人的兴趣和主观意愿传来传去。

不管怎样，能离开青海就好，大家不由兴高采烈整装待发。这一来，大家干活的劲头无疑松懈下来。

钟文也跟大家一样，迫切地盼望调回内地。他也说不上为什么想要离开青海？其实，青海除了离家太远，也说不出青海有什么不好。在他的印象里，青海还是满不错的，尤其东部农业区，和内地没有什么太大的区别。冬天气候不很寒冷，而夏天却特别凉爽舒适。这里样样都有，内地出产的这里都能买到，物价也不贵。吃牛羊肉十分方便，价钱还特别便宜。而职工的工资却比内地要高，还享受地区津贴……为什么还想离开呢？也许是潜意识在起作用。大约一个人在一个地方待久了就会感到厌倦和腻歪，产生一种新的希望和企求，想换一个新地方感受一下新环境带来的新生活，也许喜新厌旧是人的一种天性。

终于传来了确切的消息：他们搬迁的地点是河南灵宝县。国家要在那里兴建一个较大的汽轮机厂。

听到这个消息，人们为之欢呼雀跃，钟文更是激动。他对灵宝并不陌生，当他从渑邑到洛阳刚参加中南一公司工作的那年冬天，他所在的班组曾被临时抽调到灵宝支援兄弟队的施工，在那里干了一个多月，任务完成后才回到洛阳。

那次他在灵宝的时间虽然很短，却感受了灵宝的风土人情。

灵宝紧邻陕西，不光口音和陕西接近，许多生活风俗习惯也和陕西相同。那是一个很不错的地方，除出产小麦玉米之外，还盛产苹果和大枣。到处都长着柿子树。那年他去灵宝的时候正是天将寒冷柿子成熟的季节。红红的柿子像灯笼似地挂满枝头，熟透了的红柿又烘又甜。钟文最喜欢吃红柿，星期天没事的时候，就和班组里的人爬到娘娘山去摘红柿。娘娘山的柿子树很多，差不多都是野生的。野柿子没有人采摘，成熟了的柿子便掉在树下烂掉了，人们可以任意摘吃；娘娘山除了有甜甜的柿子，下边的坡地还种有红薯，那里的红薯又粉又甜特别好吃。他常和班组的师傅们，扛着铁锨去山上收获过的地里去"溜"遗漏下的红薯。一上午"溜"的红薯几天都吃不完。省了许多粮票。

让钟文高兴的不光这些——灵宝离渑邑和洛阳不远，坐火车三个小时就可到达，他可以常回去看他的满叔，还可以见到春明——自那次和春明在洛阳匆匆一别，就再没有春明的音讯。他虽然想过许多办法和春明取得联系。包括托夏师傅的孩子——中学生捎信，可至今仍没联系上。

调往内地的决定终于正式传达到每一个职工。

原来并不是整个公司都搬迁内地。七公司一分为二，一半留在青海，一半调回河南。留青海的仍用七公司的名称，调河南的改为河南省建三公司。钟文所在施工队被划在"走"的范围，他放下心来，暗自为自己庆幸。同他一起走的还有万胜生，而张小虎和王名江所在的施工队却被划在"留"

的单位。那些要"走"的职工，当然个个笑逐颜开欢天喜地。而"留"的职工则无不垂头丧气懊恼不已。可是，再不乐意也没有办法，个人服从组织，这是铁的纪律，谁也不能违抗。

搬迁内地的职工已经停止施工。工人们开始忙碌起来，做起了搬迁准备，拆卸机器搬运设备托运行李。忙碌了半个多月，搬迁工作总算弄停当。

人们开始相互道别，聚餐，喝酒，几个人聚在一起，破着嗓子叫喊着，为友谊干杯，为把热汗热血洒在三线建设工地干杯！为战斗在青海高原的六个春夏秋冬，也为告别青海这块热土干杯！

钟文仍处于孤境，没人搭理他，也没人叫他喝酒，独自一人犹如一只离群的孤雁，说不出的落寞和凄清。为了告别青海，也为了抚慰自己，抚慰逝去的不堪回首的岁月以及所遭受的屈辱，也得犒劳一下自己，自己为自己干杯！临走的那天晚上，他去小卖部买了瓶酒——他不会喝酒，只买了瓶红葡萄酒。还从食堂买了几个甲菜——糖醋排骨，红烧湟鱼，还有一个土豆烧羊排。回到宿舍坐在那里自斟自酌起来。他从瓶里斟出一些酒，自言自语地说："邓钟文，你现在成了孤家寡人，没有人理你，也没人陪你喝酒，那就自己陪自己喝吧，干了这一杯！"说完，仰起脖子将酒喝了。

钟文又从瓶里倒了些酒，举起酒杯说："邓钟文，青海六年，你好辛苦，三线工地拼死拼活干活，可没有人表扬你！你好可怜，我敬你一杯！"说完，他端起酒杯仰起脖子喝了。

接着钟文又倒了第三杯酒，举得高高的，对自己说："邓钟文，我知道，你是一个好人，你从没做过对不起人的事，你只不过家庭出身不好，时运不济，才遇此大难，遭此冤屈，希望从此苦尽甜来！再干一杯！"

他连着喝了三杯。

"怎么，你一个人在这里喝闷酒呀！"

正在这时，房门开了，一个人走了进来，一个声音在耳边响起。他转过头一看，说话的是班里的朱师傅。朱师傅是上海虹口人，说一口地道的上海话。在钟文的印象里，朱师傅人很随和，他在班组被批斗的时候，朱师傅不像别人那样积极，火力很猛，只是随着大家敷衍几声而已。这会儿，他可能在哪里喝酒回来，一脸的酒气。钟文本想邀他过来喝一杯，可他怕别人说他别有用心，便打消了念头。将嘴里想说的话咽了回去。然而，朱师傅却微笑着走过来，坐在钟文对面的小凳上，说："邓钟文，你马上要走了，我要感谢你。"

钟文听了有点诧异，感谢我？感谢我什么？

朱师傅说："我是文盲，不识字。一直以来，你总帮我写家信。"

朱师傅说的倒是真的，话虽说得平常，在这个时候，这个环境说出来，钟文听了却很感动。他进单位以来，一直帮师傅写家信。写得最多的除了朱师傅，还有大老张。可他被"揪"出来之后，大老张再不找他写信，生怕粘着他似的。唯独朱师傅，不管何时，家信都要钟文写。

钟文说："朱师傅，你别客气，你要我帮你写信是看得起我！到河南后，我继续给你写信！"

"哪里！你还不知道吧？我不回河南了，决定留在青海。"

朱师傅的回答有点出乎钟文的意外，他不解地问："为啥？"。

朱师傅实打实说："你想呀，我们上海人，回到河南有什么好？一年还是一次探亲假，工资比青海还少开不少。我干不了几年就要退休，所以我们好多家在上海的都不想走。许多想走的河南人又走不了，我们正好和他们调换！"

原来这样呀。

朱师傅又说："邓钟文，你在我眼里是个好青年，你还年轻，世上事谁也说不了，事情总有转机的！"

想不到，在他处于孤境，还有如此理解他的人，还能听到这样暖心的话。钟文不禁感慨万端，激动地说："朱师傅，咱们快要分别了，你不嫌弃，咱俩干一杯吧！"

朱师傅一听，连忙说："好好，咱俩干一杯！"

钟文找了个杯子，把剩下的半瓶酒分倒在两个杯子里，两人端起酒杯，碰了碰："干杯！"

"干杯！"

朱师傅似乎意犹未尽，又和钟文干了几杯。

红葡萄酒有点甜，喝起来很顺口，却很有后劲。由于钟文先喝了几杯闷酒，这一杯又喝得猛，渐渐酒劲上来了，脸上开始发热，连脖颈都涨红了。朱师傅也一样，他原先已喝得差不多了，又喝了几杯红酒，白酒和红酒掺在一起喝就更能醉人，朱师傅头脑晕晕乎乎，异常兴奋，话不禁多起来。

"小邓，我想问你，你有喜欢的女人吗？"

"女人？什么女人？"

朱师傅的话让钟文感到非常突然，他今天怎么提起这来了？觉得非常奇怪。这是个人隐私，不足与外人道的。钟文感觉到，朱师傅与其在问他，不如说在问他自己。也许朱师傅心里藏着什么秘密，趁着酒劲想要找个人宣泄出来，才这样大胆地发问吧？

钟文虽然也喝得差不多了，头脑有点晕乎，但他的意识还是清醒的，见朱师傅亲切地叫他小邓，又是问他如此敏感的话题，挺感动的。他不知道该怎么回答？他首先想起了司慧梅，很想说有，但他觉得这个名字在他心里那么神圣，是他心中的痛，怎能随意触碰？便回答说："没有。"说完，等待朱师傅的回答。

朱师傅望着钟文，两眼闪亮，兴奋地对钟文说："我有！"说着，脸上表现出一副得意的神情，"你知道吗？我喜欢刘玲……"

于是，朱师傅嘴里喷着酒气，颠三倒四和他说了他和刘玲的故事。

钟文听了大感惊奇！朱师傅竟然将这么私密的事告诉他。他在感动之余，也有点疑惑，他为什么要告诉他这些呢？人真是怪物！"酒后吐真言"，大约就是指的这吧！也许因为他们马上就要各奔东西，彼此构不成伤害，他才把他当作宣泄的对象，趁着酒劲，把心中的秘密说出来吧？

入夜，钟文躺在床上辗转反侧，久久不能入眠，想起了许许多多的人和事，自然有他心里深藏的司慧梅，还有朱师傅所说的刘玲。占据头脑最多的还是他这几年来所受的冤屈！这些人和事就像电影的残片似的在脑子里晃动……

参加三线建设转眼就是六年了，想当初自己那么年轻，才二十岁，思想纯正，满脑子都是梦想，充满青春活力，正所谓如花绽放的年华。那时，他激情满怀，豪情万丈。而现在呢？却成了这个样子——成了浑身散发着臭气灰头灰脸没人瞧得起的异类！不由得鼻子发酸，真想痛痛快快地放声大哭一场，以发泄自己心中的块垒。但他又不能哭，只好尽力压抑着。多时未有的诗兴竟在胸中涌动！内心的情感犹如决了堤的洪水，汹涌澎湃无法遏止！被赤烈燃烧的情感所驱使，从床上倏地爬起来，"啪"地一声拉亮了房里的电灯，找出钢笔和笔记本，要将自己内心的情感抒写出来……

——自遭批斗以来，他好久没有写诗了。愤怒出诗人，一点不错，虽然时不时有诗兴在心中涌动，可他只好硬压下去，没有动笔。今天他顾不得许多了，无论如何他要表达一下自己火山爆发般的感情，于是在本子上挥笔写道：

《离青有感》

高原六载战沙风，回马听命又朝东。

曾是豪情变臭气，却看春花起皱容。

昆仑雪涤后衣短，河湟水淹赤胆中。

莫将忧患掂斤两，挥我大锹尽鞠躬。

最后两句，他还是让自己的思绪跌回了现实……

第二天，是乘坐火车回内地出发的日子。

职工们早早起了床，洗漱完毕，吃过早饭，以班组为单位坐着公司的卡车来到了西宁火车站。广场上到处是人，除了正常乘车的旅客，大多是公司迁往内地的三线职工，还有一些是为这些回内地的职工送行的亲属或熟人。他们来自各个工地，三三两两聚集在一起，相互交谈着。和他们来青海时所受到的无比热烈壮观的欢迎场面相比，真是一落千丈！广场上没有飘扬的彩旗，没有喧天的锣鼓；少了那种被渲染的欢乐热烈的气氛。人们来时的那种慷慨激昂的热情早已褪尽，欢送他们的似乎只有呼啸的朔风，夹带着沙尘，不时扑打在脸上。

站台上到处都是熙熙攘攘的人流。他们三五成群地挤在一起，或握手，或交谈，或相互嘱托。脸上看起来有说有笑，内心却激荡着恋恋不舍的情愫。相互亲热地说着依依惜别的话，虽是重复了多少遍的老调，却仍絮絮叨叨的说了又说，嘱咐了再嘱咐。火车很快就要进站，进站的哨子终于响起来……

唯有钟文人单影只。

他本想早早坐到自己的座位上，可离开车的时间还早，他不想那么早就在车厢里等待火车开动。在车厢里找好自己的座位，便走出车厢，在站台上茫然地踱着步子。他依然背着那个黄色的军用小挎包，孤寂的身影在寒风中显得茕茕孑立。在站台缓步走出一节车厢的距离，重又折返回来。心情惆怅地站在那里，向车站的入口处张望着，似乎在企盼什么。迎面刮过来一阵风，带着沙粒，他只好眯着眼将视线投向远处。可是，什么也没有出现，他失望地回转身正要走进车厢，忽然，他的眼前一亮，他远远地看见两个熟悉的身影向他飞快地走来——一个是张小虎，一个是王名江！

"小邓，小邓！"

两人着急地叫喊着，远远地一边跑，一边向他招着手。

钟文禁不住内心的激动，泪水顿时迷蒙了他的双眼……

劫后重逢

世上的事真是那么巧，钟文所在的工程处搬迁到灵宝的新工地竟是七年前他们住过的张村。

工地前边是陇海铁路，穿过铁路往北走不多远便是灵宝县城，南边是巍峨的娘娘山。据传，娘娘山因供奉三位娘娘而得名，因地质奇观"石瀑布"而闻名遐迩。自然风光秀美，山水相映成趣，四季景色各有不同且富有韵味；娘娘山下的张村，地势平坦，除了庄稼地就是苹果园；工地西边紧靠泓农涧河，这时的泓农河基本干涸，曲曲弯弯的河床差不多裸露着，有的地方长满了芦荻和荒草，只有小数河段 出现一些细流或是浅水洼。

公司从青海搬迁到河南之后，机构进行了调整，人员发生变动。原来的一处改成了二处，钟文所在的施工队长仍是张方杰。张队长仍跟过去一样穿着上海农村产的那种蓝色家织布衣服，一天到晚板着张清瘦的脸，没有一点笑容，人们很难在办公室找着他，整天和工人混在一起。指导员却换了人——钟文怎么也没有料到，新来的指导员竟是他的老冤家唐之宫。

新的领导成员和职工见面的那一天，唐之宫出现在会场，这让钟文始料不及。原来专案组已撤消，唐之宫无处安顿，公司头儿便让他在施工队担任指导员。唐之宫讲话之前，向会场职工扫视了一遍，发现了下边的钟文，撇着嘴看了他一眼，嘴里似乎带着一种嘲弄。钟文感到脑袋"轰"地响了一下！怎么这么不走运？又撞在他手里！换了一个地方，走了这么远仍然摆脱不了他的掌控，翻不出他的手掌心！每每看见他，钟文就像吃了苍蝇似的感到恶心！可这是没办法的事。好在这时候的政治环境毕竟有所改变，只要自己小心谨慎，谅他也不能把他怎样！

确也如此，除了上班干活，再没有人找他的麻烦。钟文的心情渐渐好起来，忘记了个人的忧患，全身心投入到热火朝天的中州汽轮厂的施工中去。

时间渐渐过去，很快就是 1972 年元旦，元旦放假一天，加上星期天共有两天休息时间，家在洛阳及附近的职工都准备回家。钟文也早有自己的安排，他准备利用这两天假期去渑邑看望他的满叔，然后再到洛阳去找春明——他想春明都想疯了，想得骨头疼！

下午大家收拾好工具就提前下班。钟文在灵宝火车站很顺利地搭上了东去的火车，经过三个小时的行车，到达渑邑才下午五点多钟。

——钟文从满叔的来信中知道，满叔已被落实政策，恢复了医生的工作，现在陇南矿医院上班。钟文走进陇南矿大门的时候，感到心跳得厉害——三年没见满叔了，他如今怎样呢？抑制着内心的激动，抬眼向前看去，天灰蒙蒙的，建筑物四周落满了煤尘。问了问一个矿工模样的人，按照那人的指点迈步走进了陇南矿医院。

这是那种红砖砌成的平房四合院。中间是一个椭圆形的天井，天井的四周是病房、门诊室和医生的宿舍。天井里种着几棵柳树，叶子已经落尽，黄褐色细长的柳丝在冷风中随风飘舞。天井中间种了些花草，别的花草已经凋谢，枝叶枯萎，只有几棵残菊不甘轻易消殒，举着粉色的残花立在寒风中颤抖。钟文正站在院子的通道上打量的时候，看见一个头戴火车头栽绒帽，身穿兰咔叽布旧棉衣的矮个子老人，缩着脖子从中间一个房里走出来。他手里端着碗筷，看样子是去食堂吃饭。

钟文仔细一看，老人正是他的满叔！

几年不见，满叔竟变成了这个样子，脸上有了细密的皱纹，两鬓还出现了白发，比上次见面，明显地见老了。钟文鼻子一酸，激动地叫了声"满叔！"他感觉自己的声音有点颤抖。老人听见声音，赶紧抬起头，看见了站在面前的钟文。猛地愣了一下，随后露出了惊喜的笑容："钟文，是你？刚下的火车？"

"嗯，满叔，我给你写的信，你收到了吧？"钟文的声音有点哽咽，

"你写的信我收到了，估计这两天你会来……"

他领着钟文重又拐回宿舍，说了几句话，对钟文说："你等着，我去给你买饭，吃了饭再说话。"

钟文说："你一个人端不了这么多碗，我和你一起去吧！"

于是两人一起来到食堂。

这会儿正是煤矿工人下班开饭的时候，前来就餐的人很多，排成了几路纵队，随着队伍缓缓移动，好不容易才排到跟前。满叔在窗口看来看去想买点好菜，可是食堂供应的菜无非是白菜萝卜。所谓好菜，不过蔬菜里加了些肉片而已。到底是煤矿，比起钟文公司的大食堂实在相差太远，不是一个水平。满叔看了一会最终也没有买到满意的菜，满叔歉意地说："矿里的大师傅都是这水平。"

钟文说："满叔，没关系的，又不是外人，随便吃一点算了。"

吃了晚饭，天逐渐黑下来。叔侄俩便在房里坐下说话。虽然是寒冬天气，窗玻璃上结了厚厚的冰凌，冰花呈现着各色图案。但屋子里生着煤炉，坐在屋里却感到其暖融融。

钟文发现，满叔仍像过去一样不好收拾。房里尽管东西不多，只一张床和一个三斗桌，可东西摆放得很乱。这里一点，那里一摞，脏衣服臭袜子到处乱放。三斗桌上沾满厚厚的灰尘，有几个碗还残留着吃剩下的汤渍，看样子多日没有收拾了。可见满叔的日子过得多么凄惶。满叔在以往的信上虽然没有对他说过他的情况，但钟文完全可以想象到他当时的窘境。

文革初期，钟文曾收到过春明写给他的一封信，春明在信上简单讲述了满叔的事儿，说满叔被打进了牛棚，造反派经常强迫他戴着高帽，和别的"牛鬼蛇神"一起，一边敲打着手里的脸盆，一边在渑邑的几个矿里游街示众。钟文看信之后心痛了好几天，可这是大势所趋，多少知识分子都在遭难，多少有地位的老革命都在挨批斗，谁也没有办法，而况钟文自己那时的日子也不好过……

后来，这些被打进牛棚的牛鬼蛇神，统统被派到矿上监督劳动。满叔被剥夺了当医生看病的权利，强制他到煤台捡煤碴。他从小就在学校读书，没有参加过体力劳动，身单力薄手无缚鸡之力，加上做事动作又慢，劳动能力极差，在煤台捡煤渣自然比别人捡得少。尤其是冬天，寒风索索，寒冷刺骨，冻得嘴唇乌青，手指僵直。那些人看他龟缩着身子，干活慢腾腾的样子，便会对他加以呵斥和斥骂。说他消极怠工，拒绝改造！这样一来，满叔受到了比其他人更多的轻慢和凌辱。满婶看他这样，越发对他产生了嫌弃……

"满叔，满婶常来看你吧？"满叔见钟文问起这，不由神色黯然，叹口气说："夫妻本是同林鸟，大难来时各自飞……"

"怎么？满婶她……"钟文忽然想起，在满叔给他的一封信中隐隐约约提到满婶要和他离婚的事，当时钟文还不相信，看来这事是真的。他怕满叔难过，话到嘴边又咽了回去。

满叔说："你满婶和我结婚本身就是个错误……"

钟文明白满叔所说的意思。通过自己和满婶为数不多的几次接触，确实感到满婶和满叔两人存在着很大的差异。可以说，他俩完全不是一路人。满叔性格内向，不善言谈，不好交际，一心扑在病号身上，把救死扶伤看成医生最崇高的使命。而满婶却性格开朗善于交往，尤其在政治上追求进步。而满叔的家庭出身无疑成了她前进路上的拦路虎。为此满婶对满叔一直耿耿于怀，心存怨气。满叔被打进牛鬼蛇神之后就提出和满叔离婚。满叔也只好答应，在离婚协议书上签了字。

钟文不知对满叔说什么好？望着满叔满是鱼尾纹的双眼，心里充满了悲戚。满叔倒非常理解满婶，叹口气说："你满婶当时也有她的难处，经受着巨大的社会压力。她怕将来孩子都会受我的影响而前途暗淡，才不得已提出和我分手。现在她也觉得有点后悔，最近给我写了封信，想要和我复婚。"

钟文高兴地说："好呀，这是好事！"

满叔说："是呀，我也表示同意，看在孩子份上。孩子没有父亲是不行的。其实人生就是这么回事。"

沉默了一阵，满叔又十分关心地对钟文说："你的情况怎样？因为刘景和的事，渑邑军管小组几次找到我，追问你和他搞了什么反革命活动？他们还跑到孟津县医院找了你婶，你婶责怪死你了，弄得她也受了影响，在县医院闹得动静很大！一家都不得安宁！你怎么和那样的人做朋友？他们没找你麻烦吧？"

渑邑的人因为刘景和的事找满叔的麻烦，钟文倒料想到了，而没想到的是他们竟然找到孟津县满婶的医院里，真是太不像话了！他为景和的事受尽了折磨，问题至今还挂在那里，未作结论，竟然连满婶也不放过，使得她也不得安生！但钟文怕满叔为他担惊受怕，装作没事人一样轻描淡写地说："满叔，我没事，我和他从没有联系，我在单位好好的，这你完全可以放心。"

又谈了一些别的事，话题扯到钟文的婚事上，满叔担心地说："你年龄已经不少了，该成家了。"

钟文叹了口气，说："像我这样的条件和家庭出身，解决起来很难，着急也没有用。"

"话是这么说，做长辈的都是这样，都牵挂着你的婚事，我猜想你妈为这事不知多着急哩……"

叔侄俩难得见面，见了面有许许多多的话，再也说不完，直谈到深夜，才开始睡去。

失之交臂

满叔的情况在向好的方面发展，这使钟文感到欣慰，犹如掀掉了压在心上的一块石头，顿时轻松了许多。

第二天吃了早饭，钟文就和满叔告辞，准备去洛阳找春明。临走时，他看满叔房里实在太脏太乱，趁满叔去门诊室上班的时候，帮他把房间又整了整，把脏东西擦了擦，脏衣服洗干净，然后才来到满叔上班的门诊室和他告别。

门诊室坐满了等待就诊的矿工，满叔正平心静气坐在椅子上拿着听诊器给一个病人测血压。钟文站在门外等了一会儿，见测完了血压，低声叫了声："满叔，我走了。"

满叔听见钟文叫他，忙抬起头看了他一眼，对钟文说："你回去以后给我写信。"

钟文答应一声，便离开了。

钟文在渑邑很顺当地坐上了火车，一小时后便到了洛阳。没有耽搁，乘五路公共汽车来到了玻璃厂。钟文走到门卫处问了问，幸好，值班的那个门卫对春明的情况非常了解，他看了看钟文，回答说："他已不在玻璃厂了！"

钟文心里一沉，一颗心不安地蹦跳起来。

门卫看他神色紧张，接着说："他调走了！"钟文这才把心放下。

"他调哪去了？"

那人一时想不起来，用手在头上挠挠，说："他调到涧西的一个什么厂去了。"

"煤灰砖厂。"旁边的一个门卫提醒说。

"对！对！煤灰砖厂！"那人说。

钟文对洛阳很熟，那两年在洛阳工作的时候，几乎走遍了洛阳的大街小巷，可这个煤灰砖厂却十分陌生，从没有听说过，大约是一个新建的厂吧。

"他调走多久了？"

"调走不到半年。"

　　这时，快到下班时间了，厂门口人来人往，上下班的人进进出出。门卫既要注意大门的出入，又要回答钟文的问题，未免心烦，当钟文往下再问的时候，不耐烦地冲了他一顿："我说你这人，怎么这么啰嗦？"

　　钟文受了抢白，却并未生气。几年来，春明一直音信全无，他时刻都在为他悬着心，睡不安寐食不甘味。为了打听出他的消息，可谓绞尽脑汁费尽了九牛二虎之力，今天终于打听到了春明的下落，实在不枉此行。不管怎样，春明平安无事就好！

　　钟文脑子里立即有了一个计划，反正已到吃中饭时候了，肚子也早饿了，先到公司食堂吃了中饭，下午再说吧。公司驻地就在唐宫路玻璃厂隔壁——过去的留守处，没几步路。钟文调转身就往公司赶，不一会就到了。食堂正在开饭，人来人往，钟文来到卖饭窗口，向大师傅要了一副碗筷，买了两个馒头一个肉菜，坐在条桌上吃起来。肚子填饱之后，准备休息一下，再去找春明。便来到公司招待所，负责公司招待所的还是那位姓李的上海师傅，登记了一个床位。正想躺床上睡午觉，突然想起，等一会要去涧西煤灰砖厂找春明，他还不知煤灰砖厂的具体地址，不知这位李师傅是否知道？便向李师傅打听说："你知道涧西的煤灰砖厂吗？"

　　李师傅摇摇头，回答说不知道。

　　钟文躺在床上准备午睡一会再去找春明，可他是个急性子，因为有了春明的确切消息，想到马上就要见到春明，心情激动，瞌睡便消失得无影无踪，干脆从床上爬起来往外走去。

　　"有一辆自行车就好了。"

　　正这样想的时候，迎面碰上了凌师傅。

　　"小邓，你也来洛阳啦？"

　　凌师傅也是从灵宝回洛阳过元旦的。文革刚开始，两人曾有过一些过节，凌师傅当了班长之后尽管没有为难他，但在钟文心里总觉得凌师傅和他隔着一层似的。没想到，凌师傅见了钟文竟叫了他一声"小邓"。

"你什么时候来的？来公司怎么不去我家？"

钟文被那一声"小邓"感动得心里热乎乎的，打他受到批斗，对他这样称呼是从来没有过的，感到既意外又感动。连忙回答说："我不知你住在哪里？"

"我家就住在公司食堂后边的家属院第二排，很好找的！走，去我家坐坐，摸摸门。"说着拉住钟文就走。

钟文不好推辞，跟着凌师傅到了他家。钟文急着要去涧西，有点游神不定，"王顾左右而言他"，和凌师傅搭讪着说了几句话，忽然发现凌师傅家墙角放着一辆半旧自行车，便说："凌师傅，我到涧西有点事，想借你的自行车用一会儿。"

凌师傅爽快地答应说："行呀，这有什么，你推去骑吧。"

钟文见友心切，二话不说，推了自行车就走。一路疯跑，不一会就骑到了七里河。往西又骑了一会，钟文便停下车向行人打听煤灰砖厂，可是连问好几个人，都说不知道有这样一个厂。连交通岗亭值班的民警也问过了，都说没听说有这个厂。

钟文在路边踌躇了好一会，望着马路上来来往往的自行车，暗自在心里发急：春明呀春明，你在哪里？你让我找得好苦！稍停了停，钟文骑着自行车继续往西走去。忽然灵光一闪，心想：煤灰砖厂，一定是煤灰多的地方。整个涧西区，煤灰最多的地方非洛阳热电厂莫属，到那里问问也许能够问到。他为自己的这个突然发现而暗自高兴，于是加快了脚下的速度，很快就来到了武汉路。

他停下车拦住一个工人模样的人问了问，果然有了答案。那人告诉他：煤灰砖厂就在附近。那人说他就是煤灰砖厂的工人。钟文高兴不已，向那人问道："你们煤灰砖厂有一个叫杨春明的吗？"

那人扬起脑袋想了想，有点遗憾地说："我们煤灰砖厂是个新建的厂，人头不太熟，你说的这个人是干什么的？好像没有听说过。"

钟文的一颗心"咚"一下又掉进冷水里。不过，毕竟打听到了煤灰砖厂，也许正如那人所说，一个新单位，职工都是从各处刚调来，相互不认识也是正常的事，找到厂里一问不就知道了吗？

煤灰砖厂到了，厂门口果然出现了一块牌子。钟文一看，正是他所要找的那个厂！原来全名是"洛阳市粉煤灰烧结砖厂"。

煤灰砖厂就在洛阳热电厂的西边，地方十分偏僻，加上又是刚成立不久，怪不得很少人知道。好好的大厂的工人不当，怎么跑到这么个偏僻不起眼的小厂来了？钟文一边这么想着，一边推着自行车进了厂门。接连打听了好几个人，才把春明打听出来——春明真在这个厂，他在电工班上班。钟文心里一阵高兴，春明能干上电工确是一个好消息。电工可是个轻松的技术活儿，那时电工在社会上很吃香，当时有一句歌谣：紧车工慢钳工，吊儿郎当是电工。比他在玻璃厂切割玻璃强多了！钟文按捺不住心中的激动和兴奋，推着车子朝电工班走去。

然而，钟文却扑了个空！

电工班的两个年轻人说："春明回家去了。"

"他啥时走的？"

"刚走没有多久，刚才我在食堂吃饭还碰见他哩。你到他宿舍看看还在不在？"

钟文按着电工班那人指给的方位，很快找到了春明的宿舍。钟文一看便傻了眼，门上着锁！旁边一个宿舍的门开着，一个人正坐在床边的小凳子上洗衣服，那人对钟文说："你找杨春明？嗨，他刚走，离开还不到十分钟哩！"

钟文连忙从袋里取出钢笔，向那人要了一张纸，刷刷地在纸上写下了他在灵宝的地址然后交给了他，嘱咐说："春明回来你把这个交给他，告诉他无论如何给我写封信！"

骑车骑到了水沟里

钟文虽和春明失之交臂，未免有点遗憾，却有一种说不出来的振奋。他的傻劲上来了，他准备撵上春明！他想，春明只要走不远，相信凭他的体力一定能撵上他。于是两腿加劲猛蹬车子，一鼓作气朝东撵去！车子骑得飞快。慢车道上的自行车如河里凫水的鸭子，挤满了整个车道，一个个争先恐后往前赶。他也不管不顾，见车就超，一辆辆自行车都被落在了他的身后。骑到七里河的时候，他稍稍减慢了一下车速，向前方的路上探寻着春明的身影。放眼望去，中州路上没有发现春明骑车的影子。也许春明从别的路走了。这时他突然心血来潮，产生了去春明家找他的念头。对！干脆去春明家找他去！凭他这个速度，说不定在半路上会撵上呢！于是车子像离弦的箭向前飞驰，好几次差点和别的自行车相撞，使得别人气恼地向他瞪着眼，他也没有减速，只向人家歉意地笑笑，加紧赶路。一路上只听得耳边呼呼的风声……

很快来到了老城。老城街道狭窄，人多车多，他生怕出事，自行车不敢骑得太快，两手只得紧紧把住车把，捏住刹车，减慢了车速。路上有几辆汽车从身边开过，他生怕汽车将他带倒，只好溜着路边的马路牙子缓慢骑行。好不容易骑出老城狭窄的街道，他开始猛蹬脚踏，呼呼有声，一会儿就来到了东花坛。钟文抬头看前边路上骑车的人，仍没有发现春明的身影。这是怎么回事？他心里有点疑惑，春明只不过早他十分钟走的，他紧赶慢赶怎么赶不上呢？这里离孟津老城只有二十多里，一小时足可以赶到，干脆去他家算了！想到马上就要见到春明，抑制不住内心的激动，浑身来了劲儿，弓下身子，脚下又开始加速，把自行车蹬得飞快，脚下呼呼生风……

不一会儿，一座高塔出现在钟文的视野里！

钟文抬头一看，我操！怎么到了这里？这不是白马寺的齐云塔吗？心里猛然一惊！刚才只顾低头蹬车，没有抬头看路，盲人骑瞎马竟然骑到白马寺来了！白马寺红墙黑瓦的围墙和寺院的塔尖在林木的掩映下若隐若现。

他暗自埋怨自己粗心，赶紧来了个急刹车！车子骑得太快，刹车太猛，车子一下子失去平衡，只听"咚"地一声，车子前轮翻转过来，车子轰然倒地，他整个人从后座弹了出去，身子重重地摔倒在旁边的水沟里！顿感到头昏眼花骨头散了架似的浑身疼痛，躺在水沟里身子不能动弹。过了好一会儿，才缓过气儿来。伸了伸胳膊，又曲了曲腿，还好，胳膊腿还能活动自如，说明没有受伤。他这才吁了口气。

在沟里稍稍躺了一会儿，慢慢恢复了神气。好在水沟是一条干沟，里面长着乱草，落满了干枯的树叶，要不他早成了落汤鸡！他戴着手套，身上又穿着厚厚的棉衣，才不至于受伤，只不过屁股和大腿被摔得生疼。他站起身走了走，一瘸一瘸呲牙咧嘴地疼痛。自行车是骑不成了，脚踏板已经摔得变了形。

钟文十分沮丧，把自行车从沟里扶起来，无力地坐在马路边发呆。歇息了一会儿，阵阵寒风刮来，吹散了身上的热汗。他开始感到了寒意，把身上解开的衣扣扣紧。抬起头向四周看了看，水渠旁边是一片开阔的麦地，过冬的麦苗还没返青，枯黄的麦苗在西北风的吹拂下，格茑茑的。刮起的树叶掉落在他的脸上。

这时，从附近村舍走出几个穿粗布棉衣的老乡，看见钟文一个人垂头丧气坐在马路边的牙子上发愣，觉得奇怪，走过来瞧究竟。见钟文披头散发一副狼狈相，关心地问："你要去哪里？咋坐在这儿哩？"

钟文不好意思地苦笑着说："嗨，别提了，我骑车子去孟津老城，可我骑车骑昏了头，走错了路，骑到白马寺来了！"

那人听了哈哈一阵笑："你是咋哩？去孟津老城咋能走这里哩？方向骑错了！你多走了好几里冤枉路，你还得往回拐！"

"哈哈！你不知道，从东花坛出来不多远，有个唐寺门村，应该从这个村口往北拐，便是直通邙山至孟津老城的公路。"

那几个老乡十分热情地甘愿充当向导，不厌其烦地给钟文指明去孟津老城的方向及路径。

钟文去孟津老城虽只有那倒霉的一次，返回时又是晚上，但大致方向还是记得的，能分辨出来。经那些热心人的指点和提醒，他才想起：去孟津老城，从东花坛出来不远处，是有一条往北的岔道，他没有在岔道口那里往北拐，而他只顾蹬车，一直朝东，于是便来到了白马寺。

这里距春明家虽只有三十里路，却还要拐回去，还得翻过邙山，公路又是一漫上坡，邙山上有的地方坡度还很大，骑车子非常费劲。一鼓作气再而衰三而竭。这会儿，经过这一下猛摔，他已经筋疲力尽，身子被摔得浑身疼痛，早没有了先前的心境，不由得打起了退堂鼓。心想，反正他已经打听着了春明的地址，和他迟见面几天又有什么呢？看看天色已经不早了，上午还是艳阳高照，这会儿，天空已布满了阴云，看样子要变天。还是先回洛阳再说吧。

于是，钟文站起身，推着自行车准备上车，可脚蹬已经变形，链瓦碰撞得厉害，车子骑不成了，他只好推着自行车慢慢往回走。走了一会儿，腿脚渐渐活动开了，疼痛也有所减轻。他想起回到招待所还有那么远的路，推着车子走到什么时候呢？不管怎样，骑自行车毕竟比走路快，看能不能将变形的脚拐整整？这样一想，便在路边支好车，用手拼命将脚拐往外扳了扳，整了整。还不错，尽管车拐还有点触碰链瓦，脚蹬拐一下链瓦就响一下，车子倒是能骑了，他便跨上车子开始赶路。他骑在车上，听见脚蹬磕碰着链瓦，就像音乐伴奏似的"哗啦哗啦"响了一路。

人一倒霉，事事不顺，倒霉的事接踵而至！

钟文骑着车子来到老城体育场的时候，又出了事！

这一带是洛阳公共交通的咽喉和瓶颈，街道狭窄建筑物拥挤。车多人多，道路羊肠似的曲里拐弯。钟文生怕出事，特意从座位上下来，小心地踏着脚蹬慢慢溜着路边的马路牙子走。这时，一辆汽车开了过来，冒失鬼司机竟不减速，从他面前轰然开了过去，钟文被挤得没了立足之地，连人带车"咔嚓"一声，翻倒在马路牙子上。他不禁两眼冒火怒不可遏，真想把司机拽下来痛打一顿。然而，等他从地上爬起来的时候，汽车已经开出多远了，只留下车后滚滚的烟尘……

他只好将心中的恶气咽下去，扶起摔倒在地的自行车。但他发现，自行车脚蹬经这一摔，变形得更加厉害！车拐紧擦着自行车链瓦，被挡得死死的，再也转不过去，自行车再也不能骑行！

从老城到公司住地，扶着车子走下去，何时才能走到？心里着急，加上又饥又渴又累又乏，眼前直冒金星，虚脱得出了一头大汗。他想把车子推到修理铺修修。可是，若大个老城，推着车子找了好几家修车铺，可这些店铺全都打烊关门，铁门上挂着锁，连个鬼影也没有！他抬头望了望四周，街上冷冷清清的，偶尔有几个行人都是缩头缩脑从街上急匆匆走过。灰色的街道和房屋笼罩在冬日茫茫的暮色里。风飕飕地刮着，卷起几片纸屑和树上的残叶在半空中旋转，感觉冷风扑面，像是要下雪的样子……

肚子又咕咕地叫起来，真是前不着村后不巴店，钟文不由得暗自叫苦！不管三七二十一，先把肚子填饱再说。可到哪去找饭店呢？钟文突然想起老城九府门河粉店的河粉，口水不由流了出来。

到九府门再说吧。

一路走着，脑子里便出现了和小虎一起在九府门河粉店吃河粉的情景——时间过得好快，一晃就是七年了，和小虎吃河粉的情景仍历历在目。然而，世事沧桑！小虎如今远在青海，和他远隔天涯，不知何时才能相逢……

他吃力地一边推着自行车走着，一边为自己的急性子懊悔！这算什么事呢？什么时候才能改了这个坏毛病？他为此吃了多少苦头！

九府门终于到了。他把车子支好，抬眼四处搜寻着，可找来找去找不着河粉店。钟文疑心找错了地方，仔细看了看四周，地方并没有找错呀，九府门的门洞还在。他这才发现，在河粉店的位置，出现了一个臭烘烘的厕所！见此情景，他无比感慨，不禁联想起自己的遭遇，何其相似乃尔……

肚子又开始咕咕地叫起来，没有河粉店，有别的饭店也行，随便买点什么把肚子填饱再说。可是，看来看去，找了好一会儿，过去车水马龙人头攒动的老集，竟然没有一家饭店，路边连个卖吃食的摊点也没有！偌大个老集，冷冷清清，死气沉沉，没有一点生机和活力！经过几年文化大革命，怎么会这样呢？

饥饿加上疼痛，这时他已精疲力竭，一步也走不动了。走这么久才走到老集，这样推着自行车走回唐宫路公司住地，还不把人累死！

不行，得想办法把车蹬整整，骑自行车走才行。可怎么整呢，手无寸铁，连把钳子也没有。突然，他脑子一转有了主意。连忙在路边把自行车支好，在附近的马路边寻找到了两块半截断砖。他将一块砖放在脚蹬下垫好，拿起另半块砖头在摔歪的脚蹬上狠砸了几下，终于把变形的脚蹬正过来了。他推着自行车试了一下，还行，脚蹬虽然还有点磕碰链瓦，转一下"哗啦"响一声，但勉强能骑了。他跨上车子，自行车转动起来。骑着车子赶到公司的时候，还好，食堂还没关门！

终于等来了春明的信

钟文回到灵宝以后，天天盼着春明的回信。可是等了好几天，也不见春明的信来，心里好着急。按照正常的邮寄速度，春明的信早该到了。为什么没有春明的信呢？难道春明隔壁的那人忘了把信交给春明？不会吧？他再三交代过的，不至于忘了吧？那又是因为什么呢？既然如此，为什么死等他的信呢？何不先给他写封信去？这样一想，钟文便爬在床上给春明写起信来。

钟文是那种易冲动好动感情的人。当他拿起钢笔就要下笔的时候，不由得心潮澎湃感情激涌，千言万语一时竟不知说什么好？因为相隔时间太久第一次给他写信，不能写得太详细，他只好控制住内心的情绪，尽可能长话短说，只把自己的情况扼要地介绍一下，简单地说了自己的相思之苦，以及他这次去洛阳找他的经过，仍洋洋洒洒写满了四页信纸。钟文把信写好之后，怕信丢失，特地抽空跑到灵宝县邮局用挂号寄走，他才放心。

又是几天焦急的等待。不过，这次钟文没有失望，钟文如期等来了春明的回信。当他从通讯员手里接过那封信的时候，感到自己的心在心腔里蹦蹦直跳！

整整三年了，他和春明分隔两地音讯全无，日夜思念而今终于盼来了他的信！钟文赶紧跑回宿舍，迫不及待地把信撕开。因为抑制不住内心的激动，指头颤抖着，信封被撕破了一大片，连信纸的一个角都撕掉了！他着急地把信纸从信封拿出来，读着读着，鼻子抽搐起来，眼泪忍不住凝满了眼眶……

原来，在那个倒霉的寒冷之夜，他们从孟津被押回玻璃厂之后，两人立马就被分离开来。在红脸军人对钟文进行讯问的同时，春明也被带到隔壁的一个办公室进行讯问。讯问春明的有两个人，一个是前进矿军管小组派来的李三新。一个是洛阳玻璃厂的军代表。一开始他们就给春明来了个下马威，要春明交待他和景和进行反革命活动的罪行。这纯是子虚乌有的捏造，春明当然予以否定，他们便说他狡猾抵赖。春明说："我不是狡猾抵赖，确实没和景和搞过什么反革命活动！更不知道反革命同盟党是啥东西？"

然后李三新又向他追问钟文："我问你，邓钟文是不是反革命同盟党的骨干？"

"你说的啥呀，我啥都不知道，我哪知道什么反革命同盟党？"

"他从青海来找你干啥？"

"我和钟文是多年的朋友，他探亲假路过这里看看我不行吗？"

"你们一起去孟津搞什么鬼？"

"没搞什么鬼？我和我爱人想帮他介绍个女朋友。"

李三新讯问到这里，什么也没问出来，非常生气，向他又拍桌子又瞪眼："你甭说得那么轻巧？没事人似的！告诉你，我们早掌握了你进行反革命活动的证据。你不老实交待对你没有好处！"

"既然你们掌握了证据，那还有啥说的，你们拿出来吧！"

"嚯，你还嘴硬！你说出来和我们拿出证据，对你来说，是两种后果！你说出来算是坦白的！你知道吗？"

他们对春明吼叫了一阵，见无效果，最后亮出了杀手锏："证据我们都拿到了，你还不承认！"

李三新便把春明送给景和的那本笔记本亮出来在他面前晃动着："你看看，这是什么？笔记本是不是你的。"

春明看了看，说："是我送给刘景和的笔记本。他去新疆的时候，我送给他作纪念的。"

李三新板着脸问："你在笔记本上都写了啥？"

"我不记得了！"

李三新洋洋得意地说："那我给你念念。"说着便打开笔记本念起来："乌云当驱散，黄河终澄清。"

李三新怪声怪气地念完，瞪着春明说："'乌云'代表谁？'黄河'指的又是啥？"

春明说："这不过是个比喻而已。景和在前进矿受到了不公正的待遇，相信他的问题迟早会弄清楚……"

玻璃厂的军代表听了这话，简直气不可遏："你这是攻击共产党！攻击社会主义，现在还放毒……"

于是，从那以后，跟钟文一样，春明在玻璃厂也受到了专案组的全面审查，没完没了地被逼迫他写检查交待。专案组还把他从保卫科重又打回到切装车间劳动，以示对他的惩罚。钟文托夏师傅孩子到门卫处找他时，他已经回到切装车间，在门卫处当然找不着他。

至于他被调到煤灰砖厂，完全是玻璃厂对他的一种流放——煤灰砖厂是一个很不起眼的小厂，没有人愿意去。春明被调到煤灰砖厂不多久，他们对他的迫害就开始加剧……

春明在信上说，他也跟他一样，时时刻刻都在想念着他，在为钟文担心。常常在梦里梦见他，呼喊他。为了打听他的消息，千方百计想了许多办法，可是建筑单位流动性太大，刚刚打听到了一点音讯，过不了多久单位又去了新地方。

春明在信上动情地说："我始终相信我的朋友是无辜的。在最困难的时候，当专案组多次逼问我，要我检举你'反革命罪行'，我都义正词严地予以拒绝，我就像相信自己一样相信你——钟文，你决不会做出对不起党对不起国家的事，相信你的心是红的！虽然你遭到一些误解和误会，不被理解，那只是暂时的，总有真相大白的一天！我几乎天天企盼着你给我来信，得到你一些消息，哪怕片言只语也行。可是，时间如逝，岁月如梭，转眼就是三年了，盼望了一千多个日日夜夜，仍然是关山阻隔音讯茫茫。就在这望眼欲穿望断秋水的时候，终于盼到了你的来信，这是多么宝贵的信啊！这是多么令人高兴的事啊！尤其让我高兴的是你又调回了河南，你我竟相隔如此之近！为此，我激动得夜不能寐，急切地盼望着和我亲爱的朋友——你，能够见面，恨不能立即跑到你的身边，和你畅谈别后之情相思之苦！

　　　"何当共剪西窗烛，却话寒夜别后情……"

春明改用了杜甫的一首诗结束了这封信。

钟文读着春明的信，感动得不禁两眼泪水迷蒙……

象棋迷

钟文的生存环境在继续好转，尽管他的问题仍挂在那里，没作结论，却再没有人找他的麻烦，每天在工地上班干活，到时领工资。

不久，他在灵宝工地又结识了两个年轻的朋友。一个叫范海天，一个叫董英明。小董是木工，小范是瓦工，他们是从别的施工队调来的。他俩本是留在青海的职工。因他们的父母都在三门峡十一工程局工作，灵宝离三门峡很近，他俩便因这个特殊情况，作为被照顾的对象而调到河南公司的。

他俩从小是穿开裆裤玩泥巴一起长大的发小，在一个学校上学，同一时间参加工作。又一起从青海调回灵宝，自然关系很铁。两人平时嘻嘻哈哈，相互打逗取笑，很喜欢闹腾，就像一对活宝，来到新地方，依然如此。

小范身材单薄，长着两只大眼睛，说话爱笑，思想单纯，看起来像是一个孩子。而他却喜欢看书，也偶尔读一些古诗词。不知怎么的，他对钟文一点不避嫌弃。一到灵宝，就和钟文走得很近，就像老朋友似的。下班之后，就找钟文玩儿。钟文本就孤独，没人和他来往，当然乐得有人和他说话，两人很快就成了好朋友。

小董中等身材，有一张圆润的脸，一双像是总在思考而不动声色的眼睛，看起来很沉稳的样子，而骨子里却热情如火。

钟文认识小董比认识小范要晚，认识小董的过程非常有趣——简直带有传奇性。

那是一个下雨天，工地不好施工，工人们都在家歇雨工。钟文没事干又找不来书看，觉得无所事事非常无聊，便去找小范玩儿。走进小范宿舍的时候，听见屋里啪啪地棋子响。一进门，看见小范和一个年纪和他差不多的年轻人在床上摊着棋盘在下象棋。双方正杀得难分难解，胜负难分。

钟文立在一旁看了一会儿，吃惊地发现，那人竟让了小范半边子——

车和马。钟文大感诧异！他和小范也曾多次对弈，常常输多胜少，觉得小范的棋艺已经很不错了，那人竟还敢让他这么多子！这人的棋艺一定十分了得——他哪里知道，小董在象棋上的造诣已达到了他难以想象的程度。

钟文就立在旁边饶有兴味地观看起来。

他发现，小范原先很好的局势，下着下着，就有点招架不住，很快陷于被动，棋子处处受到牵制，未免替小范着急。像往常那些臭棋篓子一样，性急的钟文犯了观棋不语的禁忌，情不自禁在一边给小范支起招来。支了几招，不想最后还是下输了。一盘棋下完，小董抬起眼睛看了看钟文，揶揄地说："就你那水平，还给别人支招，我闭着眼睛和你下，你也得输！"

听了这话，钟文感觉受到别人的轻侮，心里很不受用，涨红着脸对他说："看你说的怪大，你说的可是当真？"

小董说："嘿，你还别不信，那咱当场比试比试！"

钟文听到这话，应声答道："比试就比试！"他不信他真的那么厉害，竟敢闭着眼和他下棋！

小范本是一个爱热闹的主，又和小董打逗惯了，巴不得有热闹瞧，钟文的话一说完，他就在一边起哄起来，大声嚷嚷着说："好好！你俩比试比试，我当裁判，我当裁判！"

说着便啪啪地在床上摆开了棋子。

钟文已被摽上了劲儿，看来，不来真个的，不比试都不行了。于是摩拳擦掌，双方做好了开战架势，小董正要离开坐位，忽又回过身来对他俩说："咱得先立个规矩，输了咋办？"

钟文说："你说咋办？"

小董说："咱得赌点东西。"

钟文回答说："随你，你说赌什么？"

小董不加思索地说："就赌五斤蕃茄！"

小董的话一出口，钟文就吃了一惊，奇怪这人怎么提出这么个赌注，那么多好东西不赌，为啥偏偏要赌蕃茄？暗自觉得可笑，可又顾不上多想，这只不过玩儿罢了，逢场作戏而已。随他去吧，就赌蕃茄，随口答应说：
"行行！五斤蕃茄就五斤蕃茄！"

条件谈好，小董便离开棋盘，半躺在小范对面的床上，双手垫在脑袋下两眼望着屋顶，开始了下棋前的准备。正准备过招，小董又大度地说："我让你先走。"

这时，钟文才暗自吃惊！他万没想到，对方还真敢闭着眼睛和他下棋！这人是什么来头？怎么有如此高的水平？一时愣住了。过去，他听人说过，有些象棋高手会下盲棋，不用看棋盘也会走棋。他只不过是听说而已，并没有亲眼见识过，难道这位老兄也有这么高的棋艺？这太不可思议了，真是人不可貌相，海水不可斗量。自己真是井底之蛙，见识太短浅了。

宿舍里顿时安静下来，一点声音也没有，连针掉下来的声音都能听见。

小范宣布开始，钟文执红先走。

钟文不敢大意，凝神沉思了一会，走了"炮二平五。"小董稍想了想，走了"马八进七"。钟文想都没想走了"车一平二"，第三步出了车，所谓"三步虎"。钟文发挥中炮控制中路的威力，推车过河冲杀。然而，他的企图恰被对方识破，每攻一步都要受到重重阻力，推进十分困难。红方渐渐丧失了进攻能力，处处受到掣肘。裁判看出了钟文的窘境，向他暗使眼色给他支招。钟文不为所动，推车吃马。然而，这时钟文突然发现，他的二路车正处在盘河马的威胁之下。钟文连忙把车走脱，伺机捕捉对方的过河卒。对方似乎早料到了这一步，横炮打车。钟文只好把车走开，却忍痛损失了一个马。不一会，红方就招架不住棋势全线崩溃……

钟文未免有点窝火，开始第二盘。上一盘吃了一味进攻的亏，这一盘注意加强防守，不架中炮，然而对方却架起了中炮，迅速出了车，压住了钟文的半边子不能动弹。没多久，钟文又输了。

第三盘，小董很自信地对钟文和小范说："这一盘你们两人可以研究。"

听到这话，两人都来了劲儿，然而棋局并不乐观，一切似乎都在小董的掌握之中。小董牢牢地掌握着棋局的主动，控制着整个局势。眼看钟文就要丢子的时候，小范把小董的车挪了一个位置，但是这一伎俩很快就被对方发现。他猛然睁开两眼，问道："不对，你的车怎么在这个位置？"小范趁机和他纠缠，可是毫无作用，小董来了个复盘，小范只得承认是他捣的鬼。钟文暗自吃惊，人家竟然对他下过的每一步棋都记得清清楚楚！不由惊叹万分！他遇到了真正的高手，不得不从内心叹服！

通过接触，原来，小董不光是一个象棋迷，还爱好文学，喜欢看小说，无论中国的外国的，都喜欢找来阅读。他读过《基度山伯爵》、《三个火枪手》、《格兰特船长的女儿》，还看过一些演义小说，如《三国演义》、《水浒》、《杨家将》、《说唐全传》之类。不过，他是只注意故事情节图热闹不求甚解的那一类读者。

从那以后，两人就熟悉了。渐渐成了很谈得来的朋友。

下了班，没事的时候，小董就约小范来钟文宿舍找他玩儿，或是和他下棋，或是聊天，或是散步。灵宝素有苹果之乡的美誉，到处种着苹果树。工地附近就有好几个苹果园，苹果园之间的小径，或是庄稼里的田间小道，便是他们下班之后常去散步的地方。

时候正是盛夏，一望无际的苹果树，挂满了青色的小苹果，如一颗颗玲珑的翡翠，散发着诱人的香气。当太阳的余晖落入地平线，西边的晚霞烧红天空，夜幕降临的时候，两人缓缓地走在苹果园附近的田间小路上，迎着清凉的晚风，谛听着大地静谧的夜歌，闻着从苹果树飘出的清香，钟文的思路便会乘风飘飞，忘记自己尴尬的处境。但是，大多数时间，钟文却无法摆脱心中的阴影，总有一种说不出的惆怅和淡淡的哀愁，常常会不由自主地发出长长地叹息……

小董非常理解钟文的心情，每当这时，他就安慰他说："小邓，我理解你的心境，风物长宜放眼量，这一切迟早会过去的。中国历朝历代都是这样，常常奸人当道好人受欺。"

钟文诧异地望着朋友的脸，这是一张刚毅而又充满稚气的脸，一双有神的眼睛在黑暗中闪着光。对于这种与时代相悖的话，钟文听了虽然十分感动，却又不敢公开表示赞同。因为他和他毕竟认识不久，谁知道他心里是怎样想的呢？当面说好话，背后下毒手，这样的人实在太多太多。

钟文便淡淡地说："咱还是不说这些吧……"

友谊的基础是彼此间的相互了解和相同的认知。钟文担心小董刚从别的施工队调来，对他的情况不太清楚，便毫不保留地把自己的情况告诉了小董。

"对一个人的了解是很难的，施工队这么多人，除了你和小范敢和我接触，别人都躲得远远的，你就不怕别人说你？"

听钟文说完，小董毫不在乎地说："小邓，不瞒你说，你的情况我早知道了，有些人不明白我为啥和你走得恁近，还说过我呢！嗨，我才不像那些人，长着一副势利眼，我看他们那个样儿就感到恶心！我一个工人，靠自己的力气生活，什么政治，什么阶级，什么斗争，与我有啥关系？我又不想入党当官，我才不在乎呢！怕啥？我觉得交朋友，关键是交心，说话对脾气……"

钟文听了非常感动。能在这样的环境下交上这么真诚理解自己的朋友确实不易，真是值得庆幸。

朋友无忌

小董对象棋有那么深的造诣，对人生世事有自己独到的见解，而对生活却很不讲究，简直有点放荡不羁。他床上的被子很少叠过，总像鱼网似地散乱在床上。换下来的脏衣服臭袜子床上凳子上扔得到处都是。而那些研究象棋的书如《梅花谱》、《弃子攻杀》、《全国象棋对局选》却整整齐齐码放在枕头边。

钟文为此大感不解，和他谈起这事，对他规劝的时候，小董听了哈哈大笑，说："这有什么？我才不在乎呢，小邓，我知道你看过不少书，想你一定你听说过王猛扪虱而谈的故事。"

想不到这老兄还懂得挺多呢，钟文讥笑说："人家那是名士，你是老几？"

"哈哈，名士也是人，普通人也是人，学学他们有什么不可？"

钟文说不过他，看来，一个人的习性和习惯是不会轻易改变的，他仍是我行我素。

钟文一直记着和小董下棋输掉的赌债，而小董却像遗忘了似的从不提起。这区区小事，只当是个玩笑，人家不说，他也不好意思说出来，说出来反而显得外气。

那天是星期天，刚吃了早饭，小董就来找钟文，要钟文陪他去县城下象棋："小邓，走，陪我去县城下棋去，我最近认识了灵宝县一个象棋高手，棋下得特别棒！"

其实，钟文对象棋并不很感兴趣，他骨子里喜欢书，喜欢看书。可现如今哪里能够找来书看？下班之后，多余的时间没处打发，尤其星期天更是无聊，看小董和别人下棋，便成了他消磨时间排遣寂寞的重要方式，只要小董叫他，他总是答应并欣然前往，这次自然也痛快地答应了。

那天天气不错，晴朗的天空飘着朵朵白云，早上清凉的空气使他们心情愉快，他俩厮跟着，一边走一边说着话，很快来到了县城。走过蔬菜店门口的时候，蔬菜店刚进的又大又红的新鲜蕃茄吸引了他们的注意。小董看见了那些红艳艳鲜亮的蕃茄，两眼放光，像是见了什么美味佳肴，口水都流出来："买蕃茄！买蕃茄！"嘴里嚷着，三步并作两步跨进了蔬菜店。忙不迭地挑捡起蕃茄来，很快就装了一搓箕。这么巧，营业员一称正好五斤！

　　钟文突然想起下象棋时五斤蕃茄的赌债，便抢在小董前面，把钱递给了营业员。他们都没有带兜，怎么将这五斤蕃茄装走呢？正在为难的时候，小董却毫不为意，大咧咧地说："怎么装？嘴里装，吃吧……"

　　话没说完，抓起一个蕃茄用手抹掉表面的泥灰就大口大口地吃起来。蕃茄汁顺着嘴角流出来，像小孩似的红色的蕃茄汁流到了下巴上。一边吃还一边夸赞着："好吃！好吃！"嘴里塞满蕃茄，说话声音咕咕哝哝的。

　　这时，有人走进店里也要买蕃茄，营业员要用装蕃茄的搓箕给人家称蕃茄，小董也不把搓箕里的蕃茄拿走，只顾忙乎着吃蕃茄，一个蕃茄吃完，又拿起一个吃起来。搓箕被蕃茄占着，营业员一时没有称蕃茄的搓箕，着急地对小董说："你这人，咋回事？先别忙着吃呀，把蕃茄拿走再吃！人家急等着用搓箕哩！"

　　小董仍不理营业员的茬，仍旧大口大口地吃着蕃茄。

　　钟文心想："蕃茄也不洗洗，就放嘴里大吃特吃，真不讲究！"

　　营业员没见过这样的，有点生气，夺过搓箕，就要把蕃茄往地上倒。小董连忙拦住说："别！别！"抓起搓箕里的蕃茄便往裤兜里装。钟文也只好照他的样，帮着往裤兜装蕃茄，于是两人把裤兜装得鼓囊囊的。

　　钟文看小董吃蕃茄吃得那么有滋有味，受到感染，嘴里咽了下口水，也摸出一个蕃茄用衣服擦擦灰吃起来。可蕃茄一放进嘴里，就感到酸，这里的蕃茄怎么只有酸，一点甜味也没有？酸得他口水直流，好大一会，才把一个蕃茄勉强吃完。而这时，小董兜里的蕃茄却已经快吃完了。

　　"你兜里还有吧？"竟向钟文讨要起来。

　　"有呢，怎么？你的都吃完了？"

　　"可不是，你怎么不吃哩？"

　　钟文说："我不吃！蕃茄酸死了，牙齿都酸倒！"

　　蕃茄放裤兜沉甸甸的，极不方便，钟文乐得他把蕃茄打扫干净。于是全都掏给了他："给，给你，拿去吧！"

　　小董高兴地接了蕃茄，便吃起来。哈哈，还没有走出那条街，小董竟把蕃茄吃完了！钟文简直惊掉了下巴！这人怎么这么爱吃蕃茄？要不是自己亲眼所见，怎么也不会相信，又是刚吃过早饭不久，他一个人竟然又吃了五斤蕃茄！这是什么肚子？其实他并不是那种彪形大汉，个子和钟文差不多，身材也很相似。

　　这时钟文才明白，那天晚上他别的东西不赌却要赌蕃茄，原来他对蕃茄情有独钟，特爱吃蕃茄……

　　从县城回来之后，钟文把这事当新闻说给范海天听。小范不以为然地说："他呀，有趣的事多哩！时间长了你就知道了。他除了下象棋，什么都不会！节假日回到家，也是那副德性。除了晚上睡觉时间，你到他家是找不着他的。我家就住在他家附近。几次去找他玩，都没有碰见过他。那天，我有事找他，他又不在家。他妈看我来了，不等我问起，就当着我的面数落起来了：'你找英明呀，嗨，别提了，我那英明呀，快把我气死了。一回到家，从早到晚见不到他的人影。你和他一般大，可你多好，稳稳当当的，媳妇都谈好了。可我那英明却长不大，都二十三四了，还像小孩一样，总是那么贪玩，迷在象棋上……'我是急着找小董，见他妈没完没了向我叨叨个没完，连忙打断她的话：'大婶，我有事找他，你快告诉我，英明哪去了？他妈说，'还能到哪去？在棋摊上下棋哩！这孩子心里只有象棋，咋办哩？' 我不想听他妈絮叨，拔腿就往下棋的地方跑。果然，董英明正坐在那里全神贯注地打擂台呢！"

　　钟文听范海天这一说，笑得前仰后合，肚子都笑疼了。小范说得更来劲了，说："还有更逗人的呢。过了几天，他妈找人帮他介绍了一个对象，要他回去见面。他犹豫了一会儿，倒也听话，赶紧回去了……"说到这里，小范忍不住想笑。

　　钟文急于想知道下文，问道："看你，先别笑，说完再笑，究竟咋样？"

　　小范忍住笑，说："人倒回去了，可是，一回到家差点把他妈气死！和女朋友见面总要穿戴整齐点，给人一个好印象吧。可他倒好，满不在乎，仍是那副窝囊相，身上仍穿着那身灰不楚楚的旧工作服。更叫人恶心的是连双鞋都没有穿，趿拉着一双掉了后跟的烂拖鞋。他妈见他这副样子差点没哭出来……"

正说得热闹时，小董从外边进来了。他见两人都望着他笑，猜想到范海天一定在说他的坏话，便指着小范说："你在说我啥？"

范海天说："说你了，咋的？"

"你敢说我，老子一锤子把你砸死！"

"来来！"范海天一边说，一边握着拳头往后缩。小董冲上去，抓住了小范的一只胳膊，两人便在床边扭在了一起。小范身子单薄，当然不是小董的对手，一会功夫就被制服了，气喘吁吁地被压在小董的身子下边动弹不得。他只得连连向小董告饶："不说你了！不说你了！"

"说我是啥？"

"是人！"

"到底是啥？"

"是……是小狗。"

小董这才松开了手，小范从小董身子的重压下挣脱了，但他仍不服气："你说，我说你哪点不对？你妈亲口对我说的！你回家趿拉双拖鞋是不是真的？"

小董立马还击道："那有啥，保持劳动人民本色，我不像你，屎壳郎头上挂墨水——假充斯文！"

于是小董也当着钟文的面揭起小范的老底来："这小子和我出去玩，总要把自己打扮得漂漂亮亮的，公子哥儿似的。尤其见到漂亮的女孩子，装模作样，表现得特文雅。我呀，这时就专出他的洋相，让他当众丢丑！有一次，我们去公园看菊花，旁边有几个漂亮姑娘也在看花，那几个姑娘不知因为啥，在一边嘻嘻地笑个不停，这小子便来了劲儿，故意卖弄起他的酸劲，竟然吟起诗来了。哈哈！你说可笑不可笑？我呢，偏和他闹，趁机用粗话和他笑骂。这小子经不起我这一激，终于原形毕露，和我对骂起粗话来。哈哈！过后，他说再不和我一起上街了。"

小范站在一旁也被小董的话逗笑了。

"谁像你，'倒驴不倒架'！"

接着小范又向小董进行了猛烈的反击。原来，一次工地刚下过雨，道路泥泞，下坡的时候路很滑，小董不小心被滑倒了，小范见此情景，开心得不得了，发出一阵哈哈的大笑。小董在窘迫之中，自我解嘲地随口说了句："倒驴不倒架！"

小范听了这话，就像拾了个大元宝似的高兴得吆喝起来："大家快来看呀！工地滑倒了一头驴，那头驴来了个嘴啃泥，可他自己说，'倒驴不倒架'！哈哈……"

从此，这句话就成了他攻击小董的笑柄！

奇怪的是钟文认识小董小范以后，两人在钟文面前却很正经，说话从不嘻嘻哈哈的，不带脏字，也从不开那种不着边际不三不四的玩笑。

钟文有了这两个年轻朋友的陪伴，生活中增添了不少乐趣，郁郁寡欢的心情得到了缓改。

第二十一章　头破血流

无赖行径（一）

中州汽轮机厂的规模比起三线工厂要大得多，三个施工队在一起施工，还感到人手不够用。为了解决公司劳动力不足的矛盾，经上级批准，从许昌和平顶山农村招收了大批复员军人和民工。凌师傅这个班一下子补充进来了七八个这一类新工人，几乎占了老工人的一半。这些人年龄最小的二十三四岁，最大的将近三十岁。他们大多没上过什么学，只不过认识几个字而已，都是在文化大革命中入伍的兵，"九·一三"事件之后复的员。

那天早上"天天读"的时候，凌师傅从施工队领着他们来到了班组，向老工人作了介绍，然后又把班组的老工人一一介绍给他们。介绍其他人的时候，凌师傅都是以"师傅"称呼，而惟独介绍钟文却直呼其名，省去了"师傅"二字。元旦的时候，凌师傅在洛阳公司食堂门口碰见钟文，破天荒叫了一次"小邓"，使钟文无比激动。回到灵宝以后，凌师傅再没叫他"小邓"。自文化大革命以来，凡对有问题的人，在公开场合都是直呼其名，以示和革命群众的区别，这几乎成了一种惯例。那几个新工人是何许人，什么没有经见过？听凌师傅这一称呼，立即明白了其中的含义。其中一个姓杨的和一个姓宋的，用审视的眼光打量了钟文一下，眼神游疑了几秒钟，非常勉强地叫了声"邓师傅"。声音听起来很别扭。但他们毕竟初来乍到，对班组的情况不太了解，没敢随着凌师傅的叫法。

上班时间到了，班长开始分工。这天的活正碰上捣浇混凝土。凌师傅要钟文带着这些新工人去搅拌机后台装运沙石。这次混凝土捣浇工程量大，是一块硬骨头。没有机械，前后台配料出料全靠人力。一上班，十几个人每人一辆架子车一把铁锹，铆足劲装沙石，按配合比过好磅，再往搅拌机料斗里倒。中间没有一点停歇的时间。天气又热，人累得满头大汗气喘吁吁。钟文是经过长期训练出来的，炼就了一身硬筋骨，干这种活是家常便饭。而这些人尽管年轻，在农村干过庄稼活，但猛一干这超强体力的水泥活，却感觉很吃力。干庄稼活可以偷懒，可以坐在地头休息。而装运沙石却来不得半点虚假，车车都要过磅，一车紧挨一车，谁少装一点都不行，前边基槽里的混凝土没有浇灌好，班长不叫停，后台搅拌机就不能歇。不到下班时间，这些人就累得筋疲力尽叫苦不迭。

第二天，水泥捣浇施工仍继续进行，他们便感觉有点吃不消，一个个愁眉苦脸唉声叹气，可又不能不上班，只得咬牙坚持。干了一会儿，小宋小杨便想法耍起奸来，走过来对钟文说："邓师傅，我们实在累死了，吃不消了，歇歇吧！"

钟文当然没有答应，说："不行，不能歇！"

因为浇灌大型混凝土工程只有浇灌到该留施工缝的地方才能停，否则，质量就不能保证。

"为啥不能歇？"

"你们刚来不知道，捣浇混凝土是不能随便停下来的，出了质量事故，这个责任谁也负不起！"

"哪有你说的那样玄乎？"

"这是施工员说的，施工要求就是这样规定的。"

他们以为钟文故意与他们为难，不满地对钟文说："人都累死了也不能停？”

钟文说：“这个，我作不了主，你想要歇，去找凌师傅说去！”

他们当然不敢去找凌师傅，无可奈何咬着牙硬着头皮干下去。几天下来，一个个累得浑身骨头都散了架，差点没累趴下。他们这才感到水泥工不好干，劳动强度一点不比农活轻。农活有忙有闲，而水泥工却天天累得半死。他们之所以来建筑公司当工人，是为了改变祖祖辈辈脸朝黄土背朝天的命运，找个既省力又能挣钱的工作。吃国家粮拿工资，脸上既光彩又体面。可他们没有想到建筑工地的活竟然这么重这么累，一点不好玩！好不容易脱离了农门却又掉进了苦海！一辈子干这又脏又累超过体能的苦力活，难免感到愿望落空心里失衡。干活的时候，便拿出了当农民在生产队出工时的老法子——磨洋工。

为了发泄自己的不满，一些人还耍起了无赖行径。这些人在食堂吃饭的表现尤为恶劣！

三公司的食堂办得非常出色，大师傅的手艺无与论比，做出的饭菜品位极高，具有江浙风味，光排骨就能做出五种花色，什么红烧排骨，清蒸排骨，黄焖排骨 椒盐排骨，糖醋排骨。其他的菜肴也是五花八门，花样繁多，平常菜如小酥肉，红烧肉，回锅肉，酱爆肉，鱼香肉丝……也色香味诸佳，深受老职工喜欢。

那些新工人到食堂买饭的时候，看见食堂那些五花八门的菜肴无不瞠目结舌，他们哪见过如此丰盛的美味？他们那地方农村生活极端贫困，一年到头吃不到一顿肉，红薯面窝窝头玉米面饼子是他们每天的主食，平时炒菜油都不舍得放，清汤寡水的，生活非常苦逼，能混饱肚子就不错了。参加工作有了工资，还要寄给家里，哪舍得买较贵的肉菜吃？看见别人喝酒吃肉，心里极不舒服。为了发泄他们的不满，在食堂吃饭的时候，故意放着干干净净的板凳不坐，偏偏像猩猩似的高高地蹲在食堂的板凳上吃，以恶心别人。

蹲在地上吃饭虽是河南一些农村人的习惯，但这些人毕竟在部队待过，在部队他们未必敢这么做。晴天还好，脚踩在板凳上只蹭上一些灰。而到雨天，就不一样了。胶鞋在工地踩一脚泥，粘满泥的胶鞋故意踩踏在板凳上，就把脚上的泥全都蹭在板凳上。原本干净光洁人们舒舒服服坐着吃饭的板凳顿时变成泥凳，沾满污泥脏水。老职工看不惯这些人的野蛮行径，也毫无办法。他们人数太多，又都是一个地方的老乡，大家对他们敢怒而不敢言，只好摇着头无奈地把饭菜端回宿舍去吃。施工队领导也无可奈何，只好睁只眼闭只眼，在一旁摇头叹息。

本来，三公司的管理是以上海人为主体，企业管理沿袭着上海的管理模式和经验。各项工作都抓得很好，工作卓有成效，企业的全员产值获得过河南省的最高名次。这样一来，长期所保持的整然有序的良好的管理模式和认真负责吃苦耐劳的工作作风完全被这些人所颠覆……

凌师傅也觉得这些新工人不好惹不好带，担心他们抱团生事。想了想，看钟文对工作很负责，丁是丁卯是卯，从不玩虚的。于是他便将这个差使交给了钟文，让他带领新工人干活。这可让钟文作了难。他清楚，这些人个个都是刺儿头，人人见了都想躲开的恶狗。可凌师傅要他带，他又不好推诿。只好硬着头皮答应。领着这些人干活的时候，怕他们敷衍了事，而被凌师傅责备，对他们要求严格，干得不合格，就要他们推倒重来。那些人当然对他很不满，说他吹毛求疵，"拿着鸡毛当令箭"，故意为难他们。

这些人并非一般意义上的新工人。他们的年龄和钟文差不多，又在部队干过，在农村待过，社会经验丰富，尤其在政治上百分之百的党团员，贫下中农出身，天生就是搞阶级斗争的材料。当他们得知带领他们干活的竟是一个出身不好曾经被审查被批斗过的地富子女，心里的对抗情绪便油然而生。在他们农村，地富子女在他们面前从来都是低人一等的贱民，可以对他们随意羞辱、呵斥。向他们瞪一眼，连大气都不敢吭一声！如今却反过来了，钟文却要对他们指手划脚，发号施令，你想他们的感觉会怎样？

心里当然很不爽！而况，这又脏又累的活，早就使他们心存怨气，常常在工地牢骚满腹，满口粗话脏话。常借题发挥，动不动就寻衅滋事，吵架、动拳头。对钟文当然更不会客气，明显地表现了一股敌意……

表现最突出的有两个人，就是前面提到的小杨和小宋。小杨叫杨俊，有一张白白净净的脸和一双大眼睛，像个城市人。小宋叫宋林，长着一双细长眼，扫帚眉，后脑勺上有一撮白毛，看起来一副很凶蛮的样子。和他一起来的那些人给他起了个绰号叫"一撮毛"。

杨俊有一定的城府，好些馊主意都是他出的，可他自己却不出头。而宋林则是直性子，没有头脑，有什么事在心里藏不住，许多事都是他先出头。他们之所以还不敢和钟文公开叫板，是他们尚未抓住钟文的把柄。而况，又是刚进单位不久，脚跟还未站稳，一旦闹起来怕影响不好。最好的办法是求得老工人的支持。

经过观察，这两人终于找到了支持者，这个支持者就是"泡子"。

那天下班之后，杨俊和"泡子"在一起说话，装作不经意地问："张师傅，听说你是和邓钟文一起参加工作的，他这人究竟咋样？"

"泡子"见这两人叫他师傅，高兴得姓什么叫什么都忘了，晃着头回答说："你问他呀，这人坏着哩！他和一个反革命分子勾搭得很紧，还书写反动诗词。你们是新来的，不知道吧？"

杨俊故意睁大吃惊的眼睛："哦？还有这事？"

"你不知道，这个邓钟文以前漏蛋着哩，总想找别人的事！被批斗了好几次。现在老实多了！"

杨俊说："听说邓钟文老和你过意不去？"

"泡子"把嘴一撇："是呀，这家伙总想逗我的事！"

"哦，你怕他呀？"

"球！谁还怕他？"

宋林眼睛一瞪："对，咱们都是贫下中农，根红苗正，和他斗！"

　　"泡子"高兴地说："咱们一起和他斗！"

　　于是三个人一拍即合，在一起勾肩搭背，在背后嘀嘀咕咕，时不时找茬寻钟文的事。

无赖行径（二）

　　这天早上"天天读"的时候，钟文来到班组会议室。发现白脸杨俊和"一撮毛"宋林及"泡子"三人商量好似的早早来到了会议室。平时，他们从没有这么早来过的。三人坐在墙角交头接耳十分开心地说着什么。看见钟文进来，像有见不得人的秘密被人听见似的，三个人顿时不言语了，"泡子"还不怀好意地朝钟文望了一眼。钟文心里猛然一愣，从他们那鬼鬼祟祟的眼神中，约摸着不会有什么好事。

　　班组人陆续到齐了，"天天读"开始。

　　像往常一样，由政治宣传员韩师傅读"老三篇"及毛主席语录。这天韩师傅读的是《为人民服务》。读完之后，又念了《河南日报》一篇"阶级斗争"针对性很强的文章。钟文听韩师傅念完文章，感觉芒刺在背，就像对他敲打一样。那几个便得意地向钟文投过去一种蔑视的眼神，似乎是在对他说，你给我老实点！这使他越发难受。

　　读完报纸，凌师傅便开始分派工作。

　　钟文生怕又被凌师傅指派他带那几个人去干活儿——偏偏怕什么来什么。凌师傅竟又指派他带领杨俊和宋林两人去搬水泥——从水泥仓库把水泥搬到搅拌机棚，准备明天捣浇混凝土使用。听到凌师傅的指派，钟文紧锁眉头，一颗心就像被架到火上炙烤一般，愣在那里嘴里嗫嚅着不知怎么好？

　　凌师傅哪知道钟文心里想的，钟文受到挤兑从没有对他说起过（这事的确不好启齿），只好将委屈闷在心里。看钟文许久不答应，以为钟文不服从他的分派，便端出了班长的架子，生气地把手一挥，不满地说："七八年的老工人了，带几个人搬水泥还不行么？"

话语里明显带有对钟文的责备。

钟文再不好说什么，把心一横，硬着头皮把两人领到了工地。

这天，太阳特别火毒，还刚八点多钟，阳光照在人身上就给人一种火辣辣的穿透感，头上身上的汗直往外流。钟文想趁上午还不是太热的时候，早点把活干完，等太阳叫劲的时候再歇息不迟。于是吩咐两人去拉架子车搬水泥。

"小杨，小宋，你俩去车库把架子车拉过来吧！"

然而，连叫几声，两人就像没听见似的充耳不闻，歪着头撅着嘴，望着远处的工棚半天没有动窝。其实，他们今天搬的水泥不是太多，只要三个人齐心协力，很快就会干完。

钟文明白他们分明是在找茬。

钟文也不和他们计较，叫不动他们，就自个儿干。

说实在的，这点活，他自个儿干下来也不在话下。在青海的三线工地，有一次他一个人负责搅拌机后台倒水泥的活，连搬运水泥（就在搅拌机旁边），拆水泥袋的封口线，再把水泥倒进料斗。创造了一天完成 800 包水泥的工作量纪录——这是破天荒的，全工程处除他没有第二人，他常为此感到自豪！

外行也许不知 800 袋水泥是什么概念？虽然看起来是个枯燥数字，却是实实在在沉甸甸的东西。一包水泥重 100 斤。20 包水泥是一顿，800 包水泥就是 40 顿，那时的汽车一次只能运四顿。这么多水泥要 10 辆汽车才能运完，光从汽车上卸下这些水泥就够你喝一壶的！一天拆这么多水泥袋，还要将水泥搬起来倒进料斗，那是多大的工作量？光有力气还不行，还得眼疾手快，一眼就要找准水泥袋封口线的线头，一两秒钟就得把线扯下来。稍一迟疑，找不到线头，就会耽搁时间。论拆水泥封口线，全施工队没有人超过钟文的，这是他的绝活。班长这才总要他在搅拌机后台负责水泥配料。

那次，班组身体最好，个子高出他一头的大老张在他旁边的搅拌机倒水泥，大老张倒了五百袋水泥，腰疼得便受不了了，只好换了其他人，而钟文却一直坚持到混凝土捣浇结束……

钟文看叫不动那两人，就自己从车库拉着架子车来到水泥棚。在门口等了一阵，看那两人还没过来，觉得指望不上了，便独个儿拉了架子车进了水泥棚。水泥棚堆满了一垛垛一人高的水泥。他瞅了瞅，在紧靠棚子门口的水泥垛边搬起水泥往架子车上装。搬了一袋又一袋，钟文将架子车装满，拉着水泥从水泥库出来了，杨宋还没过来。他瞅了瞅附近，杨宋二人竟不见。他四处看了看，发现两人竟然溜到附近的一个工棚凉快去了。不远处有一个卷扬机棚，有一个年轻女工在那里开卷扬机。那两人和那女工搭讪着聊了起来，正为什么事说得开心，哈哈大笑着。钟文看了看，一股气直往心口里冲，可他不好发作，只好把气压下去。

这时已是九点，太阳渐渐显示出强大的威力。阳光晒在人身上，就像炉火似的在头上烘烤，钟文不一会儿就搬出了一身热汗。粘满水泥的工作服被汗水溻透，和着水泥的衣服粘满了水泥灰，紧紧地贴在身上。他一边擦汗一边看着杨宋二人，希望他们歇一会儿就来和他一起干活。但他俩却没有想要起身的样子，兴致很高地在棚子里和人又说又笑。

又过了一会儿，两人看看实在不好再坐下去，这才拉着架子车过来，从水泥库搬起了水泥。

钟文一个人搬起一袋水泥就往架子车上放，而杨宋二人比钟文个子高，身上力气也不差，却是一袋水泥两人抬。身上刚粘了点水泥灰，就迫不及待地把水泥灰拍干净，生怕把衣服弄脏。钟文忍耐着没有吭声，只顾埋头干活。他俩懒洋洋干了不到半小时，身上刚刚出了一点热汗，就又停下来。相互使了个眼色，嘀咕了一句，又溜到那个棚子歇起来，歇够了才过来。

两个人搬的水泥还没有钟文搬的一半多！

这哪像干活儿的样子？分明是磨洋工。这样下去怎么向班长交差？钟文心想，依靠他俩搬完明天用的水泥已没有指望，只好自己一个人继续搬下去。钟文拉了一车又一车，看看水泥差不多够全班一天用的了，才停下来。

这时已快到下班时间了。

钟文正准备把架子车送回车库，突然想起：万一下雨怎么办？应该找块帆布把水泥盖上，以免下雨被淋湿。如果水泥被雨淋湿就麻烦了。他手搭凉棚四处瞅了瞅，发现不远处有一块旧帆布堆放在那里，就是用来盖水泥的。可帆布太大太沉，他一个人无论怎样也拉不过来，得叫杨宋二人帮忙才行。可他又不愿向他俩开口——他估摸着叫也没用。他们不会听的，便在心里犯开了嘀咕，一时犹豫起来。

他抬头看了看天，太阳在头顶照着，天空一片晴朗，连一丝云彩也没有，不像有雨下的样子。往回走了几步他还是有点不放心：这六月天正是雷雨多发季节，说下雨就下雨，万一一场雨下来，水泥被淋湿怎么办？还是小心为妙。想到这，他也顾不了许多，硬起头皮对一旁的杨宋二人说："你们过来，帮我把那块帆布拉过来把水泥盖上吧。"

这时，一上午都在寻找岔子的杨宋二人，由于钟文的再三忍让，他们一直无法下茬儿，这会儿终于逮住了机会。宋林扫帚眉一拧，三角眼向他一翻，嘴里便不干不净地骂起来："鸡巴毛！你是看我俩好说话咋的？把我俩指挥来指挥去，你看这天气，哪有啥子雨下……"

哪有这样欺负人的，钟文也是宁折不弯的个性，他哪受得了这平白无故的欺负？于是冲口喝道："你嘴放干净些，你骂什么骂？你们一上午干的啥活？还好意思说！我忍让了半天，都没有说你，叫你和我一起把帆布拉过来盖水泥，你们都不愿意，张口就骂……"

宋林把眼一翻："就骂你了，你想咋样？你当我们不知道？"

"你知道什么？"

"你是……"

宋林正要脱口而出时，在一边观望的杨俊连忙把话头接了过去，阴阳怪气地说："你是啥，我清楚，不给你说——"

宋林在一边越发来了劲："哼！自己一身白毛衣，还说人家是妖怪！球毛……"

这几句无理的话像一把利剑刺在了钟文的胸口，感到自己的心在流血，全身在不住地颤抖，嘴里许久说不出话，他真想走过去结结实实给他一个耳光，但他还是忍住了，把满心的愤怒和屈辱咽回肚里。他也不管了，气呼呼地向宿舍方向走去，回头对他俩说："水泥被雨水淋湿，你们负责……"

果如钟文所预料的那样，晚上突然哗哗地下起了暴雨，一时间电闪雷鸣，上午搬出来的水泥被淋了个精湿！

这一来，问题闹大了，施工队知道了这事。张队长把凌师傅叫到办公室，狠狠批评了一顿，还要班组查找原因。上班之前的班组会上，韩师傅读完毛主席语录之后，突然口气严厉地要钟文站起来，说："邓钟文，你说说，昨天晚上水泥被淋湿究竟怎么回事？"

还没等钟文回答，杨俊竟先发制人："这事我知道！水泥搬完之后，我和宋林怕晚上下雨，想找块帆布把水泥盖盖，可邓钟文不让盖，他说天气这么好，哪会下啥子雨？他是老工人，我俩只得听他的……"

宋林接着说："杨俊说得一点不错，我看邓钟文这样做一定别有用心……"

真是无耻之极！世上还有如此无赖的人吗？亏他们还是解放军这所大学校出来的！

"造谣！污蔑……"钟文气得脸涨得通红，说不出成句的话……

韩师傅生气地说："邓钟文，你把事情向大家说清楚，究竟怎么回事！"

钟文便把事情的经过以及杨宋二人使奸耍滑磨洋工的情况详细地说

了一遍。会上一时沉默下来，这事已十分清楚，水泥被淋湿的责任不在钟文。

韩师傅感到有点为难了，但是亲不亲阶级分，这是政治原则，阶级立场促使他不能向着钟文说话，于是仍以严厉的口气对钟文说："怎么，你把自己撇得干干净净，你就没有责任？"

杨宋二人看韩师傅向着他们说话，越发来劲：

"邓钟文是在胡说！他是在推脱责任！"

"他这是别有用心！"

坐在一旁一直默不做声的凌师傅终于说话了："杨俊，宋林，你俩也别这么说，班组今天开会是寻找水泥被淋湿的原因，以便大家以后吸取教训。邓钟文作为老工人，水泥被淋湿自然要负责，但你俩就没有一点责任？你俩都是解放军这所大学校出来的，毛著学得好，思想正，更应该严格要求自己，不要把责任推得干干净净……"

杨宋二人听了凌师傅这番话，你看看我我看看你，结结巴巴不知说什么好……

抗争

然而，杨俊和宋林并不就此罢休，这事过后，他们采取了更为卑劣的手段在那些新工人中大造钟文的舆论，造谣污蔑，说他的坏话，对他进行损害。说钟文在班组极不老实，不但不好好改造思想，还处处刁难打击新工人，态度十分嚣张……

这一来，那一批新工人都知道了钟文的"恶名"。钟文走到哪，一些人纷纷拿异样的眼光打量他，这使钟文感到了巨大的压力。小董也听到了这样的消息，吃了晚饭出去凉快的时候，小董关心地对钟文说了这一情况。

"小邓，这些天，我听许多人都在说你，究竟怎么回事？"

钟文便把几天来发生的事给小董说了说。小董忧心忡忡地说："这些人可得罪不起呀，他们都是一个地方来的，人多势众，又仗着身上那块金字招牌，连施工队领导也拿他们没有办法，都对他们退让几分哩！"

钟文说："我何尝想招惹他们？我有这个胆吗？我躲都来不及呢，你是不知道，他们一而再再而三找我的岔儿……"

小董看钟文一副愁眉不展的样子，安慰他说："不过，你也要想开点，气量大一点，不要和这些人计较。你记得韩信吧，那么一个顶天立地的英雄，在他失意的时候，却遭受了胯下之辱，大丈夫在世上谁还不受到点挫折和委屈？和他比起来，你这点委屈算得啥？"

这的确是一句很切实际的安慰话，可钟文接受的是正面教育，眼里容不得一点沙子，听了朋友的劝告只是苦笑。

时间过去了几天，班组又开始捣浇混凝土。钟文仍被班长分派着带一些民工到搅拌机后台装运砂石，他仍负责倒水泥。由于工程量大人手不够，装运砂石的活儿便有点紧张——没有一点歇息的时间。

施工正紧张进行的时候，忽然，隆隆运转的搅拌机停了下来。钟文抬头一看，料斗的料倒完了，没有人往料斗里倒石子，料斗空在那里——原来一个姓陈的民工嫌活撵得太紧，要歇一歇再干，轮到他那辆装石子的架子车往料斗倒石子的时候，他却不干了，坐在架子车把上一动不动地歇息。装沙石的车子是相互挨着的，他这一停，后边的沙石车也跟着停了下来。谁也不想多装一车。捣浇混凝土不比别的施工，中途不能停顿，钟文便走过去问道："挨着你倒石子了，谁让你停的？"

没想到那个姓陈的民工竟不理钟文的茬，反而向钟文瞪起了眼："咋？我想休息！"

钟文被呛在那里，一股火往头上窜上来，但他又不好发作。他知道这些民工都是从农村抽调上来的基干民兵，个个都不是善茬，便耐着性子说："前边不让停，你咋能随便休息？"

姓陈的民工听钟文这一说，越发显露出一副桀骜不驯的神气："咋？你不叫休息？你是啥人？"

这时，钟文立即意识到，这个姓陈的民工是和他扛上了！他之所以如此有恃无恐，敢和他叫板，肯定是受了杨宋二人的挑唆和指使。假使换一个人，也许会用另一种方法处理——你不干拉倒，又不是给我邓钟文干的？搅拌机停了就停了，我着哪门子急？我已经尽力了，既然解决不了，且忍下眼前这口气，去找凌师傅解决，不是什么事都没有了吗？但钟文是一根筋，又是一个宁折不弯的汉子，好几天来心里就憋着一股恶气，这会儿仿佛有一股火滋滋地往上冒！心想：连一个民工动不动都敢欺侮到他的头上，如此放肆，他今后还怎么活人？他已经受够了这样的窝囊气！憋在心里的这口气实在咽不下去！这分明是当众对他的一种羞辱！他哪肯容忍？钟文便顶上去说："你不想干滚一边去，别影响别人干活！"

姓陈的民工不是善茬，哪肯示弱，一步冲到钟文面前，扬着头说："你算老几？竟敢管我们贫下中农……"

没想到又是这样剜心刺肺的话，钟文感到头上"轰隆"响了一下，举起手向那人脸上煽去，但手举到半空便停住了，身子晃了晃，眼前一黑，差点栽倒在旁边的石子堆上，大口大口地喘着粗气……

搅拌机停下来了。

随即，凌师傅跑了过来，问道："搅拌机咋个停了？"口气十分严厉。刚才想要休息，对钟文说话口气很硬的民工这会儿泛软蛋了，低着头，一句话也不吭。凌师傅扫了扫排在最前边那辆装着石料的架子车，口气很冲地问："这是谁的车？"

大家都不吭声，目光纷纷落在姓陈的民工脸上，姓陈的民工只好回答说："我的。"

凌师傅明白过来，两眼直瞪着姓陈的民工："你咋回事？轮到你了，石子咋不往料斗里倒？影响施工你负责？"

　　姓陈的民工自知理亏，也不说话，便搭拉着一张没意思脸，弯下腰推着车子将车里的石子倒进了料斗，搅拌机又隆隆地转动起来。凌师傅也没再说什么，回头见钟文愣愣地坐在沙堆上，脸色铁青目光呆滞，凌师傅觉得有点不对劲儿，声音和缓地对钟文说："你回去休息吧，我来倒水泥。"

　　钟文茫然无措地在沙石堆上坐了一会，身子趔趄着走出了工地。

　　他不知不觉回到了宿舍，脑子稍稍清醒了一些，但心中的怒气仍然难以平息——士可杀不可辱！他有什么错？为什么天天受这样的凌辱？天天受这样的窝囊气？他还年轻，将来日子怎么过？他将怎么办。仿佛前边是一条窄狭的沟，黑漆漆的，没有一点亮光，看不见前边的路！不禁悲从中来，眼泪刷刷地流了出来。他越想心中越不是滋味，实在无法排遣郁结在心中的块垒，便晃晃荡荡走出了宿舍。走了不知道多久，他发现，自己竟不知不觉地走到娘娘山来了！

　　他全身的血被抽干似的，脑子里一片空白，精神也失去了控制，像一个喝醉酒的醉汉，头脑晕晕乎乎在山路上高一脚低一脚茫然地走着，好几次差点被路上的石头或土坑绊倒……

　　这是一条从灵宝县城通往乌铺的山路，两边全是层层叠叠陡峭的山崖，山崖间零星长着些杂树，路两旁长满没膝深的杂草和荆棘。他顺着山路继续往前走着。也不知走了多远，走到了什么地方？只见高高的娘娘山已抛在他的身后。山势越来越险峻，谷底的路也越来越崎岖狭窄，到处是那种突兀的石柱和深不见底的深谷。右边不远处是泓农涧河弯弯曲曲的河谷，河谷上空飘荡着灰色的雾岚，有几只苍鹰在那里盘旋……

　　往前又走了一阵。鬼使神差似的，钟文面前出现了一道陡峭的石壁，石壁连通着脚下的小路，他稍稍一跨，就来到了那个石壁上，缓缓地爬上了那个石崖平坦的顶部。放眼往下一望，石崖下是深不可测的山涧，泓农涧河在下边穿过，河谷上空缭绕着一团团雾气。一只不知名的鸟儿发出尖利的鸣叫声。

他站在悬崖边，呆立了一会儿，脑子顿时出现了一个念头：假如闭上眼睛往崖下那么一纵，也许所有的屈辱和悲愤便都抛于脑后。他不禁为这个想法激动得心脏扑咚直跳，全身禁不住一阵战栗。似乎身子在空中飞了起来，是那么轻盈，飘逸，像一只凌空的飞燕。他想象着身子落地时的那种感觉。也许，头先碰着沟底的岩石，一阵剧疼之后，便什么也不知道了！也许他的身子先落地，他的身体被摔零碎，五脏六腑都被摔破，血流满地……不久，人们发现了他的尸体。整个工地便轰动起来，人们议论纷纷：“邓钟文自绝于人民！”——过去有问题的自杀者，他们的结局都是如此！对他们的评价和结论差不多都是这样的。当然少不了有人对他表示同情：“邓钟文死得可怜，他是一个性格刚毅的书呆子……”

正在邓钟文陷于狂想的时候，朦胧的幻影中，面前好像突然出现了母亲忧郁的面影和兄弟期盼的眼神。家里人一旦得到他的噩耗，不难想象将会发生什么样的事儿！仿佛听见半空中忽然传来雷霆般的声音：“邓钟文，不能这样！不能做傻事啊……”

钟文惊出了一身冷汗，终于从迷沌状态中清醒过来。睁开眼睛向山崖底部望了望，下边深不见底的深涧间，乱石嶙峋，杂树横生……他不由倒吸一口冷气，两腿发软，本能地向后退了几步，颓丧地跌坐在一块石头上。他真想痛痛快快地大哭一场！作为人，活着怎么这么难，想死也不容易……

他突然意识到，从上午九点钟开始，不吃不喝，木头人似地已在高崖上坐了十来个小时！这时太阳已经开始西沉，似血的残阳照在山峦上，到处呈现一种殷红的血色。钟文也不觉得饥渴，肚子饱饱的，脑子懵懵的。他不知是回去还是不回去？在这里一直坐下去多好，没有人打扰他，陪伴他的是山上的清风和无忧无虑的鸟鸣声，在这里可以忘记世间的一切！他突然清醒过来，回复到现实中，禁不住悲从中来，感到无比的忧伤。他总不能一直坐在这里，他得回去，在石头上又呆坐了一会儿，理智促使他必须站起身往回走，于是拖着麻木的双脚和流血的心返回了住地……

经过工地食堂的时候，食堂还在开着晚饭。迎面碰上了拿着碗筷从宿舍出来去食堂吃饭的小董。小董看钟文的脸色不对，不知出了什么事？关心地问了他几句："小邓，你怎么？脸色这么难看！"

见他没有回答，走了几步，回头又说了句："吃了晚饭，晚上跟我去县城我一个棋友家下棋吧！"

可钟文对小董的话置若罔闻，表情木然，一步一蹭地上了宿舍楼。

不进宿舍还好，一进宿舍，眼前的情景又一次刺伤了钟文受伤的心！

钟文看见，杨宋二人和"泡子"正坐在宿舍兴高采烈地举杯庆贺他们的胜利呢！"泡子"也许喝多了一些，脸涨得就像猪肝，话也特别多，嗓门也大："你们可真行，叫民工和邓钟文怼……"

宋林说："还是杨俊主意多，这事得归功于杨俊！"

"怼得好！哈哈！"

"来来，为我们的胜利再干一杯……"

钟文听到这话，一股热血"腾"地冲上了脑门，脑子里发出了一阵轰响！这时，他再也控制不住自己，发疯似地冲出宿舍，越过走廊的栏杆，跳水运动员似的，身子划了一个弧线从栏杆上跳了下去……

患难见真情

当钟文醒来的时候，发觉自己躺在医务室床上，身子如同散了架，脑子也像炸裂开来似的刺痛。难道我死了吗？怎么躺在这里？钟文这样想的时候，隐隐约约听见身边有人说话的声音："醒了，他醒了。"

他这才意识到自己并没有死，还活在这个悲惨的世界上。羞愧，悲伤和痛苦撕裂着他的心，泪水泉涌般地流淌出来。他挣扎着想要爬起身，但被人紧紧地捺住，身子不能动弹。

"你们放开我！你们放开我！"他歇斯底里似地哭喊着。

医生和什么人小声嘀咕了一下，钟文朦胧中感觉那人是张队长。一会儿，他感到自己屁股上挨了一针。渐渐地钟文感到浑身倦乏，四肢发软脑子发沉，很快进入昏昏欲睡状态。迷蒙中，听见医生对张队长说了一句什么。一会儿，张队长出去了，从外面叫来了几个人，七手八脚把钟文抬回了他的宿舍。

钟文刚刚在床上躺下，朦朦胧胧中，只听见一个声音在他耳边轻轻地叫唤："小邓！小邓！"

钟文微微睁开双眼，昏暗的电灯光下，看见小董坐在床边关切地望着他，小董的两眼凝满泪花。钟文心里一热，眼泪随即夺眶而出。小董紧紧握着钟文的手，声音颤动地说："小邓，你怎么这么傻呀？咋这样想不开哩……"

到底是药力发挥了作用，钟文只觉得头脑发沉眼皮发粘，无力地垂下了眼帘，不一会就昏睡过去。这一睡从天黑直睡到第二天中午，才睡醒过来。但钟文的脑子仍是昏昏沉沉的，浑身就像一块发面团软软的没有一点力气，重又合上眼睡了过去。直到天将黄昏夜色朦胧的时候，才彻底睡醒过来，终于明白了几天来所发生的事。眼泪如断线的珠子流到他的脸颊上，淌进他的嘴里，他感觉到了咸咸的滋味……

他感到深深的悲哀和悲伤，生活对他太过残酷！命运对他太不公平！回想自己踏入社会十多年来的遭遇和经历，扪心自问，他邓钟文到底做错了什么？没有！他完全可以理直气壮地回答，他是无辜的，他问心无愧！是的，他还年轻，就他整个生命历程来说，还很短暂，但他从十多岁离开学校踏入社会的那一天起，就立下了努力奋斗，积极向上的决心，怀着满腔的热情投入到工作中。尽管他的工作十分平凡，不是那种轰轰烈烈惊天动地的工作，但是，在平凡的岗位上他不怕苦不怕累，诚诚恳恳踏踏实实埋头苦干，出力流汗。他把自己平凡的工作看作祖国建设的一部分，他把自己多倒一袋水泥，多拉一车混凝土，多捣浇一榀屋架梁看作是为社会主义大厦添砖加瓦。除此之外，他还珍惜自己的业余时间的每一分钟，不让时间白白浪费，如饥似渴地学习文化学习写作，想用自己的笔为亲爱的祖国抒写出壮丽的颂歌……

这一切的一切到底有什么错？又错在哪里？就因为自己出身不好，就应该遭遇如此不公正的待遇？这是什么道理？出身不好，这能怪他吗？他能选择吗？人人都说，出身不由己，道路可选择；党的政策是有成份论，又是唯成份论，重在表现！可事实并非如此！说的和作的为什么两样呢？理想和现实相距怎么这么大呢？那些出身贫下中农家庭的人，就高人一等吗？就可以为所欲为吗？有些人思想那么龌龊，简直是社会渣子，可他们却得到尊重。这到底是怎么回事？他实在想不通！想不通！钟文越发伤心，泪水继续汩汩地往外流淌，打湿了枕头……

正在这时，小董推门进来了，手里端着一碗稀面条。他看钟文醒了，走过来对他说："我已来过几次了，见你总是不醒，约摸着这会儿你快醒了。"

说到这里，小董突然发现钟文脸上泪水涟涟，忙取下挂在铁丝上的毛巾递给他，然后长叹一声说："小邓，你可要想开啊，身体要紧啊。你已经几天没吃没喝了！我都急死了，特意要食堂给你做了碗面条汤，你喝了吧。"

钟文听了小董的话，十分感动，泪水又涌了出来。

他已经四十个小时水米未进，这会儿确实有点饿了。便接过小董递过来的手巾，拭去了脸上的泪水。不知怎的，钟文心里一阵发热，又哽咽起来。常言说，患难之中见真情。自钟文出事之后，因为害怕受到牵连，没有一个人敢来宿舍看他。而小董，却一直守在他的身边！这是何等的情谊！即使是亲兄弟也不过如此！不是亲人胜似亲人！钟文接过小董递过来的稀面条，慢慢地喝起来。一边喝，一边感到鼻子酸酸的，两眼不由又凝满了泪花……

小董安慰他说："快吃吧，你的事没什么大不了的！你和那些小人斗什么气？那都是些无赖，你和他们较劲不值得！小邓，你看了那么多书，道理比我懂得多，历朝历代多少英雄好汉，哪一个不受点冤屈不遭点挫折？你看林冲，八十万禁军教头，武艺超群，照样受到别人的欺负……"

钟文听到如此贴心贴肺的开导话，心里的郁闷稍有些缓解。

由于喝了点稀面条，体内补充了能量，身上多少恢复了一点神气，脸上有了点血色。小董也感到宽慰。继续对钟文劝说道："小邓，你我认识这么长时间了，你应该相信我才对，昨天天黑的时候，我在食堂门口遇见你，问了你，为什么不把你心中的苦闷，你所受的委屈对我说出来呢？不管怎样，我会尽一切力量帮助你的！你也不想想，昨天的事有多么悬乎，你从二楼的拦杆上纵身跳下去，要不是你碰巧落在一堆扎好的钢筋笼上，你的腿不跌断才怪哩！你的身体真要有个意外，万一摔折了腿，成了残疾，多不值啊，那你将一辈子受苦受罪，谁来管你呀，到时后悔都晚了……"

钟文这才明白，他从两层楼高的阳台拦杆上跳下来，除了皮肤受了点擦伤，别的都安然无恙，原来是这么回事！

"自杀未遂"，毕竟是件丢人现眼打家伙的事，钟文对自己的行为感到悔恨交加。是呀，小董说得对，为什么要和那些小人和无赖斗气呢？自己一时的冲动，做出这样的事，身体万一有个三长两短，就是自己个人倒霉！真是太不值了！真是干了一件傻事蠢事！这几年经历了这么多事，经受过这么多的风雨，怎么还这么脆弱？脆弱得不堪一击！这一来，别人怎么看他呢？想到自己将要在众目睽睽之下走进食堂买饭，无数双眼睛看着他，他就羞愧难挡，比让他去死都要痛苦。

小董好像猜着了他的心理似的，安慰他说："小邓，你好好休息，什么也不要想。明天我继续帮你到食堂打饭。"

这天晚上，小董坐到很晚才回去睡觉。第二天一早，一向好睡懒觉不吃早餐的小董竟然打破了他多年养成的习惯，起了个大早，为钟文端来了早饭。

　　第三天，陆续有几个朋友前来看望他，其中有小范，还有"法螺"，"法螺"还为他送来了珍贵的云南白药。钟文十分感激，他正是靠了朋友们的友情，他才得以度过了人生的这一难关，走出了地狱之门。

　　这件事应算是刑事案件，毕竟影响很大，在工地传得沸沸扬扬。公司、工程处派人找钟文了解情况，要钟文写一份书面材料，写出这件事的始末缘由。来人还说，这事已向派出所报了案。

　　钟文犹豫了很久，觉得没什么好写的。在这样的政治背景下，他能把自己的委屈和屈辱如实地写出来吗？写出来又怎样？政治环境会改变吗？与其隔靴搔痒，不如干脆一个字不写，以表示自己无声的抗争！尽管唐之宫板着张脸前来催了几次，钟文都不予理睬，冷冷地回答说："我不想写！没什么可写的！"

　　他是死过一次的人了，他对这个世界也看透了，再不能听任别人摆布，他现在什么也不怕，再也不能逆来顺受……

第二十二章　囚徒

《毛选》事件

母亲被判刑五年，在刘景和心理上产生的震动，犹如在他猝不及防的时候有人在他头上打了一棍，顿感到天昏地暗，眼前一片昏黑！这个世界是怎么啦？这个社会怎么啦？世上人是怎么啦？怎么这样蛮不讲道理？想给你安个什么罪名就安个什么罪名！他预感到前进矿对他的迫害将会变本加厉！

刘景和的猜想不错，他自被南宁市公安局押送至渑池，前进矿就千方百计搜集他的材料，捏造各种罪名要求判处刘景和死刑。在他们看来，让刘景和这样的人留在世上完全多余，简直就是浪费国家的粮食，还不如给他吃一颗"花生米"来得干脆！

于是无中生有添油加醋添枝加叶上纲上线整好了刘景和的所谓犯罪事实的材料，李三新信心满满地带着材料专程来到渑池县公检法军管小组，找到军管小组负责人，把他们的要求说了说。军管小组负责人看完了材料，有点不以为然："这个人虽然反动，但要判处他的死刑，条件还不够呀！"

李三新望着军管小组负责人："咋的？"

军管小组负责人说："我们同意了，省里也不会批的。"

"哦？咋会这么麻烦？还要省里批复？"

军管小组负责人说："麻烦？文化大革命前才麻烦哩！判处死刑的案件一律要经过全国最高法批复，现在简单多了，只要省高院批复就成！"

李三新恨恨地说："留着这人有啥用？反动透顶，不够死刑条件？不会想想法子呀？"

军管小组负责人看着李三新，笑了："你当法院是你家开的吗？说得那么轻巧？"

李三新仍然坚持说："现在枪决一个反革命分子还不是一句话的事吗？"他沉思了一下，忽然想起来似的问道："刘景和在监狱表现如何？"

军管小组负责人说："表现不好，这家伙顽固不化，拒不承认他组织过反革命同盟党！不过，他不承认也不行，这个不怕，我们照样判他的罪！"

"你们不会根据他的表现。加重他的罪行？这种人还留他干啥？找个理由把他送上西天算了！"

"你放心，你们的意见我们会考虑的！"

军管小组送走李三新之后，便忙碌起来，立即派人去拘留所搜集刘景和新的犯罪事实。

那些年轻看守，得到上司的指令，一个个义愤填膺，把刘景和当成了罪大恶极的反革命分子。挖空心思找他的茬，寻找他的新罪行。可由于他小心谨慎，一直无从下手，找不到他新的犯罪证据。

不久，终于有了意想不到的收获！

一天，那个瘦高个年轻看守来到了监房，阴沉着脸，两眼像猎犬似的在监房睃来睃去。突然目光落在窗台上的一本残破不全的书上——这本书放在那里已经多日了。看守多次来过监房，是他们不太注意还是怎么的？对这本书熟视无睹。而这次，瘦高个来到监房就一眼发现了这本卷了边的书。他抓起书一看，脸顿时变了色——竟是一本残缺的《毛选》。有一半的书页已被撕去，没撕的部分还卷着角，书上粘满灰尘。他的脸一下子变狰狞，眼里差点冒出火光！这还了得，这些该死的罪犯！竟敢把《毛选》弄成这样！谁弄的？这是对毛主席的最大蔑视和侮辱！真是罪该万死！

景和见年轻看守手里拿着那本破毛选气歪了脸的模样，预感到一场暴风雨将要降临。但他心里很泰然，因为这本书与他无关。那是一个十四五岁的中学生带进来的，那个中学生因为写错了什么字，被说成是对毛主席的污辱便被关进了这个监房。中学生上厕所时找不来手纸，抓耳挠腮急得不行，就把书页撕下来当了手纸。后来，中学生被放出去了，而这本残破的《毛选》却没有带走，仍放在窗台上。监房那几个人上厕所时，找不来擦屁股的手纸，见毛选已被撕破了，也有撕下书页当手纸的。景和见此情景，非常担心，曾在心里嘀咕：这些人真是胆子太大了，敢把《毛选》撕了当手纸用，被看守知道了，可了不得，安你一个污辱毛主席著作的罪名是不大不小的。他也提醒过大家，可没有人听他。因此，他就特别注意，上厕所即便再弄不来手纸，他宁可把被子里的棉絮拽出来擦屁股，也不撕《毛选》。

"这是谁的书？"瘦个子看守瞪着眼睛向监房里的人厉声喝问道，但是，监房里一片寂静，没有人出声。

"这是谁的书？"看守环视了大家一眼，加重语气又重复了一遍，还是没有人回答，一个个呆若木鸡。看守转过身来，用那双细长的眼睛挨个把监房的人审视了一遍，最后目光定格在景和身上，严厉地对他说："刘景和！这是你的书吧？"

刘景和说："不是我的书。"

"不是你的书谁的书？"

"不知道。"景和明白，这分明是看守借故寻他的事。他本来想说是那个才走不久的中学生留下的，但他还是打住了。

瘦高个看守"嘿嘿"冷笑几声："你不说，那就是你的书！"

"怎么是我的书？我进来的时候，我的东西你们都检查过的，哪有《毛选》？”

"你不承认也不要紧，我们照样治你！"说罢，瘦高个看守拿着那本《毛选》气冲冲离开监房，走了。

第二天，景和被带进了讯问室，瘦高个看守和另一个看守对他进行了讯问。

"刘景和！这是怎么回事？"

阴暗的讯问室里，中间吊着一个昏黄的电灯，两个看守坐在桌前，桌上放着那本残破的《毛选》，景和进来的时候，坐在桌前的看守拿起那本破《毛选》，在他面前晃了晃："刘景和，老实交待，你为什么要把《毛选》放在那里？"

"不是我放的。"

"那谁放的？"

"我不知道。"

"你不知道？不是你是谁？只有你种人思想才如此反动，才对毛主席著作这样仇恨！"

这时，景和看来不说实话是不行了，便把那个中学生上厕所找不到手纸怎样着急，怎样撕了书页当手纸的情况说了说。看守没词了，他狠狠地拍了一下桌子，瞪着景和，厉声吼叫道："刘景和，你不要把责任推得干干净净！你以为我们不知道，把《毛选》撕下来当擦屁股纸的也有你！"

景和回答说："我没有撕《毛选》擦屁股。"

"你没有撕？谅你也不敢承认！"看守冷笑着说："咋的，害怕了？"随之，他用手在桌上又拍了一下，口气严厉地说："赶快交待你的作案动机！你为什么对毛主席著作这么仇视？"

"你怎么说都行，反正我没有撕！我找不来手纸，有时就把被子里的棉絮撕掉用来擦屁股！"

看守轻蔑地嘴角一撇，说："你编吧，你编得真美，你刘景和多无辜似的！"

"我哪敢编，不信你们去看呀，看我的被子里的棉絮有没有被扯掉的？"

一个看守立即走出审讯室，来到监室，拿起景和的被子查看了一下，果然发现，他的棉被里有一个空洞。但审问的看守仍不相信，坚定地认为，他肯定撕过毛选当手纸！

"这是由你的反动阶级立场决定的！你们被打倒了，失去了天堂般的生活，所以对毛主席恨得要命，时时刻刻想要报复，便把《毛选》撕下来当手纸！你知道这是什么罪吗？污辱毛主席著作就是反对毛主席！就是反革命！这是死罪！我劝你还是老实交待清楚，赶快交待你的作案动机！"

景和这才理解"欲加之罪何患无辞"的含意。既然如此，他也不再说什么，只有听天由命，由着他们来吧。

军管小组根据前进矿的意见，很快整好了判处刘景和死刑的材料，将材料迅速报了上去，只等上级部门批复下来就要执行。

宣判

过了几天，一个清早，景和起床之后就感觉有点异常，他的心突然咚咚地跳得厉害，好像有什么事将要发生。

这天的天气也特别寒冷。窗外，西北风一阵阵猛刮，寒风从窗户的缝隙里钻进来，耳边响起一片呜呜的呼啸声。他不由得全身发抖牙齿打颤。他只好把别人送他的那件破棉衣穿在身上，才感到了一点暖意——自从被关进监狱几年来，没有人给他送过衣服和铺盖——母亲被判刑，妹妹年纪少，家里只有继父。他们自顾不暇，没有人前来探望他，也许家里人压根不知道他在哪里？身上只有从新疆穿回来的那身单薄的衣服。每到冬季，实在抵御不了寒冷的侵袭，他就捡拾别的犯人留下的破衣烂衫穿穿，抵挡一下寒冷。身上穿的这件旧棉衣就是一个死刑犯送给他的。那个死刑犯是洛阳人，他看景和年轻，两人平时又说得来，身上的衣服十分单薄，临上刑场的时候，便把他那件破棉衣送给了他。

他清楚地记得，那人被押出监房的时候，十分平静看了看他，然后把那件早叠好放在一边的棉衣递到景和手里，说："小刘，冬天马上到了，看来你家不会有人给你送衣服的，这件棉衣你留着穿吧。虽然有点旧，但很厚实，多少可以挡一挡寒气。"景和十分感激，默默地接了棉衣，看着那位狱友离开监房走了。

冬天到了，景和感到冷的时候，便将那人留给他的衣服穿在身上，感觉暖暖的，可是今天，他心里直犯嘀咕，感觉很不舒服，眼前总是出现那个死刑犯苍白的面影。他回想起看守这几天对他的态度，他觉得有点不对劲儿。

"今天，莫不是我的大限到了？"他在心里想。

他越想越觉得有点像，自个儿在心里嘀咕："是这么回事儿，今天天气倒不错，是个晴朗的日子。"

不过，就这样不明不白去了另一个世界，他毕竟心有不甘。就在他发怔的时候，他听见从监外传来看守由远而近踏踏的脚步声。来了！来了！他们提他来了，他这样念叨着。心里一阵紧张，不知他将被带到哪里执行？

不一会儿，监房的门被打开，两个看守中那个姓崔的向房里叫了一声："刘景和！出来！"

刘景和从地铺上站起来。不知为什么，这会儿，他突然变得镇静，望了姓崔的看守一眼，说："干啥？"

看守说："你出来，跟我走！"

"啥事？"

姓崔的看守两眼瞪着他："甭问，到时候就知道了！"

景和心里想：他们搞那么神秘做啥？当我是傻子？不知道呀？那有什

么。他突然想起，在古代，犯人被拉去斩首的时候，得给犯人管一顿饱饭，有酒有肉，得让犯人吃饱喝足——可是，现在世道变了，什么也都变了，那个洛阳死刑犯被拉去刑场的时候，早上只吃了一个黑窝头，他早上也只吃一个窝窝头……

他收回思绪，抬头看了看窗外的天，倒是不错。天气虽冷，天空倒很明净，太阳很亮，明晃晃的阳光从窗口照进来。要不是这天的风刮得大，有点阴冷，算是一个上佳的天气哩！

"快点，磨蹭什么？"姓崔的看守对他催促说。

刘景和就要跨出监房门的时候，突然想起，他得把身上这件旧棉衣脱了。他不能在离开这个世界的最后时刻穿着别人的衣服上路。可是，就在他脱衣服的时候，一阵刺骨的寒风迎面刮过来，不由得打了个寒噤。他犹豫了一下，但还是坚定了自己的想法：不行，不能穿这件棉衣！解开扣子咬咬牙最后还是把棉衣脱了，扔到了地上。

姓崔的看守见刘景和把棉衣扔在地上，愣怔一下，不知何意？和另一个看守相互交换了一下眼色，另一个看守也是一脸茫然。

"把衣服拾起来穿上！"姓崔的看守对他喝叫道。

刘景和站在那里不动，并不去拾棉衣，倔强地说："我不能穿着别人的破衣服上路！"

姓崔的看守这才明白刘景和之所以磨磨蹭蹭不穿棉衣的原因，但他并不对他进行解释，只严厉地命令他把棉衣穿上。

"给我拾起来穿上！"口气严厉，不容违抗。胳膊扭不过大腿，景和只好把棉衣拾起来穿在身上。

一出监房大门，他就被一根绳子五花大绑捆了个结结实实，两个看守推推搡搡把他弄上了一辆大卡车。又将一块写着"叛国投敌现行反革命分子刘景和"字样的牌子挂在他的脖子上。车上除他之外还有一个姓罗的老头。罗老头原是渑邑矿务局北新矿的工人。他的老家在辽宁抚顺。解放前，这人曾在抚顺煤矿当过把头，"文革"一开始他就被当作历史反革命关了进来。

汽车开动了，速度越来越快，冷风在耳边呼呼地刮，往他的骨头缝里钻。根据行车的方向，估计他们要把他带到渑邑去。

车子在寒风中飞速行进，风刮在脸上像刀子割脸上的肉，尤其耳朵疼得厉害，好像冻掉了似的渐渐没有了感觉。双手已冻麻木。他想将手拢起来伸进袖子里，可他被绳子捆绑得死紧，双手不能动弹。好在姓崔的看守叫他穿上了那件破棉衣，要不然，没有走到地儿他就冻僵了，心里不禁充满了感激。

渑邑很快到了，卡车开进了新华街车站俱乐部广场，只见广场上搭着一个高高的台子，台下站满了黑压压的人。一伙人看见汽车开来了，一阵喧哗，脸纷纷朝汽车的方向看过来，有几个人小跑着地朝汽车走来。这时，站在汽车上的景和听见了从会场上空传来麦克风的声音和震天动地的口号声。心想，原来他们在这里召开他的宣判大会哩。宣判大会之后也许他就在这里被执行。他常听一些说书人说故事，古代的犯人临刑前总要呼叫一声："老子再过二十年又是一条好汉！"他今天也不能表现太怂包！他也是一条汉子！

人死了还有来生吗？他怎么突然想起了这个问题？想着想着，不由哑然失笑。他是不相信这些的，这显然是一种迷信说法。

这时，他已万念俱灰，这个世界他也待够了，再没有什么可留恋的。他对死倒不怎么害怕，只是他感觉这样死去实在太冤枉！他是一个屈死鬼！他不服！这时，他的思维十分活跃，有点心猿意马，许多奇怪的念头在脑子里闪现。他忽然想起，今天他将怎样死呢？当然是让他吃枪子——不过他从没有见过枪决人，但从别人那里听说过枪决人，枪决人的方式有许多种，有从犯人的额头打枪的，还对准犯人胸部的，也还有从背后开枪打后脑勺的……

他今天会怎样呢，人家打他哪？会很疼吗……

"下车！下车！"

正在他这样胡思乱想时，一阵恶声恶气粗暴的吼叫声打断了他的思绪，很快地他被推搡着弄下了卡车。这时他已冻得全身麻木，身子不能动弹，双手已经失去了知觉，任由两个看守一边一个架起他的双臂抓住他的头发把他押进会场。

随着一阵阵慷慨激昂的口号声，他被带到了台子中央。

他用眼扫了扫四周，只看见台上低头弯腰站着一排人，同样用绳子捆着，胸前也挂着牌子。除了和他同时被押来的那个北新矿姓罗的历史反革命之外，别的一个也不认识。押送他的看守看他抬起头看会场，使劲把他的头往下一摁，他的头被摁得差点碰到脚面。因为头被摁得太低，只感觉脖子生疼，腰像折了一样，什么也看不见。当他将头稍抬高的时候，瞅见了台下黑鸦鸦一片人头。这时，他的脑子已经麻木，什么也不想，反正他的命运已被操在别人手里，他成了砧板上的鱼，任由他们宰割。

一个人在台上嗡嗡地说了一会话，接着响起一阵口号声，口号声停下来，有人便开始宣读判决书，第一个被判决的是那个姓罗的历史反革命。他脑子一片嗡嗡的声音，没有听见说了什么。

接下来宣判的便是他，当念到"刘景和"三个字的时候，他突然莫名其妙地感到一阵紧张，头脑顿时变得清醒，耳朵竖了起来，每一个字都听得很清楚。渑邑矿区法院军管小组的一个人开始念他的罪状。那人念得很快，声音尖厉，带着满腔的愤怒。叛国投敌，组织反革命同盟党，就连拘留所那本被撕坏的《毛选》也都成了他的罪状！谎言！谎言！满纸谎言！景和觉得那一桩桩罪行，没有一桩是真实的，一声声控诉仿佛变成了一把把尖刀在他身上乱扎，在他心上乱刺，汩汩地流着血……

罪状念完了，下面就是判决，他集中注意力听着，他的心脏仿佛停止了跳动。

"判处有期徒刑十五年……"

他愣了愣,似乎是在做梦。

其实刘景和这次算是捡了一条命——渑池县法院军管小组根据前进矿的要求,想要判处刘景和死刑,将材料报了上去,可没有被河南省高等法院批准。

莫名其妙的手铐

刘景和在渑邑被宣判不几天,就被押送到了硖石劳改场。在这里,他便失去了自己的姓名,被编为 202 号,和他同时被押送来的罗老头被编为 203 号。没有人叫他刘景和,都称呼他"202 号"。

硖石劳改场在渑池和陕县之间,服刑的劳改犯在采石场干开山采石的活儿。这里地势十分险要,道路崎岖,交通闭塞,山下是一条东西走向的狭长的峡谷,峡谷两边是陡立嵯峨的石山,重岩叠嶂,峭壁削立。除了一条崎岖狭窄往外运送石料的山道通行汽车之外,连只鸟儿也休想飞过去。人站在谷底抬头往山顶眺望,帽子都会掉下来,可见山峦之高。后来,他才知道,这座山就是有名的崤山主峰。春秋时期的秦晋崤之战就是在这里发生的。这里的山全是石头山,除了石头还是石头,石头在这里可说取之不尽采之不竭。劳改犯在这里开山打石头,永远也开采不完。他们开采加工的石料,大多用作建筑材料,这是混凝土最好的骨料,有一部分石料用来修建公路。

关押在这里的犯人有刑事犯,有政治犯,而大多都是像刘景和这样的政治犯。

劳改场设在半山腰上,基本与世隔绝。半山腰上开凿了一块不大的平地,建造了几座石头房子。刘景和和罗老头被安排在同一个监房里。这所监房成长方形,二十多平米见方,住了三十多个犯人。监房中间是一个通道，通道两边是石头垒起来的大通铺，晚上，犯人一个个身子紧挨着睡在上面。罗老头就紧挨着景和睡。景和一走进监房就闻到一股臭气，犯人大小便都在里面，人多，两边又没有窗户，空气污浊得有点让人窒息。景和刚走进监房的时候，差点呕出来。

开始几天，他们几个新来的犯人没去劳动，监管人员把他们召集一起学习监纪监规。罗老头对自己被判十年徒刑十分不满，觉得冤枉，他反正已六十多岁的人了，身体有病，活不了几天，便抱着破罐子破摔的态度，只想早早了结残生。常常嘴不把门，时不时发些牢骚说些怪话。景和对他十分反感，想起在渑池拘留所那本被撕毁的《毛选》，自己无端被栽桩陷害，在这里他就特别警惕。罗老头说什么他都不接腔，平时也不大多说话。但罗老头有点不识趣，以为景和罪行重刑期长，会和他思想相通，总爱对着景和诉苦，发泄心中的怨气。

"让咱们干这样的活，这哪是人干的，分明把我们当牲口，连牲口都不如……"

"这种日子怎么过呀？咱得想办法逃出去……"

景和实在不想听罗老头说这些废话，他不是不想越狱，对于强加给他头上的那些罪名，被判刑十五年，简直是天大的冤枉，他压根就没打算老老实实在这里接受改造，只要有机会他就要想法逃跑出去。但他知道罗老头的为人，与他合作，肯定是成事不足，败事有余。听了罗老头的话，他只好把脸扭一边。

一天晚上，罗老头又向景和发开了牢骚，景和听了感到心烦，本想警告他几句，又懒得搭理，只好这边耳朵听那边耳朵出当没听见，任由他啰嗦去。

谁承想第二天刘景和被看守叫去，不由分说，看守便拿出一副锃亮的手铐对他喝叫道："把手伸出来！"还没等他明白是怎么回事，咔嚓一声，看守便很熟练地铐住了他的双手。刘景和望着手上锃亮的银色手铐，有点莫名其妙。看守板着脸，猫戏老鼠似地问："202 号，说说，为啥铐你？"

"是呀，为啥铐我？我犯了啥错？"

看守嘿嘿两声，望着景和："回去想想，想明白了再来告诉我。"再没有第二句话，就把刘景和带回监房，"哐当"一声关上了监室的铁门。

第二天，看守又把他叫去："202 号，你出来！"

刘景和跟着看守进了审讯室，看守瞪着他问："202 号，想明白了没有？我们为啥铐你？"刘景和自然回答不出，两眼茫然地望着看守。看守也不骂他，只说了句："回去好好想！"又把他带回去关起来。

第三天，看守如期而至，又把他叫到了讯问室，仍是如此问他："202 号，我们为啥铐你？想明白了没有？"

景和说："我实在不知道犯了啥错？请领导指出来！"

这次看守终于说话了："不知道？笑话！202 号，我问你，这几天你在犯人中间都说了些啥？"

景和瞪大了吃惊的眼睛："我说了啥？我规规矩矩的，啥也没说呀！"

"哼！你还规规矩矩的！没想到你年纪不大却这么顽固！我问你，你把无产阶级专政的劳改场说成啥？"

另一个看守接着说："还有，你是不是和'203 号'商量过越狱？"

听到这，刘景和方才恍然大悟，罗老头说的话被人打了小报告！可令他不解的是那些话明明是罗老头说的，怎么胡乱安在他头上，于是分辩说："我没有说这话。"

"我知道你是不会承认的，不过这在你都一样。告诉你，无产阶级专政不是吃素的！你不承认也不要紧，手铐你就一直带下去吧！"

刘景和在渑池拘留所有过类似的经历，对看守的做法也就不足为怪。《水浒》中有犯人被打杀威棒的规矩，武松被押解到孟州牢城，不也要经受三百下杀威棒的考验吗？不过如今是新社会，难道这里的看守也要给他来一顿杀威棒？可这杀威棒针为什么只是针对他，而罗老头却没有事……

回到监室，坐在床上望着手铐，心里难受。给他戴的这副手铐是铁制的，由于用得久了，被磨得锃光发亮。分量倒也不重，做工也很精致，刚戴上也没有特别不舒服。但是几天之后，逐渐感到不是滋味。白天黑夜双手戴着手铐，睡觉都不能取下，尤其睡觉总是一个姿势，不能翻身，吃饭解手干什么都不方便，渐渐感觉手腕被磨得生疼，手腕上的皮肤被坚硬的手铐渐渐磨破，动一下就针扎似的疼痛，慢慢地磨破的皮肉开始化脓。他去找看守要求松铐。说："我手磨破了，疼得实在受不了，请你帮我取下吧！"

看守看了看他，鼻子里哼了一声："你还知道疼呀，你以为这是休养所啊！就老老实实戴着吧！"

直到过了一个月，他的手腕化脓很厉害，手铐才被打开。手腕上的伤好久都没有痊愈，终于落下了一圈疤痕——留下了永久的"金印"……

留得青山在不怕没柴烧

监规监纪学习结束，犯人们被分到了班组劳动。

老罗年纪大，分到了年纪大的班组，景和则分到年轻人的班组。

通过几天劳动，和别的犯人接触交谈，景和渐渐了解了硖石劳改场的大致情况。在这里服刑的犯人大多是洛阳及附近几个县市送来的。有因男女关系小偷小摸之类的刑事犯，也有像他这样的政治犯。政治犯五花八门，年老的历史问题居多，年轻的大多是文革中派性斗争的替罪羊。也有说了错话，做了错事的。这些所谓的错话错事，在平时其实不是个事，但拿来上纲上线进行分析就是问题。林子大了什么鸟都有，这些犯人也分三六九等，各不相同。思想品性差别极大。年轻犯人大多年轻气盛，血气方刚表现积极，他们对那些在劳动中少气无力抑或发牢骚说怪话的犯人自然看不惯。千方百计寻找他们的岔子，动不动就到看守那里告密，打小报告。以免立功减刑。老罗对景和说的那些话就是被这些人汇报上去的。因此，景和就格外小心谨慎。

　　劳改犯每天的工作是上山开采石头，再用人力车把开采出来的石头运到粉碎机粉碎，加工成可供建筑或筑路用的各种规格的石料。隆隆的粉碎机终日在山谷轰响着，声音震耳欲聋，震得耳膜都疼。刚开始的时候，景和的耳朵里整天都是粉碎机破碎石头尖利的声音，嗡嗡直响。

　　将坚硬的山石开采出来并非易事，得放炮把石山炸开。犯人们手握钻机先要在岩石上钻上炮眼，小心地往炮眼里填上炸药放上雷管，然后点燃导火线把岩石炸崩裂。山石爆炸的时候，犯人要远远地躲到安全线以外的地方，猫着腰趴在那里。炸药一响，就会地动山摇，乱石横飞。干活的犯人们尽管躲在安全线以外，有时炸飞的石头也会落到人的身边，崩落的石头时常会砸伤人。

　　景和干的是搬运石头的活儿——每人一辆架子车，放完炮，炸飞的石头落下来，岩壁上的石头就会崩塌，便会落下一片片大大小小的石头。警戒一解除，犯人们便拉着车子把炸出来的石头往车子上装，再把装在车里的石头运到山腰。那里有一架粉碎机，犯人们把运去的石头投放到粉碎机里，然后拉上板车再去拉石头。循环往复，一车又一车拼命地拉。粉碎机动力很大，再大的石头也会被粉碎成各种规格的石子。他们拉的石头总是供应不及，如果机器空转，看守就会叫喊他们抓紧，谁动作慢了，就说是磨洋工，就会受到处罚。

　　搬运石头的活极其沉重。炸出来的石头有大有小，大块的石头一个人要拼尽全力才能搬动。犯人们得用双手把石头搬到车子上，再运送到粉碎机旁。一车车的装，一车车的拉，人就变成了一架机器。景和没干几天，两只手就被坚硬的石头棱角磨出了血泡。手腕被手铐磨出的旧伤还未痊愈，又加上新伤，搬石头时疼得呲牙咧嘴刀割一般。他实在受不了，想休息一会都不行，看守就在旁边看着呢。一点不敢偷懒，只要一坐下休息，看守看见了就会跑过来一顿训斥。景和只得咬牙坚持干下去。每天干到吹哨收工，才停下手中的活，这时天已经黑了。回到监室，浑身的骨头像散了架，又酸又疼，躺下来就不想动弹。吃的粮食定量标准虽然不低，一个月有四十多斤，可景和总感觉粮食不够吃。不到半晌，肚子就饿得咕咕叫唤，两眼发黑，精疲力竭。

　　一天，他终于出事了。

　　他往架子车里装满石头，拉着车子准备朝粉碎机走去的时候。没走多远，脚下的一块石头被开山落下的石头砸松动了还是怎么的，他没注意，一脚踩空，脚下的石头滚落下去，身子一侧，便从崖上滑了下来。好在他身子灵巧，使劲抓住了崖上的一块石头，人没有掉下去，整个身子悬空起来，像猴子似的挂在岩壁上。随着身子往下滑动，带动着土石纷纷往下掉落。一块小石子砸在他的头上，感觉一阵疼痛，血就从那里流出来，鲜血像蚯蚓似的流到了他的额头上。他顾不得头上流血的伤口，不敢松手。一松手就会掉入崖底摔得粉身碎骨。只好两手死死抓住那块石头，身子往上提。还好，紧跟在他身后一起运石头的狱友看见了这情景。赶紧放下车子伸手拉住了他，使足劲把他拉了上来。他抖抖索索爬上来，伤口还在流血，有的地方已经结了紫黑色的血痂，他只好使劲用手捂住伤口。这时，看守赶来了，看见了他头上的伤，便领着他来到场部，让狱医给他包扎了一下。也没有让他休息，要他继续拉着着车子装石头。

　　从此，他便陷于极端的痛苦之中，绝望之极。这种罪何时了？这样的日子何时是个头？他的刑期整整十五年哪！每天都要干这种非人的苦役，这么漫长的日子怎么熬过去？他算了算，如果他表现不错，等他刑满释放的时候，已四十多岁！万一中间出个什么差错，弄不好还要加刑，也许他这辈子都会在劳改场度过。他的生命在这里一点点地被榨干耗尽……

　　他不敢往下想，每每想到这里就不寒而栗！

　　没过几天，罗老头的话突然在刘景和的头脑中响起："得想办法逃走！"

决不能听任他们摆布，在这里耗费掉自己的青春和生命。必须脱离这个牢笼！在头脑里萌生已久的越狱的念头便又开始蠢蠢欲动，像一条虫子似的啃咬着他的心。

刘景和伺机寻找着越狱的机会。可是他很快发现，这个想法完全是徒劳的！要想从这里逃跑，简直比登天还难，根本没有可能！白天在山上干活，四周都圈着铁丝网，还有荷枪实弹的武警守卫。晚上一收工，犯人便回到各自的监房。监房建在半山坡上，只有一个出口，吃喝拉撒都在里面，看守把监门一锁，任何人都休想出去，真所谓插翅难飞。

刘景和心烦意乱，忧心忡忡。时间一长，身体再也支持不住。感觉身上好像有病似的，四肢无力，嘴发苦发粘不想吃饭，没有一点神气。过去他总是吃不饱，不到开饭时间，常常饿得前心贴着后背，喉咙里能伸出手来，只想把东西往嘴里送。无论红薯面或黄面窝窝头吃起来都有滋有味。可如今，一天到晚肚子总是胀胀的，窝窝头吃在嘴里就像木屑似的卡在喉咙无法下咽。发给他的那份口粮，他勉强吃一点就放下了碗，自然成了同室的补贴，脸变得又黄又瘦，体重消瘦了好几斤。

他在采石场干的是用架子车搬运石头的活，这会儿，稍大的石头他已搬不动。一人一辆架子车，每天收工的时候架子车车厢放在山上，要把车轱辘扛回住处，可他连架子车的两只车轱辘也扛不动。

看守看他干活懒洋洋的样子，以为他是在偷懒，对他呵斥说："202号，你怎么搞的，干活这么慢吞吞的，有气无力的样子，你是想磨洋工咋的？"

景和苦着脸说："领导，我哪是磨洋工？我是没有力气，搬不动石头。我也不知道为什么？身上一点劲都没有。"

看守看了看景和，不像是在说假话。过去他有一张光滑的脸，眼下确实瘦了不少，两腮明显塌陷下去，脸色变得晦暗，像是有病的样子。看守倒还不错，给他找来了狱医。狱医对他进行了检查，奇怪的没有检查出毛病，各方面都正常。这究竟怎么回事？医生也说不出什么原因，只给他开了些药，吩咐他休息几天。

景和接了医生的药，转身就把药扔了。其实他心里清楚，他并没有什么病，身体之所以这样虚弱，这是由于他心里长期痛苦焦虑，睡不好觉造成的。

渐渐地他也想通了，越狱逃跑的事儿得从长计议。常言道：留得青山在不怕没柴烧。如果像现在这样把身体搞垮了，即便有了越狱的机会，逃跑出去也难以生存。于是他调整了自己的心态，变得乐观起来。遇事也不再像以前那样着急，那么较真，该吃吃该喝喝该睡睡。不多久，他的身体又恢复了原样，脸上有了颜色，说话有了精气神儿，干活也有了力气。

有一天，犯人之间传递着一个消息，他们这一批政治犯将要转移到洛阳去。他得到这个消息自然高兴，换一个环境也许能找到逃跑的机会！

果然，没过几天，看守突然把刘景和跟其他一些政治犯召集到一起，向他们宣布说：接上级通知，他们这些人要被转到洛阳去，要他们把各自的东西准备一下。这消息对景和来说，无异于雨过天晴，给他带来了新的希望。

第二十三章　　邂逅爱情

好事照头

中国有句老话：愣的怕横的，横的怕不要命的。

经过那次跳楼事件之后，杨宋二人对邓钟文的态度收敛了不少，再不像过去那样动不动就向他找茬生事。

钟文对自己也进行了反思，觉得自己太不冷静，气量太小太脆弱，太缺乏忍耐力。现如今的政治环境，他这样出身的人在那些人眼里，早成了另类，和他们有什么理可讲，较什么劲儿？多少身份比自己强地位比自己高的人都被关进牛棚遭到批斗，受尽了折磨和凌辱，而自己这点委屈算得了什么呢？为什么想得那么狭隘，人在屋檐下不得不低头——中国老祖宗传下来的精神安慰法，犹如心灵鸡汤，对他也产生了心灵抚慰作用。加上小董和小范的陪伴，渐渐地他的心情平静了许多，心灵的伤口得到了调理。小董星期天出去下棋的时候总拉着他一起去。他反正找不来书看，闲着没事，乐得去看小董下棋。从楚河汉界中感受象棋的魅力和乐趣，从两军对垒的激烈厮杀中寻找刺激。有时下棋晚了，赶不上回来吃饭，就在县城饭店买点油条大饼充饥。钟文看棋看得多了，又得到小董的指点，棋艺自然有了长进。小范已不是他的对手，每次对弈差不多总要输给他。和小董下让子棋，再不会像以前那样输得很惨。

　　就在这时，一件意想不到的好事落在钟文头上——说好事也不是什么好事——凌师傅生病住院指派他去当陪护。其实去医院作陪护并不是个好差使，在别的单位没有多少人愿意干的。可对于天天在太阳底下挥汗如雨，出苦力的水泥工来说，却无疑是一个美差。

　　好几天了，凌师傅老觉得肚子疼，他开始不当回事，只到工地医务室向医生要一点药服下就去上班干活，以为抗一抗就好了。可他肚子疼痛并没有消减，一会儿疼一会儿不疼。这一天，他上班的时候，刚干了一会儿活，就感到肚子疼起来，而且疼得越来越厉害，疼得蹲在地上直叫喊，脸色发白，嘴唇发青，头上的汗如雨点般掉落。

　　钟文说："凌师傅，你怎么了？我扶你去医务室吧！"

　　说着，起势慌忙从工地拉了一辆架子车，在车上铺上草垫，赶紧拉着凌师傅来到工地医务室，钟文着急地说："医生，快来看看吧，凌师傅肚子疼，快疼死了！"

　　医生让钟文搭把手将朱师傅抬到医务室的小床上，摸了摸肚子，问了问情况，医生也说不出所以然。保健室医生医术就这水平，工人在工地擦破点皮，碰破点外伤，患个伤风感冒什么的还能对付，稍复杂点的毛病就看不透，只好无奈地说："还是送往灵宝县医院吧！"

　　钟文不敢耽搁，把凌师傅搀扶到车子上躺下，飞跑着拉着凌师傅到了灵宝县医院急症室。经过医生检查，才知道凌师傅患的是急性阑尾炎。医生说："不能再耽搁，得赶紧作阑尾切除手术。"

　　住院作手术，得有人陪床照顾病人。凌师傅家属远在洛阳，一时来不了，只有从班组抽调一个人去医院当陪护。

　　班组里的人把这当作了一件求之不得的美差，都巴望着去。尤其杨宋二人眼睛都直了，嚷嚷着要去照顾凌师傅。然而，凌师傅当着韩师傅的面，偏偏指名要钟文："还是让邓钟文来医院照顾我吧！是他拉着车子送我进医院的。"凌师傅怕别人有意见，便找出了这样的理由。

　　听了凌师傅的话，韩师傅也无话可说，只好同意让钟文去医院照顾凌师傅。凌师傅之所以要钟文去给他当陪护，自有他的考虑——他对那几个信不过，怕他们到时候吊儿郎当不负责任只管自己玩儿，把他撂一边不管他。

　　这样的美差能落在钟文头上，这是他没有想到的，好似在半路上捡了一个大元宝，心里不知有多高兴。

　　文革开始的时候，钟文因为苗大嫂的鼓动，曾贴过凌师傅的大字报，他深感过意不去。凌师傅当了班长之后，并没有和他计较，相反，在一些时候还对他表示同情。在前不久发生水泥被雨淋湿的事情上，还为他仗义执言，化解了矛盾，这使钟文十分感激。钟文是个知恩感恩的人，当凌师傅肚子疼得难受的时候，着急得不行，赶紧拉着车子将他往医院送。这会儿让他在医院当陪护，当然更不敢懈怠，打饭、喂药、端屎倒尿……侍候凌师傅就像对待自己的亲人一样无微不致……

　　本来，阑尾炎不是什么大病，阑尾切除手术算不上什么大手术，不几天就可以出院，可凌师傅阑尾发炎的时间拖得太长，致使溃烂的阑尾和邻近的大片肠子粘连在一起而受到了严重感染，引起了并发症。

　　手术之后，凌师傅高烧不止，伤口疼痛得厉害，常常疼痛得满头大汗，不住地呻吟。吃不下饭，一点没有胃口，饭吃得很少，瘦成了皮包骨，于是住院的时间就拖长了。

　　这会儿已经入伏，太阳在头上喷火，空气仿佛在燃烧，病房里热得像蒸笼，人在房里待着就像蒸笼里的包子。身上的热汗泉水般往外冒，衣服像是水洗过一样。凌师傅躺在床上又不能动弹，加上伤口疼痛，越发受不了。钟文看到这情景，心里不好受。他着急地守候在凌师傅的病床边，不离开他半步。为了减轻他的痛苦，想法设法给他降温。用扇子帮他扇风，又端着脸盆去水龙头接了凉水，用湿毛巾帮他在脸上和身上一遍又一遍地擦拭。衣服湿了就换，换下来的衣服立即洗干净晾晒起来。直忙到后半夜，天气凉爽些，钟文才趴在凌师傅床边打一会盹儿。可是，才合上眼没多久，被凌师傅伤口疼痛的呻吟声所惊醒，又赶紧爬起来。或是为凌师傅倒茶喂水，或是到值班室找值班医生或护士反映情况，把凌师傅服侍睡下，他才趴在床边多少休息一会。

凌师傅见钟文对自己如此精心照顾，深受感动，想起过去对他的一些不公正的做法，不由得生出一丝愧意。这小青年头脑聪明，任劳任怨，样样都好，就是性子太耿，只可惜生错了家庭。他生怕钟文累趴下，劝钟文休息。他在床上挪出一点地方要他躺下："小邓，看你，几天几夜了，你都没有好好睡一觉，可别累坏了，你就躺在这里睡一会吧。我不要紧的。"

钟文哪肯答应？说："凌师傅，不行，你伤还没好，我睡你身边，床就那么大，我睡觉好动弹，万一碰到你伤口，那可不行！我还是趴床边睡好。"

凌师傅不依："你这人，要你躺下就躺下嘛，怎么那么固执？"

钟文说："凌师傅，你不要管我，我躺你床上，你休息不好的！我年轻，身体好，没事的，你放心……"

凌师傅拗不过他，只得由他去。钟文仍按照自己的意见，实在累了或瞌睡了，便趴在病床边打一会儿盹。

几天过去了，尽管钟文身体素质很好精力旺盛，毕竟经不住长时间的体力消耗和缺少睡眠，他的两眼布满红丝，呵欠不断，一副疲惫不堪的样子。

护士的心

这情景恰被值班室的一位护士注意到了。

起先，她对这位长着两只大眼睛，脸上带着一丝忧郁的年青人并不怎么在意。渐渐发现年轻人态度谦恭对人很有礼貌，有事到值班室找人不像别人那样大呼小叫声音很冲，而他总是声音轻轻的。尤其对病人尽心尽意，服侍得十分周到。她开始以为他是病人的儿子。后来,她听见他叫病人"师傅",才明白两人并非父子关系。觉得这小伙心眼不错,是个靠谱的人。通过打听,她才知道年轻的陪护叫邓钟文,是省三建公司的工人。因而对他产生了好感。

这一天夜晚,又是她值班,夜已经深了,她来查房的时候,发现钟文趴在病床边打盹,似乎怕病人醒来又不敢睡着,一副十分难受的样子。这样下去哪受得了?值班护士便对他说:"看你累的,你呀,老这样可不行!"

钟文猛抬起头,看见站在自己面前说话的是值班护士——自凌师傅住院以来,他天天都和外科的护士打交道。在那几个护士中,她的长相虽很一般,而给他的印象却很好。她对工作极其负责,有什么事找她,总是随叫随到,对人说话和气,脸上总带着笑容。钟文忙回答说:"今晚又轮到你值夜班了?"

护士对他微笑着点点头:"是呀,看你,眼睛都熬红了,长此下去可不行啊!"

钟文打了个呵欠,不好意思地说:"再坚持几天就好了。"

护士关心地对他说:"那也不行啊!我看你好几天都没睡觉了,老不睡觉会受不了的。"

"没办法,哪有地方睡呀!"

"这样吧,我给你找个地方睡一会儿吧。"

听了值班护士的话,钟文的心里充满了感激。这些天来,他实在太疲乏,太瞌睡了,脑袋瓜都是木木的,多么想找一个地方美美地睡一觉,如今有人主动给他找地方,他心里怎不高兴?可又担心凌师傅后半夜有事,心里未免放心不下。

"可是,可是……"

值班护士似乎猜出了他的心思:"你是担心你师傅是吧?其实,你没必要担心,我就在值班室呢,有什么事我替你操着心……"

恰这时凌师傅醒来了，听见了两人的对话，连忙对钟文说："小邓，还不赶快谢谢这位姑娘？这几天我好多了，只要不发烧，没必要一直在我旁边守着。你也得休息呀，人家给你找个地方叫你睡，多好的事啊，你只管放心去睡，不要管我，快去吧。"

钟文看凌师傅既然也这么说，加上这时确实瞌睡得要命，一边打着呵欠，一边对凌师傅嘱咐说："那我就去睡了，你有事就叫我。"说完，便跟着值班护士走了。

值班护士将他领到一个空病房，十分麻利地在一张病床上把旧的床单揭下来，换了一条干净的白布单，然后对钟文温和地说："你睡吧，没人打搅你，好好睡一觉！"说完拉上门出去了。钟文呵欠连连，脱了外衣，舒舒服服躺在床上，美美地睡到天亮才起来。一连好几天，只要是这个护士值班，晚上都要给钟文找一个地方睡觉。

渐渐地钟文和那位值班护士熟悉起来。原来，她叫伍凤英，今年二十二岁，洛阳卫校毕业。她特爱笑，一天到晚乐呵呵的。笑起来的时候，上门牙有点往外露，脸上还显现出几粒小雀斑。钟文觉得因了这雀斑，倒给她那红润的脸庞增添了几分青春的生动和妩媚。

他发现她爱吃西红柿。

每次值夜班，都要拿一个茶缸装上大半茶缸切成小块的西红柿当作加班夜餐。钟文一向对西红柿不感兴趣，他怕酸。

他记得：1960 年大饥荒的时候，他还在齐云桥附中读初中，校园里种了许多西红柿。那时他们那里人都不种西红柿，对西红柿不感兴趣，市面上从没有见卖的。校园里的西红柿是被当作观赏植物种植的，跟菊花、鸡冠花、美人蕉、大丽菊种在一起。花开季节，花坛里万紫千红，争奇斗艳。西红柿也结得旺盛。校园里种的西红柿个儿不大，比山楂果大不了多少，青的时候像绿宝石，长熟了红艳艳的像玛瑙，鲜红欲滴，特别好看。尽管那会儿大家饿得肚子咕咕叫，两眼发黑，可从没人想着去摘着吃。他从书本上知道西红柿能吃，可他见别人不摘他也不敢摘。

一天晚上，钟文在寝室饿得实在受不了，胃里直翻腾，他就偷偷地跑到校园的花池边，随手摘了几个西红柿尝了尝，味道还可以，有点甜，但很酸，酸得他直皱眉。后来到了北方，发现北方人大都爱吃这东西，食堂里也常有西红柿炒鸡蛋，可他并不希罕，很少买过。他从书本上看到，西红柿这东西营养丰富，是夏天最佳的蔬菜，别的任何蔬菜都比不了。他的好友小董就特别爱吃西红柿，曾经创下一次吃五斤西红柿的纪录，真让他开了眼界。

大约凤英也属于爱吃西红柿这一类人。

钟文注意到，后半夜没事的时候，凤英才坐下来享用她的美味。用一把小勺子，舀起茶缸里的西红柿，低着头一小勺一小勺往嘴里送，吃得津津有味，钟文起先不知他吃什么美味佳肴。有一次，他从值班室经过，抬头看见凤英在吃西红柿，便打趣说："吃什么夜宵呀，吃得那么有味！"

凤英放下茶缸，说："进来坐吧。"

钟文进了值班室就在旁边的椅子上坐下来，看着凤英吃。凤英被瞧得有点不好意思，说："这是西红柿，你也吃点吧！"

听说西红柿，钟文皱起眉头，嘴里酸水差点流出来："我可不吃！"

凤英惊诧地望着钟文："西红柿好吃着哩，营养价值高得很。"

想不到，第二天凤英值夜班时，竟给钟文也捎了一小碗。

"吃吧，给你的！"凤英说，眼睛里带着一股温情。

钟文看着桌上那一小碗切成小块的西红柿，颜色鲜艳夺人，水汪汪的，确实有点诱人。可他想起那次和小董在县城吃西红柿的滋味，牙齿都感觉酸酸的，口水差点往外溢，他不好意思地推辞说："我怕酸，不爱吃这东西！"

凤英嘿嘿笑了，说："酸啥子呀，甜着哩！不信，你尝尝。"

他到底不好扫她的兴，再难吃也得尝尝，于是拿起勺子舀了一小勺放进了嘴里，没想到吃进嘴里的西红柿一点不是过去所吃的那种酸味，味道特别好，酸酸甜甜的像水果。他觉得有点奇怪："怎么这么甜？和我过去吃的完全不一样！"

凤英看他惊讶的样子，开心地说："我说不酸吧，咋样？"

钟文说："好吃！真奇怪！全不是我过去吃的那种味道！"

凤英看见钟文那副惊愕模样，乐了："哈哈，我在西红柿里加了东西哩！"

"加了什么东西？"

"你猜猜？"

"是白糖吧？"

"是呀，不放白糖哪有这么甜？"

原来如此，怪不得西红柿这么甜这么好吃！

——钟文爱吃糖腌西红柿就是从这时开始的。

这天晚上，又是凤英值班，钟文把凌师傅伏侍睡下，便来到值班室和她说话。凤英对他的到来非常高兴，又是让座又是倒茶。然后和钟文说话，听说钟文参加过三线建设去过青海，便十分好奇，问他说："你给我说说，青海咋样？青海冷不冷？"

钟文说："青海冷着呢，还不到十月份就会下雪，人们尿尿都要带一根棍子！"

"哈哈！"一句话把凤英逗笑了，"你捣人！"

钟文看见凤英那可爱样子，也开心地笑起来。

凤英停了笑，又颇感兴趣地问："听说青海湖可大了，你见过青海湖没有？"

钟文说："青海湖最美了！是大得很，青海湖里鱼多得数不清。这么给你说吧，冬天结冰的时候，人们想要吃鱼，只要用棍子在冰面上敲开一个冰窟窿，伸手一捉就能逮到鱼！"

"真的？"钟文的话让凤英听得一惊一乍的！

"你爱吃鱼吗？"

"我们这里鱼很少，平常吃不到鱼。大多数人都不会做鱼。"她突然想起似的，歪着头问钟文："你老家是湖南，湖南是有名的鱼米之乡，你那里鱼很多吧？"

钟文说："当然，我们湖南有很多鱼，湖里有鱼，江里有鱼，塘里也养鱼，常吃鱼的，尤其是腊鱼，特别香，特别好吃！放上辣子酱一炒，美得很！"

"哈，我听说过腊鱼，只是没有吃过，被你这一说，我口水都要流出来了！"

"有机会去湖南玩，让你吃腊鱼！"

"好呀！我真想去湖南看看哩，毛主席家乡韶山我还没有去过哩！"

"……"

这一天他们感到特别开心。

一天，两人没事，又坐在一起说话，说到交朋友的时候，凤英突然两眼一闪，向钟文问道："你有女朋友吗？"说完，脸顿时飞红了，有点不好意思地低下了头。

钟文对凤英的问话感到有点突兀，他知道，一个姑娘家一般是不会随便对一个男孩子问这样的话的，她这样当面问他，是什么意思呢？他看着凤英羞臊得有点发红的脸。愣了一会儿，还是据实相告说："没有，丈母娘还没给我生出来呢！"

诸般滋味

凌师傅的伤口一天天好起来，饭量也有所增加，他到食堂买饭菜的时候，适当增加了一些肉类，听凤英说西红柿炒蛋营养丰富，只要食堂有西红柿炒蛋，他就买给凌师傅吃，凌师傅吃得很开心，脸上开始有了光泽。在钟文的搀扶下能下床走动了。医生告诉他说，还有两天就能拆线，拆了线就可以出院回家了，这消息令凌师傅精神大振，竟要下床出去走走："小邓，你扶着我，咱俩到外面走走吧，透透气，我都快十来天没见太阳了，这病房太闷人了！快把我憋死了！"

钟文见凌师傅心情这样好，当然为他高兴。到外面呼吸一下新鲜空气，晒晒太阳也好，有利于伤口恢复。于是钟文搀扶着凌师傅慢慢来到病房外边的一棵大槐树下，找了把椅子让凌师傅坐下。大槐树浓密的枝叶把太阳光遮挡住，投下一片清凉的阴影，给人一种阴凉的感觉。阳光从树叶的缝隙间漏下来，照射在地上，形成一个个不规则的光斑，树叶随着微风的抖动，光斑也在轻轻地颤动。附近也有几个病友在家人的陪伴下在那里缓缓地走动。凌师傅半躺在椅子里，感觉很好。在树荫下坐了一会儿，和钟文说着话。恰这时，凤英从旁边经过，含笑地和他俩打招呼："你们出来活动呀，晒晒太阳挺好的！"

待凤英走过去之后，凌师傅对钟文说："小邓，这小姑娘怎样？"

钟文说："人当然不错，对待病人热情，脸上总是带着笑！工作也很细心负责！"

"她对你也很不错哩！"

钟文冷不防听凌师傅对他说出这句话，脸刷地红了："真是的，凌师傅，都这个时候了，你还取笑我！"

凌师傅说："看你想哪去了？不是取笑你，你也到了该谈恋爱的年龄了。我说的是真的，别不好意思，我问你，你就没想过谈恋爱？"

怎么会不想呢？他也是个身体健康的青年，正是青春年华放光的年纪，他也曾做过年轻人常做的美梦，多少次想着希望有一个姑娘和他相爱，给他以温暖和抚慰。可他又非常清醒，现实如此残酷，哪还有姑娘能看上他，愿意和他恋爱呢？

钟文说："凌师傅，别说笑了，像我这样的条件，唉！"说着叹了口气，"哪还谈什么恋爱？"

凌师傅说："咋不能谈恋爱？你咋了，人好，长得也帅，又有文化，哪样不如别人？"听凌师傅说到这儿，钟文的心不由得"刺痛了一下。自跳楼事件之后，他在工地已名声远播，臭不可闻，他的心早已枯萎，哪有心思想这事儿？

"那不一定，你这种人怎么啦？社会上多着呢，难道出身不好的人就不结婚，一个个一辈子都打光棍？"

听了这番话，钟文感到心里暖暖的，感激地说："凌师傅，你说的是不错，可我……"

"小邓，你别那么悲观，许多事是说不了的。尤其婚姻，讲的是缘份。"说到这里，凌师傅停了停，压低了声音说："我观察几天了，这小姑娘好像对你有点意思呢。"

"凌师傅，别拿我开玩笑了，哪有这样的事？哎……"钟文神色黯然地发出一声叹息。

凌师傅安慰说："别总那样郁闷，应该振作起来，你年纪轻轻，有什么呀？我看你不错的！别总背着思想包袱！"

凌师傅不顾钟文的情绪，仍按他的思绪说下去："你要是不好意思，我给你拉拉线，帮你介绍介绍，你看怎样？"

"别！别！"钟文生怕凌师傅就要去说似的，急忙制止说。

此刻，钟文的心里就像打翻了五味瓶诸般滋味涌心头。尽管两年多以前，他毅然决然地回避了司慧梅。她走后，再没有她的音讯，如同池塘里一阵风吹过之后泛起的一圈涟漪。也许她已经有了自己的所爱，早已成为人家的媳妇。可在他的心里并没有将她忘记，无时无刻不在思念着她，脑海中总是出现她那美丽的倩影，有时还在睡梦中梦见她。他曾多少次下决心要把她忘记，把她从脑海中抹去，可是他却无法做到。越是不去想她就越是难以忘怀，在夜深人静睡不着觉的时候，就不由自主地想起她，出现她的面容。也许她的形象已经铭刻在他的脑海，再也无法抹去。他知道，她已经离他而去，远在天涯海角，这辈子也许再难相见！一想到这，他就禁不住伤感。人哪，感情这东西多么微妙，是永远无法说清的……

说实在的，他对凤英的印象不错，很有好感。可在他的心目中，任何人都无法和司慧梅相比，而取代她在他心中的位置。司慧梅是他心中的女神，是他心中永远的痛……

凌师傅见钟文心事重重的样子，便掉转了话头，说起了别的事儿，其中免不了说些安慰的话，说："小邓，你还年轻，以后的路还长着呢，凡事都要想开些……"

凌师傅的伤口已经拆线，再过两天就要出院，钟文想找凤英说说话。在这些日子里，全凭她的细心照顾和护理，凌师傅的伤口才好得那么快；也全靠了她给找了床铺，他才得以休息好，精神饱满不至于那么辛苦，才能坚持下来。

可接连两天，他没见凤英来医院上班。护士站的人告诉他说，这两天她休息。他想来想去，决定去凤英的住室去找她，和她作一个告别。此刻他的思想充满了矛盾，他不能不承认，凌师傅的话在他心里确实产生了作用。他想起了凤英那天问他是否有女朋友的话，就不由得心怦怦直跳。难道真像凌师傅所说的那样，她对他"有点意思"。自进医院以来，他发现，她不光对他那么好那么关心，对谁都是一样呀。对谁都那么大方和热情，也许人家心里压根就没有那层意思。她那样问他，只不过出于好奇罢了！不管怎样，他感到和凤英在一起，有一种从未有过的愉悦和轻松，和她在一起说话的时候，便忘了心里的烦恼和痛苦，置身于一种忘我的境地。

从内心说，他对她是感激的。他不能不知好歹，临出院的时候，连一句感激的话都不说就一走了之。这样一想，心里便轻松了许多。可心里有了那种不可明言的情愫，仍免不了有点胆怯和羞涩。在工地，他过去可是从不敢和女孩子包括司慧梅多说一句话的。主动去找女孩子说话，这对他来说，确是平生第一次，自然有点"举步惟艰"。犹豫再三，最终还是鼓起勇气来到了凤英的住处，敲响了她住室的门。

凤英打开门，见是钟文，颇有点意外，脸上充满喜悦的笑，连忙拉过一把椅子递过来让钟文坐，又非常热情地拿出一些小苹果叫他吃，生怕慢待了面前的客人。钟文推让着不吃，凤英说："这些苹果是我伯刚从家送来的。生产队刚分的，还不怎么成熟，稍有点酸，不过吃着还不错哩，你尝尝！"说着，挑了一个颜色较黄的小苹果递到钟文手里。

钟文就怕酸，推让了一阵，还是接过苹果吃起来。他尽管酸得呲牙咧嘴受不了，最终还是把那个苹果吃完了——他不想扫她的兴。因为有了心事，钟文今天的态度变得拘谨，表情有点不自然，不像平常那样大方和洒脱，谈笑风生。凤英看了看他，说："你今天是怎么啦？"

"没事，凌师傅明天出院，特地来谢谢你，这些天全靠你照顾。"

"看你，对我还那么外气，谢啥子，说这些干啥子，只要你以后不把我忘了就行了。"说完，一双黑亮的眸子深情地望着钟文。

钟文的心"咚"地跳了一下，听出了凤英话里的意思。连忙避开她的目光，回答说："哪会呢？怎么会忘了你呢？"

凤英又说："以后有空就来医院玩吧。"说到这里，凤英盯着钟文的脸，希望钟文回答一句："也欢迎你来工地玩。"可是，钟文愣了半天，竟没有说出这句话，只是口里"嗯"了一声。

凤英进一步拿话挑他："听说你们工地壮观得很，阵势很大，热闹非凡，很想去你们工地看看，说不定哪天我真会找到你那里，不知你欢乐不欢迎？"

钟文听出来了，这明显是一种暗示，他连忙慌张地回答："欢迎！当然欢迎，巴不得你来呢……"

钟文在凤英面前实在有点心不在焉，不想多耽搁，说了几句话便告辞了。

凤英的信

钟文回到工地，仍旧每天干他的水泥活，出大力，流大汗，夹着尾巴做人。晚上或者星期天，被小董拉去看下棋。小董的棋艺又有了长进，在三公司已经找不到对手。他只好把目光投向外面的世界，陆续又结识了不少新棋友。这些棋友有的在附近的厂矿，有的在灵宝县城。小董的心思似乎迷醉在楚河汉界，沉浸在象棋的欢乐中，面对棋盘思考的神态，仿佛一个运筹帷幄指挥千军万马的将军。钟文在旁边看了非常感慨，那种为一着棋冥思苦想的眼神，哪有一点和小范笑骂时的滑稽样儿？

高手下棋，一般走一步能看好几步，思考时间长，一盘棋要下一至几个小时。在棋盘前枯坐着观看几个小时，要有极好的耐性和定力。钟文原本对象棋的兴趣不是很浓，渐渐有点耐不住。日子一长，便开始感觉枯燥和厌倦，对观棋失去了兴趣。他心里念念不忘的是文学，是书籍，是读书。读书是他人生最快乐的事，也是最高级的享受！可如今除了毛著和《金光大道》，哪还有书读？眼看着大好时光就这样白白耗费掉，心里未免着急，这样的日子什么时候是个头啊！

突然有一天，他接到了名江的来信。名江向他报告了一个好消息——他竟然有幸被推荐到青海中医学院学习中医！这真是一个天大的喜讯！这个"拐子"，真有他的！立即写了回信向名江表示祝贺！

钟文对名江从来就很佩服，他头脑聪明刻苦好学，且见多识广，性格也很随和，不像钟文一根筋，总能审时度势把握住自己的命运。文革之初，名江看文艺界如秋风扫落叶，一片哀鸿。钟文又因写诗受到批判，此时的中国，已失去从事文学创作的政治环境，搞文学是一件非常艰难而危险的事业。因而便来了个悬崖勒马改弦易辙，放弃了文学，开始钻研起了中医。

凭着他的聪慧和钻劲，加上他以往所具有的中国古文化的根底。几年来，在阴阳五行、辨证论治、望闻问切方面有了较大较深的领悟，闲暇时候，经常给施工队的工友看病，有些疑难杂症竟也在他的医治下开始痊愈，在工人中产生了影响。工地医务室那些医生，有些人本来就是半瓶子水，不会看病，不过混饭吃罢了。职工们找名江看病的越来越多，以至于工地医务室成了摆设，医生几乎没有事干。于是他在公司上下有了小小的名气。如今他又被公司推荐去青海中医学院进修，这是多么值得庆幸的事啊！钟文在为朋友庆幸的同时，也为自己一事无成前途暗淡而黯然神伤！

受名江的影响，早些时候，他也曾设想过下点功夫学习中医，可他始终找不到有关学习中医的书籍。

钟文有逛书店的习惯，每次去县城，总想碰碰运气，看能否淘到他喜爱的书籍。有一天，他在灵宝县城闲逛的时候，像往常一样习惯性地走进灵宝县新华书店，忽然看见书架上竟摆放着一本《中医学概论》，不由得眼前一亮！踏破铁鞋无觅处，得来全不费功夫。想不到，竟然意外地在这个不起眼的小书店找到了这么好的一本书！立即从书架上拿起书翻看起来，书里的内容一下子吸引住了他。这本书真好，囊括了中医的基本内容，且通俗易懂。对于验方，偏方，药理他虽不甚了了，而书里阐述的阴阳五行，望闻问切，辨证论治，他却趣味盎然，读起来津津味。立即掏钱买了回来。从此，他再不愿跟着小董出去看他下棋，一心一意钻在房里看书，学习中医。他提着劲儿把《中医学概论》啃完了，对中医也有了一定的了解。

然而他对中医刚学了点皮毛，处于一知半解的时候，又对学习中医失去了信心。他觉得学习中医，光看书是不行的，关键是实践。他承认，对中医，他没有名江的悟性。对中医的兴趣远远赶不上对文学的痴迷，他骨子里酷爱的是文学，一直梦想着朝拜缪斯女神，这种对缪斯的热爱已经溶进了他的骨子里，任怎样也不能取代！

偏偏这时，他又不断地找到了一些文学书籍。

——自来到灵宝之后，尽管文学书籍没有开禁，人们对文学书籍却再不像过去那样视作洪水猛兽，控制得那么严厉——职工之间私下里时常相互传阅着一些过去被查禁的中国或外国的小说名著。钟文偶尔也能从别人手里借来一些小说。有时小董也会搞到一些文学书籍，小董看过了再让他看。小董时不时还会弄来一些手抄本，其中有一本《一双绣花鞋》的手抄本，情节跌宕起伏悬念叠起，钟文读得津津有味。小董说，这本手抄本是他从一个棋友家借来的。他的棋友有一个弟弟是下乡知青，那位棋友对他说，他弟弟在乡下还读过别的手抄本，有些内容还很黄，有一本《少女之心》，他弟弟不敢带回来。

有一天，小董竟从别人那里给他借来了一本《普希金文集》，他高兴得如获至宝。《普希金文集》他在青海时曾从一个朋友那里借来读过，没读完就被抄家抄走了。如今，他又重新得到了这本书，心情不禁有点激动。他捧着书，用颤抖的手指摩索着书页，心猛然被烙铁烫了一下似的——发现这本书竟是那么熟悉！翻开书一看，简直有点不敢相信自己的眼睛！一点不错，这本《普希金文集》正是被唐之宫高文来之流抄家时，作为"封资修"的作品从他的书箱里抄走的！

这本书不是放在专案组吗？怎么到了这里？

眼前的事让他蒙圈了！完全颠覆了他先前的认知！

"这些混蛋，怎么这样？我操……"

他差点骂出粗话。

他们不是说，这是"封、资、修"吗？他们不是口口声声标榜自己如何革命，如何忠于毛主席，忠于毛泽东思想，批判别人如何反动吗？竟然如此不负责任，让这些所谓的"封、资、修"的作品任意散布流传！看来，他们都是一些伪君子！是一些口是心非卑鄙无耻的小人！马列主义当手电筒，只照别人不照自己的混蛋！他真想立马跑到工程处专案组问个究竟，质问他们为什么？但是他还是控制了自己的情绪。经过这几年的磨难，渐渐地他也想通了。世上的事就是这么回事儿，有时候是没有道理可讲的，说你对你就对，说你错你就错，指鹿为马，颠倒黑白的事还少吗？此一时也，彼一时也，何必那么认真，那么意气用事呢？想当年，林彪自称紧跟毛主席，口号喊得多么响，毛著学得那么好，看起来谁都没有他那么革命，到头来却是叛党叛国的奸贼……

这些书是怎么流散出来的呢？他不得而知。但他猜想得到：也许公司从青海分家搬迁到灵宝之后，专案组对那些查抄来的东西不当一回事儿，任意放在那里，任凭一些和他们走得近，关系不错的人私自拿走。他以前借来的那些书，也许就是这样流传出来的吧……

这倒也好，他乐得时不时能找到书看，这对他来说，有书看是比什么都重要的，这是无比珍贵的精神食粮！饥饿的时间实在太久了！

这天，小董竟然从别人那里帮他借来了托尔斯泰的一套四卷本的《战争与和平》。他对这套世界名著早就仰慕已久，只是无缘得读，不想在这样的时机这样的环境，出人意料地得到了这套书，这真是天大的造化！不知这套书的原主人是谁呢？他如痴如迷地阅读起来。不久他又借到了托翁的《珍妮姑娘》，还有《陆放翁诗文集》……

日子飞快地过去，平平静静，波澜不惊。

一天，钟文突然接到了一封信，打破了他内心的平静。他一看寄信人地址——灵宝县医院，便明白了八九分。信果然是凤英写的，他拆开信连忙读起来：

小邓：

你和凌师傅都好吧，工作忙吧。时间过得真好快，一晃你和凌师傅离开医院就一个多月了。我曾经说过，你会把我忘记的，看看，我说得多么准。你们离开医院这么长时间了，也没见你来医院玩，你们工地离县城只不过六七里地，难道你们就没有歇过星期天吗？为什么不来玩呢？一定是把我忘记了。俗话说：'吃水不忘挖井人'……

小邓，说句真心话，这次在医院，尽管我们接触时间不长，了解不多，但是你在我心目中却留下了很好的印象。

不知你对我的印象如何？

因为是第一次给你写信，就写到这里吧，希望能够得到你的回信。

致以革命的敬礼！

凤英。

信写得不长，其中还有好几个错别字，个别词句用得也不很恰当。但整个信的意思却再明白不过，正像凌师傅所说的那样，凤英确实对他一片真情，字里行间充满着一种暗示。这使钟文十分感动，他的心犹如一个平静的湖面被人投进了几块石子，激起了一圈圈涟漪。这是他这辈子第一次收到一个姑娘充满深情的信——尽管过去他从司慧梅那里也感受过一些温情，可毕竟隔着一层薄纱和距离。一个姑娘家首先给一个男孩子写这样的信，需要多大的勇气！经过了多少内心的煎熬和思想斗争，他再不能无动于衷，辜负她这番美意……

晚上，他爬在床边给凤英写了回信。在信里，除了对她在医院的照顾表示感激之外，还谈了自己的一些情况，包括他的身世和在文革中的不堪遭遇。他不想对她有所隐瞒，这是他做人的原则。信发出之后，他不由得忐忑不安，思绪纷纭：也许凤英接到他的信，光凭他的家庭出身这一点，也会被吓得退避三舍，不会给他回信。

然而出乎钟文的意料，凤英竟很快给他写了回信。信里还专门谈了她对他家庭出身的看法，说："你的信我读过了，你对我那么坦诚，我很感动，说到你的家庭出身，我告诉你，我毫不在乎。找对象找的是人，人好比什么都重要，看得出来，你是个好人。你对师傅那么好，照顾得那么尽心，说明你心好，善良，这样的好人在世上是不多见的，可以让一个姑娘托付终身……"

并且，凤英在信中又一次热情地约他去医院玩。她还说，医院最近调整了住房，她已不在原来的宿舍住。还在信里把她新宿舍的方位告诉了他。最后，凤英还十分有趣地在信的末尾写了一首诗表示她的态度：

山上青松山下花，花笑青松不如它，

有朝一日寒霜降，只见青松不见花。

很显然，这首诗不是她自己写的，是她从别处抄来的。钟文读完，尽管感觉这首诗用在这里不很合适，倒也清楚地表明了她的心迹，能让他真切地感到了姑娘对他那股火一样的深情……

初次约会

钟文到灵宝县医院和凤英约会是几天后。

那是一个星期天，他特地把自己收拾了一下。脱掉了身上平时穿的工作服，上身换上了一件白色的确良衬衫，下穿一条铁灰色毛涤裤子，脚下是一双擦得锃亮的皮鞋。这条裤子和皮鞋是在青海买的，除了探家时偶尔穿过几次，就一直放在箱子里，散发出一股淡淡的樟脑味儿。临出发的时候，他特地从枕头席子下边拿着面小镜子照了照——他好久没照过镜子了。奇怪的是他发现镜子里的他模样有点让他意外。虽然天天在太阳底下干那种苦活重活脏活，可他的皮肤并不像有些人那样被晒成烟火色，脸上透露着一种健康的红白色。一双眼睛闪闪发亮，看起来特有神，浑身焕发着青春的活力……

伏天即将过去，刚下过一场雨，空气中消去了难耐的暑热，但阳光仍然晃眼，到处亮闪闪的。路两旁的庄稼地的玉蜀黍已长得一人高，枝叶的分岔处露出了青色的苞穗。杨树碧绿的枝叶在微风中沙沙作响，如同奏着一支欢快的恋歌。他今天的心情很好，显得容光焕发英姿勃勃，走起路来脚步富有弹性，浑身上下洋溢着一股男子汉的青春魅力……

钟文好长时间没有这种感觉了！难道他真要恋爱了吗？这会儿显得非

常激动。也许是第一次谈恋爱，第一次去会见女朋友。在激动之余还带着一丝紧张，怀里好像揣着一只小鹿，抑制不住一阵激跳。快到医院的时候，他感觉他的心跳越发厉害，能听见胸腔里发出的咚咚的撞击的声音，有点喘不过气来的感觉。他暗恨自己太没出息，怎么会这样呢？又不是去做什么见不得人的事，有什么好紧张的？这样一想，仿佛浑身增加了勇气，心里稍稍平静了一些。

钟文走进医院，按凤英说的方位，很快找到了她的住室。

房门半掩着，他在门上轻轻叩了两下，凤英拉开门走了出来。

"是你呀，快进来！"凤英发现门外站着钟文，感到非常惊喜，眼睛笑成了一条缝，欢笑着把他迎进了屋。

凤英的神情也和往日不一样，钟文惊奇地发现，她的个子似乎不是很低，娇小玲珑的身材看起来很匀称。是因为激动还是高兴，脸庞红红的，显现出一种姑娘特有的羞涩。

凤英依然是平常的打扮，穿一条蓝色咔叽布裤子，上边是那种常见的白地细花的无袖短衫。因为呼吸急促，丰满的胸脯一鼓一鼓的。

这时，钟文赶紧把目光收回，怀里的小鹿又不安份起来，一双手不知往哪搁。凤英看他那副傻乎乎的模样，忍不住"卟哧"一声笑了："你坐呀，傻站着干啥哩？"

钟文不好意思地笑了，便在凤英搬过来的椅子上坐下来。凤英忙从桌上的小抽斗里拿出一把水果糖递给钟文："昨天我们医院里有人结婚，给大家发的糖。"

他接过她递过来的糖，放在桌上，剥一颗放进嘴里，很甜。凤英也剥了一颗糖吃起来。

"真甜！"钟文不知说什么好，禁不住说了一声。

凤英笑着说："那你多吃点！"说着把糖往糖往钟文身边推了推。

两人一边吃糖，一边说着话，钟文的心逐渐平静下来。

凤英看着钟文吃糖的样子，觉得很可爱，首先打破了沉闷："你们很忙吧，也不见你来过医院，是不是把我忘了？"

钟文说："哪会忘了呢，忙是真的，工程进度撵得很紧，有时星期天还加班。"

"哦，我以为你再也不会来我这里哩！"

钟文被凤英的话说笑了："哪会呢？来你这里还有糖吃，多好呀！"

"哈哈！"

两人都笑起来。

钟文停了笑，打量了一下凤英的房间，和凤英以前的宿舍差不多，也是五六十年代所建造的那种红砖平房。白色的墙壁，看起来很光亮。靠墙摆放着两张床。他发现两张床上的铺盖有点不一样，里面一张床上铺的是城市人常见的那种花格子床单，而凤英铺的床单则是农村常见的那种花格土布单子，两种铺盖形成了鲜明的对比。一看就知道床主人一个是城市人，一个是从农村出来的。凤英的床铺让人感觉朴素中显露出一种寒酸。

钟文问道："睡这张床的也是你科里的护士？"

"是的，她今天不在，有事请假回洛阳她家去了。"

凤英转过头向钟文问道："哎，你们工地离我们医院这么近，也不来看看我，好大的架子！"

钟文明白她话里的意思，不知说什么好？随口回答说："嗨！看你说哪去了，我有什么架子？我不过是一个建筑工人，成天在建筑工地流大汗出大力。哪有你想的那么好？"

"建筑工人怎么啦？天天建工厂盖楼房，多了不起。没有你们盖的房子，我们住啥子呀？"

钟文说："我们建筑工人四处漂流，连个固定的窝也没有。人家说我们就像野狼，四处乱蹿！"

说到这里，凤英又卟哧笑了："那才有意思哩，老待在一个地方多没劲儿。我就觉得像你们那样才得劲儿！"

钟文笑了，他感觉听凤英说的话像一个中学生，长得也有点孩子样。尤其笑的时候，露出一副天真无邪的表情。他看着她的脸，非常认真地说："你知道吗？我的家庭成份也不好，这是一般人难以接受的……"

凤英打断他说："看你，向组织汇报似的，那么严肃认真干吗？其实，你的情况我早了解了。要知道，并不是每个人都是那么势利眼，我觉得人是最重要的。"很显然，对面的姑娘已被他男子汉的青春魅力所倾服，她已爱上了钟文。

听了这番话，钟文感到心里热乎乎的。凤英年纪很轻，看起来还有些单纯和幼稚，却有如此独到的见地，这使他感动不已。这些年来，自己的家庭出身已成了压在他心头的一块石头，简直让他透不过气来。随着年龄的增长，许多比他小的人都一个个结了婚。他不能不感到忧心。尤其母亲，因为他的婚事久拖不决，更是为他牵肠挂肚，成了老人的一块心病，愁得常常夜不能眠。老人家在老家千方百计托亲戚找熟人为他物色对象，可一听说家庭出身，仿佛儿子患有恶性传染病似的，一个个都打了退堂鼓。一些姑娘宁愿嫁一个聋子、跛子，也不愿意和他这样的人谈朋友。钟文为此伤透了心。每每在姑娘面前，不由自主地筑起了一道厚厚的自卑的高墙。而面前的这位姑娘却能打破这一偏见，这是多么勇敢无畏的举动，不能不叫他心存感激……

凤英也向钟文谈了她的一些情况，原来，凤英的身世也不一般，她并不是地道的灵宝人，她的老家在安徽砀山。至于后来怎么到了灵宝，凤英没有细说，钟文也不想多问。钟文发现，凤英说这些话的时候，眼睛里流露出了一丝不易觉察的忧伤。

凤英的话不多，大部分时间是听钟文在说。开始的时候，钟文还有点拘谨，话匣子一拉开，像要找个人倾诉似的，无拘无束十分放松，从自己的家庭谈到个人的兴趣爱好，以及文化大革命，他在文革中因受刘景和牵连而被审查，自然免不了说到了他过去所写的诗，因写诗而挨批的事……

好长时间没在人前这么放松地说话了。他显得异常兴奋和激动，两眼闪着光。凤英望着他绯红的脸，静静地听，偶尔插上几句，他对钟文的遭遇非常同情，感叹地说："小邓，你真不容易，我理解你，像你这样出身的人多的是，你也不要太难受，事情总会好起来的！"

时间飞快地过去，不知不觉中，两人突然听到外面开饭的声音——原来中午十二点到了。

钟文要走："这么快，不觉得就到中午了，我回去吧。"

"看你，管不起你的饭还是咋的？吃了饭再走不迟呀！"

钟文见凤英这样说，想了想便答应了："也行，就在你这里吃中饭。"

凤英没有自己开伙，每天都在医院的大食堂就餐，便拿起饭盒去食堂打饭。

一会儿饭菜打回来了，灵宝县医院食堂的伙食当然赶不上三公司食堂，饭菜极其简单，无非是馍菜汤而已，但钟文却吃得格外开心。

吃了中饭，钟文想走，可凤英仍不想让走。钟文想了想，反正凤英这一天没有班，也便乐意留下来。两人越谈越高兴，钟文在凤英那里待到天黑才回工地。

好看的脸蛋又不产大米

太阳下山之后，工地失去了白天的喧闹，逐渐安静下来，西边的晚霞将一片橙红色挂满天空，霞光映照着大地，大地慢慢地变得暗淡。但秋老虎还散发着一定的余威，不肯把地上的溽暑轻易收去，空气中蒸腾着令人难耐的燠热。没有一丝风，好似烧红的火炉，不以余力地将热量反射出来，给人一种热辣辣的感觉。人们穿着短裤、汗衫还汗流浃背。下了班工人们，冲好凉之后，三三两两纷纷走出宿舍，寻找凉快的去处……

　　钟文刚从宿舍走出来，就碰上董英明，他手里拿着一封信，老远就冲着钟文喊："小邓，你的信。"

　　钟文停住脚步，小董快步赶了过来："刚才我去宿舍找你，人说你出来了，我想着你没走远。"小董一边说，一边喘气，把信递给了钟文。

　　钟文接过来信一看，原来是名江从西宁寄来的。自他调回河南以后，和名江再也没有见面，他们只是互通书信。

　　他连忙拆开信读起来。

　　名江在信上兴奋地告诉他说，目前他正在青海中医学院进修临床中医。学习很紧张，他把时间抓得很紧，争取往脑子里多装些东西，多学点本领，将来回到单位好给职工看病，争取做一个合格的医生。他说，进修结束之后，他便可以在公司医院名正言顺当一名脱产医生。在信里，名江还向他宣布了一个喜讯——他马上就要结婚！他原先认识的那位上海姑娘早已和他分手，那位姑娘和一个造反派头儿结了婚，现在谈的女朋友是哥嫂介绍的，是他邻居的女儿。

　　名江在信里说："我女朋友你见过的。"

　　哦，钟文想起来了，这姑娘钟文的确认识。那一年的探亲假，他随名江到武汉他哥家玩的时候，曾见过那姑娘，姑娘就住在他哥嫂家的隔壁。姑娘中等身材，长着一张胖胖的圆脸，两只大眼睛，白皙的皮肤，看起来非常漂亮。姑娘曾被下放到黄石农村插队。因为是独生女，下乡没有多久，被从农村抽调上来，在黄石"二钢"当了一名工人……

　　小董看着钟文一脸的兴奋样儿，对钟文说："你朋友给你说了什么，这么高兴？"

　　钟文说："王名江快要结婚了！"

　　"就是你说的原一处三队的那个朋友？"

　　"是的，我们已经好几年没见面了。"

　　"是呀，相隔得太远，见一面确实不容易。"

"是啊，人事沧桑……"

钟文内心非常复杂，如同翻滚着一锅滚水。说着，便陷入了往事的回忆中，许久没有说话。

小董望着沉思中的钟文，打断他说："别想那么多了！咱去苹果园那边走走吧！这鬼天气，立了秋还这么热！"

"秋老虎嘛，当然厉害！"

钟文突然想起小范："小范呢？咱叫上小范吧。"

小董说："嗨，他呀，女朋友从三门峡来了，两人正在房里亲热哩。"

"哈哈！"钟文被小董的话逗乐了。

两人相跟着来到了苹果园旁边的小路上，小路两边长满了青绿的野草。还长有一种粉色的"打碗花"。这种花在渑邑的地头也经常见到，想不到这里也有。细细的藤，小小的三角形的叶子，开起花来却很旺盛，香气浓郁。这种花有极强的生命力，田埂上地里到处都有。

苹果园到了，他们站在路边向那里望了望，苹果园里的苹果还没成熟，青色的苹果挂满了枝头，玫瑰色的晚霞把果园映照得红通通的，田野里的一切景物都笼罩在橙红的色调里，像一幅浓墨重彩涂抹出来的油画。渐渐地天边的彩云终于散尽，显现出深蓝色的天空，几颗星星闪现在天边，灰色的暮霭开始从远处升腾。不一会，眼前的一切景物都笼罩在淡灰色夜幕里……

他们一边走一边说着话，话题不知不觉又扯到小范的女友上。小范的女朋友是三门峡国棉一厂的纺织女工。两家的父母相隔不远，经人介绍，两人一见面觉得很合眼，认识不久便处于热恋之中。女朋友一到调休时间就从三门峡赶来灵宝找小范。钟文见过小范的女朋友，还说过话。个头和小范差不多，人长得很漂亮，性格活泼大方。两人都为小范能找到一个漂亮的对象而高兴。

钟文对小董说："小范的问题总算解决了，你的呢？你也要抓紧哦！"

小董说："我不着急。"

"你不要不当回事，年龄一年年大了，耽搁不得。"

小董转过头问钟文："小邓，你就没想过成家的事儿？"

钟文什么事都不瞒面前这位患难中的朋友，接到凤英给他写来的第一封信时，就想把这事告诉他，以征求他的意见，让他当当参谋。只是当时八字还没有一撇呢，等事情稍有进展再说不迟。这会儿，见小董向他问起，便不再隐瞒，从头至尾把他和凤英处朋友的事说了出来。

小董听了钟文的话，非常惊喜，高兴地叫起来："好事呀！小邓，应该为你祝贺！不错，不错！医院护士，多好的条件。小邓，快给我说说，这姑娘究竟对你咋样？"

"目前对我还不错。以后咋样谁也说不准。"

小董就像恋爱老手似的，为钟文出谋划策说："这事你可不要瞻前顾后，得趁热打铁主动一些，争取早日搞定。"

"说实在的，我还犹豫着呢……"

"那为啥？"

钟文似乎有点不好启口，迟疑了一下还是把自己心里的想法说了出来："她别的方面倒不错，但她的长相我不太中意……"说着，不禁叹了口气："也许你会笑话我好高骛远，不切实际……"

小董说："我理解你的心情，也懂你的心思。我看，主要原因是小司在你心里占据了太重要的位置，你没有忘记小司。你总拿别人和小司作比较，这之间当然有很大的差距。人和人不能相比，各有所长各有所短，世上没有十全十美的人。再说，你也要面对现实，说句你不爱听的话，我虽然没有见过这姑娘，但根据你说的情况，也差不到哪儿。你应该把前面的阴影赶紧抹去！"

说完，他像一个忠厚长者似的劝慰说："你要知道，世上 什么事都是很难说清楚的。婚姻尤其如此，靠的是缘份。长得好看有什么用？"

说到这里，小董看着钟文，引用了当时一部在中国热映的电影上的一句台词："好看的脸蛋又不出大米！"

"你这家伙！"

一句话又把钟文逗笑了！钟文在小董肩上拍了一下。

不管怎样，钟文听了小董这番话，心情熨帖了不少，心里的顾虑也去掉了不少，坚定了和凤英谈下去的决心。

甜甜的西红柿

钟文去灵宝县医院看凤英是星期天的上午。

吃了早饭，他换了身干净衣服，穿上那双黑皮鞋，还细心地将皮鞋刷了油，又用鞋刷擦了擦。收拾完之后，便拿起那面小镜子照了照，他对镜子里的形象颇为满意，这才走出宿舍。走在路上，他仍有点紧张，尽管有了第一次约会的经历，可不知为什么，他的心情还是不能平静，按捺不住心脏的跳动。

他知道凤英好吃西红柿，来到县城，路过蔬菜店的时候，特地拐进店里给凤英挑了几斤刚进的新鲜西红柿。然后又来到卖糖果的商店想买点白糖，可售货员说，买白糖要糖票。他这才恍然大悟——如今是票证时代，买什么都离不开票证。他天天吃食堂，什么都由食堂集体采买。他个人哪来的糖票？只好悻悻地走出商店。

走进医院的时候，心又不争气地"咚咚"跳起来，简直就要跳出心腔。他定定神作了一下深呼吸，心跳才稍稍平稳下来，生怕被人看见似的快步往值班室走去。好在星期天医院人不多，走廊里显得空荡而又寂静。

凤英穿着白大褂正在护士室和一个护士说话。对于钟文的到来颇感惊喜："你来了！"

钟文应答一声："你们正忙呀？"

说着，见里边的那个护士在盯着他看，他感到很不好意思，脸顿时羞成了一块红布。一旁的护士见此情景便明白了八九分，便知趣地对凤英说："你走吧，这里有我招呼着呢！"

凤英对女护士说了声"谢谢"，向她又交待了几句便领着钟文来到她的宿舍。

进了房间，钟文激动的心情才平静下来。凤英看着钟文红红的面孔，柔声说："今天你有空了？"

"嗯，今天是星期天，不上班呀！"

经钟文提醒，凤英才想起来："哦？我倒忘了。" 医院是不分星期天的，尤其她们护士，是排班休息，排到星期天休息她们才休息，往往忘了星期天。

钟文拿出西红柿对凤英说："你看，这是什么？"

"西红柿！好呀，我最爱吃西红柿！这是好东西，营养丰富，尤其富含人体所需要的茄红素。"

钟文说："到底是医院里的人，三句话不离本行。"

凤英把西红柿拿到外边的水龙头边用水洗了洗，然后用小刀把西红柿切成小块，分装在两个小碗里，又从抽斗拿出一个装白糖的玻璃瓶，用勺子挖出几勺白糖，分倒在两个碗里搅了搅。钟文在一旁看了，不好意思地说："我刚才去商店想给你买点白糖，可人家不卖，说要凭糖票！"

凤英说："当然了，没有糖票人家会卖呀？"

"那，你的白糖在哪买的呢？"问完，他觉得问得有点傻。

凤英说："糖票是人家送给我的！"

一会儿，凤英把西红柿弄好了。然后开心地望着钟文，笑着说："等一会儿就能吃了。"

钟文忽然发现，凤英笑起来的样子很好看，脸上竟还显现出两个小酒窝。小巧的鼻子两侧散布着几点小雀斑，使她的脸看起来非常生动，显露出青春的娇美。

凤英发现钟文在盯着她看，笑着说："你看啥子？我是不是很丑？"

钟文笨拙地说："哪里？不丑不丑！"

凤英觉得钟文说话的样子很可爱，站起来，用勺子搅了搅碗里的西红柿，说："好了，能吃了。"

于是端着小碗西红柿递给钟文："你吃吧。"

当钟文去接碗的时候，凤英又把手缩回，用勺子在碗里舀了一勺西红柿，要往钟文嘴里送，娇媚地说："张开嘴！"

钟文听话地把嘴张开，凤英便把西红柿喂进了钟文嘴里。凤英像孩子似的问道："好吃吗？"

"好吃！"

"甜吗？"

"甜。"

钟文觉得很开心，调皮地加了一句："甜到心里！"

凤英含着笑说了声"讨厌"，举起拳头在钟文的胸前轻轻擂了一下，钟文感到全身颤了一下，顿感到触电似地心里麻麻的，热热的，一种从未有过的美妙感觉传遍全身。

两人面对面坐下，开始说话，由西红柿说到吃上。凤英想起来似的向钟文问道："听说你们湖南人爱吃辣椒，你咋样？也爱吃辣椒吧？"

钟文看着面前含笑的凤英，心想，这丫头怪聪明的，想了解他的生活习惯，却不正面发问，而是旁敲侧击。他是个实诚人，毫不掩饰地回答说："是呀，湖南人哪有不爱吃辣椒的？湖南人嗜辣如命，你听过一句民谣吗？四川人不怕辣，湖南人怕不辣！哈哈，我是湖南人，当然爱吃辣椒啦。"

说完，他又转过口气说："不过，出来工作了，单位各地人都有，我们单位食堂的菜以江浙人的口味为主，大多不辣。时间长了，也就无所谓了，不吃辣椒也行。"

　　说完，钟文转过头问凤英："你呢？怕辣吧？"

　　凤英说："辣椒我多少能吃一点，不像你，没你那么厉害！"突然凤英又问道："你们那里人好吃米饭，你来到北方，这里可没有大米，你习惯吧？"

　　钟文笑了："那有什么，北方的生活我早习惯了！不知道你咋样？你们食堂有大米饭吃吧？"

　　"我们医院食堂哪有大米饭呀？我来这么久，一次也没见卖过。不过我倒很喜欢吃的，我在洛阳上学的时候，学校食堂有时有大米饭，我就总买大米饭吃！我觉得大米饭吃起来也很有味！"

　　接着两人又说了一些别的事，说得很投机。凤英非常爱笑，笑起来萌萌的，就像个孩子。凤英突然想起来似的望着钟文说："我送你一样东西，不知你喜欢不喜欢？。"

　　说着，凤英拉开桌子抽斗，从里面拿出一个笔记本递给钟文说："给你买了个笔记本，知道你好写东西，这本子你用得着。"

　　钟文接了笔记本，非常激动。这是他意想不到的，他捧着笔记本，反复摩挲着。

　　笔记本很漂亮，红色塑料皮封面，封面当中斜横着几枝松树虬枝，墨绿的松针上压着一层厚厚的冰雪，一轮金色的太阳正在松枝间冉冉升起……这图案多么符合钟文目前的处境和心境。想不到她竟对他如此理解，如此用心良苦！顿时不由百感交集，从内心升腾起一股热浪，眼里凝满了泪花……

　　凤英看见了，连忙从衣袋里拿出一方手绢，贴近钟文的身子，轻轻地揩去了钟文眼角的泪花。因为贴得太近，钟文能听见凤英急促的呼吸声，闻见姑娘身上那种特有的气息。他感觉自己的心跳在加速，"咚！咚！咚！"一股热流随之在身上涌动，他再也抑制不住内心激涌的感情，情不自禁地拉住了凤英的手。凤英也不躲避他，让钟文把她的手抓在手里紧紧地握着。

到底是护士打针的手，握在手里感觉那么光滑温润绵软，柔若无骨。

他从没有接触过女性。这是他第一次拉女孩子的手。第一次被一个姑娘帮他擦眼泪，第一次和一个姑娘的身体挨得这么近，第一次接受一个姑娘的爱抚。在他心上刮起的风暴可想而知！老实说，像他这样年龄的男孩子，正在青春萌发期，精力又特别旺盛，曾无数次对女孩产生过想望，有时在梦中也会产生一些非分之念！他为那些非非之想而感到羞耻。他不同别的男孩，内心纯洁无暇，又特别敏感，自尊心极强，容易羞涩。见了女孩子就紧张得脸红，大气都不敢出一声，生怕人家说长道短。其实，他的内心却恰恰相反，特别希望得到一个姑娘的温柔，一个姑娘的爱。尤其在他的心身遭受创伤之后，内心变得异常脆弱，更希望得到一个姑娘的抚慰……

如今，姑娘柔软的手握在他的手里，又以热辣辣渴望的目光望着他，他感觉自己的身体差点燃烧起来。身上冒着一股呼呼燃烧的火焰，年轻男子心中的渴望如开闸的洪水，头脑顿时一阵轰响，不由自主地把凤英的身子拉了过来。凤英也不躲避，将身子贴紧他的身体。钟文就势把她紧紧地拥在怀里……

热恋

从那以后，两人进入热恋之中。

开始的时候，两人约好一星期见一次面。随着见面次数的增加感情的加深，钟文觉得一星期见一次面相隔时间仍然太长。和凤英分手刚两天，就像分别多久似的，几乎天天掐着指头过日子。他从来没有感到时间过得如此之慢。想起古人"一日不见如隔三秋"的话，和自己的心情多么相似，说得多么恰切！他几乎每时每刻都在想凤英，眼前总是出现凤英的影子，耳边响起她说话的声音。还没到约会的日子，他就急着想去找凤英，向凤英诉说他的相思之苦。

凤英听了他的话，吃吃笑了："我有什么好，值得你那么惦记。"

钟文说："我也不知道，就想往你这儿跑，也许我的魂丢在你这儿了！"

凤英笑着说："嘿嘿，看你说得那么夸张，只要你两条腿跑得动，啥时来我都乐意，你不知道，我的心跟你一样，我也想你啊！"

于是，约会的时间改为一周两次。但钟文仍感到不能尽意，恨不能天天见着凤英。他觉得和凤英在一起，不光感受了一个姑娘给他的温柔和真挚的爱。而更为重要的，凤英的小屋简直就是他避风的港湾，疗治心灵创伤的诊所。每当他在工地受到委屈、轻慢和侮辱，走在路上还满腔怒火满腹怨气，但一来到医院，走进凤英的小屋，见了凤英，心中的块垒无形中就会消散，心气就会平和，变得舒坦和轻松，忘记了一切。在这里，他可以彻底地放松自己，一天下来的劳累疲倦和种种不快就会在她温柔小手的抚摸下，消失得无影无踪；忘记烦恼痛苦和屈辱，一颗受伤流血的心在她呢喃的细语里得到了抚慰，失落的灵魂得到安抚……

张村离灵宝县城六七里地，如果走小路只有四五里，这对钟文来说，走这么点路权当散步，只不过举步之劳。一下班，只要不开会不参加政治学习或没有别的要紧的事儿，钟文就往医院跑。去之前，总要从老虎灶打来热水，把脸上的水泥和身上的热汗冲洗干净，换上干净合身的衣服，尽可能把自己收拾得光鲜漂亮。这时他就像变成了另一个人，充满了男子汉的青春魅力。

钟文似乎找回了自信。

这会儿，和凤英同一宿舍的那个护士还没回来，这恰给他俩提供了相互温存的小巢。他们在那间小屋相互依偎，相互拥抱，缠绵悱恻，卿卿我我……

但没过多久，凤英的那个同事回来了，同事倒也知趣，见钟文来了就自觉地走出去。但时间一长，老让人家有宿舍不能回，凤英觉得有点过意不去，见钟文来了便领着他出去。

灵宝县很有名气，老子骑青牛过函谷关，写下五千言《道德经》，函谷关就在县城附近。但县城并不大，当地人称作虢镇。为什么叫虢镇？他没有资料进行考证，也许这里曾是古虢国的都城。灵宝老县城在黄河边，因为修建三门峡水库大坝，老县城被淹没，才搬迁到虢镇没有几年。街道的房屋非常破旧，没有一条像样的街，除了县政府的两层大楼，街面上全都是平房，中间还夹杂不少土坯屋，灰楚楚的。一到晚上，街上黑漆漆的连个路灯都没有，就像乡下一样。两人在街上走不到半小时就把整个县城走了个遍，总不能老像夜游神似的在路上兜圈子。

望着朦胧的夜色，昏暗的街道，钟文拉着凤英的手，十分无奈地说："我还是回去吧。"

凤英看着面前钟文模糊的脸，说："也好，我送送你。"

两人便顺着县城南边的大路往前走去，不知不觉便来到了尹庄。再往北走不远就是陇海铁路。他俩已望见了铁路高高的路基。钟文回工地有两条路，一条是大路，沿着公路往北走，穿过陇海铁路的涵洞就是工地。一条小路，从尹庄往南有一块较大的蔬菜地，有一条小道直通铁路边，翻过铁路就是钟文的住地。小路要比大路近得多，钟文每次来医院就是走的小道。

钟文对凤英说："咱们走小路吧，走小道清静。"

凤英说："行呀，听你的。"

于是两人手拉手来到了通往菜地的小径。朦胧的月色中，路两边菜地的蔬菜长得非常旺盛，根据菜棵子的高低还能分清哪是豆角，哪是西红柿，哪是茄子和辣椒。

凤英突然说："人家不会怀疑我俩是来偷菜的吧？"

钟文笑了："哈哈！那我们岂不成了偷菜贼了？"

凤英嗔怪地说："你还笑呢，我都快吓死了！你听听，我的心脏跳得好厉害!"

两人于是笑着搂在了一起。

他俩相依相拥着来到铁路边，出现在眼前的是铁路两边茂密的防护林。有杨树柳树和椿树，还有一些别的杂树，蓊蓊郁郁十分稠密。四野寂静无声，只有秋虫发出唧唧的低吟。树木、草地、菜地和铁路全都披上了一层银灰色的薄纱，神秘而又幽静。

凤英眼睛一亮，对钟文说："这里的风景真好! 夜色真美! 咱俩在这里歇一会吧。"

听凤英这么一说，钟文也来了精神，赶紧找了一块干净的草地让凤英坐下，然后他紧挨凤英坐下。两人对望了一下，会心地笑了。他们为意想不到地找到这样一个宁静美好的地方而高兴。

这时，东边的月亮像银盘似地从树梢上缓缓升起来，看起来特别大特别圆特别明净，燋灿的银河光带从头顶上空穿过，繁星点点，有的明亮，有的模糊。钟文小时候常坐在禾坪上看银河，数星星，头脑里生出许许多多的幻想。可眨眼间，就由无忧无虑的孩童变成了大人，饱经了尘世的苦难和沧桑……

凤英看钟文愣愣地望着夜空出神，用胳膊推了推他："想什么呢?"

钟文说："人不长大多好啊!"

"那是不可能的。你呀，别想那么多，咱俩在这明媚的月色里，坐在一起多好啊，四周的景色多么美妙啊!"

凤英说着，把头靠在钟文的肩上，钟文用一只手揽着她的腰，两人就那么紧紧地相拥相抱着。

夜空墨蓝墨蓝的，显得高远而幽深。四周的景物笼罩在一片朦朦胧胧神秘的纱幕里，大地显得格外安详而静谧。高大的白杨树和椿树伸出浓密的枝叶，把两人的身影包裹在乳白色的帷帐里……

这是多么理想的情人相会的处所。

过去，钟文无数次经过这里，可他从没有发现这里有这么美这么幽静。这真是上天恩赐给他和凤英相亲相爱的宝地……

望着四周薄纱似的夜色，钟文仿佛置身于一个童话世界，一个无忧无虑梦想的伊甸园，一个世外桃源。他疑心自己在做梦，可又不是梦。凤英紧紧依靠在他的身边，还带着她的体温，听得见她的呼吸，闻得见她的发香……

世界要是永远都是这样平和安定该有多好！没有阶级，没有斗争，没有压迫，没有歧视，有的只是平等、自由、信任和爱——可这是不可能的。在阶级社会里，有阶级存在，就有阶级斗争，自然就有无产阶级专政。怪只怪自己不该出生在那样的家庭。想到这里，钟文的心里不由得掠过一丝悲凄的阴影。不过这阴影刹那间便被凤英的温情融化了。凤英把脸紧贴在他的脸上，一只手在他的脸上轻轻地摩挲着。他回过身来紧紧地把凤英搂住，在她脸上轻轻地吻了一下。凤英热乎乎的脸立即凑过来贴紧了他，于是两人更紧地搂在一起，发疯似的吻着……

"呜——"

忽然，一声汽笛的鸣叫声打破了夜空的寂静，也惊醒了这一对恋人的温柔梦！列车带着巨大的气浪从西边方向呼啸而至，凤英挣出了钟文的怀抱。钟文抬起左手看了看腕上的手表，吃惊地说："时间怎么过得这么快，不觉得就十一点半了！"

凤英立马站起身："不早了，咱回去吧，明天还要上班哩！"

钟文说："今天晚上的月亮多美！再坐一会儿吧。"

凤英说："算了，还是回吧。"

钟文想了想，说："也行，不过，你一个人走这么远的夜路我不放心，我送你一程。"

凤英也不说什么，两人转过身，肩挨肩往县城的方向走去。一路亲密地说着话。不知不觉来到了县城。钟文搂住凤英的腰，在她脸上亲了一下：

"我回去了。"

刚转身走了一步，凤英叫住他："你回去的路太远，我也送送你。"

于是两人手拉着手又转了回来。不知不觉他们又走到了铁路边，望见了高高的路基。两人你看看我我看看你，觉得非常有趣，忍不住乐了，凤英简直笑得前仰后合，气都喘不过来。

钟文说："还笑呢，照这样送下去，咱俩天亮也到不了家。"

凤英说："那我走了。"

钟文当然不能让凤英一个人走回县城，坚持要送凤英一程，凤英只好同意。于是两人相偎着往回走，不知不觉他们又走到了县城。钟文抱住凤英在她的额上亲了亲准备转身。

凤英说："还早呢，我再送你一段路。"

钟文这回说什么也不让凤英送："还送么？送来送去什么时候是个完？都什么时候了？你回去吧，我走得快，很快就到家。"

凤英只好同意。最后，两人在谁先走的问题上又延宕了一会儿。凤英还是拗不过钟文，先走了，钟文直到看见凤英消失在茫茫夜色里，才转身往工地走。

钟文回到工地，一看手表已十二点半！

"吃饱撑的"

没过多久，邓钟文班组的人都知道了他和凤英谈恋爱的事儿。最先发现这一秘密的是"泡子"，一个晚上，"泡子"去灵宝回来的路上，偶然发现钟文和凤英在一起。"泡子"就像发现新大陆似的兴奋不已，赶紧把这一消息告诉了白脸杨俊和白毛宋林。

"你俩知道吗？邓钟文谈对象了！"

"哦？"杨宋两人瞪着两眼急不可耐地问："你说的可是真？"

泡子诅咒发誓说："千真万确！谁捣你是这个！"

"邓钟文谈的对象是哪里的？"

"是灵宝县医院的一个护士！"

两人一听，简直有点不相信自己的耳朵，杨俊睁大吃惊的眼睛："你不会看差吧？"

"泡子"赤急白脸地分辩说："哪会看错，你们也见过的，你们去医院看凌师傅的时候，看见一个给凌师傅打针的护士吗？"

"哪个护士？"

"个子不太高，脸上有点雀斑的那个护士！"

两人听"泡子" 说完，嫉妒得脸都歪了："他凭啥？不能让这小子这么美，这么得劲儿！"

他们在一起嘀咕一阵之后，便找到凌师傅："班长，我们向你反映个事儿。"

凌师傅看他俩一脸的严肃样儿，便问道："什么事儿？"

"地主崽子在搞流氓。"

"谁在搞流氓？"凌师傅颇感奇怪："你们说什么？我不明白。"

泡子说："邓钟文在铁路底下耍流氓。"

凌师傅问："他和谁耍流氓？'

"泡子"说："他和灵宝县医院一个姓伍的女护士勾搭上了。"凌师傅这下子明白了，暗自为钟文高兴。

宋林说："班长，这事你可得管管！"

凌师傅听了宋林的话，没有做声，杨俊连忙说："班长，这是阶级斗争新动向！"

杨俊说完，"泡子"不甘落后也跟着加劲："凌师傅，你可得管管这事！"

凌师傅十分生气，这些人真是狗拿耗子多管闲事！人家谈对象关你什么事？可他又不好当面得罪宋杨二人，只淡淡地说："人家谈恋爱怎么管？"

听了凌师傅的话，杨宋二人不做声了，可"泡子"有点不识相，继续在一边加劲："谈恋爱也得管！"

凌师傅便恼了："张二亭，你不要吃了几天饱饭就忘乎所以，自己屁股上的屎还没擦干净，还乱说人家！"

张二亭被凌师傅说得耷拉着没意思脸，不再吭声。凌师傅虽然抢白的是张二亭，但杨宋二人听了这话脸上也不好受，犹如脸上挨了一巴掌，感到有点不自在，再不敢说什么，便悻悻地走开了。

下班之后，凌师傅把钟文找来了解情况。

"邓钟文。"凌师傅从医院回到班组后，对他仍然直呼其名。钟文早习惯了，也毫不在意，一脸茫然地望着凌师傅。凌师傅说："你知道吗？人家在我面前告你的状呢！"

钟文有点紧张："哦？告我什么状？"

凌师傅说："告你谈恋爱！"

钟文听了，很不好意思，觉得再不能瞒着凌师傅了，便红着脸说："凌师傅，因为刚开始不久，我没来得及对你说哩！"

于是将大致情况向凌师傅说了说。

凌师傅听完，高兴地说："我说嘛，我的眼睛看人还是蛮准的。你们什么时候谈上的？"

"你出院以后不久。"

凌师傅说："小伍是个好姑娘，人实诚心眼又好，既然人家对你不错，你就认认真真地谈。你也该成个家了，不要错过了这个机会。"

凌师傅忽然想起来似的又问："哎，听说当地人不愿女儿嫁外乡人，他家里父母知道么？"

钟文心里一怔，他不知怎么回答凌师傅，他曾就这个问题问过凤英。凤英的回答虽然肯定，但从语气听出来底气似乎不足，凌师傅看出钟文心里的疑惑，关心地说："你要想办法抓住小伍的心，这是最重要的。"

　　不几天，施工队张队长也知道了钟文谈朋友的事儿。

　　原来，林宋二人在凌师傅面前碰壁之后，他们还不死心，他们又找到了施工队。碰巧唐之宫不在，只有张队长在办公室，他们便上纲上线向张队长说了这事儿。张队长可没有凌师傅那样好说话，还没听他俩说完，就把圆眼一瞪，虎着脸说："你们是没事找事，吃饱撑的！人家谈恋爱关你屁事！"

　　两人讨了个没趣，便灰头灰脸地回去了，从此便消停下来。

　　那天，吃了晚饭，钟文换上干净衣服准备去和凤英约会。从宿舍出来的时候，迎面碰上了张队长，张队长拦住他说："小赤佬，我问侬话。"

　　听了张队长的话，钟文暗自诧异：张队长平常对他从来不苟言笑，说话总是板着面孔，一副严肃认真的样子，有什么事叫他的时候，总是指名道姓。今儿是怎么啦，竟用上海话叫他"小赤佬"。钟文明白，这看似骂人的话，却蕴含着一种亲昵，这是从来不曾有过的。钟文站在那里心里直打鼓，不知这位威信极高令人敬畏的队长叫他什么事儿？

　　"'小赤佬'，听说侬在灵宝县医院轧了个女朋友。" 钟文听了，心里直扑腾，吱吱唔唔不知怎么回答好？

　　"我和她只不过刚认识……"

　　张队长说："侬怕啥子？谈恋爱是正大光明的事体。"

　　钟文说："不知成不成呢！像我这种情况……"

　　"侬的情况哪能？侬是属于可以教育好的子女，难道不能恋爱结婚？"

　　张队长的话让钟文心里一热，十分感激地望着这位令人尊敬的队长，老老实实把自己和凤英认识的经过说了说。张队长听了非常高兴，满脸带笑地说："蛮好!蛮好!"

　　张队长又说："我跟侬讲，假使侬的女朋友对侬有啥子顾虑和想法，需要队里做工作的话，啥时候她来工地，我帮侬找她谈谈，做做工作，打消她的顾虑。"

听了张队长的话，一块石头终于落了地。钟文以前最担心凤英提出要来工地。凤英几次对他说，那么大工地，场面一定很热闹很壮观，很想来工地看看。说实话，他也很想带凤英到工地玩儿，让她见识一下现代化大生产的宏伟场面。但他又担心个别人不安好心，在暗中使坏，总是搪塞着没有答应。张队长的一番话，让他心头的疑云顿消，一种感激之情油然而生："张队长，谢谢你！"

"谢啥子？我还等着吃喜糖呢！"

不几天，星期天到来的时候，钟文果真把凤英带到了工地。

反对

凌师傅说得不错，当地人最反对女儿嫁外地人。当邓钟文和伍凤英沉浸在爱河感受着爱情的甜蜜，不承想，他俩交朋友的事遭到了凤英父母的反对。

原来，凤英也有着不同寻常的身世和不堪回首的往事——

凤英现在的父亲并不是她的亲生父亲。在她八岁的时候，正赶上那场全国性的大饥荒。人们分得的那点口粮早已吃完，只好挖野菜捋树叶填充肚子。到后来，树叶也被弄光了，能吃的树皮也没有了，为了求生，男女老少纷纷外出逃荒要饭。凤英父亲因为全身浮肿不能行动，母亲不忍心抛下丈夫，直到父亲咽气，母亲才带着她踏上了乞讨的路程。因晚走了几天，皮包骨头的小凤英饿得头昏眼花气息奄奄差点死在路上。还算命大，小凤英总算保住了性命。娘儿俩一路要饭来到了灵宝境内。经人指点，娘儿俩从县城来到了五亩公社。这里地处偏僻，人口稀少土地较别处多。社员手里多少还有些嚼谷。娘儿俩走东家串西家还能要到一些食物才赖以活命。

恰好这里有一个姓伍的老光棍一生没有娶妻，人们见娘儿俩可怜，经人撮合，凤英母亲觉得和老光棍年龄也相当，就和老光棍成了家。老光棍无儿无女，母亲已不能再生育，从此老光棍便把凤英当作亲生女儿。小凤英从小乖巧听话讨人喜欢，上学以后，学习用功成绩优异，初中毕业便考上了洛阳卫校。凤英是老两口惟一的宝贝女儿，自然也是老两口将来惟一的希望和依托。女儿的婚事自然成了老人的心病。老人心心念念希望女儿能就近找个女婿，将来好给他们养老送终。

当凤英被丘比特之箭所射中，她也曾有过片刻的疑虑和动摇，钟文不光单位四处流动居无定所，老家也在数千里之外的南方，像一片无根的浮萍，这恰是父母所忌讳的。但她深爱着钟文，不舍得和钟文分手，决定暂不把自己谈朋友的事儿告诉父母，等到适当时机再说不迟。

随着她和钟文的感情向深处发展，不给父母告知是不行了。于是凤英瞅了个机会，试探着把她和钟文谈朋友的事告诉了她妈。她妈听了女儿的话，一时没有做声，从女儿掩饰不住得意的神色看，女儿对自己的男朋友非常满意。当妈的当然为女儿能找上一个如意的男孩子而高兴。然而当她得知女儿的男朋友是一个南方人的时候，就像有人要把女儿抢走似地不禁大惊失色："不行，不行，老天爷，家那么远，你跟那孩子一走，再见不着你的面，那可咋办哩？"

凤英说："看你说的，哪有那么可怕，南方人咋了？一结婚把他调到咱县上看他往哪儿跑？"

"哪有那么容易？"

"再不然，我调到他们单位医院，到时候把你和我伯都接过去，我们走到哪，你俩老就跟到哪儿！"

"你呀，都这么大了，还尽说小孩子话，世上事都像你说的那样容易就好了。"

"那按你说的，咱县里的闺女都不嫁外地人了？"

"他们是他们，我是我，死女子，甭在我跟前烦我，说一千道一万，说破大天也不中！这事我不答应！"

说了半天，母亲仍然态度坚决，一点都不松口。

凤英知道，一时半会做通母亲的思想工作是不可能的，便假装和母亲妥协："好好！我听你的！我不和他谈就行了。"

凤英外表看似柔弱而内心却极有主见，一旦决定下来的事就不会轻易改变。口里答应她妈，而实际却继续和钟文热恋着。反正县医院离家那么远，父母鞭长莫及，不会轻易发觉。然而，这事最终还是在父母面前露出了马脚。

那是一个星期天的上午，钟文来医院找凤英。

天气说变就变，钟文出发前，天空还出现了朝霞，像是要出太阳的样子。可当他走到半路，太阳被飘过来的一块云团遮挡住，光线暗下来，不一会儿，天气突然变恶劣。一层层厚重的黑云，相互追逐着，急匆匆地往东边天空赶去，一时间阴云密布，天空阴沉起来。云层越来越厚，像要下雨的样子。他加快脚步来到医院。凤英的宿舍门虚掩着，他以为凤英没有上班，便推门走了进去。他一进屋，惊奇地发现，一个当地老乡打扮的老人一脸疲惫地半躺在凤英的床上，手里举着一根烟管在吸烟。老头头上包着一条陕北农民头上包的那种毛巾，毛巾原本是白色的，也许多日没洗，灰不楚楚的看起来脏兮兮的。穿一身黑粗布衣服，尤其扎眼的是裤脚管用布条绑扎着。这样的衣裤那会儿已经很少见到了，只偶尔在河南陕西的偏僻乡野，在老人之间还保持着这样的装束……

这老头是谁呢？钟文原以为是凤英的父亲，可是看年纪又不像，这老头好像已六十多岁，凤英才二十出头，他爹年龄不会那么大。不是父亲怎么躺在凤英的床上？正在犹豫的时候，老头向他问道："你找谁？"一口地道的灵宝口音。

"我找凤英。"

老头一听，立即瞪大了警惕的眼睛，锐利的目光像隼鹰似的往钟文脸上扫视："你找凤英作啥？"

　　钟文不知回答什么好？只好转而问老头："你是……"老头嘴里咕噜了一句，很可能说的灵宝土语，灵宝土语不好懂，钟文没听清说的什么，他有点不知所措，身子僵在那里，一时不知是进还是退？

　　正在这时，凤英回来了。凤英连忙给老头介绍说："伯，这是小邓。"然后又对钟文说："这是我伯。"

　　"你伯？"钟文颇感疑惑，但随即他就明白了。伯就是爹，一些地方的人因晚年得子，儿女有管父亲叫"伯"的习惯。

　　凤英说："我两星期没回家了，他们怪想的慌，我伯刚从五亩赶来。"怪不得呢，步行赶这么远的路，一个上年纪的人会不累吗？只好歪在床上歇歇身子。

　　老头对着钟文重又打量了几眼，什么也没说，也不理睬钟文，欠起身子操起放在床边的一根长烟管，装上烟丝，只顾卟哧卟哧抽烟，烟气像白雾似的在屋里飘散着，烟气有点呛人。

　　这时，钟文不由得有点尴尬和紧张，定了定神还是走向前对老头打了声招呼："伯，你老刚从家来吧，走这么远路很累了吧？"

　　老头对钟文的问候仍不理睬，吐出一口烟气，才抬起头用眼重又"剜"了他一下，便转过头将身子半躺下，仍旧卟卟地吸他的烟。钟文感到老头的两只眼睛像锥子，瞅得他脸上像有无数虫子爬似的有点不自在，他觉得再待在这里不合时宜，也没意思，回头对凤英说："我回去吧，改日再来。"

　　凤英说："也行，你走吧，我不送你了。"

　　钟文回到工地，有点坐立不安。从凤英爹对他的态度看，明显对他不友好，不受他待见。如果真这样，那可怎么好？他心急如焚地在家等了一天，在工地上班干活也没有心思，老想着这事儿。第二天一下班，就急匆匆来到医院见凤英。凤英仍对他很好，拿出一堆东西给他吃，有苹果有板栗，这是她伯伯昨天给她捎的。

　　钟文急不可耐地问："你伯是不是反对你和我谈朋友？"

凤英说："是的，准确点说，是我爹妈都反对！"

"因为什么？是嫌我家庭成份高？"

"倒不是这。"

"那是什么？"

凤英俏皮地说："爹妈怕我和你结婚之后，丢下老两口不管，跟你飞了，到时背石头打天！"

钟文被凤英的俏皮话逗笑了："怎么会呢？你爹妈就你一个宝贝女儿，我们怎能对他们不管呢？"

"我们这里农村人都这样，最不愿女儿嫁外乡人。"

钟文望着凤英说："只要你不怕就行了。"

"我咋不怕，万一有朝一日你变了心，离我而去，我咋办……"

钟文有点着急："到现在你对我还不相信！"

凤英卟一声笑了："逗你玩儿哩！你急啥子？"

凤英说："你不要怕，我爹妈的思想工作得慢慢做，相信总会做通的。"

听了凤英的话，钟文仿佛吃了颗定心丸。

峰回路转

天气一天天转凉，院里梧桐树叶渐渐变深变黄，凉风阵阵吹来，凋零的树叶扑簌簌往下掉落。地里的秋庄稼已经成熟——玉米地的玉米穗子紫色的红缨开始干枯，在金阳的照耀下，鼓胀着饱满的穗子。谷子地一片金黄，沉甸甸的穗子耷拉着头，等待着人们去收割；山上的树叶也呈现一片火红，就像烂漫的春花，到处在燃烧。人们感受到了秋高气爽收获季节的来临……

凤英对父母的思想工作也有了成效，对女儿谈朋友的事不再反对。

——自那天凤英她伯在医院无意间碰见钟文，她妈听她伯回来述说了情况之后，气得晚饭都没有吃，泪眼婆娑，嘴里叨叨着："这死女子，翅膀硬了，管不住她了，老娘的话当耳旁风了……"

第二天气呼呼赶到医院把女儿叫回了家，向女儿表明了态度。一把濞子一把泪，将女儿数落了一顿之后，硬逼着凤英表态："你说咋办吧，今天你得对我说句利量话，你是要娘还是要那个娃子？今天我先把话摆在这里，你不和那娃子分手，爹妈就不认你这个女儿！"

望着母亲眼泪汪汪的脸，心里酸酸的不好受——那是一张饱经风霜受尽苦难的脸，面色灰黑，额头上刻着一道道细细的皱纹，鬓角还出现了一缕白发。凤英知道，母亲为了她，费尽了心血，吃尽了苦头，她不能再使她伤心。但他又不愿意失去她心爱的钟文。这会儿，她实在处于两难之中。但聪明的凤英在经过思考之后，有了主意，决定采取缓兵之计，母亲正在气头之上，不能和他硬抗，以使火上浇油。

她立即扮了一副笑脸，抱着母亲又是帮她擦泪又是说好话，在母亲面前撒开了娇："妈吔，看你，着急得啥似的，有话好好说，你老人家可别气坏了身体！你说的我知道了，你缓缓气吧。好久没侍候你老人家了，来，我来帮你捏捏肩，槌槌背！"说着就站到母亲背后，在母亲两肩捏起来，捏了一阵，又挥动小拳头在母亲背上槌了槌。

母亲撅着嘴："你个死女子！别给我来这一套！你那点小心思我还不知道！"

凤英说："妈，看你说的啥？我从小好乖的，最听你的话了，你呀，气坏了身子我心疼着哩！你说吧，要我怎样？"

"立即和那娃子断绝往来！"

"这事好办，快别生气了！我答应你还不行吗？"

"你甭嘴巧，我告诉你，你别哄我，不然我不依你！"

凤英给她妈捏着肩说："妈，我咋会哄你哩？我说的是真的？你快消消气吧！气坏了身子可了不得。"

她妈觉得女儿答应得太爽快，还是有点不放心，回过头望着凤英说："你说的可是真？"

凤英说："当然说的是真的！妈，你只要不生气，你说啥，我都答应！"

母亲看着不愠不火的女儿，听了她说的话，不但不感到高兴，反倒哭得越发伤心。她知道女儿的脾气，女儿一旦拿定了主意，就是八匹大马也休想拉她回头。女儿越是对她说软话，就越是不靠谱。儿大不由娘，罢，罢！由她去吧，痛哭一阵之后，便不再提这档子事儿。母亲不提这事儿，女儿当然更不提这事儿。凤英知道，爹妈正在气头之上，这时候找爹妈说这事儿会适得其反，最好的办法是冷处理。

随着时间的推移，爹妈终于沉不住气。一天，凤英从县医院回来了，母亲把凤英叫过来，叹了口气，一脸严肃地对她说："你坐过来，妈有话对对你说。"

"妈，咋了？这么严肃！两国谈判似的！"

她妈说："别给我打岔！我问你，你最近可见过那娃子？"

"没有，哪敢呀！"

凤英不知她妈问她是啥意思？望着母亲的脸打量着。

母亲说："甭哄我了，娘知道你俩没有断，仍旧来往着。你也不要和我恼气，这些日子娘也慢慢想通了，既然你看中了那娃子，觉得那娃子好，娘都依你。你自己可要想好，想长远些，甭到时候后悔一辈子！"

凤英听母亲这样说，高兴得什么似的，走过去搂住她妈的脖子一阵猛亲："妈，你同意啦？"

"不同意能咋的？谁也别不过你那偏脾气。只不过这是终身大事，不是儿戏，马虎不得，你得认认真真考虑，不要到时埋怨当娘的没有提醒你！"

"妈，你真好，我代表小邓谢谢你！"

母亲用手刮刮女儿的脸："也不知道害臊，还没怎么着呢，就向着人家了。"

"妈，你看你。"

她妈说："我听你伯说，那娃子人长得还不错，也很懂礼。"

"那当然，人家还有很高的文化呢！不然我会看上他？"

她妈瞪她一眼说："说你胖你就喘上了！"

"本来嘛。"

母亲用手指捣着凤英的额头说："好好！我女子有眼力！"娘儿俩说笑着，房里充满了欢乐的气氛。

第二天凤英准备返回县城上班的时候，母亲对她说："你和那娃子相识时间也不短了，啥时候你带家来叫俺看看。"

凤英说："人家早就想来咱家看看娘哩！你不同意嘛，他哪敢来？娘，你说啥时叫他来咱家？"

"让我想想，得选个好日子。"

凤英听了母亲的话，有点莫名其妙："小邓来咱家还要选日子？"

母亲郑重其事地说："你不懂，当然要选个好日子！"

凤英脑子一转这才恍然大悟：莫不是母亲想趁小邓到家来的时候让他和自己订婚哩！想到这里，不由喜出望外："妈，你赶紧选日子，我回去就告诉小邓，叫他作好来家的准备。"

"鬼女子！看把你急的！"

"妈，小邓是南方人，他不知道咱这里的规矩，你说说，小邓来咱家要他给你买点啥礼物？"

母亲说："现如今的社会，移风易俗新事新办，啥也不用买，只要你俩愿意，咋着都行！"

凤英听妈这么说，当然高兴，搂住她妈在她妈脸上连着"吧"了好几下！回到医院，立即把这好消息告诉了钟文。钟文听到这消息也高兴得没法形容。他站在那里愣怔了许久才明白过来。这真是大喜事啊！这是他头一次去见丈母娘，可不是小事。他什么也不懂，对这里的风俗习惯及风土人情更是一头雾水，忙问凤英：“头一次到你家应该买些什么礼物呢？”

凤英回答说：“我妈都对我说了，啥都不要买。”

“那怎么行？总要给你和你家买点东西的！”

“你既然想买，那就买一样，我只要一样东西。”说完，凤英望着钟文格格地笑。

“你要啥子？”

“你猜猜。”

“衣服？布料？手表？”

“你呀，尽瞎猜！”

“那到底是什么？”

“我要的那东西在商店是买不到的！”

“那是啥？”

“你的一颗真心！”

钟文笑了：“只要你肯要，我挖出来给你！”说得凤英也笑了。

钟文回到工地把他准备去凤英家的消息告诉了小董和小范还有“法螺”几个好友。得知这大好消息，那几个人当然为钟文感到欣慰。纷纷来到钟文宿舍，说说笑笑为钟文出主意。

“法螺”已经结婚，但他结婚时只有十八岁，小屁孩一个啥也不懂，一切全由父母操办的，具体买什么东西，他也说不出个所以然。要说小范和他的女朋友刚订过婚，最有发言权，可他的话一说出来就遭到小董的反对。于是这个说这，那个说那，七嘴八舌吵成了一团，直到最后也没有商量个统一的意见。不过有一点大家的意见倒颇为一致，那就是新女婿一定要想办法讨得丈母娘的欢心。头一次见丈母娘，给丈母娘的第一印象尤其重要，千万不能掉以轻心。

订婚

　　凤英和钟文商定了好久，终于做出决定，准备把去她家的日子选在国庆节这天。国庆节充满喜庆气氛，通常是人们举办婚庆之事最佳也最理想的日子。同时，国庆节放假两天，无须向单位请假，不影响工作。他们的意见最后征得了凤英爹妈的同意。

　　钟文是第一次去凤英家，不知道去凤英家的路，他便和凤英跟着一起走。

　　国庆节这天，钟文给自己收拾了一番，早早就来到了医院，和凤英会合之后，才双双一起走出来。他们先准备到商店买点礼物。走在去商店的路上，为买什么东西两人商量了好一会都没有达成一致的意见。按凤英的意思，去她家什么也不用买什么也不用带，能省的尽量节省，今后过日子才是关键。凤英的话让钟文大为感动。但钟文有自己的考虑，这是人生大事，该花的钱是不能省的："这怎么行？订婚哪有不买礼物的道理？不怕别人笑话？"

　　"谁笑话？这是咱俩的事，别人管不着。"

　　任凤英怎么说，钟文这次一定要给凤英买点礼物聊表心意。不买点东西，他觉得心里过意不去。钟文说："我知道你是对我好。想想看，咱俩认识这么久，我还没有给你买过东西呢！你不要再说了，好吧？"

　　凤英不吭声了。可买什么好呢？想来想去，应该给凤英买件像样的衣服。凤英衣服不多，他觉得买衣服最合适也最实惠。凤英先是反对，经不住钟文再三坚持，凤英只得同意。可是当两人一起来到街上，走遍了灵宝县的所有商店，试来试去，也没有找到一件适合凤英所穿的衣服。不是颜色不行就是式样不好，最后只买了几尺布料作罢。

　　给爹妈买点什么呢？凤英坚持不让买，商量来商量去，临出发的时候意见才统一起来：只买几斤糕点和两瓶酒。走到食品店的时候，凤英又关照钟文买了几斤猪肉带回家——好让她妈中午做菜招待客人。

两人这才掂着东西，高高兴兴开始上路。

这天的天气真好，沿途景色非常迷人。金灿灿的太阳照着大地，到处呈现一片金黄。泓农涧河两岸成熟的秋庄稼笼罩在紫色的雾霭里。田埂上这里那里点缀着颜色绚丽的野菊花，山坡上的柿子树挂满了红色的小灯笼，满眼都是耀眼的金色。山坡上不时有一丛丛火红的秋叶映进眼帘……

这是一条从县城通往五亩公社的石碴子公路，沿着泓农河谷西岸往南一直延伸到远处的沟底。路上汽车很少，只有三三两两的行人在急匆匆地赶路。偶尔有一辆汽车和拖拉机开过，在车后扬起一阵灰尘，路上的行人赶紧躲在一边。

越往里走两边的山势越高，河谷越狭窄。两边的山势越加陡峭。山坡上时不时出现一丛丛金黄色的野菊花，在阳光的照射下，有点耀眼，惹人喜爱。钟文几步窜上山坡，摘了几支递给了凤英。凤英高兴地接了菊花，放在鼻子下闻着，一股清香直扑进鼻子："真香，真好看！"

两人心情很好，一路走一路说着话，饶有兴致地观看着沿途的风景。人逢喜事精神爽，十七八里路一点也不觉得累，只两个小时就走到了。

出现在钟文眼前的是一片稍开阔的河谷地，河谷地两边是一片土墙黑瓦豫西常见的那种农舍。凤英高兴地指着前边的房子说："看！前面就是我家了。"

钟文发现，这里老乡家的房子差不多都是石头垒的，石头垒基础石头垒墙，只有房子的上半部分垒的是土坯——也许这里石头多，山沟里河滩上到处都能见到光溜溜的石头。

他们往前走了几家，凤英便把钟文领进了一个院门。钟文一看，也是下半截是石头，上半截是土坯砌的门楼，上边用泥巴抹了抹。门楼建造得很粗糙，很有些年头了，门框和门板颜色灰灰的，经过风吹日晒，木板上还裂着细缝。这时，门虚掩着，凤英推门一走进去就亮开嗓子喊："妈！妈！"

听见喊声，一个五十多岁的老婆从房里走出来。满脸带笑地望着钟文。凤英说："妈，这是钟文。"

不等凤英介绍，钟文连忙叫了一声"娘！"

叫娘是北方农村称呼比自己父母年长的妇女的习惯。来之前，在对凤英妈的称呼上他和凤英商量过，其他称呼都不合适，钟文才叫娘。

凤英妈见了钟文自然非常满意，听见钟文脆脆地叫娘，早就心花怒放乐得合不拢嘴。

"进家吧！进家吧！我们农村落后，不比你们城里条件好。"

钟文说："哪里，我老家也是农村。"

走进屋，钟文不见凤英伯出来，连忙问："我伯哩？咋不见伯？"

凤英妈说："她伯上工去了，要在生产队里挣工分才能分口粮哩！"

说着，便坐在钟文身边，和钟文说话："小邓，走这么远的路，走累了吧！"

钟文连忙说："不累，累啥呀！"

凤英妈和钟文又说了一会话，站起来对凤英说："女子，你陪小邓坐着，我去做饭哩。"然后又对钟文说："小邓，你坐着和女子说话吧！"

钟文随着凤英妈出去的机会，在几个房里转了转。钟文发现，凤英家一共有四间房，老两口住一间，凤英一间，一间灶火，还有一间房空着。老人住的房里，摆放着一张床和一个黑色的箱子。凤英住的房里除了床几乎没有别的东西。连梳妆台都没有。空房里摆着一张老式八仙桌。大概是吃饭的地方。

这时，凤英妈走过来说："看我瞎忙的啥，连茶都忘给小邓倒了，女子，还不给小邓倒茶。"

钟文连忙说："娘，客气啥，我不渴，要喝水我自己会倒。你老忙吧，别管我。"

过一会儿，凤英妈又端了一瓦盆红柿走过来："走这么远路，小邓一定饿了，乡下没好东西，先吃点红柿吧。" 说完转身走了。

凤英从瓦盆拿了一个又红又亮的红柿递给钟文。钟文最爱吃红柿，工地也有附近农村人担着红柿来卖的，他总要买来吃，一次能吃十来个，就像小董吃西红柿，吃相有点吓人。钟文接过红柿先揭了红柿表皮上的一层薄膜，用嘴一咬，一泡甜蜜的汁液流进嘴里。

"真好吃！"钟文吃着红柿，嘴里呜啦地赞美着。

不一会，凤英妈又走进来客气地问钟文想吃什么饭，吃什么菜，又说她们农村人手艺不好，做出来怕不合口味，生怕慢待了这位未来的姑爷似的，这一切叫钟文十分感动。凤英向她妈打趣地说："妈，你真偏心眼，还没结婚哩，你就只管小邓，不要闺女啦！"

"把你个死女子……"她妈向她扬起手，向凤英嗔骂了一句。

钟文说："你妈真好，老人好热情！"

"当然了，丈母娘瞧女婿，越瞧越有趣！"

钟文被凤英这句俏皮话逗得哈哈大笑起来。

"哈哈！你还很逗的嘛！"

凤英脸顿时脸红了，有点不好意思地也跟着笑起来。

不一会，饭菜做好了。凤英伯也在这个时候扛着农具回来了。老头还是钟文上次见到的那身打扮，头上仍包着那条脏毛巾，脸好像多日没洗似的挂着一层厚厚的土霜。钟文连忙走过去叫他一声："伯，下工回来了？"

老头口里答应一声，便转过身不再搭理钟文，一边吸烟去了。钟文听凤英说过，他伯是个老实疙瘩，只知埋头干活，平常话很少，是个闷嘴葫芦。这一家当家的是她妈，对他伯的冷淡态度也就不当一回事儿。

于是搬出桌子开始吃饭。凤英妈做了好几个菜，除了粉条炖肉之外，还有炒茄子炒辣椒和西红柿炒鸡蛋。炒辣椒可能是听凤英说了以后特别加上去的。主食是白面馒头，外加一碗面疙瘩汤。凤英妈不住地说着客气话："小邓，你看，没有什么菜，我也不会炒菜，一定不合你的口味。你将就着吃点吧。"

钟文连忙说："做这么多菜，都是我爱吃的，娘，你甭客气，看把你累坏了，快坐下吃饭……"

凤英爹不说话，挨着凤英妈也坐下了，不声不响端起了碗。

凤英说："都吃吧。"于是大家吃起来。

吃完饭，稍稍休息了一会儿，凤英妈便把凤英叫过来，在桌子旁坐下，郑重地对钟文说："小邓，既然你俩愿意，现在兴婚姻自由，我们做老人的也不能不识时务，学那些老顽固，硬是阻拦你俩也不行。小邓，你来家已经看了，我们家就是这种光景。我和她伯只有凤英一个女儿，我们老两口以后就指靠你了，以后你就把这里当成你的家……"一席话说得钟文心里热烘烘的。

钟文当然也表了态，说："放心吧，娘，伯，你老俩不嫌弃我，成全我和凤英的婚事，我从内心非常感激！谢谢你养了个好女儿，她很理解我，我会对她好的。放心吧，我会把这里当成我的家，今后，我和凤英一定会好好孝敬你们的！"

直到太阳快落山的时候，钟文和凤英才说说笑笑返回县城。

浪漫打麦场

一路上，邓钟文就像打了胜仗凯旋而归的战士，感到一身的轻松和愉快。早上去的时候，他心里还多多少少有点顾虑，担心凤英妈的态度会有变化。如今，凤英妈对他十分满意，他和凤英的婚事终于定下来了，连结婚的时间都已商定，再没有什么后顾之忧。按凤英妈的意思，想把婚事定在元旦，早点办了老人好了却一桩心事。老人急着抱外孙哩。但钟文考虑元旦过后便临近春节，离今年的探亲假不远了。如果元旦结婚，他就成了双职工。按规定，双职工是不能享受今年的探亲假的，那就不能回去探望母亲。他将近一年没回家了，非常想念母亲。结婚以后回家的机会就少了，他不愿放弃近在眼前的回家探望母亲以及和家人团聚的机会。所以他坚持把婚事放在明年"五一"，凤英是个通情达理的姑娘，非常理解钟文的心情，把这事对母亲作了说明和解释，她妈只好同意了他的意见，说："五一就五一吧，反正时间相隔不长！"

如今，他的婚事已是板上钉钉，万事俱备。只等春节从家回来，就可以和他亲爱的姑娘生活在一起。这就意味着，从此以后，他就不再是单身汉，有了爱人——妻子，再不用母亲为他的婚事日夜操心。

钟文看了一眼走在身边的凤英，此刻，她也沉醉在爱情的甜蜜里。在晚霞的映照下，脸庞就像喝了酒似的一片酡红，看起来那么沉醉，那么漂亮，处在恋爱中的女人是最亮丽的，这话一点不错，他的凤英就是这样，全身上下焕发着青春的魅力……

钟文痴痴地想：世事真难预料，眼前的这个姑娘不久之后将成为他的妻子，而他也将成为她的丈夫。他将和她在一起生活，吃饭睡觉生儿育女……

这是多么奇妙而不可思议的事啊！

刚开始的时候，他还嫌她不漂亮和他不相般配，还有点犹豫。现在想起来，这是多么荒谬的念头！因为这念头，他和她差点失之交臂。值得庆幸的是最终他们还是走到了一起。想到这里，他深情地望了凤英一眼，她那隆起的胸脯随着走路时身子的摇摆，在一耸一耸地跳动，那么迷人。钟文心头一热，突然产生一种想要把她紧紧搂在怀里的男子汉的冲动。

钟文痴迷的眼神像电流似的被迅速传递到凤英心上。此刻，凤英也是心旌摇动，感情澎湃，被满满的幸福感所包围。旁边走着的这个男人将成为自己心爱的丈夫。他潇洒英俊，身体健康，强壮有力。他将是她一生的依靠，一生厮守的男人。从他青春蓬勃的身上感觉出男性的力量。眼前突然出现在铁路边相拥相抱的情景，躺在他怀里的感觉多么美好，多么令人陶醉……

凤英情不自禁地用胳膊碰一下钟文："看啥哩？不认识吗？"

钟文说："你说奇怪不奇怪？"

"奇怪啥子？"

"我以前咋没有发现你有这么美？"

凤英一听乐了："我美啥子？你不是取笑我吧？我觉得自己好丑，在人前我总没有自信，觉得自己就是一个丑小鸭！"

"什么呀？哪里丑了？嗨，丑小鸭多好，丑小鸭也会变成白天鹅。不是吗？你看看，你现在的样子好漂亮！真的，我不骗你。"

钟文的话让凤英一阵激动，走近钟文，几乎和他脸对着脸，娇嗔地说："那你就狠看，让你看，看个够！"

钟文一把搂住凤英，在她的脸上亲了一下。凤英挣脱了他，说："急啥子？路上有人哩！"

西边天空收去了最后一抹余辉，天色暗淡下来，大地笼罩在一片朦胧的暮色里，河谷里渐渐升腾起一团团雾岚，像薄纱似的向天边飘浮开来。夜幕开始降临，习习的凉风从弘农涧河的河谷里吹过来，使人特别的舒服。路上的行人越来越稀少。离县城已经不远了，远远望见了县城的轮廓和稀稀落落在夜幕下闪烁的灯光。

凤英说："时间还早哩，我走得有点累了。"

钟文会意："那就找个地方歇一会吧。"

就在他们四处张望寻找休憩的地方时，在茫茫夜色中，突然发现离路边不远处有一个生产队的打麦场。打麦场上堆放着无数的麦秸垛。圆柱形矗立的麦秸垛本身就充满了暧昧而浪漫的寓意。在这样的麦秸垛旁，曾发生过多少男女之间的爱情传奇和浪漫温馨的爱情故事……

这是最适合他俩的休息之处。四周寂静无声，只有秋虫唧唧的吟唱。在他们听来，好像一曲曲爱情的欢歌。他们稍稍察看了一下，四顾无人，他俩谁也不说话，便相依相偎着走了过去。脚下是软绵绵的麦秸，踩在上面就像踩在地毯上一样，疏松柔软，悄无声息。

钟文瞅了一眼身边的凤英，说："就在这里吧！"

凤英会意，停住了脚步。钟文从旁边一堆散乱的麦秸垛里，又扯了几把麦秸铺在脚下。把麦秸铺垫好，厚厚地铺了一层，两人便紧挨着坐下来。麦秸非常柔软极富弹性，就像坐沙发似的身子猛陷了进去，两人的身子拥在了一起。凤英顺势将整个身子靠在钟文身上。黑暗中两个人相互拥抱着，脸贴着脸，嘴对嘴亲吻起来。两条舌头像蛇信子一般在彼此的嘴里探寻着搅动着，相互纠缠着，慢慢地又粘合在一起，那么柔软润滑，恨不能将对方吞进肚里。亲吻了一会儿，两人感到全身燥热难忍，钟文的手在凤英的腰上抚摸着，她的腰肢那么柔软，热热的，身子有点发烫，似乎全身在颤栗。凤英任钟文紧紧地抱着，抚摸着。她已经焦渴难忍，双手紧紧抱着钟文的身子，越抱越紧，呼吸越来越急促，心脏咚咚地越跳越厉害，差点透不过气来。似乎全身已经融化，血液在沸腾。彼此都从内心升起一股强烈的渴望，感觉浑身燥热，身上着了火似的，整个人身子呼呼地燃烧着火焰，热血在身上喷涌！钟文再也无法控制自己，一只手伸进了凤英温热的怀里，摸住了她的乳峰。凤英浑身颤栗，嘴里发出了一阵呻吟。钟文的手不由向下滑动，凤英惊叫一声，

身子便软软地向后倾倒下去。他不顾一切地压在她的身上，摸索着开始脱她的衣服，动作那么慌乱粗野而急迫，随即两人似乎在空中飞腾起来……

直到他们感到了一股凉意，汹涌澎湃的激情才稍稍平复。

"咱回去吧！"凤英挣脱钟文的怀抱，轻声说。于是两人从麦秸堆里站起来往县城方向走去。

时间已经不早，钟文把凤英送回医院没有停留就返回来了。当他踏着茫茫夜色赶回工地，人们早已进入梦乡。他摸出钥匙，轻轻地开了门锁，

拉亮了电灯。发现和他同屋的"泡子"早已入睡，鼻子里发出阵阵响亮的呼噜声。但钟文的精神却无比亢奋，毫无睡意。

"得给他们写一封信！"

应该把他和凤英订婚的喜事告诉母亲和满叔以及记挂他婚事的好友杨春明和王名江，让他们分享他的幸福与快乐。

第二十四章　越狱

终于等到了机会

洛阳劳改场是一个红砖厂，坐落在洛阳北关岳村西北边的一个三面环山的干沟里。

这个红砖厂曾一度转为民用。"文革"开始后，随着政治犯如雨后春笋，越来越多，关押犯人的监狱人满为患，原有的劳改场已远不够用，于是，这个红砖厂便被狱方重新启用。刘景和转去的时候，劳改砖厂刚刚启用不久，他被分配在做砖烧砖的班组。

劳改犯每天的工作是做砖烧砖。

做砖烧砖看起来比开山打石头的活儿轻松，但并不好受。他们首先要在炎热的太阳地里和泥做砖坯。做好砖坯，等砖坯风干晾干之后再将砖坯装窑。装窑的活一点不轻松——搬着沉重的砖坯低着头走进窑里，在低矮的砖窑里把砖坯一块块码整齐，然后开始烧窑。窑烧好，红砖出窑比装窑还要受罪——刚烧过的砖窑温度还没散尽，红砖还烫手，犯人们就开始走进去搬砖出窑。窑里温度很高，人一走进窑里就会冒汗，衣服被汗淋湿得透透的。干活的人只好赤着脊梁，光着膀子，就像烤肉干一样。刘景和去的时候正是夏天，干活儿的滋味不亚于受刑，累得骨头散架不说，最难受的是身上手上常常被烫出一个个燎泡，流着浓水，钻心的疼……

他实在受不了这样的苦役，更坚定了他越狱的决心，无论如何得想法逃出这个苦海！

就在这时，景和怎么也没有想到，他竟时来运转，意想不到地脱离了烧砖搬砖的苦差使！

——劳改砖厂做砖有几台做砖机，这几台做砖机天天不停歇满负荷地运转，机器零件自然磨损得快，机修队车工加工的工件远远供不应求，经常因为做砖机的故障而影响生产。狱方急需从犯人中寻找一些会开车床的技工，担任加工制砖机工件的任务。景和是技校钳工班毕业的，曾干过车工，顺理成章便被抽去开车床。被抽到机修队的还有和景和一起从硖石转来的几个洛阳国营大厂的犯人。

这对景和来说，无疑是天上掉了一个大馅饼——开车床不光活儿轻松，还是他的老本行，这是他做梦都没有想到的。经过几天见习，很快就熟悉了车工的技能，操作起车床来灵活自如得心应手。加工的工件完全合格，监管人员对他的工作非常满意。他暗自庆幸命运对他的垂顾，一段时间对自己的劳改生涯产生了一种满足感，打消了以前急于想要逃跑出去的念头。但是不久，这种想法随之就被现实打得粉碎，重又兴起越狱的念头。

那天晚上，犯人们刚躺下不久，监房的铁门"囒嘟嘟"一阵振响，监室门突然被打开，睡在铺上的犯人们纷纷抬起头，朝门口的方向张望，不知发生了什么事？只见两个狱警气冲冲来到中间的一个睡铺前，对着睡在铺上的人厉声叫道："89号！你给我起来！"

89号稍迟疑了一会，就被狱警老鹰抓小鸡似的从睡铺上拎了起来。

"咋啦？咋啦？"89号惊慌地问道。还没有等到回答，"咔嚓"一声，一副亮锃锃的铐子便将他的双手拷住。

狱警说了声："走！跟我们走！"不由分说，89号就被狱警押出了监房。

"这是咋的啦？"

"89号到底犯了什么事？"

监房里的囚犯们小声嘀咕着。

"睡觉！不准说话！"囚室的囚犯头儿恶声恶气地吼了一声。

随后，囚室便安静下来，不一会，囚室响起一阵此起彼伏打雷似的呼噜声。

紧靠89号铺位的刘景和从此再也睡不着。只有他清楚89号被狱警带走的原因。

89号是因为说了林彪的错话而被指为反对林副主席的罪行而被判刑关押进来的。林彪在温都尔汗出事之后，他曾满怀欣喜地对他说："林彪倒台了，我的问题很快就会平反，我也该出去了！"

景和也同意他的看法，说："是呀，要不了多久，你就要出去了！"

可是结果却令89号大失所望，过了好长时间，89号仍没有得到平反释放的消息，他着急地向狱方反映自己的问题。狱方对他说，林彪没出问题之前他是党的副统帅，是毛主席的接班人，反对他就是错的，就是有罪！89号大感诧异，这世上哪有这样的道理？错了的就错了，为什么说是对的？他心里不服，到处喊冤叫屈，有时他还在犯人中散布不满情绪。景和猜想他很可能被人打了小报告，传到狱方耳里。

那人被看守带去关了黑屋子，过了几天被放出来，又罚他做苦役……

这事在刘景和的思想上产生了极大的震动，心理一下子失去了平衡！想起自己的冤情，照此下去，何时才能伸雪？他对这个社会彻底失望！照此说来，他将永无出头之日！不行，他得出去，他必须得出去，不能在这里再待下去！老老实实度过他被冤屈的一生！于是，他重又产生越狱的念头，并且开始寻找着越狱的机会。

但是想要逃离监狱谈何容易？

劳改场四周全是几米高的围墙，围墙四周还拉着电网，连只鸟儿也休想飞过。想要从别的地方寻找机会也不可能。劳改场监守森严，犯人只能在看守划定的区域内活动。到处都有狱警站岗放哨，瞪大着警惕的眼睛，犯人不敢越雷池一步。就在这时，刘景和时来运转——被狱方叫去机修车间开车床——机修车间是劳改砖厂附近一个社办厂的旧车间。机修车间在警戒线之外的一个大院里。从景和睡觉的监房走过去有五分钟的路程。在机修车间干活，尽管和做砖烧砖时的环境有了些改善，但他的行动仍受到限制——车间是景和惟一活动的空间。上下班都由看守接送，在班上干活时还有班长和别的犯人相互监督。机修车间大院里的围墙虽没有拉电网，但围墙很高，根本没有办法越过围墙，很难寻找到越狱的机会。

就在他感到迷茫的时候，上天给他送来了一个绝好的机会！机修车间翻砂用的焦炭用完之际，狱方又运来了一卡车焦炭。汽车运来的焦炭就卸在围墙的角落里，那里有一个供犯人使用的简易厕所。

景和去围墙边的厕所解手时，惊奇地发现：焦炭竟然堆到了围墙一半的高度！踩着焦炭，往墙上稍稍用力一蹦，就可以够着围墙墙头。他估摸着，凭他的体力往上一撑便可以上到墙上。只是目前尚不知道围墙外边的情况。景和为这个意外的发现惊喜得一颗心怦怦直跳！生怕这时别人来厕所解手，发觉他异样的表情，赶紧来了个深呼吸，抑制住内心的激动，不动声色地回到车间干起活来。

然而，没机会逃走时千方百计寻找着机会，一旦机会等来了他却不免犹豫起来——越狱可不是小事！越狱失败被抓回来，那可是不轻的罪名。重则加刑轻则受到处罚。而对他来说，很有可能丢掉性命！他不能不反复考虑权衡此事的后果。于是越狱的事便被延宕下来。好在机会一直存在——运送焦炭的卡车隔一段时间就会送来一车焦炭，焦炭仍堆在围墙边。他便不必操之过急。有的是时间，他要考虑周全，等待最佳时机。

这事只能成功，不能失败。

机修车间的犯人由于工作条件远比别的犯人优越，一个个都老老实实规规矩矩地服刑，从没有发生违规违纪的事儿。

随着时光的流逝，看守渐渐放松了对他们的监管，有时犯人们下了夜班，看守也无须押送，由他们自个儿结伴走回住处。

日子一天天过去，树叶变黄变枯，扑簌簌往下掉落。随着寒冷的西北风一阵阵刮过，冬天悄然来临。突然又下了一场雪，铺天盖地天地间成了白茫茫一片，天气变得异常寒冷。积雪好几天都没有融化净尽。去机修车间干活的时候，人走在雪地上，发出嘎吱嘎吱的声音。浑身冻得缩瑟发抖，只有进了车间才开始暖和。

这样寒冷的天气，连麻雀都很少出来觅食，他只有等待积雪融化后再作打算。

时间翻到了 1973 年的元旦，劳改场也跟别处一样，门口挂起了彩旗，出现了庆祝节日的景象，小卖部新进了一批糖烟酒食品，供犯人们选用。

还有十几天就是春节，景和感到时机来了。

一天晚上，景和趁着上厕所的机会，小心翼翼地来到了放焦炭的地方，蹑手蹑脚踩着堆在围墙边的焦炭，打算爬上墙头观察一下围墙外面的情况。踮起脚尖，两手用劲扒住墙头身子往上撑的时候，由于用劲过猛，两脚一蹬，踩翻了一块焦炭。"当啷"一声，发出一声脆响！景和不由胆颤心惊，被脚下那一声响，吓得差点跌下来，顿时出了一头冷汗！连忙往四周看了看，幸好四周无人，没人听见刚才的声音。他平静了一下紧张的呼吸，定了定神，鼓起勇气，小心翼翼重又挺起身子往上一蹿，爬上了墙头！风在头上呼呼地刮，感受到一股刺骨的寒意。他赶紧在墙头上蹲下身子，放眼向墙外看去。眼下是一片灰蒙蒙的夜色，隐约看出围墙外面是一个荒坡。荒坡东边出现一些低矮的民房，从窗户里透出星星点点的灯光。再往东南，灯光明显增多，形成一片光带。凭他平时对劳改场四周地形的观察，他估计民房东边是岳村，过了岳村便到了光带的边沿，那里大约是北关。

景和激动得连呼吸都差点窒息，生怕被人发现，急急忙忙爬下墙头，回到了车间……

翻出了高墙

　　刘景和开始作起了越狱准备。

　　首先准备吃的。出了监狱饿着肚子可不行。人是铁饭是钢，一顿不吃饿得慌。空着肚子跑起来就没有劲儿。他又没有粮票，更没有钱。即使有，这些东西一下子也没地方买到，只有带着现成的食物。带什么好呢？他起先想到的是馍，积攒了几个馍。带回监房的时候，被旁边睡铺的一个狱友看见了。问他说："你把馍拿回来干嘛？吃不完呀？"

　　听狱友这一问，他吓了一跳！只好搪塞着："也不知咋的，这些天晚上老感觉饥饿，老想晚上吃点东西，只好把馍带回来……嘿嘿……"狱友没再说什么，就睡下了。

　　看来带馍不行，馍不好弄，也不好藏，更不好带，目标大容易被发现。

　　那带什么吃食呢？景和一时犯了难。

　　突然，他脑洞大开——去小卖部买奶糖！

　　狱方给劳改犯人每月发有几元钱的生活津贴，以供劳改犯人买日常生活用品，如牙膏肥皂之类的东西。为了防止犯人逃跑，发给犯人的津贴不给现金，一律存在狱方所设的小卖部，买东西的时候就由小卖部把钱扣除。除日常生活品之外，从小卖部还可以买些香烟之类。那天，他去小卖部买肥皂洗衣服的时候，发现小卖部新进了一些奶糖！他高兴得心里乐开了花——这是越狱最便于携带的上佳食品。这东西体积小又有营养，装在身上毫不起眼，真是上天给他送来的礼物啊！

　　于是，刘景和来到小卖部买奶糖，对小卖部的人说："我买一斤奶糖！"

　　那人向他翻了一眼，有点诧异：从没有犯人一次买这么多奶糖的？"咋了？买这么多奶糖干啥？"

　　景和笑着说："嗨！我喜欢吃奶糖，快过春节了，多买点奶糖犒劳犒劳自己！"那人听他这样说，再没说啥，便抓了奶糖给他称了一斤。景和随即剥了一颗奶糖放嘴里，慢慢嚼着，又拿了两颗扔过去，说："吃吧。怪甜哩！"那人向他笑了笑。接着景和又买了两块香皂，往怀里一揣便回到监室。

下午上班时候，他把奶糖和香皂悄悄地装在衣服口袋带到了车间。

晚上就要开始行动！尽管他为越狱做好了思想准备，但临到实施的时候，心里仍不免有点打鼓，心跳得厉害。总感觉人们看他的眼神都有点怪怪的。生怕别人看出他的神色，知道他的秘密。尽力控制住自己的情绪，一进车间，便启动车床低头干起活来。

车间里的电灯光明晃晃在头顶照着，一排溜七八台车床已经开动，发出嗡嗡的声音。人们弯腰操作着各自的机床，集中精力注视着切削的工件。随着车床开动的声音，景和焦躁的情绪渐渐平息下来。弯下腰两眼注视着车床的速度。旋转的工件毛坯在车刀的切削下，一缕缕蓝色的边丝卷曲着从铁件上吱吱地被切削下来。他看工件切削得差不多了，便停下车床，用卡尺量了量，还不够尺寸，稍差了几丝。他重又启动机床，继续切削着工件。直到工件完全合乎尺寸，他才把加工好的工件从车床上取下来，又换上一个工件毛坯，重新开始切削……

干到十一点钟，分给他的工件眼看着就要完成，离他逃离这个樊篱的时间越来越近了，他的心未免又悸动起来，咚咚！他用手按了按，自己在心里安慰自己说：别怕别怕！没有事的！时间到了，不能再耽搁，是到了该离开这个鬼地方的时候了！他环顾了一下四周，谁也没有注意他，别的犯人都在各自的车床前聚精会神地干着活儿，只有车床切削工件时发出的声音，他放下了心。

就在他准备关车床电闸的时候，没承想带队的看守来了，他不由吓了一跳！心脏随之咚咚直扑腾！看守乜斜着眼，慢慢踱到他的车床前，对着他打量了好一阵子。他的心抑制不住一阵狂跳，以为看守探知了他的秘密，连呼吸都要屏息！这时，景和突然从看守的脸上闻到了一股酒气，才稍稍放了点心。大起胆子望了看守一眼，看守的脸涨得像条紫茄子，两只眼红红的，分明在什么地方刚喝了酒，酒气熏人，一副不胜酒力的样子。哦，快收工了，他是查岗来了。

看守对着刘景和莫名其妙地笑了一下，转身便走向别的车床。挨个在每个犯人的车床前停停看看，觉得没有什么问题，又向带班的班长吩咐了几句，就迈着蹒跚的脚步走出了车间。

刘景和终于吁了一口长气，一边收拾工具装着擦拭车床的模样，一边观察着四周的动静。他旁边那几个犯人的活儿还没有干完，还在各自的车床前聚精会神地切削着工件，没人注意他。

大约十一点半钟，刘景和看看时间到了，装着去厕所解手的样子从车间慢慢走了出来，走进厕所，见厕所没人，便放心地走出来，四下看了看，见车间也没有人出来，便毫不犹豫地迈向墙角的焦炭堆，脚踩焦炭走到了炭堆的顶部，手扒墙头纵身一跳，身子便撑到了墙头上，随即便从墙上跳了下去！

景和按照那天观察好的路线爬过一段荒坡，穿过几所民房，就来到一条稍宽的马路。夜色很暗，没有路灯，灰灰蒙蒙像隔着一层厚实的帷幕。他也不清楚是什么路，凭感觉判断出这条马路是朝东去的。四周死一般寂静，没有一个行人，连一辆过路的车子也没有。他放开脚步飞跑起来，很快就来到北关，前边就是北关的广场，广场空荡荡的，连个人影也没有，他便飞快地越过了北关的广场。这时，景和听见了洛阳东车站方向传来火车的汽笛声。东车站依稀的灯光在不远处闪烁，他不敢去东车站坐火车，按照预先想好的路线，避开车站的灯光继续向东奔跑。

很快来到了东花坛。

他站在那里定了定神，脑子飞快地旋转着——朝东去有两条路可供选择：一条是沿着铁路走，一条是走公路。他稍稍思考了一下，觉得走公路不安全——狱方发觉他越狱之后很快就会骑自行车或摩托车撵上来的。他选择了沿铁道走。于是迅速离开公路，慌不择路跌跌撞撞来到铁路边。前边是一块宽阔的麦地，穿过麦地，他迅速爬上了铁道的路基，迈开脚步在枕木上急匆匆如惊弓之鸟向东跑去。

在奔跑中，景和注意着四周的动静，四野非常安静，只有寒风在耳边呼呼地刮。突然，他听见了一种似乎是火车开过来的振荡的声音，火车远远地朝他这边开过来了。他警觉地迅速离开路基，对火车进行避让。他发现火车是从洛阳东车站方向开过来的，速度极快，风驰电掣似的，很快就开到了眼前。景和定睛一看，开过来的竟是一个火车头！心中不由一阵疑惑：单单一个火车头开过来干什么？如果是正常的火车头调头不需要开这么远，进车库检修也有点不像，东花坛这边没有车库。何况深更半夜单单一个火车头开出来，这里面一定有名堂！景和不敢大意，赶紧离开铁道，跳下路基来到护坡边，将身子隐藏在护坡下边的干草棵子里，抬起头小心地观察着。

车头隆隆地开过来了，车灯把路基照得雪亮，景和从蓬草中看见，车头两边的挡板上各站着一个人，目不转睛地向两边的野地搜寻着——分明是公安方面通过车站调过来搜捕他的！

火车头开过去以后，景和不敢再沿着铁路走，危险系数太大，赶紧离开路基向旁边的麦地躲避。不多一会，车头又从东边隆隆地退了回来。景和差点吓出一头冷汗，火车头果然是冲他来的！要不是避让得及时，他也许已成瓮中之鳖！尽管车头已经倒回去，但景和感觉危险仍在，不敢再走铁道，万一车头再开回来可怎么办？这样一想，他迅速从麦地站起身，飞奔着向公路的方向走去。

夜色越来越浓，看不清前方的路，只能凭着感觉走。他从一块麦田跳下去的时候，一脚踩空，从土坎上跌落下来，连翻了几个跟头，好在他年轻，麦田的土又很暄，不觉得疼痛，磕磕绊绊跑过麦地，终于来到了公路上，他便加快脚步继续向东落荒而逃……

险象环生

没走多久，刘景和听见从洛阳方向的公路上传来自行车链条"咯咯嗒嗒"的磕碰声。回头一望，隐隐约约有一长串骑自行车的人，急急忙忙向他这边赶来。这些人都没有做声，只顾蹬车赶路，一边还用手电筒四下里照射。白色的手电光束像一把把利剑，将灰黑的夜空劈开，把田野分割成一块块长长的白幕。他心里一惊——这是些什么人？干什么的？就在这一刻，他很快意识到，这些人很可能是冲他来的！他的神经紧张到了极点，脑门上沁出了汗珠。怎么办？这里地势平坦，是那种平整的蔬菜地。地里的蔬菜已经除尽，只有零星几堆枯黄的烂菜叶遗弃在地里。不远处还有一些贴着地面的菠菜和韭菜，除了田边不高的土坎，几乎没有藏身之处。怎么办？逃跑显然已来不及，只要他稍一跑动，就会被四下里乱照的手电光发现……

完了，这下完了，好不容易跑出来却没能逃出人家的手掌心……

但他头脑还算冷静，并没乱了方寸，他从那些人不断晃动的手电光判断出，那几个追捕他的人并没有发现他，手电光在空中乱绕，只能说明他们只是在盲目地搜寻目标。逃跑既然已来不及，干脆躺下不动。迅速地在路边菜地的土坎底下趴下身子，像田鼠似的匍匐着一动不动，尽可能把身子贴紧地面，变小再变小。手电光越来越近，就在他头顶上晃动，骑车人的说话声他都听得清清楚楚：

"这小子跑得倒快！"

"一个多小时，他不会跑多远的！"

"快追！"

他屏住呼吸，感到身上的血液似乎已经凝固，心脏也停止了跳动，脑子一片空白。骑车人渐渐来到跟前，就着朦胧的夜色，看见骑车人一只手扶车把，一只手掂着手枪或拿着手电筒。自行车轮子在他头上碾过，链条磕碰的嗒嗒声在耳边振响。景和趴在那里就像一条僵死的蛇一动不动，心里默念着：快走吧，快过去吧！千万别发现我！他躺在那里虽然只有几分钟的时间，但在他的感觉中，像是过去了一个世纪！骑自行车的人终于过去，他才稍稍吁了口气。但他还不敢起身，担心后边还有人。过了好一会，确定后边无人的时候，他才从地堰边站起来。抬头往骑车人走去的方向看了看，估摸着他们很可能已到了白马寺附近。他站在地边向那个方向看了看，只见手电光在那里四处乱射，村里的狗也发出一片汪汪的吠叫声。

看来往东的路已不能再走，他转身便朝西返回——回洛阳。

正走之间，忽然前边出现了两个人影，景和心里一惊，汗毛顿时竖了起来！随后听见沙沙的架子车轱辘摩擦地面的声音，他才放下心来。睁大眼睛仔细一看，原来，拉车子的是一男一女两个年青的农民——看样子像是夫妻俩，他们是从洛阳拉东西回来的。男人架着车把，女人弯着身子在后边用劲推着车子。景和和那夫妻俩交臂而过的时候，那女的直起身子好奇地向他打量了一眼，便跟着车子朝前走了。景和朝洛阳的方向急急地走了不几步，忽然想起好像有点不对劲儿！这个时候他怎么能回洛阳？洛阳是万万不能回去的！人家正张着大网等着他呢！

他稍迟疑了一下，觉得还是朝东走合适。走公路当然不行，人家骑着自行车正在前边堵他呢。他便转过身往东南方向的麦地走去。麦地高高低低，很不好走，脚不时拌着地格楞，踉踉跄跄走起来非常费劲。他一边走一边还得抬起头，小心地观察着四周的动静。看后边是不是有人跟踪？走了不多一会，景和听见远处传来自行车链条磕碰的声音——夜空四周特别安静，嗒嗒的声音自然传得很远。他发现，骑自行车的人又返转回来了——他暗自庆幸自己判断的正确，选择了正确的逃跑路径。

在朦胧的月光下，两个骑自行车的人，发现了那两个拉架子车的农民，便停下车子和夫妻俩问话。

犹如惊弓之鸟的刘景和，立马将身子隐藏在田边一棵大杨树的树干后边。不远处的对话清清楚楚传进他的耳里：

"你俩是从西边过来的？"

"是的，我们是从洛阳拉豆腐渣回来的。"

"你见过一个中等个子的男的没有？"

"见过。"

"他往哪去了？"

"往洛阳方向去了。"

景和暗自咋舌，原来追捕他的那些人，在白马寺没有发现他的踪迹，一些人继续往前搜捕，另派了两人回头搜寻。好险！他离他们不过四十多米，要不是这棵大杨树遮挡，加上夜色掩护，他也许已被发觉。骑自行车的狱警问完话，以为有了目标，便急急忙忙朝洛阳的方向赶去。

景和看人影渐渐远去，才从麦地往东南方向奔跑。正当景和深一脚浅一脚跑得大汗淋漓的时候，发现几步远的地方有一个机井房，他试摸着走过去。门没有锁！他推开门进到里面，就着朦胧的月色，发现地上铺着厚厚的麦秸。这会儿，他已筋疲力尽，两脚发酸发疼。再往东走，黑灯瞎火的，万一碰上搜捕他的人如何是好？何不在这里睡上一觉，等天亮再说。这样一想，他便在麦秸上躺下来。

饥渴难耐

刘景和醒来的时候，天已麻麻亮。

他感到饿得厉害，肚子在一阵阵抽搐，不断发出咕咕的声音，忙从衣兜里掏出奶糖吃了几块，多少恢复了一些体力。回想起昨夜发生的那一幕幕的险情，他还心有余悸。能从搜捕他的狱警眼皮子底下逃脱，完全是一种侥幸！尤其在蔬菜地边的遭遇，简直不可思议。追捕他的人只把注意力放在前方和公路两则的菜地，而忽略了眼皮底下，如果把目光稍稍看看脚下，他这次算是玩完，肯定成了瓮中之鳖！他意识到，他目前还处在险境，危机随时都会发生，不能在此久留！万一开机井的人来了，发现他岂不是麻烦？景和不敢迟疑，站起身走出了机井房，寻找往东的路线。

　　这里全都是麦地，地势平坦，十分空旷。他不清楚这是什么地方？为了弄清方位，他登上了一个稍高的土坡，想察看一下四周的地形。高坡上有两棵高大的杨树和柳树，细细的柳枝垂挂下来，在寒风中飘拂，遮挡着他的视线。他用手撩开柳枝，放眼仔细看去，看样子这里好像是偃师地界。附近正是洛河拐弯的地方，河滩非常宽阔。冬天正是洛河的枯水期，河水很浅，有的地方已经断流，聚起一个个或深或浅的水洼，碧青的水面闪着波光。河滩到处都是大大小小光滑的河卵石，沿着河岸长着些杨树和弯脖子柳树，树叶已经落尽，只有干枯的枝条在寒风中摆动。河滩两边是一览无余的麦田，正是寒冬腊月，麦苗蔫蔫的一片枯黄，紧贴地面躲避着寒风的袭扰。村子离得很远，四野寂寥无声，连个人影也没有。他便放下心来，无须担心被人发现。

　　这时，他感到口渴得厉害，嘴里发苦——昨晚拼命奔逃，出汗太多，亟须补充水分。他从土坡上下来，走到河滩一个水洼处，用手掬起水喝起来——河水凉得碜牙，刺得两边的牙龈生疼，他只喝了几口就咧着嘴——实在忍受不了河水刺骨的冰冷，勉强又喝了几口，牙齿已木木的没有了感觉。虽然刚吃了两块奶糖，肚子还是饿得难受，像有人揪一样。他从口袋摸了一颗奶糖，剥了糖纸放进嘴里，味道真好，有一股奶香味，真甜，简直是人间美味。他很想再吃一块，不由从衣兜里又掏了一颗，但他犹豫再三还是忍住了，将那颗奶糖放回了衣袋。他非常清楚，这些糖是他未来几天的救命粮，得省点着吃……

　　他站起身来，迈开脚步向东走去——他觉得大白天走公路危险性大，会遇见搜捕他的人，还是沿着铁路走比较安全。

　　他爬上旁边不远处的铁路，沿着道轨向东走去。

接近中午时分，他的眼前朦朦胧胧地出现了一道巍峨的山崖土岭。晨雾中，山崖连绵逶迤，灰灰蒙蒙，显现出大山的轮廓。景和凭直觉判断出他已经来到嵩岳北麓的巩县。视线前边出现的山岭，很可能就是有名的黑石关。黑石关南边不远处就是嵩山——中国有名的五岳之一的中岳。翻过嵩岳就是登封，过了登封就是他准备要去的临汝。那里有他老家的一个本家叔。解放前，他父亲曾多次关照过本家叔，于那人有恩。文革前本家叔是临汝县工业局局长，他和母亲到渑邑以后，母亲曾带他去临汝看过这个本家叔，本家叔对他们母子的造访非常热情，还提起当年他父亲帮助他的往事。如今他正落难，身无分文，求他帮点忙凑点盘缠估计不会有多大问题……

景和沿着铁路向前又走了一会，一座大桥出现在他的视野里，那是黑石关大桥。他停住脚步，往大桥观察了一下，远远地发现，大桥两头竟还有武警站岗！他心里一惊，心禁不住一阵乱跳！这可怎么好？万一武警盘查问起来岂不是要露馅？他不敢贸然行进，站在那里观察着桥上的动静。

不一会，他看见从大桥那头走过来几个行人，那几个行人慢慢走到大桥上。景和发现，站岗的战士并没有向行人盘问也没有阻拦，都很顺利地过了桥。于是他那颗悬着的心终于放下来，迈开脚步壮起胆子来到桥上。武警看了看他，并没有对他加以阻拦，他便大模大样地走了过去。

过了桥行走不远，就来到了刚才视线里出现的那座嵯峨的山岭——嵩岳的脚下，他猜想这个陡峭的山岭就是有名的黑石关，翻过这座山就是登封。

景和走到大山跟前，却有点发懵。他发现，山下有两条延伸到山上的路，他搞不准去登封究竟应该走哪条路？他想找个人问问，迟疑了一会儿，正好一个老头牵着一头黄牛从一条山路上走下来。于是他走过去向老头问道："大伯，这是黑石关吧？"

老头对着牛喝了一声，牛停了下来，笑着回答说："对！对！你说得不错，这里就是黑石关。"

"大伯，这里上山有两条路，应该走那条路才对？"

"你要去哪哩？"

景和说："我想去登封。"

老人十分热情，用手指着前边的路："这条路是去登封的！"说完，又详细地给他讲了讲怎么走。景和便按照老头的指点，很快就爬上了通往登封的那条山路。

正是隆冬季节，山崖上一片枯黄，稀稀拉拉的树木已经凋零，地上的荒草也都枯萎，枯叶被风刮到了低凹处，山上到处都裸露着灰褐色干燥的土地。偶尔有几棵柏树挺立在山坡上。几只觅食的乌鸦在林间盘旋，头上的太阳发出昏黄的光，四周的一切显得荒凉而凄清……

景和从昨天下午开始，粒米未进，早晨只在洛河滩喝了点凉水，身上又出了那么多汗，这会儿又饥又渴，饥渴难耐。肚子在一阵阵纠结，仿佛有一只手在抓挠，嗓子眼里直冒火，喉咙在丝丝地冒烟。嘴唇也结了一层白粉，用舌头在干裂的嘴唇上舔了舔，舌头被火烤干一样，又枯又糙。弯弯曲曲的山路无穷无尽向东南方向蜿蜒上去，望不见尽头，满眼都是焦渴的枯黄，连个人家也没有，哪里去找吃喝呢？忍不住从衣袋里抓起一块奶糖，放进嘴里，可舌头干燥得就像一条硬木棍，涩涩的卷不动奶糖，只好用牙咬着让糖慢慢融化。

爬过了几个陡坡，山势逐渐变得舒缓，走不远就要登上山顶。这时，他的眼前忽然一亮，发现不远处的山凹里，出现了一户人家——几间用石头垒起的茅草屋。也许那里有人，景和高兴地向茅草屋走去，站在院门外一看，只见院里有个六七十岁的干巴老头在那里忙乎着，旁边还有一个小孩自个儿在那里玩耍。

大山深处非常偏僻，平时很少来人，老人见了景和表现出异乎寻常的客气和热情，停下手里的活，忙不迭向他打招呼："你来了，要去哪呀？来家歇歇脚吧！"说着便递过来一个木凳让景和坐。

景和说："谢谢大伯，你忙啥子哩？这么大年纪了也不闲着。"

"不忙哩，闲着没事，把这篱笆扎扎，准备来年种点蔬菜吃。"

景和接过木凳并没坐下，对老人说："大爷，我快要渴死了，想在你这里找点水喝。"

老人看了看景和，为难地说："我们山里人没有开水，只喝凉水。"

景和说："凉水也行，我就喝凉水。"

老头见说，从屋里舀了一大瓢凉水递给景和，景和喝了一口，虽然有点凉，但比洛河滩的水要温暖得多，随后便仰起脖子喝了个痛快。这时，他肚子饿得厉害，想从老头这儿弄点吃的，趁着坐下休息的当儿，便和老头攀谈起来。

"大伯，这是你孙子吧？"

老头说："是哩，他今年九岁了。"

景和说："你老好福气。"随后又问："孩子爸妈呢？"

老头回答说："他爸妈被公社叫去修水库去了，家里只有我老两口带着孙子在家。"

"哦，大伯，我走得太急，没带干粮，中午都没有吃东西，肚子饿得咕咕乱叫，你这里有啥子吃的，能让我充充饥哩？"

老头听景和说完，连忙站起来从灶火端出一大碗蒸红薯递到景和手里："山里人没有好东西，只有这红薯疙瘩，你吃点红薯充充饥吧。"

景和真是喜出望外，忙接了红薯就吃起来。在他的感觉中，红薯竟是那么甜那么香，简直胜过世上任何美味佳肴。景和吃饱喝足，立马有了精神，站起身和老人告辞准备赶路："老伯，你老人家真是好人，我不知怎么感谢你，我还得赶路，我走了！"

老头见景和要走，又关切地对景和说："你看这天色，不早哩，你天黑前很难赶到登封县城，这样吧，真赶不到县城，也不要紧，我给你找个地方让你歇脚吧。"

景和见老头对他如此热情，非常感动，说："那哪行？不麻烦你了！"

老头真诚地说："不麻烦，不麻烦，那边山脚下有我一个熟人，你可以在他那里住一宿。你就说是我要你找他的，保准留你住一夜！"随后老头给景和说了那人的名字。

景和告别老头继续沿着山路向登封进发。

因为吃了东西，有了精神，不多一会就爬到了山顶。景和放眼往下望去，登封县城隐隐约约出现在眼底。山这边道路崎岖陡峭，山势绵延，而山那边却豁然敞亮，往下一看，出现在眼底的竟是一马平川的开阔土地。但路两边的山势仍是东西绵延，下山的路崎岖险峻。所谓上山容易下山难，走起来仍很费劲。

冬天天黑得快，景和还没走到山脚，果然如老者所说，天色就暗下来。他看见沿着山崖边上陆续出现了一些人家。景和想起山上老人对他的交待，约摸着要他借宿的这位老人也许就住在这附近。于是，他拦住一个路人打听起来。谁知不问犹可，当景和一说出这个人的名字，那人便盯住他审视了好一会："你问他做啥？"

听那口气，他所问的这个人不是阶级敌人就是一个怪物。景和淡然笑笑说："我路过这里，一个熟人托我打听的。"

那人见他这样说，回答了一句："那人早死了。"说完也不理景和，顾自迈步咚咚地朝前走了。

自投罗网

刘景和怔住了，站在路边一脸茫然，这大冷的冬天，到哪过夜呢？在外面露宿可不行，冻一夜身体还不被冻僵？

当他正为找不到地方住宿而左右为难的时候，忽然看见暮色中一老一少两人赶着一头黄牛从一侧的小路走了过来。老的五十多岁，小的是个七八岁的孩子，这一老一小看样子是爷孙俩。老头看了看站在路边徘徊的景和，竟主动跟他说起话来："这位师傅，看你穿的衣服，你是修柴油机的吧？"

"修柴油机的？"景和怔了怔，恍然明白过来。可不是么？他身上穿的是一套蓝色劳动布工作棉衣，头上戴一顶同样质地的工作帽，衣服帽子虽是劳改场所发，却并没有在上面留下囚犯的印记，由于天天开机床，衣服帽子又都粘着一块块的油渍，老头自然把他当成修柴油机的了。

景和说："大爷，你真有眼力，看人一看一个准。不错，我就是修柴油机的。"

老人听了脸上笑开了花，一边赶着牛一边和景和攀谈起来。老头问："这么晚了，你到哪去？"

景和说："我去中岳庙。"

老头不无担心地说："这么晚去中岳庙，有啥事？"

景和说："我表哥在那里，我去找我表哥哩。"

"这里到中岳庙还有二十多里地哩。"老头看了看天，热情地对景和说："这么晚了，你咋能赶到中岳庙？不如先去我家歇一晚，明天天亮再走。"

这会儿，景和又饥又渴，见老头主动邀他去家，真是求之不得——差点给他烧香磕头。他也实在太疲乏，很需要找个地方歇歇，但他嘴里却客气地说："那咋行？给你添麻烦！"

老头说："不麻烦！我家没别人，儿子和媳妇都修水库去了，就只我和老伴还有这个孙子在家。"

景和听了，满心欢喜。

山里民风淳厚，人人都很厚道，见人有难处，都会全力相助而不求回报，山那边的那位老人也一样，和景和素昧平生，看天色太晚，主动提出找熟人帮他留宿。这位老人也同样古道热肠，对景和毫无戒备，也主动留他在家过夜。

景和十分感激地跟着老人来到了他家。

这里属于豫西，山多，农民住的大多是山区农村常见的那种窑屋——在平地建房不光占地还费材料花费大，挖窑洞只要有力气就行。穷苦人家建不起房子，大多开挖窑洞面山而居。窑洞冬暖夏凉，比一般房子住着还要惬意，这一带窑洞便兴盛一时，随处可见。

老人的窑洞跟别的窑洞一样，陡峭的山脚下开挖出一块平地，紧靠山崖的一面挖出了两孔窑。窑洞外边是一间石头垒起来的灶火。窑里住人，外面的灶火做饭。当景和跟着老人快到窑院的时候，看见从灶火透出一豆灯光，使黑暗寂静的山崖显现出一线生机，呈现出人世间的烟火味儿。

老头的小孙子，一直默不做声地跟在老头的身后，快到家的时候，加快脚步蹦跳着走进院门，嘴里高声叫着向屋里人报信："奶奶！奶奶！爷爷回来了！"

听见声音，从灶火走出一个六十多岁扎着裤脚管，两腿有点弯曲变形的老婆子。老人穿一身豫西山区农村老人常穿的那种染黑的老粗布棉衣棉裤。看见老伴身后跟着一个陌生人，老婆子向走进院里的老伴低声问道："这是谁哩？"

老头说："他是修柴油机的师傅，要到中岳庙去，天太晚了，我怕他赶不到，叫他晚上在咱家住一宿，明儿天亮再走。"

景和连忙对老婆子笑笑说："大娘，给你添麻烦了。"

老婆子连忙客气地说："那有啥？不麻烦，谁出门不遇到点难处哩！"

这时，"呜"的一声从外面刮过来一阵寒风，掀起一阵灰沙，差点眯住眼睛，老头说："外面冷，快进家吧，屋里暖和。"

景和也不客气，跟着老头进了窑屋。就着煤油灯微弱的光，景和看见这间窑屋大概是老头和老伴住的，另一间大约是老头的儿子和儿媳的房间。

窑屋的大小和普通房子差不多,除了两张用砖头搭起的床和一个砖头垒起来的桌子,还有两把柳枝做的黑黢黢的小椅子,别的什么也没有。老头客气地搬着椅子叫景和坐,景和走了这半天路,也累了,不客气地坐了下来。老头也坐了,他们说了一会儿话。景和见小孩在旁边转动着两只黑眼珠一个劲儿望着他,便从口袋掏出两颗奶糖递给小孩:"给,娃子,吃糖吧。"小孩咧着嘴咪着眼伸出手接过奶糖,跑一边去了,津津有味地吃起来。

正在这时,老婆的饭已经做好了,叫老头去端饭,景和也要帮着去端,老头不让,摆着手止住说:"你坐着,别动!"

饭端上来了——是热腾腾的玉米糁红薯稀饭,还有一碟腌萝卜丝。老头充满歉意地说:"庄稼人没有好饭,红薯饭不知你能不能吃惯?"

景和说:"我最喜欢吃红薯稀饭。"

老婆子也客气地对景和说:"没啥好东西,凑合着吃吧。"景和端起红薯饭,也不顾烫嘴便就着腌萝卜丝,哧溜哧溜吃起来,山上的红薯好吃,又面又甜。景和连吃了两大碗,酣畅淋漓地吃出了一头热汗。

吃完饭,老头和景和说了一会话,准备上床睡觉。老头突然想起什么似的看了看景和,不好意思地说:"师傅,你看,我真老糊涂了,差点忘了,今晚你住咱这里,咱还得到大队去登记一下,给大队治保主任说一声哩!"

景和一听愣住了,一颗心顿时提了起来!

他不知老头何意?一脸疑惑地望着老头。一旁的老婆子忙向他解释说:"哎,师傅,你不知道,大队天天给社员开会,要大家提高警惕,说是防止阶级敌人捣乱!凡是社员家来人来客留宿的,须报告大队治保主任。如果不报告,大队知道了可不得了,被人家查出来是要挨批的!"

景和心里格登了一下,这可如何是好?早知如此,还不如不在这家人家住宿呢!怎么这么倒霉,让他碰上了这档子事!他想了想,觉得三十六计走为上,对老头说:"如果要去大队登记,那就算了,不给你添麻烦了,不在你家住了,我还是走吧!"说着就准备开门出去。

山里人实诚，老头生怕景和走了，对不住人似的，急忙拦住他说："那咋行？天这么晚了，你往哪去？不要紧的，大队离这不远，去大队说一声也不值啥。"

景和一时没了主意，怎么办呢？不住显然不行，老头执意要他留宿，不去大队更不行，再坚持下去，反而使老头对他产生怀疑，万一露出马脚，老头叫喊起来怎么得了？景和暗自叫苦，只好硬着头皮跟着老头出了门，忧心忡忡地向大队部走去。走过了几家窑洞，在一个山凹里，出现了几间平顶房，从窗口透出灯光。老头说："这就是大队部。"

老头推开一间亮着灯的房门，里面一个三十多岁的汉子坐在办公桌前的火炉边吸烟。他就是大队治保主任。治保主任穿一身褪色的旧军装，一脸乱糟糟的胡子，一看就是一名复员军人。治保主任警惕性极高，抬眼上下扫视着跟着老头一起进来的刘景和，问道："你是干啥的？"

不等刘景和回答，站在一旁的老头抢先回答说："他是修柴油机的！"

治保主任瞪了老头一眼："谁问你哩！"回头继续对景和问道："你到哪去？"

"我去临汝。"

"你是临汝啥单位的？"

既然是修柴油机的，单位便只有说机修厂了，景和回答说："临汝县机修厂。"景和回答得很顺溜，这些话他在路上就想好了。年青的治保主任对他也不再盘问，立即转过身抓起办公桌上的电话机，使劲摇起来。景和见治保主任摇电话，心头猛然一惊！脸顿时变了色，真是后悔莫及！百密一疏，没想到治保主任会来这一手，万一接通了临汝机械厂的电话，对方说他厂里没有他这么个人，事情岂不是马上就要败露？今天碰上鬼啦？好好的事怎么弄成这？这岂不是飞蛾扑灯自投罗网么？头上的汗涔涔地冒出来。

谢天谢地！治保主任只忙着摇电话，没顾上看刘景和，摇了半天电话，怎么也摇不通。这会儿是晚上八九点钟，正是通话高峰期，何况他要的又是外县长途电话，当然更难接通。治保主任重又审视了一下景和，从穿着上看，景和确实像一个地道的机修工，衣服上油迹斑斑。想了想把手一挥，对老头说："先让他在你家住下吧，现在电话正忙，等到十一点钟我再和临汝联系。"

这一句话，治保主任说得轻巧，在景和听来，简直在头上响了一声炸雷！

绝处逢生

景和磨磨蹭蹭跟着老头回到家，一颗心七上八下地冲撞着。不行，得赶紧离开老头家——刚才真是好险！幸亏那人没有接通临汝的电话，万一接通了临汝县机械厂的电话，问题可就大了，他算是玩完！此地不敢久留，他恨不能拔腿就走！可老头对他特别热情，吩咐老婆赶紧收拾床铺，让客人睡觉休息。景和走不是，留不是，只得勉强脱了衣服躺倒床上再想主意。这会儿，他觉得自己就像架在烈火上被炙烤的一块肉，越想越感到焦急。不行，不能再迟疑，不能再婆婆妈妈的，得赶紧想办法逃走，再耽搁下去势必坏菜！情急之中突然有了主意。他忽地从床上坐起来，摸索着找衣服。屋里太黑，什么也看不见，他总算从床上摸索到了自己的衣服，然后披在身上穿好了。不想睡在对面床上的老头还未睡着，悉悉索索的声音惊动了老头，问道："师傅，咋啦？"

景和只好假装难受的样子说："老伯，我肚子有点疼，想上茅房！"

老头一听，把还没睡着在被窝里动弹的孙子叫起来说："宝儿，快起来，领你叔去茅房！"

景和忙制止说："不用！不用！我自己去！"

但为人实诚的老头生怕在这寒冷的夜里，客人因摸不着茅厕而受冻，非叫孙子领他去不可："那咋行？这冷的天，这大的风！你找不到茅房咋办？"

说着还从床边摸出一个手电筒拧亮了，递给景和："拿着这手电吧，你头一次来家，地方生，摸不着地方的。"

这时小孩已经穿好衣服下了床。

景和只好由他，接了电筒推开门走了出去。外边寒风刺骨，小孩被寒风吹得身子抖抖索索的，缩着脖子跟在景和后边。

小孩尽职尽责地领着景和来到一个石头垒的茅房边。用手指了指："到了，就这里！"景和拧亮手电进了茅房，装模作样蹲下来。可小孩却还不离开，在外边老老实实等着他出来。景和非常着急，他上茅房是假，借故出逃是真，连忙对小孩说："娃子，你先回去吧，天这么冷，不要冻感冒了，我解完手就来。"

小孩巴不得早点进屋，听景和这么一说转身就走了。景和赶紧从厕所溜出来，开了院门，看了看四周的动静，回头把大门关上，又随手把门搭扣插紧。

往哪里走呢？还去临汝吗？

景和走出大门不远，思索了一会儿，迅速做出了决定——必须调头，再不能去临汝！治保主任肯定会给临汝打电话，必将在那里对他进行搜捕！真要去临汝，恐怕也不一定如已所愿。现在的政治形势下，人心都会变的，和那位本家叔许久没有联系，现如今会怎样呢？在这样高压的政治环境下，他还会念旧么？还会顾念旧情么？文革以来，多少家庭闹得父子反目，兄弟相残，夫妻离异……他实在不敢肯定他这个本家叔会帮他。这个时候，何必冒这个风险，稍一疏忽就会马失前蹄后悔莫及！如惊弓之鸟的他不能不考虑多些。不行，不能往前走了，必须尽快离开河南，在河南待下去是很危险的！

于是他快步登上了来时的山路，准备去巩义车站扒火车南下。走了一会，景和突然意识到自己刚才犯了一个致命的错误——他不该把大门插上！这看似聪明的举动却弄巧成拙——他去厕所久不回来，老头一定会去厕所找他，如果见他不在厕所，大门又被插上，肯定怀疑他是坏人——说不定这会儿老头已翻墙到大队报告去了。

想到这里，景和又惊又怕，加快了脚下的速度，想尽快走出这块"雷区"。就着朦胧的夜色，一边走一边仔细地观察着四周的地形，隐隐约约看出这是一个东西绵延的山岭，他来的时候就是走的这条路。山路是朝北去的，如今正行走在山岭的中段。随着地形的逶迤崎岖，山路时而舒缓时而陡峭，弯弯曲曲就像一条蜿蜒的长龙。淡淡的月色下，山路两旁是一块块大小不等的梯田，由于坡度太大，差不多都是断崖沟壑，梯田上下之间的落差很大，少的几米，大的五六米或十多米甚至更高，断崖下边是被山洪冲刷出来的深不见底的沟壑……

越往山上爬，山路越陡峭，景和走得非常吃力，越想快点走，两条腿越像是灌了铅，酸溜溜的越迈不动步子。他气喘吁吁，上气不接下气。好不容易走到半山腰上，突然，他惊奇地发现，天空中出现了几颗信号弹！这是怎么回事？哪来的信号弹？信号弹只有军队才有，打信号弹干什么？他猜想很可能是附近的驻军联合民兵在进行军事训练。他也没有特别在意，也顾不上多想，加紧脚步往山顶赶去。

当他张着嘴喘着粗气来到山顶的时候，信号弹还在天空继续明灭。随着他的动向，信号弹变换着不同的颜色和花样。他忽然发现，前面半山腰下晃动着一队人影。他的心差点从嗓子眼里蹦出来。睁大眼睛凝神一看，山下的人影毫无声息，随着信号弹的指向，在缓缓地向山顶移动。

景和暗自吃惊：那些人好像从天而降，他们是从哪里上来的？不过有一点可以肯定，这些人不是从他上来的方向来的，而是黑石关那边的人。这些人是干什么的？莫不是冲他来的？他感到疑惑不解。如果山下的人是针对他来的，他越狱逃跑的通缉令哪会这么快就送达到这里？就在这一刻，那些人似乎发现了他，加快速度向山顶跑上来。

景和惊吓得转身就往回跑。因为是下坡，他跑得很快，不一会就来到了半山腰上。这时，他突然听见前边的山路上传来一阵蝈蝈的叫声。他好生奇怪，这大冬天里，哪来的蝈蝈？他刚才上山时并没有听见蝈蝈叫。赶紧停下脚步，凝神往山下一看，发现半山腰上，也出现了黑幢幢的人影！这些人以极快的速度向山上移动——蝈蝈声就是从那里发出来的。蝈蝈声有长有短，相互应答着——很有可能是一种联络信号。这时，信号弹又刷刷地在山顶上空升腾起来。他心里一惊，这一下他总算明白了，山上山下的人完全是冲着他来的！

信号弹越来越稠密，把天空照得雪亮，山崖一片通明。上山的路已被阻死，下山的路也被封住，他现在插翅难飞！

既然如此，他反倒不那么着急，索性在一块大石头上坐下来，冷静地观察着山上山下的动静。渐渐地景和终于解开了心中的迷团：一定是老头见他去厕所久不回来，又见大门被插上，把他当成了坏人，报告了治保主任。治保主任以为发现了重大敌情，立即用电话向公社报告了这一情况。公社又联系了当地驻军！

景和不由感到好笑，一个普通的逃犯竟弄得风声鹤唳草木皆兵！并为之如此兴师动众大动干戈……

景和猜想得不错，不过，他们并不知道他是什么逃犯，而把他当成了美蒋特务，这才布下了天罗地网，开始对他搜捕。

搜捕他的民兵离他越来越近。他们分成两人一组的队形，组与组之间隔开一定的距离，向四周搜索前进。也许民兵们害怕特务带着武器，都显得格外小心，一个个弓着腰匍伏在山路上前行。

"看！那里！"一个民兵猛抬头发现了他。

另一个随后也惊叫道："他坐在石头上！"

距离很近，说话声听得真真的。

　　这一来，形势骤然变得紧张，景和进不能进退不能退，几乎到了绝境，心脏咚咚的差点跳出了心腔！民兵离他已经没有几步，眼看着就要来到跟前，不能这样束手就擒！他冷静地寻找着突围的方向，惟一的办法是从山崖跳下走。除此没有别的路！他往崖下望了望，下边雾蒙蒙看不到底。不管三七二十一，眼睛一闭，攒足全身的劲儿向着下边爬过来的人影，猛然跃了下去！

　　下边的人冷不防景和会从他们的头顶跳下山崖，惊吓地往两边躲闪。景和趁此机会，不顾一切地从旁边的地堰再往下纵身一跳！一个地堰接着一个地堰，连跳了三级地堰。在跳最后一个地堰的时候，头被身子带下的一块石头砸了一下，他顿感到脑袋瓜嗡嗡乱响，眼前金星乱冒。落地的那一刹，腰不巧又被顶在一块突出的石头上。他感到一阵剧烈的疼痛，差点疼昏过去。他意识到自己肯定受伤了！下意识地忙用手把疼痛的部位按压了一下，疼痛点竟是他右边的肋骨。莫非肋骨断了？他试着动动身子，肋处疼得厉害。他一阵惊怕，坐在那里不知如何是好？反正他已受伤，要跑也跑不及，只好听天由命——他索性不动了，依靠在土崖上，把身子隐藏在草棵子里。

　　杂乱的脚步声叫喊声在附近响了一阵，便走远了，渐渐地山上的民兵悄然退去，景和所在的山头开始变得寂静。

　　景和有点莫名其妙。正在疑惑的时候，只见对面山头突然升起了几颗信号弹。随着信号弹的明明灭灭，山上开始人声喧哗人影晃动。原来，搜索的民兵见景和从他们的身上扑过去，又一下子不见了踪影，以为景和已跳下山崖，逃到了对面的山岭。赶紧向指挥组报告，指挥组指挥民兵又将对面的山岭围了个严严实实……

第二十五章　逃亡

扒上火车

天快亮的时候，搜捕他的民兵方才逐渐撤离，山上停止了喧嚣，山野归于寂静。刘景和从草棵子里钻出来，抬起手捡了捡钻进领脖和沾在头发上的乱草屑。当他抬起手臂的时候，感到腰部一阵疼痛。他只好靠着崖壁坐下来，喘了口气，稍稍放松了一下紧绷的神经。他觉得自己仿佛是在做梦，做了一场可怕的噩梦！他实在难以置信，眼看民兵近在咫尺，他就要束手就擒的时候，竟奇迹般地逃离了险境，挣脱了民兵的堵截和包围。回想自己短短两天来逃亡路上的几次遇险经历，真是危机四伏步步惊心！每次都是这样，眼看着就要山穷水尽坐以待毙的时候，总会化险为夷绝地逢生，难道冥冥之中真有神灵对他加以保护？

扯淡！他从不相信什么神灵！他一辈子没有做过坏事亏心事，如果真有所谓神灵的话，那他就不会遭受那么多冤屈？那么多非人的罪罚！

他忽然觉得自己这些离奇的经历倒也有趣，有朝一日有哪位作家把这段充满传奇色彩的经历和遭遇写成小说，一定十分感人。他不由想起了钟文，钟文喜欢写作，他现在怎样呢？将来有一天他俩能够重逢，把这些故事告诉他，一定能写出一部精彩的传奇小说……

就在他这样想入非非的时候，一阵困倦袭来，不禁打了一个长长的呵欠——一夜没有合眼，这会儿实在又困又乏，便倚靠土崖卷屈起身子准备瞌睡一会儿。他依靠着土崖枕着胳膊正要朦胧入睡，渐渐地感到一阵彻骨的寒气把他包围，身子不由得打了一个寒颤。毕竟是隆冬季节，寒风料峭，黎明前的寒冷更加钻心。他又只穿着棉衣，经过这一晚上拼命的奔逃，汗水早已把里面的衣服濡湿，又被体温暖干，哪经得住清晨寒冷的侵袭？他提醒自己：这个时候千万不能瞌睡，睡着了非冻出毛病不可！万一冻出感冒可不得了！

刘景和强忍住瞌睡想要站起身来，可他一动身子，就感觉腰间的疼痛加剧，动作幅度越大，疼痛便越加剧烈。他只好慢慢爬起身，忍着疼痛咬着牙站起来试着走了几步。还好，肋间的伤并没有他原先想象的那么严重，还能走步。得赶紧离开这里，这样一想，他便跟跟跄跄地寻找着上山的路径，手脚并用，找到了上山去的一条土路，他看了看，很可能这条路是通到山那边去的。

山路在崇山峻岭间盘旋，四周死一样寂静，一座座山崖突兀在眼前，远处的视线被陡立的山崖遮挡住。从山崖缝隙，能看见下弦月如一张银勾正在升起，在灰蓝色的夜空放着寒光，将要落入陡立的崖下，天上无数星星在向他眨着鬼眼。向远处一看，黑黢黢的山岭如无数怪兽张牙舞爪在远处狂奔。这时，突然从不远处传来一声尖利的叫声，听起来特别瘆人。他怔了一下，他猜想可能是猫头鹰的叫声……

他忍着疼痛，趔趄着身子走了一阵，觉得走的这条道有点不对劲——他现在走的分明不是原来走过的那条路，感觉十分陌生！他晃然明白过来，原来，昨晚他从高崖跳下去的时候，是从山崖的东侧跳的，距离原先的那条上山的路已经很远。他向四周看了看，觉得没必要返回原路，只要方向不错就行。往这边走反而安全，不会有人注意。于是他便顺着山坡走势，慢慢朝山的北坡爬去。

中午时分，陇海铁路遥遥在望，像一条长蛇似的由西往东奔驰而来。

景和忍着腰部的疼痛，艰难地行走着，终于来到了车站——他发现，出现在他面前的车站并非巩义车站，站台上写着"孝义车站"几个字，巩义车站在西边呢！原来他昨晚跳下的那个深沟，已偏离原来的路十多公里！管他呢，只要坐上东去的火车就行。这时，他的肋骨还隐隐作痛。他忍着疼痛，十分艰难来到站台，正好有一趟开往武汉的列车经过孝义。他早就经过扒车的训练，不怎么费劲，趁着火车靠站，上下车旅客拥挤的时候，他便顺利地扒上了东去的列车。

车上人仍像过去一样满当当的，连个站脚的地方都没有。他只好先立在车门不远处的过道里。随着列车晃晃荡荡行进，铁轨发出哐哐当当的声音，车厢像摇篮似的晃动，使得瞌睡又袭上来，呵欠一个连着一个，上下眼皮直打架。不行，他再也抗不下去，天塌下来也得瞌睡一会儿。他在站立的位置慢慢地张开胳膊用力挤出一个空间，然后蹲下身子，双手抱头打起盹来，不一会便发出了鼾声。周围的旅客听见他响亮的呼噜声，无不带着诧异的目光向他探视，有的还发出吃吃的笑声。

列车过了郑州，将要抵达许昌的时候，列车上的乘务员开始查票。

"查票！查票！"

列车员从车厢那头挨着座位要旅客拿出车票："旅客们，开始查票了，请把车票拿出来！"

列车上那些逃票的人听见列车员叫着要查票，赶紧往车厢的一头溜走，或往厕所钻。而景和还在酣睡中，列车员走到跟前的时候他还低着头酣睡呢，查票的列车员将沉睡中的景和摇醒："别睡了！别睡了！"

景和惊诧地抬起头，全身咯噔了一下，睡意顿消，以为出了什么事，瞪大惊恐的瞳仁望着前来查票的列车员。

"你的车票呢？"景和听列车员问他要车票，才知是车上的正常查票，一颗心便放下来。淡淡地说："没票。"

"你过来。"景和便被另一个列车员带到了没买车票的那一伙人里。

查票结束后，列车员对那些没票的粗声粗气一一盘问了一遍，让他们补了票。而景和身无分文，无钱补票，便被带到乘务长办公室。乘务长是一个身材高大的山东汉子，大着嗓门对景和进行了盘问："你是干啥的？"普通话里带着浓厚的山东口音。

景和连忙和乘务长套近乎："我老家是山东。呃，听你说话的口音，咱俩还是老乡哩！"

"少来这一套！"乘务长板着张脸不为所动，继续盘问："问你是干嘛的？"

"机修厂工人。"他这一身油腻的工作服成了机修厂的标配。

"你为啥不买票？"

景和装出一副无辜的样子："唉，别提了，真倒霉！我的钱包被小偷偷了，连买车票的钱也没有！"

"你要去哪？"

"终点站。"也许真是因为老乡的原故，也许他穿着一身工作服，像个工人，乘务长并没有像对待别的逃票人那样动粗，也没有将他交给下一站处理，列车到达许昌车站的时候，只将刘景和撵下车算完。

这对景和来说，确是极大的幸运，如果把他交给车站处理，对他盘问起来就麻烦了，非露马脚不可。将他撵下车，对他来说，算是家常便饭，如果不是肋骨的伤疼，只不过下车站遛跶几圈散散步而已。

下一趟列车到站的时候，他又轻而易举地扒上了南去的列车。

乞讨

　　列车到达汉口车站是第二天上午十点，景和在熟睡中被列车员摇醒。自他在许昌扒上火车，就又开始瞌睡。这两天，他犹如惊弓之鸟，只顾逃命，一路上神经绷紧，没有瞌睡，他确实疲困已极——一路上他睡得真沉。天山的挖药经历锻炼了他对恶劣环境的适应能力。车厢虽然拥挤，但温度适宜，不冷不热，不会冻着，他睡得非常安然。还做了个梦，梦见了母亲。母亲坐在一间黑洞洞的小屋里正低头缝补着衣服，小屋的门关着，只从窗户上看见母亲的身影。景和大声地叫"妈！"可是母亲不理他，于是他开始敲门，门敲不开，母亲还是不应，景和伤心地哭了。他从梦中醒来的时候，脸上还带着泪痕。三年多来，自从在渑池拘留所和母亲见过那一面，再没有母亲的消息。不知母亲现在怎样？她如今在哪里？还有妹妹，她们怎么样呢……

　　景和心情悲怆，沉甸甸的不是滋味。肋间的挫伤还在隐隐作疼，肚子也饿得难受，他实在太饿了！自前天晚上在登封山下的老乡家吃过那顿红薯稀饭，两天了，为了逃命，至今滴水粒米未曾沾牙。他实在饿得难受，头发晕眼发黑，肚子发疼——他本来准备了一些奶糖，供在逃亡的路上充饥，可他在登封的高崖上跳下去的时候，吃剩下的奶糖从口袋里散落掉了。当时黑灯瞎火的，什么也看不见，当他发觉糖没了，可为时已晚。

　　随着熙熙攘攘的人流走出了汉口车站。

　　景和这是第二次来武汉。

　　上一次是四年前，跟着玉林师专那帮串联的学生来的，是从武昌下的车。那一次，他们五个人一起，吃住全由红卫兵接待站负责，一点不用自己操心。一路上和那几个学生一起自由自在地游山玩水，说说笑笑多么开心。而今天他却成了一个亡命天涯的逃犯。肚子又咕咕叫了起来，得赶紧弄点吃的。可到哪去弄吃的呢，他沿车站旁边的街道一边走一边张望着。

汉口车站真是热闹，人潮涌动，人声鼎沸。沿街都是店铺，有卖服饰鞋袜的，有卖百货用品的，有卖糖烟酒水果的，更多的是卖吃食的，厨窗里摆放着琳琅满目的商品，各种盒子包装的点心糖糕，各色各样的水果……真馋人呀，口水不由流了出来。他吞咽了一下口水，继续往前走。

他对别的不感兴趣，只对吃食特别敏感。

走了一会儿，突然从旁边一家面包店里传出诱人的香气。他转头一看，路边亮着水银灯的橱窗里，里面摆放的全是面包。他眼巴巴地盯着柜窗里的面包，口水直流。他不由自主走进了面包店，里面的面包更多。面包的形状各色各样，有长方形枕头似的大面包，也有拳头大的小面包；颜色也不同，有的烤得焦黄，表面闪着油光，有的竟然全是黑色的。景和从没见过这种颜色的面包，不知是什么做的？禁不住口水又汩汩地流了出来，喉咙里发出很响的吞咽声。

一个扎着两条小辫子的营业员姑娘，见刘景和两眼直勾勾地望着玻璃柜里的面包，生怕他伸手去柜里拿面包，便对他说："你要买面包吗？"

景和立即清醒过来，窘迫地说了声："不买！"便赶紧逃离了面包店。

望着繁华的街道，拥挤的行人，他像一段木头似的被人流推动着，不知往何处去？何处才能要到吃的？他只管机械地迈动两腿往前走着。当然。饥饿中他没忘记自己的身份，一双眼睛四下探视着，随时准备应对可能出现的危险。

饥饿又开始向他进攻，感觉胃在一阵阵抽搐，疼得厉害。这会儿，他才感觉到饥饿的滋味比肋间的伤疼还要难受！现在最急迫的是赶紧弄到吃的。

他一文不名，去哪弄吃的？看来，惟一的办法就是乞讨！

这主意他早就想好了。可去哪讨要呢？居民区恐怕不行，居民的粮食都是按定量供应的，家家户户不会有多余的东西。较合适的地点当然是饭店。车站附近饭店倒有不少，景和想了想觉得还是避开车站为妙。在车站附近要饭目标太大，容易引起别人注意——各地都征对乞讨流浪人员建立了收容所，万一被收容所抓去，人家一盘问，弄不好他的身分就要暴露。这样一想，只好忍着饥饿拖着疲惫不堪的身体向前走去。

路好长好长，终于来到了中山路——这是汉口的主要街道，也是汉口最繁华的商业区。汉口的繁华集中在这里展现——道路宽敞，楼房林立，店铺一家挨着一家。虽然是夜晚，仍然生意兴隆，灯火通明。大楼的房顶上及墙体四周，霓虹灯变换着各式图形和色彩，让人眼花缭乱。店铺门口的灯光招牌也五光十色，鲜艳夺目……

他饿得难受，无心观看眼前迷离的夜景，忍着饥饿继续向前走着。虽然沿途不时出现饭店，从店里飘出诱人的香气，使得他口水直流，但他不敢贸然进去。他觉得还是到较偏僻的街道饭店要饭比较合适。

忍着疼痛，拖着沉重的双腿好不容易来到了汉正街，一家饭店出现在眼前，从店里飘出了阵阵饭菜的香气。景和不由咽了下口水，肚子越发疼得难受。他在饭店门口停住脚步，探头向里看了看，觉得没有问题，这才小心翼翼地走了进去。也许开饭的高峰期过去了，来饭店吃饭的人不多，好多张桌子都是空的。他这是头一次要饭，实在拉不开脸皮，不知怎么向人开口？站在那里傻呆呆的像根木头，迟疑了好一会儿，还是没法张嘴。站久了，两腿发软，只好在一张没人的空桌子旁边坐下。一双眼四下巡视着，看是否有别人吃过的残羹剩饭。搜视了一遍，也没有发现饭桌上有吃剩的东西，差不多都是光盘。服务员都在忙，端碗，送菜送饭，擦桌子，谁也没有注意他。

怎么办呢，这样一直坐在这里，恐怕一晚上也要不来吃的！他就这样一直饿下去么？正在景和饥肠辘辘无法忍受的时候，临桌的饭菜给了他极大的诱惑和刺激。景和发现：那个饭桌上坐了三个人，竟然点了七八个菜，菜肴十分丰盛，有红烧鱼，糖醋里脊，红烧肘子……还有一瓶酒，桌上放得满满的。看那三个人的打扮，很可能是工厂跑业务的，手头很阔气的样子。景和心想：这三个人吃完之后肯定会有剩下的东西。于是便在一旁等待着，口水差点流出来。

景和焦渴的目光和饥饿的神情终于引起了那三个人的注意。其中一个穿军干服大约三十岁左右的人，转过脸向景和问道："你是干什么的？"

景和回答说："要饭的。"

穿军干服的打量他良久，摇摇头："我看你不像要饭的。"

景和心里一怔："要饭的还有什么像不像的？"

"那当然，看你白白净净的样子，你肯定不是要饭的！"

景和担心和他们再说下去会被他们发现可疑之处，勉强应付说："我就是要饭的，信不信由你。"说完扭过脸，不看他们。但饭店里饭菜的香气不断地传进鼻子，使得他不停地咽口水。

也许多喝了几杯，穿军干服的对景和似乎特有兴趣，看他那副饥饿样，产生了恻隐之心，竟然邀景和过去："那什么，你过来，和我们一起吃吧！"

被饥火烧烤得肚子发疼的景和巴不得有这样的机会往肚子里填充些东西，何况又面对这么一桌诱人的菜肴。然而就在准备挪步的时候，还是以极大的忍耐力止住了！他实在摸不透这几个人的底细，万一他们出于对他的好奇，再向他盘问些什么，不经意间露出什么破绽如何是好？逃亡路上已成惊弓之鸟的他，对任何人任何事都不能放松警惕！眼下尽管饥火中烧饥肠辘辘，但在他的头脑中安全始终是第一位的，这根弦不能松，稍松弛一下就会使自己陷于灭顶之灾。于是他婉言谢绝说："那咋行？你们吃吧，吃完剩下的我再吃。"

那几个吃饭的便不再理他。回过头相互间觥筹交错，杯箸齐举，大吃大喝起来。

不一会儿，吃饱喝足，便站起来准备走人。穿军干服的看一眼坐在一边焦急等待的景和说："来吧，"他把那几个盘子往他旁边一放："这些都归你了！"

景和这才放心地坐下吃起来。像头饿狼似的，把盘子归拢到跟前，贪婪地望着盘子里的剩菜。糖醋里脊一点不剩，盘子里光光的，只留下一点汤汁，肘子和鱼头也没多少肉。三只碗里还有少量米饭。

他想解解馋，先对付那只肘子，肘子上的肉人家基本上啃完了，只剩下一些不多的筋腱和碎肉。他将油汪汪粘乎乎的骨头抓在手里，放嘴里用牙齿啃起来，好香，真解馋。只可惜骨头连接处的一点筋肉没几口就啃完了，只有深深嵌进骨头缝里的一点肉，一时不好弄出来。他便将骨头放一边，开始吃鱼头。鱼头剩下的肉也不多，鱼头下腭上还残存着一点肉。他用筷子把肉一点点剔下来，饥不可耐地一边剔一边往嘴里送。想不到，鱼的味道这么好，一点腥味也没有。鱼头上的肉剔吃完了，只剩下光光的鱼骨。他不想丢掉，干脆用手拿起鱼骨沾着汤，放嘴里唆起来。又用牙将鱼骨咬碎，鱼骨里的骨髓真多，他怕油水流出来，用嘴吸了吸，然后一片片慢慢地唆，鱼头终于在他面前变成了一堆碎片。接下来，他才把那几个盘里剩菜和剩饭就着汤汁一一打扫干净……

宁愿饿死也不当小偷

尽管刘景和在武汉第一次要饭就运气不错，很容易就要到了吃的，但他只在武汉停留了两天就决定离开。

之所以如此迅速离开武汉，是武汉的天气使他无法忍受——天空总是阴沉沉的，时不时飘下一些雨丝和雪花，气温看起来不很低，在零上三四度左右，但西北风吹到脸上却让人感到格外森冷，像刀子在脸上割似的。尤其晚上，冷风阵阵刮来，穿着厚实的棉衣也抵挡不住寒冷，像赤身裸体坐在冰窖一样。他实在忍受不了这寒冷潮湿的天气，晚上只好去车站过夜，车站倒也暖和，但车站人多，又是交通要道，他害怕出事！

而让他迅速做出决断，离开武汉的直接原因，则是碰见了收容所对乞讨流浪人员的捉拿。

那天早晨，他从车站出来的时候，在一个饭店门口，突然听见了一阵粗暴的叫喊声："站住！你给我站住！"

"婊子养的！看你往哪里跑？"

叫喊的是两个带着浓重湖北口音的二十多岁的年轻人，他们穿着蓝色制服，臂上戴着红袖章。逃跑的是一个年纪四十多岁，穿一身破烂衣服胡须拉杂农民模样的中年人和一个十五六岁衣服肮脏头发蓬散的半大孩子，那两个穿制服戴红袖章的武汉人在后边追，逃跑的两人撒开脚丫子拼命在前边跑。撵的和被撵的都呼呼地喘着粗气。逃跑的到底跑不过后边追赶的人，终于被追赶上了。

"跑！看你再跑！婊子养的！"戴袖章的一边将那上年纪的使劲往地上按压住，一边骂着粗话。

被捉住的半大孩子被拖到汽车跟前，身子往下打着坠儿拼力挣扎着，怎么也不肯上车。哭着喊着向那人求告："不！我不走，甭抓我！好叔叔，我不回去！放了我吧！"

但毫无作用，最后还是被那两人提小猪崽一样提溜着身子，推推搡搡弄上了卡车，呼啸着开走了。

景和看着眼前的情景暗自吃惊，起先不知怎么回事？站在人堆里看了一会儿，听了别人的议论，方才闹明白——原来，那被弄上卡车的是从河南农村出来逃荒要饭的，操一口豫东口音，很可能是豫东人。

湖北是河南的邻省，相距较近，来武汉乞讨要饭的河南人就特别多。武汉方面对这些乞讨流浪人员感到很头痛，在市内各个区设立了收容所。一经发现就把他们扣留起来集中到收容所里。弄清他们的身份和住址之后，然后和当地政府取得联系，一律把他们遣送回原籍。

景和听了这话，不由得暗自咋舌，亏了他脸皮薄，要饭的方式与众不同，加上又有劳改场发的那身工作棉衣作掩护，要不然他早被关进了收容所！他估摸着，追捕他的通缉令很快就要下达到全国。而作为全国中心城市交通要道的武汉，警方肯定会把这里作为缉捕他的重点。他万一不小心在要饭的时候被收容所的人发现，那就麻烦了！事不宜迟，必须马上离开这里。这样一想，他便来到汉口车站准备扒车，正好有一趟开往柳州的列车马上就要进站。随机一动：干脆去柳州算了。去柳州也正对他的心思，稍稍思考了一下，轻车熟路便扒上了那列火车。

列车几经晚点，到达柳州的时间是第二天晚上八点。

在火车上，通过他和旅客的交谈，对柳州的情况有了一个大致的了解。柳州是广西第二大城市也是广西的工业基地——工厂林立，有钢铁厂、蒸汽机车厂、内燃机车厂以及化工、纺织、车床等大厂。柳州的城市也很美，四周是山，不像北方的山，一到寒冬季节就变成荒山秃岭，看上去一片荒凉枯萎。而这里却是青山绿水一片翠绿。碧青的江水从柳州城穿过，给柳州增添了灵秀之气。平静的柳江在灯光的映照下，泛着粼粼的波光。临江的店铺灯火通亮，闪现出城市的繁华与静美……

景和下车时天色已晚，而况在车上已一天一夜没吃东西，饿得心里发慌。对他来说，找东西吃，填饱肚子是第一要务，自然无心观看城市的夜景。

他根据在汉口要饭的经验，决定避开车站，辗转来到市区，来到一个偏僻的街道，才试探着走进一家饭店。这会儿正是傍晚吃饭高峰，前来饭店吃饭的还真不少，人来人往络绎不绝，在开票的窗口前边排起了长队。

景和站在门口向餐厅张望着，四下里寻视了好久，也没有发现餐桌上有吃剩下的东西。就在这时，紧靠餐厅墙角一张桌上的饭菜引起了他的注意。就像在武汉第一次要饭时所遇见的一样，桌上的菜肴十分丰盛，而坐在桌旁吃喝的却只有一个小青年。小青年看起来年纪和他差不多，细高个子，白皙的皮肤，很有派头的样子。小青年边吃喝边用眼睛扫视着走进饭店吃饭的人。目光闪烁不定，与一般人明显不同。景和觉得这人有点不对劲，可又说不出来有啥不对劲。小青年一眼就看见了走进饭店的景和。从那饥饿的眼神，已判断出他的身份，知道他正想弄点吃的填饱肚子。当景和走近他这张饭桌的时候，小青年很随和地对景和打起了招呼："过来吧，我们一起吃！"

说的是一口清纯的普通话。

景和以为那小青年和他寻开心，故意拿他逗乐的，便站在一边没有搭理。小青年也许猜透了景和的心思，说："喝！架子还很大哩！你怕什么？你不是要饭嘛，给你饭吃你还不理，什么意思？"

景和仍没有吭声。

小青年停了停，换了副口气对景和说："看你的样子，莫不是你身上带着值钱的东西？怕我把你身上的宝贝弄走？嘿嘿！你放心，我不会对你怎么样的！"

一句话把景和逗笑了。他估摸着这个年轻人对他的安全构不成威胁。他的肚子也实在饿得难受，腿有点发软。管他呢，有什么事吃饱了再说。

他便大咧咧地在小伙子旁边的凳子上坐下来："那就谢谢了！"

一听景和说话，小青年他乡遇故知似的显得非同寻常的兴奋，便改用地道的河南话说："听恁说话，俺俩是老乡哩。不知恁家在哪里？"

景和听他这一问，心里禁不住一阵紧张，不知回答什么好？此刻他最害怕最担心遇见河南人。对面的小伙子似乎看出了景和心中的疑虑，倒也知趣，打住了话头："恁别紧张嘛，你不想说拉倒，没事，放心吃你的吧！"然后递给景和一双筷子："看样子，恁有几顿没吃东西了吧！"

景和也不说话，接过筷子埋头吃起来。小伙子见景和那副狼吞虎咽的样子，站起身走到窗口又向服务员买了一钵子饭递给他。

景和感到好生奇怪，心里不由直打鼓：这是什么人呢？不像机关工作人员，为何对他这样大方？难道就因为是老乡？可他自己对他并不是很热情呀！

饭吃完了，来饭店吃饭的渐渐少起来，小伙子并没有马上离开饭店的意思，坐在那里竟然和景和攀谈起来。

"吃饱了吗？"小伙子问。

景和说："可吃饱了！"

小伙子看了一眼景和，问道："你准备去哪？"

景和说："哪儿能要到吃的就去哪。"

"哦？你真是要饭的？"说完，望着景和审视好一会儿，然后摇摇头，说："我看你不像，你是不是遇到了什么难处？"

"咋不是要饭的？"景和又说："什么难处也没有。"回答的口气很坚决。

"嗨，你要啥饭哩！这么大个人，要饭多不美！"

景和笑了："这你就不懂了吧，要饭咋不美，无拘无束，自由自在，天不管地不收，你没听说要饭的编的那句民谣吗？要饭三年，给个县令都不干！"

小伙子听了景和的话，哈哈笑起来，说："啥子呀？别逗了！我看你也别装了！我敢肯定，你压根不是要饭的！"

景和说："那你说我是干啥子的！"

"说不来，反正你不是好人！"

景和听了这话，觉得这小伙很有意思，便说："你凭啥说我不是好人？"

"这还要说吗？你穿着一身油腻的工作服，可见你接触过机械，你过去是工人。再者，你说一口河南话，可见你曾在河南上班，干吗跑到这么远的广西来要饭？"

景和被对面的这个小伙子的一番话怔住了！想不到，他还分析得挺准哩，不由暗自佩服。他一时不知回答什么好？

小伙子对着景和笑笑："你说我说得对不对？"

景和当然不会回答，望着小伙子，反问说："你是干啥的？"

小伙子面对景和的问话，犹疑了一会，便转变口气说："嗨，甭尽说那些没用的了，咱还是说正经的吧。不管你以前是干啥的，我都不想知道。你现在活命要紧，是吧？我看你不如跟着我干得了！保管有你吃有你喝的！"

景和对小伙子的话好生奇怪："跟着你？"

"是呀！"

"你是干啥的？你还没回答我呢？"

小伙子不急不慢地回答说："做生意的。"

景和打量了一下小伙子，摇摇头："现如今哪还让做生意？"

"这你就不懂了，我做的生意啥时候都断不了。"

"那是啥生意？"

"你甭问。我这生意不要本钱。你只要跟着我，保管让你一辈子吃喝不愁。明着跟你说吧，我正需要一个帮手。我看你人很精明，你当我帮手非常合适，我看好你，你考虑考虑，中不中？"

景和明白了：对面这个小青年原来是个"三只手"！"三只手"在社会上最令人痛恨，这些人不讲良心，不管什么人的钱都敢偷。哪怕别人去医院看病的救命钱都敢下手！这些人就像过街老鼠，一旦被抓住，总被人打过半死。平时他对"三只手"也没有什么好印象，总是嗤之以鼻！想不到在他落难的时候，竟然和这种人不期而遇，还慷慨地请他吃饭，这是多么滑稽！

景和突然觉得好笑：其实，他俩谁也不比谁金贵——一个是逃犯，一个是小偷，半斤对八两，没必要看不起人家。好像命运有意安排似的，两人竟然聚到了一起！

这会儿，刘景和对小伙子的话差点动心了。心想：人在危难绝望的时候，为了不被饿死，当扒手何尝不是一条求生之道呢？自古以来，就有"梁上君子"之说。《水浒》里的鼓上蚤还是个英雄好汉呢！他和梁山众好汉一起干出了一番轰轰烈烈的大事！许多这样的人在社会上不是混得好好的么？

古时候一些有良心的读书人还把那些窃国大盗与之相提并论。甚至为这些小蟊贼愤愤不平——说出了"窃国者荣，窃钩者铢"的名言！仔细想来，事实何尝不是如此！那些窃据国家要职身处高位的人，他们可以利用手中的权利，高高在上，任意攫取国家的钱财供自己挥霍享用。这些人还受到人们的尊敬，甚至顶礼膜拜；而那些囿于环境和条件为生活所迫而行窃的小偷，却为人所不齿，受到人们的鄙视和法律的制裁……

但是，话是这么说，真轮到自己要干这事，他又犹豫起来。

他对这行道虽不很了解，平时还是听人说起过。从事这行当的人并非庸常之辈，不是随便什么人都能干的。做这行当的人虽不是人人都身怀绝技，但起码都有两手！不是撬门别锁的高手，就是熟练的"钳工"。人不知鬼不觉将别人的钱夹从衣袋掏出来，那可不是一般的功夫。手功，眼力都十分了得，所谓眼疾手快，让人看不出一点破绽！要做到这一点，不经过长期的训练是不行的。过去，一些人在闲谈的时候，常说起小偷练功的情景，景和听了不得不为之咂舌，据说那些人有用手捡烧红的炭火的，有从油锅捞铜钱的……

说得神乎其神，非常邪乎，听起来有点吓人，他不知是真是假？

此刻，猛然间要他做小偷，景和觉得与他思想的反差实在太大——自打他从娘肚子出来，世上有千百条谋生方式，他从没有想到过有朝一日要去干这样的勾当，因而一点思想准备都没有。而况，当小偷，容易败露，万一被人抓住，暴露了身份，那他就彻底玩完！不行！不能干这个行当！哪怕饿死也不能走这条路！他在心里告诫自己。

于是刘景和便婉言拒绝了小青年的要求。

来到滇池

刘景和一来到柳州便遇上了阴雨天气。跟武汉差不多，是那种毛毛细雨，不紧不慢，没有停歇。行人都打着雨伞，披着雨衣，穿着雨鞋，街道上全是湿漉漉的。走到哪里，脚底下都是粘粘糊糊的，实在叫人讨厌。他脚上穿的还是劳改场发的那双解放鞋，后跟已经磨透，被路上的雨水一浸泡，水便灌进鞋里，脚被泡得发胀发白。走一下，鞋子就卟嚓响一声，让人很不舒服。这里气温看起来比武汉暖和，但晚上的气温还是很低的，有一种抵挡不住的阴冷。景和穿着厚棉衣仍冷得吃不住，牙齿格格打颤。再这样冻下去非冻出毛病不可，他只好蜷缩着身子到火车站过夜。

在火车站待了两个晚上，景和突然想起，柳州也不是久留之地，得赶快离开这里。上次他从越南被遣送回来就是被南宁公安局关押的，南宁和柳州相隔不远，又都是广西地界，狱方很可能会来广西寻找他，这里并不安全，是块是非之地！这样一想，他决定当天晚上就离开柳州。

往哪里去呢？

脑子里莫名其妙地突然想起了昆明，对，就去昆明！他虽然没有去过昆明，但他早就听说过昆明是有名的春城，气候很好，一年四季温暖如春，在那里过冬最合适不过。

事不宜迟，景和立马赶到火车站扒上了柳州——昆明的火车。

火车上人仍很拥挤，他被挤在车厢的连接处不能动弹。心想，得想法子往车厢两头去——他经常坐车，已经摸索出了一条经验——大多时候，中间车厢旅客最多最为拥挤，两头车厢的人相对要少。他费了好大的劲儿，慢慢挤到列车的尾部，这里比中间车厢的人少多了，他稍稍舒展了一下身子。

大半天没有吃东西，这会儿，饥火又开始在肚内燃烧，感到胃里一阵阵揪着痛。他只好采取无数次用过的老办法——打瞌睡，只要一睡着就会忘了饥饿。

就在他蹲下来准备打盹的时候，放在裤兜里的香皂硌了他一下——他这才想起裤兜里还有一块香皂！

这是他准备越狱的头一天，从小卖部买的。那次除了买奶糖，还买了两块香皂——专为逃亡路上用的。

逃亡路上还用香皂？有点不可思议，其实景和自有他的想法。

景和从来就是一个爱干净整洁的人。

在井下虽是＂煤黑子＂，但上井之后，不管什么时候，总把自己收拾得整齐利索，干干净净。衣服不讲究高档，但衣着干净合体是必须的。正因为养成了这个习惯，一些人（包括领导）对他总是看不惯。常在背后说三道四，说他穷讲究，好打扮，资产阶级思想严重。逃亡路上，他也一样，他不想把自己弄得邋里邋遢，让人一眼就看出是个逃犯——这样反而容易出事。他才在劳改场小卖部买了香皂。谁知为了逃命，慌不择路在登封的山崖上跳下去的时候，奶糖散落出去，香皂也弄丢失了一块。值得庆幸的，经过这几天的奔波，剩下的这块香皂还在。

这会儿，肚子里的饥火又呼呼地窜上来，烧得他饥肠辘辘。留着这块香皂干什么？眼下，塞饱肚子保命紧要！何不找个买主把香皂卖了，换点钱，岂不是有钱买吃的了？

于是，他在车厢四下观察着，眼光从坐在座位上的旅客一一扫过，寻找着愿买香皂的人。发现在他不远处的座位上并排坐着一男一女两个旅客，看样子是夫妻俩。男人长得白白净净的，很有气质。女人细高挑个子，长得也很漂亮。从穿着上看，这夫妻俩和一般人不一样，都穿着很讲究的毛料衣服，女的还穿了一双式样别致的棕黄色皮鞋。说的是那种标准悦耳的普通话，显然是有一定身份的知识分子或技术人员。

景和慢慢地来到了他们的座位前，站立了一会，便趁机跟他们拉上了话。原来他们是前往贵阳去的，男的是一家工厂的工程师，女的是技术员。景和便对那女的说：＂我现在遇到了困难，没有钱买吃的，我有一块香皂想卖掉，不知你要不要？＂

随之便从裤袋里把那块香皂拿出来递到妇女面前。

妇女打量了他一眼，没说话，似乎是猜测景和的身份。看他穿一身蓝色劳动布棉衣，长得也不像坏人的样子。一个大男人在列车上卖一块香皂，一定遇到了难事，便对景和产生了恻隐之心。接过景和手中的香皂拿在手里看了看。是很有名的力士牌，尽管包装纸被弄得皱巴巴的，放鼻子下闻了闻，香气仍很浓郁，檀香型的，她看出的确是块好香皂。这会儿，社会上这类东西很稀缺，商店里全都是凭票供应。不要票就买到一块高级香皂，当然是求之不得的事。

那妇女问景和："这块香皂你打算卖多少钱？"

景和回答说："我不多要，你看着给吧，我没法子才卖的。"

那妇女同旁边的男人嘀咕了一句什么，回头对景和说："给你五块钱吧。"

说着，就从里衣口袋里掏出一个很精致的皮夹，用纤细的手指拿出了五元钱。景和心里暗喜：他买这块香皂只花了两元钱，想不到人家多给了他三元钱，高兴得连忙接了钱，说了声："谢谢！"

景和来到餐车，花了五角钱向服务员买了一份盒饭，坐在靠窗的一张餐桌上吃起来。饭菜是装在铝盒里的，还没入口，就闻到了一股香气！是白生生的米饭，米饭上有花菜、红萝卜丁和几根青菜叶子，还有几块红烧肉，他迫不及待地用筷子挟了一点花菜放进嘴里，味道真美，好像一辈子没有吃过这么美的饭菜。红烧肉更是香喷喷的，油水十足，可是太少了，只有几块！饭菜一会儿就吃完了，可他肚子还只有半饱，还有一份盒饭也不够！但他不能再买，只好站起身离开了餐车。

一晚上，他的精神都很好，他觉得自己的运气不错。火车到达贵阳，买香皂的夫妻俩下了车，景和便坐上了两人让出来的座位。他舒舒服服地伸开四肢，松动了一下酸疼的筋骨。他觉得应该美美地睡一觉，便满足地把头靠在座位的靠背上打起盹来。

火车到达昆明是第二天下午，晚点了两个小时。

　　景和走出车站，看看时间尚早，就在车站前边的马路上逛悠着，一边寻找着要饭的去处。可走了好一阵，也没有见到繁华的街道。目光所及，只有车站附近零星有几座建筑，就像来到了郊区，出现在视野里的是一片平整的农田，还有一些长着野草的山坡。不时还有一畦畦长满青绿蔬菜的菜地——原来昆明火车站是新建的，在滇池附近靠近城郊的地方，离市区尚有一段路程。看来，想要讨到吃的，只有去人口稠密的城里。还好，景和发现，车站旁边还有几个小饭店，来来往往不少人在那里吃饭。感觉就像自己吃饭的地方有着落似的，内心竟有说不出的高兴。

　　昆明毕竟是春城，尽管是寒冬腊月，却满眼是碧绿的春色，呈现出一片蓬勃的春天景象。昆明的太阳也远比北方的太阳有劲儿，热球似的挂在天空中，把它温暖的光芒照射下来，大地被晒得热烘烘的。街上的行人穿着也非常单薄，很少看见穿棉衣的，最多穿件毛线衣再加上一件外套。惟有景和穿着厚厚的棉衣。走了一会，他感觉热了，便把棉衣扣子解开，敞开怀，但仍然热得头上沁出了细细的汗珠。他只好将身上那身厚棉衣脱下来，搭在胳膊上。

　　往前走了一会，隐隐约约闻到了一阵油菜花的香气——这大冬天里，哪来的油菜花？他四下瞅了瞅，并未发现哪里种有油菜。

　　转过一个山湾，刚才闻见的那股油菜花的香气愈加浓郁，他怀着疑惑的心情往前走去，抬头往远处一看，在他视线的尽头，出现了一片金黄色。渐渐近了，景和发现，那一望无际的金黄色竟是盛开的油菜花！怪不得老远老远就闻到了扑鼻的香气呢！原来，昆明天气暖和，油菜花开得早，这会儿正是油菜开花的季节。放眼看去，满眼是黄灿灿的一片，他这辈子除了在新疆，别处从来没有看见过如此多的油菜花呢！油菜花无边无沿没有尽头，好像到了油菜花的世界，油菜花的王国。油菜花的金黄色，显耀在眼前，注视久了，他的眼睛都有点睁不开，眼睛发绿，浓郁的香气让他呼吸也感到有点气促……

他一路走着，看着，显得无比的兴奋和激动，不知不觉来到了滇池边上，看见了有名的滇池！滇池好大，简直一眼望不到边。像一块巨大的宝镜镶嵌在天地间，湖面烟波浩渺波光粼粼，湖水清澈澄碧，还飘荡着无数捕鱼的小舟。那些小舟在碧波无垠的湖面上轻快地划动着，小舟上的捕鱼人不时往湖里撒下一片片渔网……

一边是金黄的油菜花，一边是碧绿的湖水。碧绿的湖水和金灿灿的油菜花形成鲜明的对照，简直就是一幅美妙绝伦的风景画。他被眼前的景色陶醉了，站在那里好久都不想离开。

景和没想到来到昆明，心境会如此舒畅。除了眼前如画的风景和他知命乐天的性格之外，一个重要的原因，是他卖香皂的钱还没有用完，不像几天前他亡命武汉时那样，身无分文腹内空空，饿得两眼发昏。"身上有粮，心里不慌"，他才有了优哉游哉自得其乐的心境。

傍晚的时候，他走进火车站旁边的饭店里，随便捡了些吃剩的饭菜填饱了肚子，懒洋洋走了出来。抬眼一望，太阳已经收去了山峰上最后一抹余晖，天色渐渐暗下来。气温也随之下降，凉爽的空气使人感到非常舒服。

他一边走，一边想着晚上过夜的地方。

还是在外边找个地方过夜吧，他约摸着这样的气温在外边过夜不会太冷。他在车站广场的一家商店拐弯处，找到了一个墙角，将自己的身子蜷屈在那里。可待到半夜，雾气开始升上来，湿气慢慢加重，草尖上凝起了一层厚厚的露珠，他的衣服被露水濡湿，感到了一阵冷凉。看样子，后半夜在野外过夜是不行的，湿气实在太重。景和不得不返回昆明火车站，准备去车站的候车室过夜。

他慢慢来到候车大厅。

他停住脚步观察了一下，发现有不少衣衫褴褛蓬头垢面和他一样的流浪人也在这里过夜。他们来得早，已占据了候车室里的座位。或躺或坐旁若无人地在那里打瞌睡。景和站在那里四下里看了看，没有多余的座位，他只好耐心地站在一旁等待着。不一会儿，他看见一个旅客从座位上站起身，掂着行李走开了，便赶紧走过去占住了那个座位，他把身子往椅背上一靠，眼睛一合便打起瞌睡来。

刘春生

连着几天，刘景和白天要饭，晚上就在昆明火车站过夜。在别处，他不敢如此放心，总是提心吊胆，小心谨慎。而到了昆明，奇怪的是他竟莫名其妙地产生了一种安全感，毫无顾忌地来到火车站，在候车室的长椅上睡起了安稳觉。

接连睡了两个晚上。然而，第三天的后半夜，出现了意想不到的事——景和瞌睡正酣，突然被一阵粗暴的吆喝声惊醒："起来！起来！"

他猛一愣怔，惊惶地从座位上站起身，睁眼一看，原来是车站工作人员正粗喉咙大嗓门地驱赶他们这些占据座位睡觉的乞讨流浪人员呢。一些人赖着不肯起来，车站人便连拉带拽地驱赶着。

景和非常紧张，生怕车站工作人员把他们押送到收容所。好在他那身劳动布工作服又一次帮了他，车站人并没有怎么为难他，要查看他的车票，他拿不出车票，便对他说了几句，将他赶出了候车室。

这不怨车站人驱赶他们，这些乞讨流浪人员也太不像话。大约跟景和的想法一样，昆明天气暖和，便于过冬，来昆明乞讨流浪的人越来越多。这些人晚上差不多都在车站过夜，候车室大厅的座位都被他们占据着。使得候车的旅客没地方休息，旅客意见很大，车站人这才将这些乞讨流浪人员驱赶出去。

车站是不能再待了，怎么办呢？

他是初来乍到，两眼一抹黑，不知去哪里过夜好？茫然地在车站外边踯躅了一会。突然发现，和他一起从车站被驱赶出来的那些乞讨流浪人员懒懒散散地朝一个方向走去。景和心想，这些人在昆明时间长对昆明熟悉，一定有过夜的地方。于是，便尾随在那几个人的身后，看他们往何处去？那些人慢慢走出了车站的街道，来到了附近郊区的一个农村，在一个村子的禾坪前停住了脚步。还没等景和明白怎么回事？那几个人就像抢占地盘似的纷纷奔向禾坪，争先恐后钻进了禾坪的稻草堆里。

看见这情景，景和笑了。看来，这里无疑是那些人的"巢穴"了。其实，钻稻草堆过夜这法子几年前他在新疆流浪的时候早就使用过。所不同的是，他在新疆钻的不是稻草堆，而是麦秸垛。景和四面观察了一下，也挑了一个稻草堆钻了进去。不过，他感到钻在稻草堆的感觉不如麦秸垛舒服，麦秸经过碾压，变得细碎松软，比较贴身。而稻草干硬直挺，人钻在里面不太贴身。也只好这样了，将就着吧，能挡露水就行。

这些年来，他像野狼似的东奔西窜东躲西藏，风餐露宿食不果腹，不光磨炼了他的身体和意志，也练就了他适应恶劣环境的生存能力。在天山挖药的时候，他睡过树林子　钻过草棵子和树洞。此刻，他没有多想，找了一个稻草堆往里钻了进去，尽可能把身子盖住，又弄了些稻草枕着头，以防露水把衣服打湿。感觉舒服了，便将身子一蜷两眼一合，不一会儿就进入梦境。

真是机缘巧合！第二天，景和跟那几个流浪者在滇池边闲逛的时候，结识了一个叫刘春生的当地人。

景和看滇池水波荡漾，水温适宜，趁着中午阳光正热的时候，脱了衣服在水边洗起衣来。洗完衣服，又掬起水洗了把脸，擦了擦身子。这时，一个黑瘦的年轻人朝他走过来，朝他嘿嘿一笑："你倒蛮讲究的哟！"

景和听出说话的人是地道的昆明口音，抬起头看了看他，说："你是本地人吧？"

黑瘦小伙子说："你的眼力不错哟！" 说完，不走了，竟蹲下来和景和说话。

　　于是两人便攀谈起来，原来，这个黑瘦脸青年也姓刘，名字叫春生，他说他家就住在滇池附近的农村，离这儿不很远。

　　景和打趣说："五百年前咱俩是一家哩！你我一个姓哟！"

　　刘春生听了非常高兴："是的啰，我们是一家子哟！"

　　不知怎么的，从此，刘春生经常来找景和，把他当成了朋友。景和也很想认识一个当地人，看刘春生一副憨厚的样子，也乐得和他交往。不多久，他们就聊得很融洽，觉得很投缘。

　　刘春生是个非常有趣的人。年纪大约三十岁左右，矮墩墩的个子，厚厚的嘴唇。说话的时候，露出有点发黄的牙齿。景和原以为刘春生也跟他一样，是流浪要饭的。可刘春生只是"流浪"却并不要饭。每天在家吃了饭就出来闲逛，成了有名的"流打鬼"。其实，他并非一点不要饭，有时回去晚了，饿得实在吃不消的时候，偶尔也到饭店要点吃的。他对景和非常信赖，什么话都跟景和说。他告诉景和，他现在还是光棍一人。

　　景和问他："农村人结婚早，你这么大岁数了，怎么不结婚？"

　　刘春生回答说："结婚做啥子哟？结了婚，有老婆管着，什么都听老婆的。打光棍几多好哟，无牵无挂自由自在，一个人想哪样就哪样哟！"

　　景和看他天天不在生产队上工，出来瞎逛，便问他："你是社员，你怎么不在队里上工，生产队也不管你？"

　　他不屑地说："怎么不管哟？队长总要喊我去地里干活，我不想干哟！队长很生气，常常骂我，说我不干活，是懒汉，是'流打鬼'，还说要扣我口粮哟。"

　　景和一听，这大概是他娶不上媳妇的原因，自己都养活不了，怎么养活媳妇？但刘春生却得意地说："想扣我口粮？我才不怕哩！我家几代都是贫农，家里就我一个人，一人吃饱全家不饿。在生产队出啥工啰？要我出那种死力我就是不干，队长也没法子哟。反正新社会不准饿死人，到时候生产队照样分给我粮食哟！"

听了刘春生的话，刘景和感慨万分。是呀，在这个国家，这个社会，家庭出身决定了一切。只要你出身好，像刘春生这样，哪怕再偷懒，再不干活，表现再差劲，也是属于所谓的"阶级兄弟"，是可以原谅的。像他这样家庭出身不好的人，表现再积极，干活再卖力，都不会受到重视，稍出点差错，就是阶级立场问题。人家看不顺眼，就会千方百计摆治你，给你小鞋穿，随便找个借口，就可以置你于死地。他如今竟莫名其妙地成了反革命，成了逃犯，这是什么世道啊，哪里去讲理……

景和不敢再想，越想越痛苦，心里越是气愤！还是不想这些糟心的事吧，眼下活命要紧！好在景和有了刘春生的帮助，在昆明弄到吃的便比较容易。

刘春生对昆明很熟，哪里有饭店，哪个饭店卖什么，他都了如指掌，简直成了景和要饭的向导。

那天下午，刘景和和刘春生两人坐在滇池边的石头上闲聊，谈起各自喜爱的吃食，口水四溅地进行着精神会餐。

刘春生说："我最爱吃的是过桥米线，那味道几好哟，天下最美的吃食都比不上过桥米线！还有汽锅鸡，你是没吃过哟，那种香和鲜，揭开锅好远都能够闻到的！让人闻了都会口水直流口水！你吃过一次就会永远不忘……"

而景和则说："我们河南，最好吃的是饺子。"

刘春生一听说饺子，便表现出一脸的不屑："饺子有啥子好吃哟？"

景和说："你吃过饺子？"

刘春生说："怎么没吃过哟？你想吃的话，中午我就叫你吃上饺子哕！"

刘春生的话，令景和顿时勾起了肚里的馋虫，仿佛闻见了饺子的香味，不由口水都流了出来。他以为这不过是刘春生逗他开心，同他开玩笑罢了，哪里真会吃上饺子？便叹口气说："现在肚子都填不饱，哪还吃啥子饺子？"

是啊，往事不堪回首，自他出走新疆流浪到现在，十年了，就再没有吃过饺子！饺子是啥滋味他都忘记了！在家的时候，母亲最爱给他包饺子吃。他也最喜欢吃母亲包的饺子。春天，母亲给包的韭菜大肉馅饺子最馋人，鲜嫩的韭菜，拌上肉馅，吃到嘴里鲜美无比，满嘴流油满口生香……

可是如今，他却成了亡命天涯的逃犯，而母亲则是现行反革命，尘海茫茫，音讯全无，母亲现在在哪？老人家怎样了呢……

"嗨！你想啥子嘛？"

刘春生看他久不说话，阴郁着脸，一副痴呆发怔的样子，以为不相信他说的话，说："你不相信我哟，走吧，我带你吃饺子。"

景和从沉思中清醒过来，其实，他现在哪有享受美食的心境，能不挨饿，天天有东西填饱肚子能活下去，度过这难熬的峥嵘岁月，等来云开日出冤屈昭雪的一天，就谢天谢地心满意足了。

景和满腹心事对谁诉说呢？面前这位新结识的朋友，虽然对他不错，可也只能是同路人而已。怎会理解他此刻的心情？对于朋友的古道热肠，当然不能辜负。便说："好呀！在哪？"

"在老街的景星街，你跟着我走吧！"

"远吗？"

"不远，离这里七八里路。"

景和便默不做声地跟在刘春生的后边。

刘春生领着景和七拐八拐来到了景星街。这是昆明的老街道，给人的感觉非常古朴，就跟汉口的汉正街那些小街小巷一样。全是两层的木结构房子，屋顶盖的是黑色的瓦片，瓦上长了草，上边一层住人，下边一层做店铺，店铺都是木板铺面。这里街道非常狭窄，很可能解放前就有的。沿途餐馆不少，一家挨着一家，刘春生领着景和来到一家餐馆门口，得意地对景和说："就是这里，进去吧。"

景和抬头一看，门口上方一块匾牌上果然写着"北方饺子馆"五个大字。他便跟着刘春生走了进去。

前来吃饺子的人不是很多，断断续续的，远没有别的餐馆繁忙。

他们站在饭厅大堂四下里看了看，桌子上吃剩下的饺子还真不少呢。有的一盘饺子没动几个。景和不由喜出望外，连忙走过去拿起桌上的剩饺子吃起来。第一个饺子吃进嘴，他还觉得很香，但再吃几个，就觉得味儿有点不对劲儿。饺子嚼在嘴里粘粘的，好像饺子皮没有煮熟似的。景和的感觉不错——原来餐馆的大师傅因事回家去了，接替他的二厨技术不怎么样，饺子皮擀得太厚，不容易煮熟，有点硬，所以才那么难吃。顾客们买了饺子自然吃不完，剩下的就多。这对景和来说，当然是求之不得的好事。尽管味道不怎么样，能填饱肚子就已经心满意足了，不管三七二十一，把肚子撑了个溜圆。

第二天，到开饭时间，景和又去了饺子馆，吃了顿半生不熟的饺子。

于是，他成了北方饺子馆的常客。

扛树的勾当

一连两天，刘景和发现刘春生突然没了踪影，往常每天都会来找他的。他感到好奇怪，这人天天出来闲逛，这两天怎么了？难道生产队要他上工了？景和对他虽然说不上有什么深交，但在一起待惯了，几天不见，心里像少了什么东西似的，很惦记的。直到第三天，刘春生来了。

景和问道："这两天你干什么去了？"

刘春生对景和的话不直接回答，而是看着他笑了笑："小刘，我们两个想法子弄点钱花哟！"

景和听了刘春生的话，一时没弄明白他说的意思，便问道："你说什么？"

刘春生神秘地对景和说："我找了一个挣钱的活儿，你去不去哟？"

景和这回听清楚了，可他有点将信将疑："你找了个活儿？"

"对头，我就是来叫你的。"

"什么活儿？"

"反正能挣钱，你去不去哟？"

景和看他说话吞吞吐吐的样子，想起在柳州遇见的那个"三只手"老乡，莫不是刘春生也想叫他干这种事不成？便打破沙锅问到底："究竟什么活？你不说清楚，我就不去。"

刘春生迟疑了一会，还是说了出来："上山背树哟！"

"上山背树？背什么树？"

"把山上砍伐的树背出来哟。"

景和想了想："不会有麻烦吧？"

"放心啰，不会有麻烦的。"

景和犹豫了一下，可还是答应了。他确实太需要钱，卖香皂所得的钱早已用完。吃饭可以不花钱，可以到餐馆要着吃，而理发则没有钱不行，没有钱，人家是不会给你理的。他的头发已很长了，胡须也该刮了。他得到理发店理个发，身上穿的衣服也脏得不行，尽管每天都要在滇池边洗脸擦身，常把衣服脱下来搓搓，但没有肥皂，衣服怎么洗都洗不干净，他想买块肥皂洗洗衣服。他不想把自己弄得蓬头垢面浑身臭烘烘的，像个真正的逃犯。刘春生的建议，不能不让他动心。

只不过他还是有点担心："去哪里背树呀？"

刘春生回答说："当然是山上啰。"

景和不安地问："哪个山上？"

"不远的。"

"什么时候去？"

"今晚就去！到时你跟着我就行了。"

傍晚，刘景和刘春生两人一起来到"北方饺子馆"，要了些剩饺子把肚子填饱，两人就开始行动。

这天晚上，月亮出来的晚，天上只有几颗闪烁的星星，好像在向他们眨着诡诘的眼睛。墨绿的天空像一个若大无比的盖子，把天地间的一切都笼罩在灰蒙蒙的纱幕里。路两边是高低不平的水田。水面在夜色下镜子似的反着光。走近了，看见田里露着收割后的禾苋子。渐渐来到了山坡上，路两边的土坡全是农民的庄稼地，有些地方还留着一人多高密密的包谷杆。刘春生在前边领路，他在后边跟着。他们走进了一个山沟，路开始变得狭窄，弯弯曲曲坎坷不平。路边有很深的茅草和横斜出来的树枝，不小心就会挂着身上的衣服。刘春生走得很快也很轻松，一看就知道是一个走惯山路的人。而景和却走得有点费劲，老是跟不上刘春生的步子。

"小刘，你走快点哟，走路莫像个大姑娘啰！"

隔一会儿，走在前边的刘春生就要催他一下。

越是靠近山上，山路越狭窄陡峭坡度越大越是难走。景和手里又拿着棉衣，更增添了他的负担，有几次差点被路上的石头和杂树枝绊倒。

终于来到了大山脚下。

景和抬头一看，山上林木茂盛，黑森森的，也看不清是什么树，山脊上耸立着一排排的树木，在夜光下形成一条剪影，看起来犹如插在动物身上的羽箭，让人感到阴森恐怖。树林里寂静得可怕，偶尔传来几声猫头鹰的叫声。景和默不作声地跟在刘春生身后，深一脚浅一脚地走着。这时，他突然想起自己几年前在天山挖药碰见马鹿的情景，这山上是否也有野兽呢？他心里怯怯的，生怕有什么东西从密林里突然窜出来。屏住呼吸，仔细听了听，整个山林就像死去似的寂无声息……

就在他胡思乱想的时候，刘春生说："到了，就在这里。"

景和就着微弱的夜色往前一看，不远处的山脚下，隐隐约约发现前边的山坡上，横陈着几棵被放倒的树。他也不知道是什么树？很可能是杉树，这种树最适合作房屋的梁柱。走近了，仔细一看，树枝已被砍掉，只剩下光秃秃的树杆。怪不得呢，这几天见不着刘春生，原来这家伙在山上砍树哩。看来他干这事已不是头一回。

刘春生用手指了指面前的一棵树说："就背这棵吧。"

这棵树有一丈多长，被砍掉的树梢有碗口粗细，刘景和从没扛过树，不知轻重，便去抱树蔸那一头。刚放倒的湿树比不得干木头，一棵同样的树，湿的比干的要沉得多。他背的又是树蔸的部位，用尽全身力气几次都没有将树放到肩上。刘春生走过来，两人一起抬起树，才放到了景和的肩上。当树压在肩上的时候，他感到肩膀上如同压了一座山似的沉重，肩膀压得生疼，龇牙咧嘴直不起腰，使出全身的力气好不容易挺起了腰，脚跟却无法站稳，踉踉跄跄迈不开步子。

刘春生看他这个样子，摇摇头说："还是我背大头吧。"

景和只得换背树梢的部位。树梢这头到底比树蔸轻得多，压在肩上还能忍受。别看刘春生个子不大，在生产队干活不想出力，干这事力气倒是满大的，轻轻一举就把树放在了肩上。这不能不让景和对他刮目相看。

刘春生在前，景和在后，两人扛着树开始下山了。走了一阵，景和渐渐感到肩上的树木开始发沉，腰发酸脚发软，跟不上刘春生的步子。他怕刘春生说他无用，咬牙坚持着不敢吭声，身上冒出了汗，里面的衣服都渐渐被溻湿。他们背着树七拐八拐在路上走了好一会，来到一个村院，听见了狗吠声，两人把树抬到了一家人家的房屋前。

景和一看，这是昆明郊区一个社员的旧院落。房子前边堆放着一些建筑材料，有砖块，有木料，木料旁边还堆放着一堆石灰。原来刘春生把从山上扛来的木头私自卖给了这家农民盖房子用——那时，木材都是国家统购统销物资。农民个人建房的木料要经过公社批条子，没有特殊关系，一般社员很难买到。但农村人娶媳妇不能不建房，他们只好另想门道，花点钱从黑市买木头，刘春生正是钻了这个空子，偷砍山上的树卖给人家。

买主听见了外边的动静，从房里走了出来，看见了刘春生和刘景和，说："你们把树背来了？"

刘春生指了指放在地上的树："你看，在这里哟！"

买主弯腰仔细看了看，用手码了码树的粗细，满意地说："要得！要得！"

刘春生说："当然要你满意啰。"

买主说："光这一棵不够，还要几棵哟！"

刘春生说："你放心哟，明天再给你背来。"

"那你说话算数哟，明天一起给你结账吧。"

刘春生说："要得啰！"

第二天，刘景和和刘春生相跟着又去扛了一回木头。

这一次，两人扛的树比上次的大，刘景和事先也没有细看，还是由刘春生帮他把树的一头放到肩上。当树木一放上肩，刘景和就感到肩上死沉死沉的，肩膀被压得有点吃不消，腰也直不起来。下山的时候，没看清路，脚被崴了一下，虽然崴得不重，但他疼得直吸气，走一下就疼一下。

"停停！快停停！我脚崴了！"

刘春生不满地说："你怎么搞的啰，没走几步就崴了脚，真没用哟！"啰嗦了几句，还是停了下来，他把树的一头先放到了地上，然后又走过来帮景和把肩上的木头放下，两人坐在木头上歇了歇，重又扛起木头继续走。中间又歇了几回，景和忍着钻心的疼，才把树扛到地方。

第三天，景和说什么也不去了，他脚的崴伤没有好，走起路来还有点疼，再负重走夜路，再崴一下可不是闹着玩的，连要饭都走不成，那就麻烦了。他对刘春生说："我不能再去了！你另外找个人帮你背吧！"

"小刘，才去了两次就打退堂鼓，你不想挣钱花了哟？"

景和说："想呀，可我实在去不了！这钱不好挣，我的脚还瘸着哩！万一脚走不成路可就惨了！"

除此之外，他觉得和刘春生干这种活儿非常悬乎——山上的林木都是生产队的，是不准个人私自砍伐的。私自砍伐树木就是破坏森林！就是犯罪，是要判刑的！万一砍树卖树的事被人发现可不得了！够他喝一壶的，树虽然不是他砍的，他也参与了从山上背树卖树的勾当，景和想起这事就有点后怕！任刘春生怎么劝说，他反正是不去了！

景和也不想对刘春生把事情说得那么严重，只强调自己受了伤不能再背了，便以开玩笑的口气对刘春生说："你小子，看起来精瘦巴干，劲儿还不少哩，我不行，实在干不了这个活，脚又被崴了，还疼哩，不能和你一起去了，你另外找人和你去吧。"

刘春生看他确实不像干这活儿的料子，也不勉强他，两人好说好散。刘春生倒也干脆，给了景和六元钱，算是这两次背树的报酬。

当景和高兴地接了钱。刘春生并不离开，盯着景和的脸看了看，似乎有什么事。景和说："你还有啥事？"

刘春生迟疑了一下，说："小刘，你这件棉衣带在身上多不方便，我看，干脆给我算了！"

景和明白了，原来这小子看中了他身上这件从劳改砖厂穿出来的厚棉衣。景和本不想给他，但随着天气越来越热，棉衣在身上穿不成，又没放棉衣的地方。天天拿在手里，走到哪带到哪，一时成了累赘。听刘春生这么一说，便很爽气地把棉衣给了他。刘春生接了棉衣，回头又给了景和一元钱。

进了收容所

然而，尽管刘景和如何小心谨慎，几天后，还是出了纰漏——他被抓进了收容所！

景和对自己被抓进收容所，感到稀里糊涂的，怎么也想不明白问题出在哪里？被抓之前一点迹象都没有。他被抓进收容所的那天是腊月二十五，还有几天就是 1973 年的春节。

　　那天晚上，景和在饭馆用人家吃剩的残羹剩饭把肚子填饱，和几个流浪汉坐在禾坪的稻草堆上说了一会话，说了过春节要饭的打算。然后，钻进那个供他过夜的稻草堆睡下了。当他睡得正浓的时候，突然一阵粗暴的吆喝声把他惊醒。

　　"出来！出来！都给我出来！"

　　"站住！看你往哪里跑？"

　　他听见禾坪上人声喧哗，脚步杂乱，不知发生了什么事？他睁开惺忪的睡眼，从稻草堆里探出头观察了一下。只见无数人影在四处乱蹿，手电光乱晃。

　　夜色灰蒙蒙的，只有头顶上稀落的星星在泛着寒光。

　　景和心里明白：一定出事了！他的第一反应是赶紧逃跑。然而逃跑已来不及，他发现，禾坪四周都站着人，还有人把守着路口。几个想要逃跑的人被撵了回来。他只好弯下身子缩着头像老鼠似的爬在草堆里一动不动。他听见脚步声已到跟前，稍一动作就会被发觉，便屏住呼吸，把身子缩小再缩小，钻在稻草堆里像一条僵虫。但是，他还是被发觉了，一道刺目的手电光对准了他的脸："你，出来！"

　　他被一个人从稻草堆里拽了出来！

　　一个像是领头的，威严地板着脸，粗起喉咙对刚被稻草堆里揪出来的一干人吆喝着站好队，清点了一下人数，然后又将他们一个个被押上了卡车。汽车经过一阵飞速的开行，驶进了一个大院，在门口停了下来。景和就着院子大门上方的电灯光，只见大铁门旁边挂着一个白漆黑字的长条形木牌，上面写着"昆明市 XX 收容所"。

　　铁门咣当一声开了，汽车开进了院子，然后在靠院墙的地方停下来。后厢板"咣当"一声被打开了，只听见几个人大声吆喝着："下车！下车！"

　　车厢里面的人像牛羊似的从卡车上被驱赶下来，接着被驱赶到一个黑屋子里。只听见"咣啷"一声，门被关紧。顿时，屋子里黑洞洞的，什么也看不见。人太多，屋子里拥挤不堪，浑身发着臭气的流浪汉在里面乱挤乱喊乱骂，仿佛有人在地上倒下了一竹篓青蛙，吵成一片。但是任里面的人吵翻天，也没人答理，很可能把他们押送进来的那些人已经睡觉去了。渐渐地这些人吵累了，便无奈地各自找个位置靠墙坐下，黑屋里开始安静下来。

这时，刘景和的脑子乱糟糟的，既紧张又担心！他不明白究竟是怎么回事？想了好久都没有弄明白，他们白天在饭店要饭的时候，为什么没有被抓，而偏要到他们睡觉的时候才动手？收容所的人怎么知道这些流浪人员晚上安身的地方？

原来这是昆明市革委会布置各区进行的一次统一行动！

随着"文化大革命"取得全面胜利，全国各地都成立了革委会，而各地的乞讨流浪人员却越来越多，这实在与"文化大革命"的大好形势完全相悖。春节眼看就要到了，为了体现"文化大革命的形势不是小好，而是大好，而且越来越好"，让革命群众过一个愉快的革命化的春节。流浪在城市里的这些乞讨人员实在有碍城市的市容和观瞻，对社会治安也产生了不良影响。于是上边通知全国各地，对流浪在各大城市的乞讨人员采取果断行动，一律将他们收容起来，遣散回家。

昆明由于气候宜人，环境优美，来昆明乞讨的流浪人员就特别多。对此，昆明市革委会也曾采取过多种措施，对这些乞讨流浪人员抓过无数回遣送过多次，可是成效总是不大。这些人前脚被遣送到家，后脚又随即跑了出来。他们总是收容不完遣送不尽。就像长在人们头上的虱子，抓了生，总是抓不尽，而且越抓越多。当政者为此感到十分挠头。无奈之下只好睁只眼闭只眼。可是，上边下发了通知，他们又不能不照办，便抽调人手在全市各区开展了收容遣散乞讨流浪人员的革命行动。几天来，通过明察暗访，终于掌握了乞讨流浪人员的生活规律。白天，这些人分散在各个地方，不好抓捕，只有寻找到他们晚上的栖息之地，待他们睡觉的时候，才能把他们逮个正着，一网打尽……

这些人都有极强的适应能力，经过短暂的骚乱之后，黑屋子安静下来，渐渐传出了鼾声。而刘景和却没有睡着。一直熬到天将黎明，才打了个盹。

正当他抱着头在朦胧的睡梦中，黑屋子的大门"哐当"一声打开了，阳光立即透了房里，强烈的光线有点刺人眼睛。收容所的管理人员都站在门口，虎视着里面的人。然后粗声粗气地对里面的人吆喊着说："里面的人听着，现在开始登记，你们要老老实实把自己个人情况说清楚，不许撒谎！"

这些乞讨流浪人员按着管理人员的指挥，一个个在外边排好了队，然后被带进办公室的走廊上。一个办公室的门开着，里边摆了张桌子，两个穿制服的工作人员坐在桌前，开始对昨晚收容进来的这些人进行登记讯问。内容无非是姓名。年龄、性别、家庭出身和家庭住址，讯问完一个，再进来一个。

他们中的一些人已被遣送过多次，对这一套早习以为常，一点也不在乎，有几个还嘻嘻哈哈的。而刘景和由于身份不同，又是头一次进这种地方，心情便截然相反，紧张到了极点，一颗心在突突直跳，生怕昆明市收容所接到了河南公安对他发出的通缉令而察觉出他逃犯的身份。

终于轮到了他。

"你，进来，该你了！"

一声粗暴的喝叫，随之他被推了一下，一颗心惊惶地猛地一颤，迈着沉重的步履走进讯问室。这时，他感到自己像是一只被赶进了屠宰场的羊，有一种等待挨刀的感觉。但他并不甘心这样轻易暴露身份，在心里寻找着对策。暗自告诫和提醒自己：千万要沉着冷静，不能乱了心智。他们不会发觉他逃犯身份的。

讯问他的是一个三十多岁的黑脸汉子。黑脸汉子看了看他，以不耐烦的口气问道："叫什么？"

"刘景和。"

"家住哪里？"

景和稍顿了顿，回答说："山东。"说完这句话，心里便惴惴的，他生怕黑脸听出他说的不是山东话。但是，他的担心是多余的。黑脸汉子根本分辨不出河南话和山东话的区别，继续问道："山东啥地方？"

"山东邑昌。"景和胡乱编造了一个地名。

"啥子公社啥子大队？"

景和见黑脸没有听出他的河南口音，对他所说的山东籍贯也不怀疑，一颗悬着的心便放下来。下边的回答就轻松得多。不一会就顺利地结束了讯问。当景和从讯问室出来的时候，不由长吁了口气。

吃了早饭之后，他开始被安排和那些乞讨流浪人员一起劳动，一起学习毛著，等待着原籍的回复。景和清楚，他们根本核查不出什么结果。

但是，他未免高兴得太早。收容所并没有放松对他的监管。

没过几天，黑脸突然又把他叫进了讯问室，问了他的名字、年龄、家庭成份、家庭住址。对着他瞧了又瞧，好像要从他脸上看出什么问题？他觉得奇怪——什么事呢？难道山东邑昌有了回复？正在他心里打鼓的时候，只见黑脸汉子拿起桌上的一张印着字的白纸，对着他看了又看。景和这才看清原来黑脸汉子手里拿的是一张通缉令，上面印着一张黑白照片。景和一阵心跳，有一种在劫难逃的感觉涌上心头。但他脸上没有丝毫的慌乱，尽量控制着自己的紧张情绪，极力使自己保持镇静。黑脸又对着景和察看了一阵，目光在他脸上扫了又扫。眼睛仿佛带着钩子，要把他的五脏六腑都要钩出来，看得景和心里直发毛，弄不清这张通缉令是哪里发出的？莫非河南警方签发的通缉令已经送到了这里？一时间，神经紧张到了极点！

黑脸终于结束了对他的审视，对他挥挥手说："你先回去吧。"

刘景和听到这话，犹如囚犯得到特赦似的从讯问室走了出来。

不几天，刘景和又被叫进了讯问室。同上次一样，黑脸手上又拿了一张通缉令，仍对着他辨认了好半天，而最后还是被黑脸否定。景和安然被带回监室。看来，河南公安发出的通缉令并没有到达昆明，他为此略放点了心。

逃出樊笼

收容所按照乞讨流浪人员所提供的家庭住址，一一和当地公社进行了联系。落实之后，就把他们一批批遣送回了原籍。景和的老家当然无法核实。他说的地址完全是子虚乌有编造出来的。所谓山东邑昌，这是他在天山挖药时那个叫柱子的高个子山东人老家的地址。收容所发去的电函经过漫长的等待之后得到了回复："查无此人"。

黑脸找到景和问道："你说你的住址是山东邑昌，人家回电报了，说没有你这么个人？怎么回事？"

景和装出一脸无辜的样子，委屈地说："我咋知道？我老家就是山东邑昌。不信，你们派人前去调查？"

景和的话无疑将了黑脸一军，像刘景和这样联系不上家庭住址的人，在收容所里比比皆是，他们哪会为一个乞讨流浪人员派人前去搞外调，全国多少这样的人，他们能调查得过来吗？这需要多少人力财力？

落实不了家庭住址又不能随便把他们释放。只好将他们在收容所暂时监管起来。

于是刘景和便在收容所延宕下来了。

通过在收容所一段日子的生活，景和才知道，所谓收容所，实际上和劳教所差不多。只不过被关进收容所的人无法判决定罪而已。乞讨流浪人员只要被关进收容所就失去了人身自由，不准随便出去，不能随便行动。什么时候释放，并没有时间限制，没有核实清楚身份之前，想关押多久就关押多久。收容所管理人员的话就是法律，不得违抗。被收容的人只能在划定的范围以内活动。即使外出劳动也一样，不能超出收容所管理人员所标的红线。否则就是违规，就会受到处罚。吃的方面，他们每天的粮食定量也和劳教及劳改犯人一个标准，每天"八大两"。总是叫你吃不饱。一天到晚总让你感到肚子饥饿，又不会让你饿死。收容所和劳教所是中国特定政治环境下的产物，世界上任何一个国家都没有这样的机构，更没有这样的制度。

刘景和被送到收容所之后，才体会这里的日子实在难熬。怪不得他在武汉乞讨的时候，见到那几个乞讨流浪人员被收容所抓住之后大祸临头似的，哭爹叫娘死活也不愿去收容所！即便每人十分有限的每天"八大两"嚼谷，也不是白给他们吃的，必须付出艰辛的劳动和汗水来换取，每天必须干强度很重的活儿。

收容所看看对刘景和问不出什么，又核实不了他的身份，不再让他闲着，指定他和别的乞讨流浪人员一起外出参加劳动。他们每天的劳动是在城郊的山坡上帮当地农民积肥——烧"火土灰"——"火土灰"是南方农民常用的肥料。

在监管人员的带领下，一人扛着一把锄头来到山坡上，挥动锄头将山坡上的草皮一块一块刨出来，然后放在太阳地里晒干。烧制"火土灰"的方法并不复杂，先将引火的柴草放在中间，再把晒干的草皮一层层堆放在引火柴草上，然后把引火柴草点着，等草皮慢慢燃烧完了就成了所谓的"火土灰"。庄稼须施肥时便由农民担到庄稼地里使用。

这种活儿，南方农民差不多都会干。而对景和来说，却十分陌生。他在北方长大，北方农民是不用这种肥料的，因此他从没有经见过。初干这活儿的时候，动作非常笨拙，常常洋相百出。两手举着锄头，不敢往脚下使劲刨，也不知道怎么用劲，生怕锄头刨着自己的脚。别人刨了一大片草皮，他还刨不了几块。监管人员说他这是磨洋工，免不了遭到的呵斥。

"刘景和，你怎么，有你这样刨草皮的吗？"

"我不是故意的，我不会刨！"

"啥子不会刨？我看你是故意的，你是怕出力！"

"哪里呀，我从没有干过这种活，就怕刨着我的脚趾头！"

"哈哈！"景和的话把旁边的人引笑了。

其实，刨草皮的活并不复杂，他本可以学着干，但他心不在焉，抱着过一晌算半天过两晌算一天混日子的态度，当然无心去学。自然时不时受到同类的嘲笑和看管人员的训斥。

他不甘心在收容所一直待下去，时刻都在寻找着逃跑的机会。在山上劳动的时候，接连几天他对周围的地形进行了仔细的观察，觉得这里的地形对逃跑极为有利，山上有坡有沟，有树林。树林里长着香樟，杉树等高大的乔木，也长着一人多深的灌木，人只要往树丛里一钻，便像鱼潜入大海一样。但他心里还有点害怕，万一逃跑不成被抓回来反而更加倒霉，他得小心谨慎。

着急是没有用的，这会儿还不是逃跑的时机。他从不作那种没有把握的事，他在焦虑中耐心等待机会。

过了几天，人们对这些被收容进来的流浪乞讨人员渐渐放松了警惕。刘景和觉得机会来了。那天，收容所管理人员又安排他和那些乞讨流浪人员一起上山烧火土灰。将近傍晚的时候，天色暗下来，他借着去树林子里解手的机会，钻进了树丛，把身子隐藏起来。

收容所毕竟和监狱不同，乞讨流浪人员不是罪犯，监管人员发现他不见了，并没有兴师动众组织人马对他进行搜捕。见景和久不回来，在四周寻找了一阵，又指使其他乞讨人员在山上找了找，也没有找着。看管人员商量了一下，只好带领着其他人回去了。

天色渐渐黑下来，黄昏的暮霭渐渐笼罩了整个山林，刘景和看看人们已经走远，便从树丛中钻出来，顺着那条下山的路返回了市区。

看来，在昆明是不能再待下去了。

往哪里去呢？

他在一个饭店要了点残羹剩饭填饱了咕咕乱叫的肚子，便茫无目的地在街上走着，他又来到了景星街，这里是商业繁华区，行人很多。上班下班的人脚步匆匆，而他仿佛幽灵似的在街上孤独地走着，他不知往何处去？随着他脚步的移动，路灯光下的身影在变幻着形状，影子一会儿拉长一会儿缩短。来到了十字路口，一辆汽车轰响着在街上开过，冒着一股烟尘，呛得他直掩鼻子。

这时，不知怎的，一个去青海的念头突然出现在他的脑海。对，就去青海，现在正是青海最舒适的季节，不冷不热。他立马做出了决定——晚上就离开昆明扒火车去青海。

扒火车之前，得去饭店要点吃的把肚子填饱。当他来到一个饭店，在饭店门口的拐角处，景和发现旁边围着几个人在看热闹。一个年轻人正蹲在昏黄的路灯下，给人看手相算命。景和也没有理会，只顾溜进饭店要吃的。他用目光往餐馆的桌上搜寻着，只要有点残羹剩饭，他就抓过来往嘴里填。一个吃饭的老人，看他这饥饿的样子，把自己没吃完的半碗饭递了过去。他满怀感激地接过饭碗狼吞虎咽起来，一会儿就扒拉进了肚子——肚子总算填饱了。

当他从饭店出来的时候，那个算命青年还蹲在那里没有走，还在拉着一个半老的妇女的手在细细地观看着，嘴里对那女人说着什么。景和觉得好奇，立在一边饶有兴趣地边看边听。等看手相的女人离开后，便和那年轻人攀谈起来。

"你的生意不错嘛！"

"啥子不错，混口饭吃罢了。"

"你看手相看得怎样？准不准呀？"

那青年看了景和一眼，说："这事怎么说呢，信则灵。"

景和过去听过说书，也听人说过故事——古代人是很相信占卜的。朱元璋手下有一个谋士叫刘伯温，算卦非常神。传说他能前算五百年，后算五百年，照这种说法，他简直是神仙了！他有点不相信。

景和跟那青年聊了一会，那青年抬起头问他说："你想看相吗？"

景和说："我没有钱，看什么相哟？"

青年抬头打量了景和一会儿，问："不收你的钱，算我交你这个朋友，告诉我，你想看什么？"

景和高兴地说："看来，你这个人够朋友，那就让你算算，我准备去青海，你看行不行？"

那青年并没有看他的手，只盯着他的脸看了看，就摇摇头说："你往西走不通！"

"真的吗？"景和问。

"信不信由你！"那青年也不多说，收拾起卦摊准备离开。

景和对算命青年的话当然不以为然，他不过是一时好奇，兴之所至，让那年轻人看看罢了。他去青海的决心已定，不会因了别人的一句话而改变主意。于是景和告别了那青年，来到了灯火通明的昆明火车站。走进候车室看了看，正好晚上十点有一趟昆明到成都的快车即将到站，觉得搭这一趟车很合适。他在候车室稍稍观察了一下四周的动静，觉得没什么问题，便找了个座位坐下。不一会儿，昆明至成都的列车就开始检票进站了，景和站到了准备检票的旅客的队伍里。他突然发现，昆明车站的检票员非常认真负责，要求每一个旅客把车票拿在手里让检票员看过之后才让通过，否则便被拦下。他看见排在前面的两个人没有车票都被拦了下来，心立即凉了半截。但他没有放弃，继续随着检票的队伍往检票口走去，试图侥幸蒙混过关。

但是没有奇迹出现——

轮到他的时候，检票员对他说："你的车票呢？请拿出你的车票！"

景和装模做样地在身上摸来摸去，半天摸不出车票，便对检票员说：

"我买了票的，车票刚才还在呢，咋找不着了呢？"

"不行，没有车票不行，回去！"口气严厉，没有一点通融的余地，景和只好退了出来。

他只得另想办法。

在他多年扒车坐车的经历中，因为没买车票被检票员发现——马失前蹄的事有过多次。在这方面他已积累了丰富的经验——从检票口混不进站，还有别的途径呢！"绕道而行"是行之有效的方法。几乎所有的车站，在站台和铁道的接合部，差不多都围着栅栏或用砖墙阻隔起来，以防止一些人不买车票而混进站台。但是，这些车站的栅栏或阻隔物并不全都那么严密结实，总会出现几个稀松的缺口，以便附近的居民穿过铁道。有好几次，他因没有买车票而进不了站，便会绕一段路，从那些栅栏或阻隔墙的缺口钻进去而走到站台上。看来，这次他只有使用这个老法子了。

说实在的，几个月以来，他对昆明车站的情况不说是了如指掌，也算轻车熟路。他从候车室出来，没走多远，就找着了进入铁道的路口，大约又走了十多分钟，就来到了离站台不远处的一个木栅栏前，很快找到了被人攀爬过的缺口，然后弯下身子钻了进去。往前走了不多远，就望见了不远处灯火通明的站台，他慢慢向站台方向走去。一进站台，再没有人过问，他成了在站台等车的旅客，只等列车开过来就可以上车。当然，昆明至成都的那趟列车早已开走，他只有等下一趟往北开的列车了。

一个小时后，他听见了车站广播员播送列车进站的信息："旅客同志们请注意，昆明至西安的318次列车快要检票进站了，请作好检票进站的准备。"

景和满心欢喜，找准了318次停靠的站台，当列车开过来在站台上停稳之后，非常顺当地扒上了火车。

第二十六章　捕风捉影

愤怒

元旦一过，三公司的单职工又都紧张兴奋起来——一年一度的探亲假又将来临。和家人分别一年，蓄满对亲人的思念，归心似箭的单职工们，急不可耐地开始作起了回家探亲的准备。利用星期天的时间去县城采买土特产——灵宝的苹果、大枣是回家必不可少的东西。一些上海师傅还早早从附近农民那里买了一些活鸡，宰杀了做成了风鸡，准备带回去过年，做好的风鸡一只只悬挂在宿舍的窗户底下，一阵风刮来，鸡们便翩翩起舞，成了一道特有的风景。

而邓钟文却无须操心，回家的东西凤英已给他准备停当。凤英真是善解人意，除苹果和大枣外，她知道钟文的老家缺少面粉，还给他准备了几斤上好的面粉让他带回去，这让钟文非常感动。

那天早上，吃过早饭，钟文准备上班的时候，忽然，唐之宫走来叫住他："邓钟文，你来办公室一趟！"

钟文心里一怔：什么事呢？好长时间了，唐之宫没有找过他，他当他的指导员，他当他的工人，两人相安无事。在他的印象中，只要唐之宫找他准没有什么好事。

他怀着忐忑的心情来到办公室。抬眼一看，张队长也在，他正坐在办公桌旁抽烟，一脸严肃的表情。钟文发现，办公室的椅子上还坐着两个穿蓝色制服拿公文包的公安人员。他心里猛然一愣，心里直打鼓：今天唐之宫找他来办公室，一定与这两个公安有关，不知这两个公安是哪里的？来这里有什么事？

——这会儿，钟文当然不知道刘景和越狱的事儿。

一年多来，警方马不停蹄在全国对刘景和进行了通缉搜捕，可是刘景和就像在地面上蒸发了似的了无踪迹。

于是他们便把目光对准了刘景和的亲属（包括直系亲属、他老家的亲戚以及沾亲带故的人），都一一进行了排查，仍然一无所获。接着又对前进矿刘景和过去的老关系老同学进行了监控追查，杨春明自然不能幸免。今天又追查到了钟文这里，希望在钟文这里能发现一点刘景和藏身的蛛丝马迹。

邓钟文被叫来之前，唐之宫和张队长已向这两人介绍了钟文的情况，张队长还特意介绍说，这些日子，邓钟文天天在工地埋头干活，哪儿也没有去，也没有见有外人找过他。这使两位公安未免有点失望。但他俩仍不死心，非要亲自见见邓钟文并当面进行讯问不可。

邓钟文一走进办公室，唐之宫便撇着嘴，一脸严肃地对钟文说："这两位同志是洛阳公安局的，想了解刘景和的一些情况，你要老老实实对他们说。"

"怎么？洛阳公安？怎么还是刘景和……"　邓钟文的神经立即被绷紧，感觉一种憋闷。

两个穿公安制服的齐刷刷把目光射向钟文，在他身上停留了一会，其中的一个对钟文说："听你们领导介绍，这些年你各方面表现不错，这很好。今天我们找你，是想了解刘景和的一些情况。"

钟文听公安人员这么一说，耳朵立即竖起，胸腔里"轰"的响一下，被点燃了导火索似的，一股烟便丝丝往上冒！

这些年来，他因为刘景和的那点事儿，经历了没完没了的审查，写了数不清的检查和交待，专案组对他进行了长久的批斗和逼迫。使他吃尽了苦头，受了无数的磨难，受尽了一些人的侮辱和欺凌！平白无故遭此冤屈，他从内心深处早产生了一股怨愤，思想上有了极强的抵触情绪！他和刘景和的关系究竟怎样？这么简单的问题。为什么至今还没有弄清楚？他早想找人问过究竟，他和刘景和的事到底搞清楚了没有？难道长久的审查仍是这样的结果？他仍和刘景和脱不了干系！还想从他这里了解刘景和的情况，笑话！他们把他看成什么人了？一股不可遏止的气愤就要从心里迸发出来！但他还是忍耐着，极力压制着自己的情绪，向面前的公安反问道："刘景和不是被你们抓起来了吗？"

公安人员说："刘景和不好好在监狱改造，从监狱里越狱逃跑了。你知道这事吗？你告诉我们，刘景和现在在啥地方？"

一听这话，钟文感觉自己受到了侮辱，再也压抑不住心中的怒火，冲着那个向他问话的公安人员说："你们这是什么意思？刘景和跑了，你们跑来找我干嘛？他跑了与我什么关系？我怎么知道他在什么地方？"

公安人员没想到钟文说话竟这么冲，被呛得愣在那里，不知说什么好？

另一个公安看他的同道被呛，既想得到线索，又想挽回点面子，便站起来，望着钟文，口气强硬地说："我们是代表公安机关来问你的，你别不高兴，你告诉我，刘景和来找过你没有？如果找过你，你要老老实实向我们说出来！"

邓钟文一听，便气不打一处来，再也控制不住自己的情绪，心中的火气便喷薄而出，一连串的质问连珠炮似的从他口里冲了出来："我什么都不知道，向你回答什么？我倒要问问你们：你们是干什么吃的？每天拿着国家的工资，连个犯人都看管不住！让他跑了，你们这是严重渎职！你们还好意思来问我，我正要问你们哩！我和刘景和究竟什么关系？你们对我审查了这么长时间，你们怎么搞的？到现在还没审查出结果吗？真是岂有此理……"。

钟文的这一番连质问带训斥的话，把那两个公安弄得面红耳赤，尴尬地坐在那里，许久说不出反驳的话，钟文感到从未有过的痛快和解气。这时，唐之宫的脸上便有点挂不住，觉得钟文太过分，简直是气焰嚣张！

"你这是什么态度……"唐之宫本想发作，可他又感到钟文说的话句句在理，找不出他话里的漏洞，也不再说什么。

坐在一旁一直一言不发的张队长这时赶紧站出来打圆场："邓钟文，不知道刘景和在哪里就算了，说那么多废话干什么？你走吧，上班去吧。"说完向钟文摆了摆手。

邓钟文不再吭声，走出办公室上班去了，但他心中的愤懑并未消解。

因洛阳公安的这一次的谈话，倒使他对刘景和的情况有了一定的了解，心里不由暗自诧异：这个景和，想不到还有这么大本事，他是怎么越狱的……

回家探亲是一星期后，凤英将他送到了灵宝车站。

在车站等车的时间里，尽管数九寒天冷风扑面，两个处于热恋中的恋人心中燃烧着火焰，再冷的天气也抵挡不住心中的爱意。候车室人太多，已找不到座位，他们嫌候车室人多声音嘈杂，说话不方便，便来到候车室外边，找了一个避风的墙角，两人相依相偎卿卿我我说着绵绵情话，一副难舍难分的样子。

凤英含情脉脉地说："你走了，这二十多天时间，我怎么过啊……"说着，眼圈红了。

钟文说："二十多天很快就会过去的，你安心地等着我回来吧。"

过了一会儿，凤英歪着头问道。"等着你回来作啥子？"

钟文说："你说呢？"

凤英故意噘着嘴，娇嗔地望着钟文："我要你说，你说嘛……"

钟文把嘴对着凤英的耳朵，声音轻柔地说："等着我回来娶你做我的新娘子！"

听到这话，凤英顿时把头埋在钟文怀里……

这时，车站响起播音员广播车次的声音，钟文忙站起身，他要搭的那趟列车快要进站了。

凤英说："路上注意安全！早点回来……"

钟文回答说："知道了，放心吧！"

开始检票了，钟文望着凤英，低声说："我要进站了，别站在那儿了，天气太冷，你回去吧！"

凤英轻轻"嗯"了一声，眼圈红红的望着钟文消失在检票口，才默然离去。

坐车的人仍是那么多，车厢仍那么拥挤，钟文带着一个旅行包，一个装吃食的网兜，差点挤不上车。但他年轻有力气，使出全身的解数最后总算挤上了列车，可怎么挤也挤不到车厢里面，只好立在车门口，好在他还要在渑邑下车去看望他的满叔。

列车行驶了三个多小时，渑邑到了。

钟文拎着简单的行李下了火车。渑邑仍是那个老样子，灰蒙蒙的天，运煤小火车的鸣叫声不绝于耳，天空中弥漫着煤炭燃烧的烟雾，空气中充溢着呛人的硫磺气味……

想着就要见到满叔，钟文的心情有点激动。他已经有一年多没有见到满叔了。钟文走到陇南矿医院的时候，离下班还早，便直接来到了满叔的门诊室。站在门口一看，门诊室的连椅上坐满了等待看病的矿工。满叔正拿着一只手电筒集中精力给一个工人检查咽喉，钟文进来他都没有发现。给病号检查完，开了处方，满叔猛抬头，看见了门口站立着的钟文，脸上露出了惊喜。还有好几个病号排着队等着满叔看呢，满叔顾不上和钟文说话，从兜里摸出宿舍钥匙递给钟文，说："你先回宿舍吧，我看完病马上就下班。"

钟文接了钥匙，开了房门走进了满叔的宿舍。

还是跟上次钟文来的时候一样，房里好久没有收拾了，看起来杂乱不堪，桌上积满了灰尘。还有几个没洗的碗放在那里，一条凳子上摞着一些换下来的脏衣服——满叔一辈子都是这样，生活能力很差，除了看病其他什么都不会。钟文趁着满叔没有回来的功夫，就在满叔的房间里收拾洗涮起来，待到满叔下班回来，房里变得整然有序焕然一新。

晚上，叔侄俩仍然在矿里的大食堂买的饭。吃过晚饭之后，叔侄俩围坐在火炉前，谈着别后之情。钟文发现满叔两鬓的白发又增多了不少，头上的谢顶越发明显。满叔性格懦弱胆小，处事能力极差，在"文革"中吃尽了苦头。这会儿精神看起来还不错，脸上有了笑容。似乎比上次见面时稍胖了些，脸也红润了些。满叔高兴地告诉他，这一年，他的日子比那几年好过多了，工人们对他说话都很尊敬。一些工人为了从他这里泡到病假，想办法巴结他，有时还给他点小恩小惠——时不时有人给他带瓶小磨香油，捎点红薯什么的。果然在满叔的房里放着一小瓶香油和一些红薯。

钟文非常高兴，但他最关心满叔和满婶的关系："满叔，你和满婶究竟打算怎么办？"

满叔告诉钟文说"我没有来得及告诉你，你不知道，我已经和你满婶复婚了。"

"真的？"这消息是最让钟文振奋和感到欣慰的。他掩饰不住自己高兴的情绪，说："满叔，你不要责怪满婶，她那时也是受环境所迫。这几年，她也很不容易，你对她尽可能好一些！"

满叔说："是的，我理解，在那种形势下，谁能抗得住呢？多少感情亲密的夫妻都选择了分手！"

钟文问："满婶常来看你吗？"

"相隔得远，坐车也不方便，还像过去一样，你满婶一个月集中休息几天，来这里看我一次。"

"最好能调到一处，两头扯毕竟不是个事，满婶一个女人家带着孩子也真不容易。"

满叔说："我也想过，能调一起当然最好，相互也有个照应，可你婶是医院骨干，她们医院不肯放她走！"

钟文说："那你想办法调到她医院呀！"

"难呀，从渑邑调出去更难，这是国家重点煤矿，医生只有进的，没有出的，几年了都是这样。"

是啊，中国的人事制度就是这样，把人规定得死死的，一职定终生。除非国家调动，私人想要调离一个地方或一个单位，比登天还难！

满叔也问了钟文和凤英谈对象的事。

钟文一一回答了满叔。

满叔说："从你说的情况，小伍确实是个好姑娘。人很朴实，又懂感情，你要好好珍惜她，你妈听了也一定会高兴的！"

第二天，钟文便告别满叔，踏上了回家的旅程。

母亲的期盼

邓钟文回到祁东老家已是腊月二十八，再有两天就是除夕。那天正是齐云桥赶圩的日子，这是春节前的最后一个圩场。家乡人对春节看得很重，倾其所有，来圩场采买年货。置办年货早几天就开始了，没购置完备的，须趁最后一次赶圩前来置办，因而赶圩的人特别多。圩场上卖什么的都有——有卖鸡鸭鹅禽类的；有卖鱼虾泥鳅水产的；有卖手工制品的；还有卖传统吃食的……

整个圩场可谓人山人海，人头攒动，声音如潮。

钟文最近从报纸上看见，上边正大张旗鼓宣传割资本主义尾巴，有些地方连社员在家里养只鸡也不允许；种点经济作物如花生、烤烟什么的拿到市场变卖都不准，一旦发现就被没收；做点小生意被称为投机倒把，集市被取消。而家乡倒还不错，看来，这里的头儿还算开明，和那些地方真是两个世界……

钟文一阵感叹。

他站在路边，看着那些熙熙攘攘赶圩的农民，听着那熟悉而亲切的乡音；闻着吃食摊上那诱人的油炸粑豆子饼的香味，口水都差点流出来……

想起儿时母亲带他赶圩的情景，不由感叹万分。那时家里太穷，家徒四壁，父亲病故之后，母亲一个女人家要养活一家子人，多不容易！除了耕种田土，还得没明没夜纺棉纱做手工。母亲带着他来齐云桥圩上卖棉纱和手工活的时候，赚得微薄的几个辛苦钱只能买点油盐带回家。那些诱人的吃食从不敢问津，母亲看他馋得不行，有时偶尔买一点让他尝尝，那对他来说，简直是天下最美味的食物……

"香喷喷的炸粑咧！"

"刚熬出锅的橙子糖嘞！"

钟文听见从卖吃食的摊上传来的叫卖声，嘴里咕咕地咽了下口水，很想在圩场逛上一圈，买些家乡味浓浓的吃食尝尝，以找回儿时的感觉。然而，理智止住了他——这些年，乌塘大队姓屈的那些人总没忘记他，想了许多法子找他的麻烦，幸亏他小心谨慎，才免了吃哑巴亏。这些人是无所不用极其的，万一在圩场被他们发现，把他拦住强拉到乌塘，搞他一顿，岂不是自找倒霉？还是小心为妙。于是便打消了逛圩场的念头，背起行李，赶紧朝继父家的方向走去。

走到继父家已近黄昏。

暮色中，母亲围着围裙，正在家门口收捡东西——母亲自接到儿子要回来过年的信之后，就天天焦急地盼望着，常常不由自主地站在家门口的高坡上朝儿子回来的方向翘望，希望儿子突然从山坡上的那棵枇杷树下走下来，可每次总令她失望。而母亲每天朝土坡上翘望已成了这些日子的习惯。

这会儿，母亲又一次朝那条小路翘望的时候，突然看见儿子从枇杷树下走了出来，真是又惊又喜！

"妈妈！"钟文也惊喜地叫了一声。母亲揉揉眼，见到儿子真的站在她身边，自然乐得合不拢嘴。眼泪都流出来。

"崽呀，是你呀？"

母亲一边擦泪一边对钟文说："崽呀，昨天晚上我还梦见你呢，在梦里有人说你写了封信回来，你在信里说又不回来了，说什么工作紧张，不放假，我一听，差点急死了……"

母亲嘴里絮絮叨叨似乎和儿子有说不完的话。

母子俩进到屋里，母亲便忙乎起来，从橱柜拿出一个粽子递到儿子手里。说："这是邻居孩子满月送的，我知道你要回来，不舍得吃，放了几天了，你饿了，快吃吧！"

接着，母亲又掀开房里的板箱，拿出了一把炒花生递给钟文："这点花生是五嫂给我的，家里的细嘎子馋得很，东西放得再严密，他们都能找到，我只好锁进箱子里……"

钟文手里拿着粽子："妈妈，你先放那吧，我还占着手呢，怎么拿呀……"

正说着。青子和青子媳妇扛着锄头担着淤笋从外边回来了。

青子去年结婚了。

青子结婚他没有回来（也回不来），是从继父的信上知道的，他当时只给家寄了点钱。

钟文知道，由于他在外工作，经常往家里寄钱，家境比农村那些毫无来钱门路全靠工分吃饭的社员的光景要强得多。加上母亲的操持和处事有方，邻里和睦，尽管母亲的成份高，但他们家在周围团转仍颇有声望。当青子长成一个大小伙子的时候，自然少不了前来提亲说媒的。最后由继父和母亲作主，和一个曾和邓家大院有过姻亲关系的一位姑娘结了婚。

青子站在钟文面前高兴地对哥哥说："哥哥，我们听说你要回来过年，一直盼你早到家哩！你一回来，我们全家好喜兴！"

钟文看见，弟弟真的长成了一个男子汉，个子比钟文还要猛，只是身板看起来有点单薄，脸有点清瘦。

这时，青子媳妇倒了杯开水走过来和钟文打招呼，似乎有点腼腆："哥哥，你喝水吧！一路上辛苦了！"说完，脸红红的低下了头。

钟文打量了一下青子媳妇——高高大大的身体，从外貌看，兄弟媳妇是那种吃苦耐劳朴实能干的农村姑娘，一定是个棒劳力。

钟文为兄弟结婚成家而欣慰，不免又为兄弟因受母亲成份的影响，半途被迫辍学而感到惋惜和痛心。要是不耽搁，一直读书该多好啊，这会儿一定上大学了！

正这样想的时候，继父从地里回来了。也许走得急了些，一副气喘吁吁的样子。

钟文说："亲爹，你还喘呀？"

继父说："我在外头听说你回来了，走得急了点。"

"你的哮喘病好些了吧？"

继父说："今年冬天好多了，全靠了你寄回的药。你寄回的药真灵，犯病时，药一吃就好了。只是老断不了根，总要吃药。"

钟文说："我问过满叔，这种哮喘病不好断根，到冬天稍受点凉就会复发。不过不要紧，药吃完了我会寄回来。你注意不要受凉就是，要多休息将养，干活不要太累，千万不能干重活。"

"是的，我没干什么活，现在青子大了，重活都是他和她媳妇干的。"

说话间，天渐渐黑下来。青子赶紧把煤油灯点上，拿到灶屋照着母亲做饭做菜。继父就坐在烧火凳上向火塘里添着柴草。钟文也坐在烧火凳上，一边和家人说话，一边看着母亲炒菜。

不一会儿，母亲把饭菜做好了，一家人围坐在一起，高高兴兴吃起来。

吃完饭，一家人继续坐在房里说话。

母亲最关心儿子的婚事，对钟文说："你怎么不把你对象带回来呢？带回来也好让我看看呀！"

钟文解释说："妈妈，她回不来哩，她要上班，医院忙得很，不好请假哩。"

"哦，你跟妈说说，那妹子对你怎样？"

"小伍呀，她对我很好，对我很关心。妈妈，你放心吧。你看，这些东西都是小伍买的呢！"钟文连忙把包里的苹果和红枣拿出来放桌上。

"还有这一包面粉呢，也是她买的。"

"哦，这妹子买了这么多东西呀，真不错，真讲礼信！"

"她还想多买些哩，我怕路上带不动便只买了这些。"

"妹子这么好，回去也要给她买点东西。"

母亲又问："她爹妈没有意见吧？"

"开始，她爹妈不愿意，那地方人不像我们南方人，不愿意把女儿嫁到外乡去，况且她爹妈又只她一个独生女。小伍看上了你儿子，不怕她爹妈不愿意。小伍有的是办法，慢慢做她爹妈的工作，后来就把她爹妈的工作做通了。"

母亲听钟文这一说，很是感动："真是呀，那妹子真是重感情。以后，你可不能亏待人家。"

钟文说："妈妈，我懂。"

母亲兴奋地说："这些年，为了你的婚事，我没有好好睡过觉，担心得头发都白了。如今，你对象谈好了，我就放心了。你知道吗，接到你那封信之后，我觉都睡得安稳多了。"

继父在一旁插嘴说："可不是，你妈妈现在睡觉很香哩！"

钟文说："你们原就不必担心，你儿子这么好，还怕找不来对象啊？"一句话把母亲和继父逗笑了。

母亲突然问钟文："你最近接到俏妹的信吗？"

钟文回答说："我前不久接过妹子一封信。她一直关心我的婚事呢。"

"是哩。"母亲充满愧疚地说："可惜了，我没有供俏妹读书。那时家里实在太穷，连肚子都填不饱，没有法子！想起来心里就带愧！是她自己上了几天扫盲班，认识了几个字，才勉强能写信。"

这一夜，一家人坐在一起，说到很晚才休息。

他们跟到了湖南

过完春节，钟文专程看望了他的同窗好友谭东林。

那一年，乌塘姓屈的前来找他麻烦的时候，全靠了东林的帮助，帮他在杳湖山下躲避了几天，才逃过了那场劫难。他从内心对他充满了感激，因此他这次回来买了些礼物专程去看他。

钟文的到来，东林自然非常高兴。老同学相见，说不完的别后之情，谈起那次的避难，钟文激动地说："患难见知己，这话一点不错！东林，真不知怎么感激你……"

东林说："老同学，快不要这样说，你有难处，帮你一下，完全是应该的嘛，又不费什么事。你再说感激的话，那就见外了！"

钟文听了，心里感到暖暖的。他想起那位学问很深，陪他说话的老人，问道："这两年伯伯的身体可好？"

东林说："老人身体是越发差了，冬天天冷的时候，躺在被窝里不敢下床。毕竟人老了，加上有病。"停了停，他又说："我去的时候，老人家还问起你呢，老人家对你的印象很好，常在我面前夸你呢！"

"那是他老人家高看我了！"

说了一会儿，就到吃中午饭的时候了，东林弄了几个菜，留钟文吃了饭。

钟文从东林家回来的时候，在家门口迎面碰上了大队的治保主任。钟文热情地和他打招呼："哥，你才回来呀！进屋坐坐吧！"

然而治保主任却不像往常看见他回来时态度那样热情，嘴里"嗯，嗯"地应付了一声，脸上勉强笑了笑，钟文感到有点奇怪，他往常可不是这样的！

大队治保主任和钟文继父一个姓，论辈分钟文应该叫他哥。这位治保主任有一个在生产队吃五保的叔叔，钟文 1965 年在"学雷锋做好事"的热潮中，以雷锋精神为榜样，曾给这位治保主任的五保户叔叔寄过钱，因此，治保主任对钟文特别感激。钟文每次回来，治保主任见了他总要满脸带笑上前和钟文打招呼说说话，看起来非常亲热。

然而今天，治保主任的表情却有点怪怪的，像不认识钟文似的，盯着他看了好一会，才说："钟文，我有事找你。"

钟文暗自吃惊："什么事？进屋里说吧。"

治保主任也不客气，跟着钟文进了家。

母亲见钟文回来了，后边还跟着治保主任，不由得有点紧张，陪着笑脸上前和治保主任打招呼。

治保主任和母亲说话倒还和气："婶子，你做你的事，我和钟文随便聊聊，我还有事，说几句话就走。"

两人来到堂屋的方桌前坐下，钟文不安地问："哥，你说吧，什么事？"

治保主任说："你回来之后，都去了什么地方？"

钟文对治保主任的问话感到有点纳闷：他怎么问起这来了，他去哪些地方，他管得着吗？他怎么像审问"四类分子"似的。一开口不说别的，竟盘问起他来，真把他当成"四类分子"了？但他仍坦然地回答说："除了去齐云桥赶了两次圩，我哪里也没去。"

治保主任想了想又问："你妹子在冷水滩，你跟她通过信没有？"

钟文心里立即产生了警觉，怎么还问起他妹子来了？这是他的家事，妹妹妹夫又在外地，不归他管。经过片刻的思索，立刻意识到，治保主任的问话不会无的放矢，莫不是与刘景和越狱的事有关？　难道那两个洛阳公安跟踪到了湖南？他想了想，觉得很有可能。真扯淡！专案组审查他的时候，都没有问他妹子，洛阳公安也并不知道他有妹子，这是怎么回事？他很快有了答案——很可能是洛阳公安找到了治保主任问了他家的情况，是治保主任把这情况透露给他们的！

钟文想到这，未免有点生气，但他还是按捺住心中郁闷的情绪，没说什么，且听他下边怎么说吧，便淡淡地回答："通过信。"

"你把你妹子的地址，还有你妹夫家里的地址写一下给我。"

钟文一听，隐藏在心里的那股怒火骤然升上来，再也按捺不住，岂有此理！捕风捉影搞了他这么多年，害得他好苦！他们还不死心，竟然还要鸡犬不宁祸害他的妹子和妹夫，以及妹夫的家人！如果说出妹子妹夫的地址，不知由此又要株连到多少人！实在太不像话！太过分了！有这样弄事的吗？这和封建社会株连九族有什么区别？

钟文的回答便没有好声气："哥，谁要你来的？"

治保主任直言不讳地回答说："洛阳市公安局！"

钟文对他说："既然是洛阳市公安局，你让他们来找我好了，他们为什么不直接找我？有什么事和我当面谈，要他们问我好了！怎么找你来问我？"

听钟文这一说，治保主任有点莫名其妙，一时尬在那里，望着钟文不知说怎么好？

"这……"

钟文想了想，没必要对治保主任这么冲，他又不了解情况，他不过是奉命行事而已。而况在这一亩三分地，他也是一尊神。他尽管不忌惮他，但他的家在这里，有母亲，还有弟弟，都在他的掌握之中，是得罪不起的！便把态度放缓和下来，改换口气说："哥，我不是冲你发火，这事与你没关系，你不清楚其中的原因。我对你说实话，我不可能不知道我妹子和妹夫的地址，但我不会说出来的！你回去就这样告诉他们，要他们直接来找我！"

治保主任傻愣着两只眼，打量着钟文。在他眼里，他还从没经见过一个地富子女对公安人员的态度如此强硬，全不把他们放在眼里以这样的口气对他说话。他喉咙里如同卡了一根刺，感到很不爽，尽管他也想在钟文跟前摆摆谱，但他见钟文连洛阳公安都不尿，犹疑了一会，还是什么也没说就走了，脸色很难看。

治保主任一走，母亲担心地走过来向钟文问道："崽呀，治保主任找你什么事？"

钟文说："妈妈，没什么事。你放心吧。"

尽管钟文说得很淡然，但母亲心里仍有点惶惶不安："真没有什么事？"

"妈妈，看你吧，能有什么事？你要相信你儿子！"

母亲在惴惴不安中过了几天，见治保主任没再到家找麻烦，一颗悬着的心便放下来。

但事情并没有到此结束，钟文怎么也想不到，此刻，他的爱情也因此遭遇了空前的危机！

几天之后，钟文收到了凤英写来的一封信。信是这样写的：

钟文：

在家过得好吧，春节过得愉快吧？我们认识这么长时间了，我把什么都给了你，可你却并没有真心实意地对我，你有些事还瞒着我。你老实告诉我，你在政治上还有什么事没有对我说出来？让我至今还蒙在鼓里。你快回来吧，这些天，我天天都要做噩梦……

情长纸短，就写到这里吧。

致以革命的敬礼！

凤英

钟文一看信，便什么都明白了：这些人真是无缝不钻无空不入，竟然找到了灵宝县医院，找到了凤英那里！如此一来肯定要坏菜！头顶仿佛突然响起了一声炸雷，嗡嗡地轰响着。但他又怕母亲看出端倪，引起母亲的担心和着急，便竭力控制着内心的煎熬，在母亲面前装作没事人一样，该说说该笑笑。这样过了几天，钟文再也没有心思在家待下去！反正探亲假将要过完，于是他便刻不容缓踏上了返豫的旅程。

恫吓

南方的冬天与北方完全不同，北方的冬天到处是一片荒凉景象。山上树叶落尽，草木枯黄。田野尽是裸露的褐色的土地，毫无一点生气。而南方的冬天却生机盎然，山上是一片青绿，江水也是一片澄碧，到处是水，水塘和湖泊，水天茫茫……

列车在江水湖泊，青山平畴间盘来绕去，呼啸着向北驶去……

钟文每次探亲回来，对南方的山水总感到特别亲切和依恋，仿佛看不够似的。可是今天，车窗外的青山绿水却引不起他多少兴趣。田野、村庄、城市、河流从眼前一一闪过，他却熟视无睹。只有火车轮子碰撞铁轨时发出的哐当哐当的声音好像在他心里敲击，听起来那么刺耳和惊心。此刻，他心情复杂，心里如纠结着的一团乱麻。心烦意乱地坐在座位上，思绪无状。想起凤英的信，他就无比迷茫，感到一阵阵刺心，有一种即将失去凤英的预感。事情怎么会这样呢？

他们是怎么找到灵宝县医院凤英那里去的呢？

他一路上都在思考着这个问题，理不出一个头绪。绞尽脑汁，都没有找到一个合理的解释。难道是单位向洛阳公安透露了她谈对象的消息，他们才找到凤英那里的？他觉得这种可能性最大。

但是，钟文的猜想完全错了！他怎么也没有想到，向洛阳公安提供凤英地址的竟然是他的满叔！

原来洛阳公安从灵宝工地调查了钟文之后，仍抱着怀疑的态度。尽管他们在钟文面前碰了一鼻子灰，没发现任何蛛丝马迹，但他们仍不死心。他们怀疑钟文一定知道刘景和的下落，私下里把他隐藏在某个地方，必定会和刘景和联系。正好这个时候，钟文要回家探亲，这更加证实了他们的推断。心想：邓钟文探亲途中必然和刘景和联系。只要跟踪邓钟文就可以找到线索，将刘景和抓获。于是钟文从灵宝坐上火车以后，他们便在暗中监视着。钟文走到哪里，他们就像幽灵似的尾随到哪里。当钟文坐火车到达渑邑他满叔那里，他们也跟到了渑邑。钟文一离开渑邑，他便和渑邑公安一起找到了钟文满叔上班的医院，连蒙带吓对满叔进行了盘问。

永瑜不像钟文，老实本分胆子又小，听说刘景和越狱逃跑了，确实有点吃惊。但他深信侄儿肯定与此无关，心里也就坦然。于是他们问什么他就老老实实地回答什么。有些事没有问，竟也主动说出来，以表示自己对组织的忠诚。永瑜哪里知道，这些人并不在乎你对组织忠诚不忠诚？他们对任何事都持怀疑态度，对任何人的话都不会轻易相信。他们只想从你的谈话中套出他们想要得到的东西——找到有关刘景和的一些线索。

永瑜被叫到办公室，公安见永瑜一副畏畏缩缩的样子，便吃住了他。把架子端得十足，以居高临下的口气，像审问犯人的口气盘问道："邓永瑜，你侄儿什么时候到你这里来的？"

"前天来的，在这里住了一天，昨天走了。"

又问："他到哪去了？"

回答说："他回湖南老家了。"

"他都带了什么东西？"

问到这里，其实很好回答，回答说不知道，我没看他的提包不就行了，那他们还能怎样？但忠厚老实的永瑜回答得特别详细，连凤英给买的大枣都说了出来。那几个人来此的目的就是想从中发现蛛丝马迹，企图找到刘景和的藏身之地，话说得越多破绽越多——言多必失。问话中他们尤其对吃的东西特别敏感。他们见永瑜这么好说话，问话的口气越发严厉，毫无忌惮地继续追问道："老实告诉我们，你侄儿还带了什么？"

永瑜说："还有一些面粉。"

"面粉？"

那几个瞪大了惊喜的眼睛，像小说家似的立马展开了丰富的联想：逃犯藏到一个地方，必须吃饭，必须要有粮食，邓钟文所带的面粉肯定是送给刘景和吃的！

"你老实回答，面粉是不是你给他的？"

这完全是对永瑜的恫吓和讹诈。

也怨满叔太懦弱太老实，就是承认面粉是自己买的又能怎样？侄儿回老家探亲，叔叔给买几斤面粉也不过分。但经过了文革这个炼狱尚带着满心伤痕的满叔，内心深处带有一种深深的原罪，见公安粗暴的态度和严厉的口气，不由得又惊又怕，心里便产生了恐惧，生怕被牵扯进去，连忙洗白自己说："不不，面粉是他的未婚妻给买的。"

"未婚妻？"

这无疑又是一条新的重要线索！

那两人在三建公司调查的时候，都没有得到这个情况。想不到，踏破铁鞋无处觅，竟然在这里意外地得到了如此有价值的线索，而且得来如此轻而易举，不由两眼放光惊喜万分！

永瑜也不傻，当他向公安一说出这个情况，话一出口，便意识到坏事了！他也深知这些人是无孔不入的，一旦说出凤英的地址，他们肯定追查到那里，势必牵连到凤英。必然给侄儿和女友之间的爱情蒙上阴影，造成不可挽回的损失。他为自己的失言而感到懊悔。

"邓钟文的未婚妻在哪？"

满叔吭吭哧哧不想回答。

"快说，老实点！你以为你不说就能扛过去吗？"

这时，后悔已来不及。尽管他支支吾吾又搪塞了一阵子，可像满叔这样懦弱的性格哪经得起那几个人如狼似虎般的威吓，心理堤防已被冲得稀里哗啦，最后只好详详细细把凤英的地址说了出来。

两人大获全胜，以为找着了刘景和的藏身之处，刘景和即可唾手可擒，马上就可以报功领赏，得到提升。于是马不停蹄，信心满满地连忙赶往灵宝县医院。惯用的手法当然先找到县医院党支部，然后向他们通报敌情，把敌情渲染得惊心动魄，特别严重：我们正在缉捕一名越狱的现行反革命逃犯，你们医院一名护士的男朋友和这个逃犯关系密切，并且知道逃犯的线索，希望你们积极配合我们，尽快将逃犯缉拿归案！如此严重的敌情，阶级觉悟极高，斗争性极强的党支部书记哪敢怠慢？赶紧找到正在护士站忙乎的凤英，把她叫进了支部办公室。

凤英毛逮逮地走进办公室，不知什么事？那两人看凤英是个不经世事的小闺女，便板着张脸，像对待钟文满叔那样，对凤英开展了强大的政治攻势，从心理上给凤英造成极大的压力以瓦解她的意志："我们是洛阳市公安局的，听说你在省三建公司谈了一个对象。我现在可以明确地告诉你：你这个男朋友有严重的政治问题。他过去的一个好友是一个投敌叛国的现行反革命分子，最近竟然越狱逃跑了！据我们了解，刘景和藏身的地方你男朋友很可能知道……"

凤英毕竟是一个涉世不深的姑娘，思想单纯得如同一张白纸。她哪见过这个阵势，听那人把事情说得如此严重，如此吓人，一时惊呆了，脸色变得苍白！如同发生了一场大地震，构筑的大厦被彻底崩塌，变成了一片废墟，一片瓦砾！眼前不由得一阵发黑，身子踉跄了一下。这是怎么啦？她不光是惊怕，迷茫，更联想到自己的婚姻，天哪！这是怎么回事啊？自己竟和这样一个人订了婚，并且马上就要和他举行婚礼！脑子轰然作响，眼泪随之吧吧嗒嗒地流出来。

两人进一步加大火力，开展猛烈的心理攻势："听你医院领导介绍说，你是一个工作积极，思想进步的共青团员，在这关键时刻，你一定要站稳无产阶级立场，划清敌我界限，大胆揭发，将逃犯缉拿归案……"

我的天哪！这究竟怎么回事？她差点懵了。她怎么站稳立场，划清界限？一个柔弱如水，心灵纯洁善良的姑娘，她哪知道什么逃犯？哪看见过什么逃犯？听起来都吓死人，无异于青面獠牙的鬼魅……

她不知怎么回答好？心惊胆战地坐在那里，只顾伤心地抹眼泪。那两个公安向她盘问了半天，也没有问出个所以然，只得失望地离开了灵宝县医院，仍然执行他们既定的尾随计划，赶紧坐车南下。

凤英再也无心上班，心理堤防轰然坍塌，她立即找来信纸，扒在床上流着泪，给钟文写了那封信……

爱情危机

灵宝的三月，虽已进入春天，天空却是灰蒙蒙的，欲晴不晴，要雨不雨，一个劲地刮着干冷风。一冬没有雨雪，这会儿地表已经干枯，庄稼地缺墒严重，四野一片枯黄。该是麦苗返青的时候，却因为缺水，叶苗焦黄，麦棵子稀拉拉的。杨柳树枝条上虽已含苞，枝头上挂满了嫩黄的幼芽，却迟迟不肯吐穗。不时刮起的西北风，带着寒冷和风沙扑面而来，人们仍穿着厚实的冬装，缩着脖子迷缝着眼睛，感受着春寒料峭的刺冷。通往工地的路上，经过大小车辆的碾压，积满厚厚的浮尘，人走在上面，浮尘没过脚踝。一阵风刮来，便会卷起冲天的扬尘，工地上的厂房、脚手架淹没在滚滚烟尘里……

邓钟文忧心忡忡地从湖南老家回到灵宝工地，在施工队报到之后，一点不敢耽搁，马不停蹄就急匆匆来到灵宝县医院找凤英。

医院还是老样子，院子里除了冬青和几棵塔松显出绿色，整个院子仍是一派隆冬景象，了无生机。

还不到下班时间，凤英还在值班室忙乎。他站在门口和凤英打了声招呼，因为护士室还有别的护士，说话不方便，凤英便把宿舍钥匙给了钟文，要钟文在宿舍等她。

她说："我一会儿就下班。你先在宿舍等我一下。"说话的声音低沉，不像往日见了钟文时的那种不可言表的欢喜。

钟文开了门锁，走进凤英的宿舍，房里的一切还跟以前一样，而他此刻的心情与先前却大相径庭。那会儿他从工地来到这个小屋，就会感到一种温馨，心中充满爱意，满怀喜悦地等她回来。每当看见她的笑脸，听见她亲切悦耳的声音，满身的疲劳和心灵的伤痛就会无形中消散；在她温柔小手的抚摸下，在她温热的怀抱里会慢慢地融化。而今，他的心情却有点黯然，过去的甜蜜还会继续吗？他还会得到她的爱吗……

他无事可做，百无聊赖地坐在床边想着心事。等了好一会儿，仍不见凤英回来。过去她不是这样的，只要得知他一来，总会想法设法赶回来见他，有时她上着班都要趁机溜回来几次，除非有手术脱不开身。他在房里等得有点着急，感觉今天的时间过得特别漫长。想起凤英给他写的那封信，心里犹如十五个提桶打消七上八下的。他尽管当时就给她写了回信，做了详细的说明和解释，她相信他的话吧？能理解他的遭遇吗？会经得起那两个公安的威吓吗？正在这时，忽然听见门外脚步声，钟文听出是凤英的声音，果然是她。

凤英推门进来了，说："等急了吧？"

"可不是等急了……"说着，就想上前搂抱凤英，然而，凤英却不像以往那样亲热地投向他的怀抱，而是用劲挣脱了他，脸上是一副漠然的表情，钟文一时僵在那里。

凤英说："你啥时从家回来的？"说话的口气十分冷淡。

　　钟文的心被冰了一下，脸上顿时失去了原有的热情："上午才到，在单位报完到就来了。"

　　"你坐吧。我去给你到食堂弄饭。"

　　钟文终于忍不住了，问道："你好像不高兴？"

　　凤英回答说："没有呀！"她虽然口头不承认，但钟文却明显地感觉出她态度的冰冷，脸上结着一层冰霜，完全像对待陌生人那样采取的是一种应付的态度。

　　饭菜很快买回来了，菜是豆腐炒青菜，主食是馒头。两人满腹心事地吃着饭，谁也没有说话。钟文觉得吃到嘴里的饭菜就像木屑似的没有一点滋味，只吃了一个馒头就放下了。凤英也不劝他，只管自顾自慢慢地吃。当钟文的目光和她的目光相遇时，她便把目光避开了。饭吃完了，凤英把碗筷拿到水龙头洗涮好，回到宿舍，开始和钟文说话。

　　钟文猜想，此刻，凤英一定会急切地问他关于他和刘景和的事。然而，令他纳闷的是，凤英竟然讳莫如深只字不提这事，目光在钟文脸上游移，也不开口说话，沉默是金。好一会儿，等钟文和她说话的时候，她才有一搭没一搭地应付着，说的全是不相干的事。他还在湖南老家的时候，她那么心急火燎地给她写信，那么急切地想知道其中的情况，催他赶快回来。而今，他来到面前了，却当作什么也没发生似的，钟文感到大惑不解，越是这样他心里越是不安。

　　突然，从窗户传来"呜呜"的风的呼啸声，"哐当"一声，窗户竟被风刮开了，一阵冷风破窗而入，带着灰沙，房里的东西刮得四处乱飞。凤英赶紧走过去关好了窗户，回到床边，扫了钟文一眼，仍不说话。

　　这不是好兆头！

　　这事是不能回避的，她究竟如何看待这事呢？必须有个明确的态度，从她今天的表现看，她的思想明显发生了变化。她不说出来，钟文也不想主动提起这事，两人好像比赛耐力似的，暗中较开了劲儿。房间里显得格外沉闷，能听见彼此的呼吸声。凤英低着头，也不看她，两只手在相互绞动着。表面看起来很平静，而内心却翻腾着汹涌的波涛。

钟文是个急性子，还是没能按捺得住内心焦躁的情绪，败下阵来，只好向凤英问道："他们找你啦？"

凤英点点头，没有出声。过了一会儿，突然，她用一种充满怨愤的眼神望着钟文说："这么大的事，你为什么一直瞒着我？欺骗我？"声音非常尖利。

钟文尽管对凤英的思想变化有了一定的心理准备，但突然向他提出这样的问题，以这样的态度和他说话，还是感到吃惊，更为她带着生硬而质问的口气而感到不满和委屈，冲口而出说："我怎么瞒着你？欺骗你了？"

"你和那个啥子刘景和究竟啥关系？"

话说得很冲，充满了火药味。房间的空气一时变得紧张，仿佛划一火柴就会着起来。

钟文第一次发现，平时态度那么温柔，说话那么轻声细气的姑娘，今天说话竟也这么严厉，这么生冷，这么凶！他一时怔住了！不知怎么回答好？心里就像一锅煮沸的开水不住地翻滚冒泡，心肺一阵阵刺痛，像被锥子锥一样，流着血……

其实，他何曾隐瞒过她？在和刘景和的交往上，他是没有错的，也是问心无愧的！他为他的事落到今天这个地步，完全是无辜的，自己完全是躺着中枪！无论何时何地何人向他问起这事，他始终都是这个态度。他从没有想要也没有必要把这事藏着掖着。他又是那种直性子，光明磊落是他的天性。他一辈子没有说过谎，也不会说谎，尤其对于这样的人生大事，自己所爱的姑娘，更不能有丝毫的隐瞒和欺骗。否则，那就是对他所爱的人的一种不忠，一种亵渎！也有损自己的为人！

他记得，他和她正式确定朋友关系之前，就把自己这方面的情况向她说过了，包括他的家庭，当然还有他受刘景和株连以及他为此而受批判的事儿。在写给她的信里也写得很清楚，写给她的信还在她这里放着呢！也许因为她太单纯，涉世太浅，一直在风平浪静的世界里生活，对社会的复杂性和阶级斗争的残酷性没有足够的认识和体会，只看到眼前一片灿烂的阳光，美好的生活，被甜蜜的爱情所迷幻所陶醉。对自己所爱的人所说的话没怎么在意，没往心里放。也许听了之后也没往深处多想，脑子里没留下什么印象，才以为他没有说。现在问题出来了，又是如此的严重，才觉得事情发生得太突然，才无所措手足，有点接受不了。但对钟文来说，凤英的话，无异是对他内心的一种极大的伤害！觉得冤枉！于是回答凤英的话便带着火气："你怎么这么说话啊？我怎么欺骗你了！我什么时候欺骗你了？我是那种人吗？刚开始的时候，我什么都对你说了的……"

一着急，喉咙自然就高起来，声音里就带着一股冲劲儿。凤英瞪大了双眼，就像一只受惊的兔子，充满哀怨地望了钟文一眼，坐在那里勾着头再不出声，眼圈红红的，在床边抹起了眼泪。

钟文尽管心里满怀气愤，可他心肠很软，见不得女人流泪，看见凤英眼泪嗒嗒的样子，不知怎么好？心里乱糟糟的就像打翻了五味瓶。停了一会，便软下身子哄劝凤英说："你哭什么嘛，有话不能好好说？"

但是，劝了一会，凤英仍然不搭理他，他觉得心烦意乱索然无趣，在床边坐了一会儿，就怅然回到了工地。

分手

钟文闷闷不乐地在工地上了几天班，就像掉了魂一样，干什么都没有劲儿，一副病蔫蔫的样子，又陷入专案组对他审查时的那种精神状态之中。和那时相比，心境又有所不同，心里空落落的，全身的血被抽干，丢了魂儿一样。无论在工地上班，或和小董出去散步，或坐在自己的宿舍，甚至晚上做梦都会想起凤英！近一年来，和凤英的相亲相爱的情景仍历历在目，许多细节都那么真切，像过电影似的不时在眼前浮现——浪漫打麦场，他和她初尝禁果的甜蜜和激情；铁路边那梦幻般的月夜，相互送别的缠绵；那间充满温馨爱意令他神魂激荡的小屋；车站送行时的许诺，她亲切温柔的声音似乎还回响在他的耳边——她等着他探亲回来，等着他作他的新娘子……

一想起此情此景，他就泪光闪烁，鼻子发涩。难道这一切是一场梦，很快就要结束了吗？他怕同宿舍的"泡子"发现他的反常表现，说出去让人知道，看他的笑话，赶紧控制自己的情绪。

"不能失去她，我需要她！"他梦幻似的喃喃地自语着。

过了两天，他又抽空去了一趟灵宝县医院，他企望凤英的态度有所改变，可凤英对他完全是一种应付，态度仍是不愠不火，说话吞吞吐吐非常暧昧，使他不知所云。他预感到他和凤英之间的婚事再也无法挽回。是因为直接说出来怕钟文不能接受，还是怕承担悔婚的责任？这对钟文来说，无异于拿钝刀子割他身上的肉！钟文是那种爽快之人，他做事喜欢干脆利落，或是成或是断，直接说出来岂不是好？这样不冷不热的态度，不知她是啥意思？这让他大伤脑筋，寝食难安，苦恼万分！

事情就这样耗下来了。

那天，他准备写点什么，翻出了凤英送他的那个笔记本，拿在手里久久地抚摸着，触景生情，心里想起了许多往事，不由酸酸的……

又过去了一星期，眼看着就要进入四月，还有一个月就是"五一"，快到他们原先约定的结婚的日子，凤英仍然没有明确的态度。

那天，他又来到县医院，找到凤英，说："你知道今天是几月几号吗？"

凤英说："成天忙得晕头转向，我都忘了时间！"

钟文说："还有一个月就是五一节了！"

凤英佯装不知地问道："五一节咋了？"

凤英的这个态度让钟文十分生气，他很想冲她一顿。但他还是忍住了，说："你真是好健忘，这么重要的日子，在你心里都没有一点影儿？"

凤英说："你是说结婚的事吧？五一节办事肯定来不及了，什么都没有准备，往后推推吧，要不到'十一'也行！"

话说到这儿，明显是一种推搪，钟文再也抑制不住久压在心中的火气，终于从心里崩发出来："你怎么能这样？把结婚当什么啦？把我当什么啦？双方定下的日子，你凭什么想改就改？你既然不愿意，可以给我明说，不应该这样拿钝刀子在我身上割……"说完拂袖而去。

回到工地，钟文萎靡不振的情绪被小董看出来了。

那天晚上，小董叫他出去玩，见他一个人闷在屋里一副没精打采的样子，便感到好生奇怪："小邓，你是怎么啦？身体不舒服了？"

钟文叹了口气："小董，你说，在世上做一个人怎么这么难？"

小董一听，愣住了，好长时间了，准确点说，钟文自谈恋爱以来，他就变了一个人似的，积压在心上的阴霾为之一扫，脸上有了欢乐的笑容，今天是怎么啦？怎么向他问起这么沉重的问题。

小董关心地问："发生了什么事，心情变得这么差？"

钟文闷闷地说："你知道吗？凤英变心了！"

小董瞪大了眼睛："怎么回事？"

钟文便将刘景和越狱，洛阳市公安局怎样在工地调查他，怎样跟踪尾随他到渑邑，怎样从满叔那里了解到了凤英的地址，又怎样对凤英进行威吓的事说了一遍。小董一听，双眉紧皱："这事麻烦了，一个姑娘家哪经得起这样的恫吓？你俩的事八成要黄！"

他沉吟了一会儿，说："这样吧，明天我去找她帮你说和说和，做做工作，看能不能挽回？"

第二天晚上，小董下了班，和钟文一起来到县城。快到医院的时候，钟文便停下了脚步，他觉得没必要和小董一起去医院。小董一个人去，有些话反而好对凤英说。便对小董说："你一个人去吧，我就不进去了，我在这里等你。"

"那好，我走了。"

小董来到医院，找到了凤英，正好凤英没有上夜班，小董在宿舍里见到了她。他也不隐瞒，对凤英说："你和小邓闹矛盾了？"

凤英点点头："嗯。"

"是不是因为小邓以前认识的那个朋友的事呀！"

凤英抬起头望着小董说："小董，你来的正好，我知道你和小邓是朋友，我不妨给你说实话吧。通过这事，我也清醒过来，是该和小邓结束这段感情的时候了。你是不知道。我真是被吓坏了，一想起那个公安说的话，现在我的心还怦怦跳呢！尽管这事过去了两个多月，我也曾试图说服自己接受小邓，但是，实在难以去掉心里的阴影，我再也受不起这个惊吓了！请你转告小邓，我对不起他了，祝他幸福吧！"

尽管小董和她谈了许久，把钟文的情况对凤英进行了解释和说明，但凤英听了，仍然无动于衷，她无法接受这个事实。正如她说的，她心里的那块阴影实在难以抹去。洛阳公安是代表组织找她谈话的，又当着医院党支部书记的面，说得言之凿凿，把问题说得那么严重。在人们的心目中，组织就代表党，难道她不相信党的话而相信个人的话吗？

仔细一想，其实，也不能怪怨凤英，在那个以"阶级斗争为纲"的年代，恐怕大多数人都是如此。而况洛阳市公安局找她的事，在医院已经造成了极坏的影响。传得纷纷扬扬，不光领导知道，还传到了同事那里，这些日子她觉得头都抬不起来。

小董失望而归。

钟文在铁路边的小林子里等到了小董。钟文看见小董的那副沮丧的神情就知道是怎样的结果。但他还是问道："小董，怎么样？"

小董说："没戏。我解释了好久也不行，看来人家决心已定。之所以不给你把事情挑明，是怕你太伤心太难过……"

　　这样的结局虽然也在他的意料之中，但还是有点突然，接受不了。好像他站在悬崖边上被人猛然推了一下，身子虚飘飘的一下子跌了下去，他被摔得粉身碎骨，血肉模糊。小董看着呆立在一旁的钟文许久没有答话，只怔怔地望着空蒙的夜空发呆。便用手在他肩上轻轻拍了拍，说："小邓，别多想了。"

　　听了小董的话，钟文似乎恍然明白过来，不知怎么的，倏然想起了凤英在信上抄给他的那首诗：

　　　　山上青松山下花，花笑青松不如它，

　　　　有朝一日寒霜降，只见青松不见花。

　　如今呢？寒霜降下来了，山下花果然枯萎了；而青松呢？也不见了，被狂风刮得无影无踪，什么都没有了。他感到空落落的，仿佛作了一个梦！

　　——就在这片林子里，凤英曾给了他多么温柔的抚慰，给了他多么难忘而刻骨铭心的爱！往事就像电影镜头，一幕幕浮现在眼前。可倾刻之间，一切的美好的往昔又化成了幻影！难道世上的一切都是假的吗？就像海市蜃楼？为什么会这样？为什么信誓旦旦的山盟海誓都不可相信，说完就完了呢？他实在想不明白！也许世界上压根就没有真正的爱情，所有的爱全都打上了功利的烙印……

　　"这算什么事呢？"小董也在一边感叹着。

　　此刻，小董的心情也十分复杂，他非常理解和同情面前这位遍体鳞伤的朋友——他经受了太多的苦难，经受了太多的打击和伤害！

　　一阵夜风吹来，钟文不由打了一个寒噤。尽管节令早已进入春天，但刮来的风还是寒意凛然，不禁缩了缩脖子。

　　小董看了看呆立在面前默不做声的钟文，蒙胧夜色中，看不清他的脸，只看见一个孑然而立的身影。他不知怎样安慰他好。其实，他很清楚，此刻什么安慰都是多余，都无法抚平他心中的创伤。

　　时间已经很晚，该回去了。他便走过去，生怕惊动他似的轻轻地说：

"小邓，咱回去吧，你也不要太难过了。凡事都要想开些……"

钟文好像在睡梦中被惊醒似的，全身惊颤了一下，跟在朋友的身后，一句话也没说，悄没声地回到了工地。

和凤英分手是一星期后。

常见社会上的一些人，对变心的女友死缠烂打，闹得不可开交。钟文是那种爽快人，说话办事从不黏黏糊糊，干脆利落是他一向的处事风格。既然人家已经变心，不爱你了，强扭的瓜不甜，还有什么可强求的？人各有志不能强免，好说好散。他把凤英写给他的信如数交还给了人家，凤英也把他的信还给了他。

从此两人谁也不欠谁的，各走各的路……

第二十七章　木匠

阴沟翻船

　　列车像一条巨大的长虫，喘着粗气在云贵高原的崇山峻岭之间艰难地爬行，火车轮子发出不堪重负的沉闷的撞击声。一会儿在悬崖峭壁中出没，缭绕着一团团雾气；一会儿又落入山涧深谷，崖壁上的山花触手可及；一会儿又钻入暗无天日的遂洞，隆隆的声音振耳欲聋。坐在车厢里疲惫不堪的旅客，承受不了长途旅行的劳顿，被列车颠簸得一个个成了瘟鸡，爬在座位上昏昏欲睡。列车穿过大娄山穿峡出谷缓慢行驶到四川地界，地势终于平缓起来，山势开始下降，车速才开始加快。车厢两边开始出现了密集的村落和辽阔的田野景色。山岭上，一块块绿色的麦苗和金黄色油菜花在眼前铺开，就像画家的调色板，显示着春天的来临……

　　列车终于来到了广阔的成都平原。

　　大约中午时分，车厢里突然传来列车员叫卖盒饭的声音："盒饭，盒饭！五角钱一份，谁要咧？"

　　列车员是一个矮胖子，声音洪亮，瞌睡中的旅客被这叫卖声所惊醒。一个个抬起头，整个车厢就像突然睡醒似的一下子变得生动，有了活力。旅客们伸懒腰的伸懒腰，打呵欠的打呵欠，掏钱买饭的买饭，吃东西的吃东西。

坐在 12 号车厢厕所旁边紧靠厕所墙打盹的刘景和被走过来的一个旅客推了一下："别睡了，吃饭了！"

其实，刘景和早醒了。

连着坐了十多小时的车，早上没吃早餐，已饿得前胸贴着后背，睡梦中感到肚子饿得难受，猫抓似的一阵阵发疼。这时，再也忍受不了饥火的煎熬，下意识地摸了摸裤兜——扛树得来的钱还妥妥地藏在兜里，带着他的体温——他在昆明被抓进收容所的时候，曾担心收容所的人把这点仅有的钱给搜去。还好，收容所的人并未要他的钱。钱虽不多，区区几元钱，他却视之为命根子。扒上火车以后，他以自己巨大的忍受力抵抗着腹中的饥饿。这会儿，实在抗不下去了。只得将裤兜里一张皱巴巴的五元钞票递过去，要了一份盒饭，随后列车员给他找了钱。

景和接了钱往兜里放的时候，他稍稍瞄了一下手中的票子，虽然没有细看，但凭直感觉得矮胖子列车员似乎多找了他钱。他本想把钱退还给人家，但他犹豫了一下还是打消了这一念头，把钱放回了自己的兜里。

他饥不可耐，顾不得许多，立即打开饭盒盖子。饭盒里是白生生的米饭，米饭的一头有红萝卜块，有土豆丝，有黄豆芽，还有几小块红烧肉！真香啊！口水卟嗒嗒从嘴里滴落下来。他迫不及待拿起饭盒里的筷子，挟起一块红烧肉放进嘴里。顿时，香气溢满整个口腔，油汪汪的猪肉香气在舌尖上漫延滋润，满口生津。他用筷子又捡起一块红萝卜吃了，也很好吃，甜甜的，咸咸的，仿佛这辈子都没有吃过这么好吃的美味。肚里的饥火容不得他慢慢地品尝饭菜的味道，早已伸出一只手，开始往饭盒里抓挠。他飞快地用筷子往嘴里扒拉着盒里的米饭，连同土豆丝、豆芽、红萝卜块和那几小块红烧肉风卷残云似地扫进了嘴里。

感觉还没吃饱，饭盒里还粘着点汤汁，不能让它浪费掉，正当他准备用舌头舔饭盒的时候，景和忽然看见卖饭的列车员板着张脸急匆匆向这边走了过来。他觉得有点不妙，一定是为多找他钱的事，人家迷了过来这会儿特地找来了！果然如此——列车员卖完饭回到餐车算账的时候，发现所卖的盒饭和钱数怎么也对不上数，这才想起给刘景和多找了钱。

本来这是不值一提的芝麻点小事，可在那个斗私批修的年代，人们头脑中一闪而过的私心杂念尚且要想方设法把它弄出来，哪容得这种事发生？矮胖子当然很生气，对着景和大声嚷嚷着："你这人怎么回事？怎么这样不讲道德？"

"咋啦？我咋不讲道德？"

"咋了？你别装蒜！"

"我装什么蒜？"

"多找了你钱，你也不吭声！"

景和自觉理亏，吭吭哧哧搪塞说："谁见你多找的钱了……"

这句话无异于火上浇油，矮胖子更为生气，瞪着两眼仿佛要把景和一口吃下去："你这人怎么搞的？找到你了还不承认？把你口袋里的钱拿出来看看！"

景和只得把刚买饭时找回的那把钱掏了出来。矮胖子伸手一把将票子夺了过去，数了数，果然多出了两角钱！这会儿，列车员越发有理，气势汹汹地对景和说："看看！多找了你钱，找到你头上了，你还抵赖！你这人是啥思想？啥行为？怎么这么不利道？"

列车员常年在列车上工作，旅客鱼龙混杂各色人都有，在这复杂环境的磨练下，对这类事就特别反感，性格自然强势，口气很硬，说话丝毫不留情面，非常难听。就像一些警察，对犯人训斥惯了，对别人说话总爱采取居高临下的口吻，得理不饶人似乎已成了他们的职业习惯。矮胖子一连串的质问使景和十分难堪，好像当着众人的面在搧他的脸，顿感到脸皮发烧。一股被羞辱之后的心头之火直往上窜，回答列车员问话的口气也有点冲。

"你咋这么说话？你给我找了钱，我没有看就装进了兜里，又不是有意黑你的钱……"

话虽有理，但矮胖子正在气头这上，哪肯接受？

"我这么说你怎么啦？我看你这人就是有点不利道！你还强词夺理！你还有理了是不是？"

这一来，矮胖子越吵声音越大，整个车厢的人都围拢来看热闹。旅客们看景和的时候都带着鄙夷的眼神。这时，乘警也赶了过来，对着景和看了看，单凭着景和的外表形象就对他发生了怀疑——在收容所的几个月里，景和虽然理过发，却没有刮过胡子，衣服也洗得不干净。以至于头发蓬乱胡子拉茬衣衫不整。他又是刚从收容所逃出来，也没有顾上把自己收拾一下就来扒车。单从外表看就是一个十足的流浪汉。于是，乘警毫不客气地对景和盘问起来。

"你去哪？"

"宝鸡。"

"去宝鸡干吗？"

"看望我叔叔。"

"你的车票呢？"

景和装模作样地从衣兜里摸起来。

"别磨磨蹭蹭的，赶快拿出你的车票！"

乘警又说了一遍，景和自然拿不出车票。

这就麻烦了，他立即被带到了乘警室。经过盘问，乘警倒没有发现他别的问题，只把他当成了乞讨流浪人员。铁路对这类人从来都感到头疼，非常反感，可又没有别的办法，一般都是将他们移交下一站处理算完。下一站是内江车站，列车到站以后，景和便被乘警推推搡搡弄下了列车，把他移交给了内江车站。内江车站又把景和转送到了内江市收容所。

景和暗自后悔，真不该贪占那么点小便宜而因小失大，将自己搭进了收容所，正所谓偷鸡不成蚀把米，太不划算了！同时又不免感到窝憋，大风大浪都过来了，扒了多少车，都安然无恙，偏在这小小阴沟里翻了船，不该出事的地方偏偏出了事！

这时，他突然想起那位算命青年对他说的话：你往西行不通！不由暗自惊诧！难道冥冥之中真有所谓的命运？景和在社会上流浪多年，从没有算过命。过去，他从不信这个，不相信命运。他觉得，那些有关命运的话题全都是扯淡！

这次是怎么啦……

同是天涯沦落人

内江收容所坐落在靠城北的一所院子里，四周筑着高墙，墙上拉有铁丝网，跟别处的收容所差不多。所不同的内江收容所院子很大，庭院美化得不错，院里种着几棵挺拔的玉兰树，当中是一棵挺拔的罗汉松，四周栽种了一些碧绿的女贞树。花圃里种着不少花草，有大丽菊，蜀葵等。那几间盖着大方红瓦的红砖房，是给收容进来的乞讨流浪人员居住的。住处没有床，人都睡在水泥地上，地上铺着稻草，稻草上铺着破烂草席。一个房间住着五六个人。

刘景和一被送进收容所，监管人员就将他带进了讯问室对他进行了讯问。一个五十多岁脸上有无数麻点的人坐在桌子当中，旁边一个年轻人坐在他的旁边，摊着一本作记录的本子。那人望着景和，以审视的目光盯着他看了看，然后问道：

"你的姓名？"

景和这是第二次进收容所，在昆明已经领教过这个套路，明白收容所要对他的身份进行甄别。这会儿，在心理上自然比上一次进收容所要从容得多，再不像当初那样惶恐不安精神紧张得差点崩溃。

"我叫刘景和。"他平静地回答。

接下来问的是年龄，家庭成份和家庭住址，景和一一作了回答。讯问结束，便将他在收容所看管起来。景和原以为过几天监管人员会要他出外劳动，便可以趁机设法逃走。可是，他没有想到的是，内江收容所对他的审查出乎寻常的严格和认真。

他原籍的地址是瞎编的，无法得到落实，收容所无法将他遣送，他便在收容所羁押下来。就像对待犯人一样，对他看管得很严，连外出劳动也不准他参加，一直把他圈在所里，只让他在院子里活动，打扫卫生，浇浇花，干些杂活。

他为此大惑不解，他们为什么对他看管得如此严厉？

景和后来才听说，原来在不久前，西昌的一所监狱发生了一场犯人暴乱事件，逃跑了不少犯人。警方在各地展开了对这些逃犯的追捕，尽管大多数犯人都已捉拿归案，但仍有一些犯人在逃，不知去向。除此之外，这时全国各地逃窜的犯人也有很多。于是，警方通知各地收容所对近期收容进来的流浪人员，进行严格的审查和甄别。内江收容所生怕刘景和是从西昌跑出来的犯人或是别处的逃犯，才对他采取了如此严密的防范措施。为了弄清他的真实身份，他一次次被叫到讯问室讯问。看管人员还时不时拿着一些从别处转来的通缉令，对他进行比对辨认。

一天，从外地来了几个缉拿逃犯的公安人员，要亲自讯问他。景和猛听到传讯，确实吓了一跳，生怕洛阳公安人员找到这里。当他走进讯问室，面对坐在桌前的外调人员，不由自主地产生了一种羊被赶进狼群的感觉，一颗心嗵嗵直跳。然而，当外调人员刚一开口对他问话，他那颗不停扑腾的心便一下子平稳下来。对方明显带着浓厚的湖北口音，肯定不是河南公安，他便从容地回答了公安的讯问。

不久，又先后来了几拨外调人员，对景和进行了讯问。景和总是先注意他们问话的口音，只要不是说的河南话，他就一点不用担心，按照早就熟稔的答词进行回答。但是，内江收容所仍没有放松对他的警惕，生怕他是一条漏网之鱼，一直严密地把他羁押在收容所里。

他在收容所这一关就将近大半年！

他进来的时候，还是风和日丽的春天，在收容所度过了炎夏和秋季，转眼就到了寒风瑟瑟木叶凋零的冬季。一场冬雨一阵寒，几场冰霜之后，天气一天天变得寒冷。景和穿的衣服非常单薄，挡不住刺骨的寒冷。在昆明时，因为天气太热，棉衣没处存放而给了别人。以至于这时，他还只穿一件薄薄的破毛衣。四川的冬天还是比较冷的，随着一场大雪降临，北风裹着冰雪呼啸着在天空打旋，天气越来越变得寒凝，他感觉自己如同待在冰窖一样。心想："仅凭身上这身衣服是熬不过冬天的，我非被冻死不可！"

不几天，他被冻出了感冒，清鼻涕水不住地往下流。他一边用手揩着鼻涕一边打扫厕所，那个麻脸工作人员正好打厕所经过，见景和抖抖索索扛着扫帚从厕所出来，瞅了他一眼，见他穿得这样单薄，又在咳嗽，关心地对他说："你怎么？感冒了还穿这么点衣服？你的棉衣呢？"

景和说："我没有棉衣，棉衣弄丢了。"

"没有棉衣怎么过冬？这么冷的天气。"

"是呀，我正想找你们呢，我已经冻感冒了，请你们帮帮我，给我弄件棉衣吧，我冷得实在受不了了！"

麻脸看景和的脸被冻得乌青，声音都打着颤，便说："好的，我把你提出的问题，向上级反映反映。"

景和感激地说："谢谢你了，领导，没有棉衣我真的受不了！"

第二天，那个五十多岁的麻脸给他弄了件旧棉衣。棉衣虽旧，穿在身上倒也怪暖和的。这几年的颠簸也锻炼了他的体魄，有了棉衣，身子暖和起来，感冒很快好了。

恰在这时，收容所又关进来一个人——因了这个人，他以后的流浪生活便有了根本的改变——那是后话了。

1973年春节刚过，天快黑的时候，景和听见门外传来一阵杂乱的脚步声，随之"哐当"一声，门被打开，"进去！进去！"监管人员将一个年轻人推了进来。

年轻人表现出一副满不在乎的神情，当他被监管人员粗暴地推搡着来到刘景和这个房间的时候，不满地嚷道："你们凶什么凶？我自己不会走？"

被推搡进来的青年背上背着一个竹背篓，因为房里光线太暗，脚下被什么绊了一下，脚没有站稳，身子不由趔趄了一下，差点跌倒在地，景和赶紧上前扶住了他："慢点！慢点！"

刘景和就着电灯光仔细一看，进来的年轻人年纪和他差不多，个子略比他高些，高鼻梁大眼睛，看起来非常帅气。他的背篓沉甸甸的，看样子里面装了不少东西。景和感到奇怪，进收容所还让带这么多东西呀？当年轻人把背篓放下的时候，景和这才看见，背篓里装的全是刨子、斧子、锯子之类的木工工具，原来年轻人是一个木匠，那些工具是他吃饭的家伙。

年轻人被安排在紧靠着景和的铺位。

也许是感冒了，晚上总是咳嗽不止无法入睡。景和听见咳嗽声，看他一副难受的样子，非常同情，他感冒刚好，知道感冒很让人熬煎的。便爬起来摸了摸他的额头，感觉有点烫手。景和有点吃惊，关心地问："伙计，你怎么？发烧了！身上这么烫？"

年轻人回答说："我好难受，口渴得很……"

"别急，我给你弄点水喝。"

景和便爬起来弄了点水让他喝了，年轻人喝了水，咳嗽多少得以缓减，渐渐睡去。

第二天，吃了早饭之后，景和赶紧帮他到所里找人说了情况，给他弄了点药让他服下。晚上尽管仍然咳嗽，到底轻多了。连着几个晚上，当年轻人咳嗽的时候，景和就要爬起来给他弄水喝。这让年轻人非常感动，他和他非亲非故，却对他如此照顾，年轻人感激地对他说："你真是个好人。"

景和向他摆摆手说："快别那样说。在家靠父母，出外靠朋友！还有一句话怎么说来着？咱俩……同是天涯沦落人。"

"哈哈，你还文绉绉的哩！"

"什么呀，我是跟我过去的一个朋友学的！"

年轻人感冒痊愈后，因景和对他这点照顾，把景和当成了知己，什么话都跟景和说，毫不隐瞒。

原来，年轻人叫蒋小平，因为家庭出身不好，在生产队受人歧视，二十五六的大小伙子，却迟迟找不到对象。也有人帮他介绍过几个姑娘，可女方一打听他的家庭成份，便都黄了。父母担心儿子成不了家，非常着急，四处托人介绍，终于找到了一个愿意跟他的女人。原来这个女人是个二婚，还比他大好几岁。女人听介绍人说蒋小平一表人才长得很帅，便一口答应。在介绍人安排下，他俩见了面。女人当然被小平的帅气所吸引，马上表示同意。而小蒋见了女人却被她的模样吓了一跳！女人长得五大三粗的，没有一点女人味，说话的声音像个男人！他死活不愿意，可父母不依他，说女人屁股大，只要能生孩子，能传种接代就行，非要他答应和女人结婚不可。在父母的干预下，他勉强和那女人结了婚。婚后的夫妻生活是可以想象的，没有一点乐趣，一看见她那样儿他就心烦，不想和她说话，晚上挨都不想挨她。可女人就好那一口，天天想要，不跟她干那事就和他闹。越是这样，小平越是软塌塌的没有劲儿。女人脾气越发暴戾，见小蒋不搭理她就越加恼火，粗起喉咙对他吼叫，拿言语刺聒他，拿家庭成份和他说事："你蒋小平算啥子东西哟，没得一点用哟，还嫌弃我，也不洒泡尿照照自己哟！老娘随便嫁个男人都比你强，老娘嫁了你算是倒了八辈子霉！哪知道你是个银样蜡枪头，管看不管用，不像个男人……"

粗言秽语，不堪入耳，时不时对他撒泼撒野，闹得四邻不安，家里常常沸反盈天鸡犬不宁，父母在一旁直摇头。小蒋心灰意冷心里郁闷，渐渐地开始厌倦那个家。他不愿待在家里，想方设法躲在外边，一出去就十天半月不回家，后来干脆长年开始在外流浪。流浪期间，他跟着一个木匠师傅学会了木工活儿。他头脑聪明，心灵手巧，木工活越做越精，他做的家具深受用户欢迎，他凭着高超的木工手艺，走乡串村给人打家具养活自己。手头有了钱日子就好过多了，老婆怪戾的脾气收敛了不少，有时还想法巴结他，可他已伤透了心，仍对老婆没有好脸色。

说到这里，小蒋非常得意，脸上露出苦涩的笑容。

景和问道："你是怎么被收容进来的呢？"

小蒋告诉景和说，他作木匠活的地点是贵州遵义那一带。因为他是私自出来的，没有公社证明，年底清查户口时被查出来了，被遣送到了遵义市收容所。遵义市收容所又把他遣送到了这里，他已被遣送过几次了。

他看了看景和，说："我家就在内江不远的农村，离收容所很近，估计不几天收容所就会放我出去。我只要一出去，还要出来。我不会在家里看别人的脸，受母老虎的窝囊气！"

他非常自信地说："我想跑，谁也拦不住我的！"

果然不出蒋小平所料，没过几天，小蒋被收容所的人送走了。临走的那个晚上，小蒋对景和说："小刘，我看你人不错，愿意交你这个朋友。你出去以后，要是觉得没地方去，就来找我。只要有我一口吃的，就决不会让你饿着。"

景和原以为小蒋只不过临走时对他说的一些客气话，心想，我出去以后去哪找你呀？没想到小蒋却非常认真，说着便找了张纸，从背篓里找出一支笔，把他的地址写给了景和，叮嘱说："你出去以后，随时都可以到这里找我。"

景和接过纸片看了看，他写的地址竟然是遵义，不禁有点蒙圈："这是你干木工活的地方吗？"

小平看景和的神情，似乎对他写的地址有点不解，便解释说："，小刘，这是我在贵州落脚的地方，纸上写的是我一个好友苗大山家的地址，你只要找到他，就能够找到我。我干活常常居无定所，不通过他，你是找不到我的！"

　　景和听了十分感动，想不到在收容所还能交上这样真诚的朋友。第二天，蒋小平背着工具背篓离开了收容所。

　　冬天就要过去，天气逐渐回阳，庭院里的玉兰花首先绽放，红梅开始吐蕾，桃李次第开花。景和在内江收容所被关押了将近一年。收容所并未查出他什么问题，看管人员渐渐放松了对他的警惕，不知是有意还是无意，麻脸给了他逃走的机会。

　　这天上午，收容所像往常一样，组织人员外出劳动。这本没有景和什么事，不知怎的？那个麻脸看管见了一旁站着的景和，突然对他说："看么子哟，都集合半天了，你还没事人似的在这里晃悠，还不赶快拿上工具，上山劳动去哟！"

　　景和被麻脸看管的话弄糊涂了——被关进这个收容所快一年了，看管人员为防止他逃跑，一直把他圈在所里，不许他越雷池一步！今天是怎么啦？太阳打西边出来了？怎么突然让他外出劳动了？听了麻脸的话，景和感到纳闷的同时，禁不住暗自高兴。莫不是收容所不想收留他了？突然之间，他明白了其中的玄机——想放他又不敢公开放他，万一出什么事怕担责任，便借这次劳动的机会，让他自己逃走！这样一想，内心激动得咚咚直跳。他连忙扛起一把铁锹，随着劳动的队伍出发了。

　　一走出收容所，景和就像鸟儿冲出樊笼似的感到轻松和愉快，眼前的阳光突然明亮了许多，到处亮闪闪的，有点耀眼。天空也好像变得格外高远湛蓝，不时飘过几团棉絮状的白云，在头上慢慢地浮动。猛一来到太阳地里，他被太阳光晒得有点晃眼。双眼闭了闭，渐渐适应了强烈的光线。跟着队伍来到山岭，山野一片青绿，正所谓花红柳绿，春光明媚，鸟在林间歌唱，白云在头上缭绕……

　　春天多好啊！山林多美啊……

　　他们这天的工作是在山上种树，看管向大家交待了几句，大家就开始各自分头干活，挖树坑，栽树苗，浇水。

景和感到逃跑的机会来了——带领他们劳动的看管只有三个人，而参加劳动的收容人员有一百多。一个人管三四十个人，哪管得过来？这些人在山上一分散，就像放羊似的，任凭他们自由活动。

此时不跑更待何时？景和瞅准机会，毫不犹豫地钻进树丛，脚底抹油逃之夭夭。

来到遵义

刘景和几经周折，从内江扒火车来到了遵义。

景和一下火车，抬眼一望，四周全是重叠的山岭，山峦间缭绕着薄纱似的雾岚，使整个城市蒙上了一片神秘的色彩。狂傲不羁的乌江穿峡出谷绵延到了这里，便开始变得温顺，蜿蜒数十里，缓缓地穿城而过，给这座山城增添了无比的秀色和灵气。遵义的街道差不多都是沿河而建，稀稀拉拉的，房屋参差不齐，有些房屋还很破旧。这里的房子大多是砖木结构的简陋民居。沿河而建的木板铺面看起来灰灰的，呈现出老式街道的风貌，看起来非常古朴。街上行人不多，商铺冷落，给人荒凉落后的感觉，与遵义响当当的名字相形见绌。

的确，在中国，一提起遵义，可谓妇孺皆知如雷贯耳。历史上扭转乾坤著名的遵义会议就是在这里召开的——景和在上小学时就已学过了这段历史。刘景和走在街上，产生了无限的联想。他从小就景仰和向往着这个神圣之地，脑海里想象着，遵义一定是一个非常了不起的城市。如今，他莫名其妙，做梦似的竟然来到了遵义。具有讽刺意味的他是以逃犯的身份流窜来的！想到这里，不禁哑然失笑，百感交集！

这是多么诡异的事啊！

他的肚子突然感到一阵抽搐，发出咕咕的声音，实在饿得难受。此刻他急需填饱肚子，别的都无关紧要。他摸了摸口袋，还不错，摸出了一张皱巴巴的纸币，来到一家还开着门的米粉店，买了一碗米饭，狼吞虎咽的吃了下去，连汤都没有剩下一滴。虽然还没有吃饱，肚子好受多了。身上有了力气，他不敢停留，寻找到苗大山家要紧。只有找到苗大山才有东西吃，才能活命。他打起精神，按照小蒋所说的地址，向前走去。打听了好几个人，终于打听到了，便按照别人指点的方向来到了苗大山所在的村寨。

村寨坐落在半山坡上，这里应该属于遵义市郊。站在高处，隐约望见遵义城的部分轮廓，弯弯曲曲的乌江由东而西缓缓流过。江水碧青，江岸绿树成荫，田畴一片金黄，沿江氤氲着一团团雾气，景色十分迷人。村寨背靠山坡，前边是一层层的梯田。这会儿正是稻谷成熟将要收获的季节，一层一层的梯田里低垂着黄澄澄的稻穗，等待人们开镰收割。村寨后边的山坡上长满了各种高的矮的树木和翠竹。旁边零零星星散布着几座同样砖木结构的房子。

傍晚时分，太阳快要西沉的时候，刘景和终于找到了苗大山的住处。只见大门洞开。汗流浃背饥肠辘辘疲惫不堪的他站在门口朝里一望，见屋里一男一女正坐在桌子旁边吃晚饭。女的大约二十三四岁，苗条的身材，椭圆形的脸，模样长得十分周正。景和眼前一亮，真是高山出俊鸟，在这村寨里竟还出落着这么一个漂亮的女人——大约她就是苗大山的妻子。他听蒋小平说过，苗大山的妻子长得非常漂亮，比苗大山年轻好几岁。女人旁边的那个男的，一定就是苗大山了。苗大山看起来却有点其貌不扬，甚至有点丑陋。他个子不高，皮肤黝黑，模样显得有些猥琐。两人站在一起极不般配，景和不由想起《水浒》里的武大郎和潘金莲。

这时，低头吃饭的年轻妇女猛一抬头看见了门口的景和，向他问道："你找哪个？"

声音像银铃，脆脆的。两只大眼水汪汪的，能勾人心魂！景和又看了女人一眼，满头乌发向后梳拢，楚楚动人！他不敢分神，收回目光，赶忙回答说："我找苗大山。"

"你找苗大山么子事？"

女人两只亮闪闪的眼睛望着他，长长的眼睫毛扑闪着，眼里闪着水波。景和自我介绍说："我叫刘景和，我是来找蒋木匠的！"

女人一听说蒋木匠，脸上立即挂满了彩霞，站起身热情地说："快进来！快进来！蒋哥哥早对我吩咐过了，说有一个姓刘的朋友要来找他，要我好好招待你，我天天记挂着呢。你终于来了，前不久，蒋哥哥还向我问起你呢，问你来过没有……"

这时，坐在桌前吃饭的苗大山也站起来和景和打招呼。

苗大山对景和说："你还没吃晚饭吧……"

话没说完，就被妻子一顿抢白："看你说的么子话，他到哪里吃饭啰！这半山腰上哪有饭吃哟？"回头含笑地对景和说："先坐下歇歇吧，我去给你再弄点菜哟。"

景和忙制止说："将就着吃点吧。麻烦啥子？"

"不麻烦不麻烦！你是蒋哥哥的好朋友，就像蒋哥哥到家来一样，蒋哥哥吩咐过的，要我好好招待你！你又是头一次到我家，你先坐着，你不要管哟！不费事的，一会就好啰。"

苗大嫂说完，立马到外边的灶屋忙去了。

景和走了这么远的路，这会儿实在是又饥又渴人又疲乏。有碗饭吃把肚子填饱就已经不错了，哪还管什么菜？但人家执意要弄，也只好由她去。不管怎样，先解解渴再说，他实在渴死了，喉咙里快冒出烟来了！便毫不客气，自己从桌上拿了只大碗，在缸里舀了一大碗水咕咚咕咚喝了下去，喝得非常酣畅。他用袖子擦了嘴角上的水便回到坐位上和大山说话。

通过短短几分钟的接触，景和便看出来，这一家真正当家的应是苗大嫂。

景和坐在那里，向房里扫视了一下，房里的陈设简单而陈旧。贵州山多树多，不缺木头。盖房大多用的是木料，梁和柱都是用粗木头把房屋支成一个大框架，然后用板壁把房子拼起来，房子有些地方用砖头砌了砌。大山家的房子也一样，墙都是用木板拼装成的。他们家共有两间屋，除吃饭的这一间，紧靠这一间开着一道门通向隔壁的一间，可能是房主人的卧室。苗大山说，他两口子在生产队挣工分。

聊了一会，苗大山拿起旁边的一根尺把长的竹烟杆递过来，要景和吃烟："你吃烟哕！"

景和摆摆手："不客气，我不吃烟。"他也开始说贵州话了。

大山也不再让，便闷不做声低下头卟哧卟哧自个儿过烟瘾，呛人的烟草气在屋子里弥漫开来。

看着大山吸完一袋烟，景和便向大山问起小蒋的事儿。大山大致说了一下小蒋的情况。原来蒋小平过完春节就从老家出来了。他就在邻县的农村做木工活儿。由于他木工手艺不错，家具做得细致，在这一带颇有名气，很受大家欢迎，他的活儿总是做不完，提起蒋木匠没有不认识他的。

天色渐渐黑下来，灶膛的火光一闪一闪的，把房间照得时明时暗，隐约看见苗嫂忙乎的身影。不一会儿，苗嫂就把菜做出来了，是一碗香喷喷的炒莴笋，莴笋片中间还夹杂着几片炒腊肉。另外又端上来一碗白米饭，可能怕他不够吃，上面还放着一块煮红薯。随即她又把煤油灯放到饭桌上照明。

苗嫂充满歉意地对景和说："没有啥子招待你的，将就吃一点吧。这点饭怕你不够，给你拿了块红薯，腊肉是上次蒋哥哥来的时候剩下的。"

景和喉咙里早已伸出手来，说："哪里，很不错，给我炒了这么好吃的腊肉，给你添麻烦了！"

说着，他也不用筷子，用手先拿起红薯就吃起来。吃得太快，红薯噎得他伸着脖子，好一会才下去。然后拿起筷子开始扒饭，挟起一片腊肉放嘴里，真香！满口生津！他是第一次吃腊肉。在前进矿支架厂的时候，他早听钟文说过腊肉，湖南人最爱吃腊肉，想不到贵州也有腊肉！腊肉竟这么香这么好吃。虽然有一股烟熏味，但这烟熏味里有一种特殊的香气。怪不得钟文和他谈起家乡的腊肉，馋得禁不住直流口水呢！逃亡几年来，他这是第一次吃到这么可口的饭菜，不由得对大山一家充满了感激之情。

刘景和由于连日的奔波，十分困乏，吃完晚饭，说了一会话，就呵欠连连。大山夫妇便安排景和歇息。睡前，又让景和冲了个热水澡。苗嫂帮他烧好了热水，让大山把热水送到几块木板搭建的冲澡间。

景和感动得不知说什么好，把水倒进大木盆里。他久未洗澡，身上的泥灰有铜钱厚，搓出的垢甲一条条有手指粗，盆里水都变黑了！

洗完澡，整个人都变轻了许多，心情轻松得像要飞起来。随之瞌睡袭来，呵欠一个接着一个，很想倒头就睡。主人看出了他的困劲，要他赶紧休息。他被安排在主人房间的木楼上，木楼板上靠东墙的角落铺着一层厚厚的稻草，上边铺着草席。被子是贵州农村常见的那种蜡染出来的蓝地白花土布被子，这是早就准备的现成的铺盖，很可能是客人来家让客人睡觉用的。最普通不过，但景和躺在上而，却感叹不已，仿佛置身于洞天福地。席子下边的稻草软绵绵的，很有弹性。被子热乎乎的，还闻到一股淡淡的席草的香味，真可谓舒坦无比。是啊，他像野兽似的，离开正常人的生活实在太久远了。自他从新疆开始亡命天涯以来，哪睡过床铺，哪盖过干净被子？无论是在监狱，收容所，睡的都是人挤人连翻身都难的大通铺。房里充满着潮气汗气脚臭气和屎尿气；在逃亡路上，更是居无定所，天天晚上像丧家犬似的四处乱蹿。或在火车站的连椅上躺一晚，或在桥洞蹲一宿，抑或在稻草堆麦秸垛钻一夜……

景和心里不是滋味，但理智提醒他：软弱于事无补，必须坚强勇敢地面对现实，挑战人生。想到这里，他的心平静下来，头刚挨着枕头，就进入梦乡。

见到蒋木匠

第二天，刘景和在大山家吃了早饭，准备去找蒋木匠。临行前，他觉得应该把自己收拾一下，找人理了理发，刮了刮胡子，把自己拾掇得干净利落。一切弄停当之后才离开大山的家——准备去汽车站搭汽车。苗嫂真是善解人意，把他送到了汽车站，还给他买了车票。汽车开动了，他带着无比感激的心情，向车窗外的苗嫂挥手告别。

汽车在大山间颠簸着，行驶了两小时终于到达了目的地。景和从汽车上走下来。观看了一下方向，按照苗嫂所说的方位，打听到了蒋木匠落脚的那个公社，通过多方打听，终于找到了小蒋做木工活的村寨。目光所及的地方，是那种靠山而建的村落，稀稀落落的房子散落在山腰或山脚下。

刘景和快步向前走了一段路，阳光照在身上，身上开始热起来，汗水顺着脸颊流下来。他不知蒋小平在哪家做活？正在他东顾西盼之际，路上走过来一个男人，他便走过去拦住他说："大哥，我向你打听个人。"

那人站住了，望着景和："你要找哪个哟？"

景和说："在这一带有一个做木工活的蒋木匠，你听说过吧？"

那人立即回答道："你问的蒋木匠呀，知道，知道，有这个人！"看来，蒋木匠在这一带果然很有名气。

"他现在哪里干活啊？"

"这个，就不知道了，你得去那个村寨问问，听说前天他还在那里干活哩。"

景和按那人手指的方向，快步向前走去。几经周折和打听，终于找到了蒋木匠干活的地方。想着马上就要见到小平，禁不住一阵激动。

来到了那户人家的大门，往里一看，见小蒋正光着膀子满头大汗在屋门口干活呢。景和一时没有打扰他，在旁边观看着。只见他低头专心地刨着一块木板，刨子发出吱溜吱溜的声音。又宽又长的作凳下边，雪白的刨花锯末铺了一地。木板刨得差不多了，小平拿在手里眯起一只眼瞄了瞄，又将木块放在作凳上用刨子哧溜哧溜刨了几下，随手拿起放在一旁的直尺在木板上测了测。放下直尺的时候，猛一扭头，看见了身后站着的景和，一阵惊喜。立即放下手里的刨子迎上来，握住了景和手："小刘，你来了！这么长时间不见你过来？　怎么回事？"

景和也异常激动："嗨，别提了，在里面出不来。收容所对我看管得特别严，前几天终于逮住了一个机会，我就自个儿跑出来了。"

"我还以为你去了别的地方，不来我这里了呢！"

"怎么会呢？这不，一出来就来找你了！真要给你添麻烦了！"

"看你说啥子嘛？在家靠父母，出门靠朋友，这可是你对我说的哟。小刘，你我兄弟，千万别外气。你来得正好哟，我现在正缺帮手哟！"

景和说："我啥也不会干，我能帮你啥子？"

"你说啥子嘛，"小蒋说，"干木匠活儿，一个人很不方便，有些活如拉长锯锯木板，一个人哪行啊？得有一个帮手才顺手哟。你不会干，这有啥子嘛？谁也不是天生就会干的。以后，我慢慢教你哟。我对你说，木匠活累是累点，学会木匠这门手艺，到哪也不会饿肚子哟！"

听到这话，景和还能说什么呢？他不由对这位萍水相逢侠义心肠的朋友充满感激。

一会儿就到吃午饭的时候，主家果然来叫小蒋吃饭了。

"蒋师傅，吃中午饭吧！"

小蒋连忙对主家说："我来了一个帮手，"小蒋指着刘景和说，"他刚找到我，没来得及给你打招呼，中午也得要你给他弄饭哟！"

主人很爽快地说："没关系，中午正好饭做得多！"

景和便跟着小蒋去吃午饭。

下午，景和开始跟着小蒋学起木工活儿来。

小蒋先教他拉锯——锯子是木匠用得最多的工具，锯木板木条隼头都离不了锯。锯又分几种，锯什么材料用什么锯，锯起来才顺手。拉锯心要静手要稳，锯条锯进木料时要放平，木料才锯得平锯得直。经过几次训练，景和有了感受，把蒋木匠的话牢记于心。干活的时候，用心照着小蒋的话去做，自然很有领会。

接下来蒋木匠又教景和用刨子。刨子也跟锯子一样，也是木工常用的工具。刨子也有好几种，有粗刨、光刨，还有角刨和凸刨。木工拿出一块木料要刨的时候，要先用粗刨把木料表面的木刺和粗糙的地方刨平，然后才用光刨将木料表面刨光。刨木料的时候，还得会用方尺测测刨好的木料的方正。最后小蒋才教景和弹墨线凿榫眼。这是木匠活最关键的技术。小蒋一边做示范一边讲解。景和用心听，仔细看，认真做，他脑子本来就管用。一个多月下来，他就摸到了一些门道，能顺当地帮蒋木匠打下手。

蒋木匠看景和的木工手艺进步得这么快，自然满意。他是那种性格开朗之人，平时好说好笑，景和没来之前，他是一个人干活儿，没人说话，总感到寂寞得要死。景和来了之后，就有了说话的伴儿。干活时，有人跟他做伴儿陪他说话，自然很开心。他对景和一点都不外气，什么都不避讳他，什么都和他讲。有一次说得高兴的时候，把自己的隐私对景和炫耀了出来。

"小刘，你在贵州时间长了，可以考虑成个家，贵州女人很不错的！很懂感情，很有女人味儿，对男人很体贴很疼爱的。只要她真心喜欢你，她会不顾一切地爱你，惦记你。"

景和说："看起来你满有感受的嘛，你是否有了相好的？"

听景和这样一说，小蒋十分得意，脸上露出了笑，说："不瞒你说，是有那么一个女人和我好哩！"

"真的？"

"嗯。"小平点点头，毫不掩饰内心的自豪和喜悦。

景和说："那你快跟我说说，这姑娘现在哪？"

小蒋诡秘地笑笑："你猜猜。"

"我怎么猜得着？"其实，景和已经猜出来了，他在和苗大嫂短时间的接触中，听见苗大嫂一口一个蒋哥哥，叫得特别亲切，他就觉得她对小蒋的感情不一般，只是他想要小平自己说给他听。

小蒋满脸带笑地说："你见过的。你在大山家看见的那个桂花，你觉得她咋个样哟？"小蒋的脸上闪耀着幸福喜悦的春光。

刘景和听小蒋这一说，突然想起大山妻子那双勾魂的眼睛，马上明白了。怪不得呢，景和找她的时候，每当她说到小平的时候，一口一个蒋哥哥，叫得那么甜那么亲热。

景和说："哦，当然不错，很漂亮也很能干的！"

"我和她之间还真有故事哟。"

景和听了小蒋这句话，不免又有点疑惑，人家毕竟是结了婚的呀。便笑着问："你们是怎么认识的？"

"说来话长了。那会儿，桂花还没有和大山结婚，我就和她认识了，渐渐就好上了。我也不知她怎的就喜欢上了我哟。那会儿我在她家打家具，她一有空就来我干活的地方看我干活，和我说话，时不时给我端水喝；干完活，经常给我倒水洗脸洗手，有时还给我洗衣服；吃饭的时候，给我端饭，给我挟菜，表现得特别亲昵，弄得我都不好意思。有一天，她突然问我，蒋哥哥，你有对象吗？我虽然打心眼里喜欢她，但我不敢欺骗她。我说，有呀，我已经结婚，家里有老婆！她听了，脸色很难看，情绪很低落，一天都没说话。但是第二天，她还是来了，仍旧兴趣盎然地看我干活，陪着我说话。还给我拿好吃的东西。她家的活干完了，我在别人家干活，她也抽空跑过来看我。弄得我心里像揣着一只小兔子，我不知怎么弄好哟？一天下午，趁着没人的机会，她对我说，蒋哥哥，晚上去山下的小河边玩哟。我一听，她是想和我约会哟。我当然很高兴，反正我一个人在外，晚上没事干，感到孤单又寂寞，便点头答应了哟。我在干活的主家吃了饭，就悄悄地来到小河边，果然看见她在一棵大樟树底下等着我。我一走过去，她就靠过来大胆地抱住了我，我俩就抱在了一起……"

我问她："你知道我是有家室的人，你为啥子还和我好？她说，我喜欢你，我才不管呢！喜欢你就够了。"

说到这，小平眼睛闪着光芒，似乎还沉浸在甜蜜的浪漫里。

随后，他又深深叹了口气，说："她嫁给大山，实在是委屈了她，好比一朵鲜花插在了牛粪上啰。"

景和好奇地问："后来，她是怎么嫁给大山的呢？"

说到这里，小平却不说了："以后再对你说吧。"

景和也不再问，也许，他猜想，也许桂花的肚子被他弄大了，才不得已嫁了大山吧。

过了一段时间，蒋小平跟刘景和去遵义市买东西，他们就住在大山家。景和发现，大山三岁的小女孩长得很像小平，小姑娘非常漂亮可爱，见小平来了，缠住他叫叔叔。小姑娘由外婆带着，怪不得上次来的时候没见着她呢。

桂花见小平来了高兴得什么似的，当着大山的面和小平眉来眼去。因为大山在旁边碍事，就想法把大山支开，让大山带着小姑娘到外边玩去，她俩在房里调情。

景和也非常知趣，赶紧借故去了外边。

小平和景和来桂花家住的就是景和那天晚上睡过的床铺。

那天早晨一起床，景和起来上茅厕。桂花便趁着景和出去的机会，悄悄爬上了木楼。看见小平坐在床铺上穿衣服，想要起来。桂花着急得不行，不顾一切地扑过去，抱着小平就亲。小平想着景和马上就要回来，怕被景和撞见，使劲把女人推开："桂花，快松手，小刘马上就回来！"

女人粘在他身上像一块牛皮糖，任小平怎么推她，粘在他身上就是不脱身："我不管！我不管！"就像一个任性的小姑娘，把舌头往小蒋嘴里塞，嘴里唔唔啦啦说着话。夏天衣服穿得单薄，桂花身上的衣服早已被挤开，露着两只腾空欲飞的大白鸽，两只白鸽在小蒋的胸前扑腾着。小蒋受不了女人火辣辣乳房的摩擦，嘴里喘着粗气，使劲抱住了女人软绵绵的身子，两张嘴贴在一起疯狂地啃咬着。啃咬了一阵，小蒋抓住两只白鸽一阵揉搓，桂花身子顿时软成了一滩泥似地倒在小平身上，忍不住发出一声叫喊。两人的身上如同着了火一般呼呼燃烧起来，顾不得景和回来不回来，三两下撕扯掉了身上的裤子，两人便倒在了床上，钻进了被窝……

景和从厕所回来，听见楼上响动很大，不知怎么回事？爬上楼想看个究竟。在楼梯口正好目睹了床上翻云覆雨的一幕。景和从没有经见过这事，见此情景，一时目瞪口呆，被臊得闹了个大红脸，赶紧低下头悄没声儿将身子缩了回来，半天没有回过神儿……

独立门户

景和自跟着蒋木匠做木工活，日子过得很不错，也很舒心。首先不用为吃饭发愁，一天三餐由打家具的主家管。到吃饭时候，主家准时会来叫你吃饭。贵州这地方人虽然很贫穷，但招待木匠裁缝之类的手工匠人吃饭却不吝啬。他们自己每天吃杂粮，但做给匠人的饭食除偶尔有点杂粮，如红薯玉米之类，大多是大米饭。下饭的菜也千方百计弄些荤腥，最差也得炒两个鸡蛋。即使家里没有，哪怕借也要从邻居家借来。因此景和自来遵义跟着蒋木匠之后，在吃上没有受过苦。小蒋在钱上也不扣索。尽管景和跟学徒一样，干的是打杂的活。但逢到和主家结算工钱的时候，小蒋总要给景和拿出一些让他花。景和觉得有点不好意思，不想接他的钱。小蒋却不乐意，生气地说："小刘，你做啥子嘛！你我是兄弟，在钱上分那么清做么子？你手里没有一点钱，想要买点么子东西都没钱，那怎么行嘛？"

景和只得接了。

　　景和也很自觉，干活的时候很卖力气，什么活总抢着干，加上他学技术又很用心好钻研。他的木工技术有了很大的长进，不久，就能独自做一些如凳子椅子之类的简单家具，这让小平很满意。

　　但小平对景和也有不满意之处。他自己对景和毫无保留，什么都不瞒他，什么话都对他说，连自己和桂花相好的事，都说给他听，他也要求景和跟他一样，也对他掏心掏肺。然而，景和从没忘记自己逃犯的身份，时时想着河南狱方的通缉令。凡事小心谨慎，把自己的内心世界包裹得严严实实的，从不向外袒露一丝半点。半年多来，没在小平面前谈他个人的事。比如他以前是干什么的？家里都有哪些人？为什么出来流浪？在蒋小平看来，刘景和简直是一个猜不透的谜。有时，小平就忍不住问他，他也总是欲言又止，躲躲闪闪，三缄其口。

　　开始的时候，他以为他就是这么个人，不爱说话。但时间一长，小平渐渐发现，景和并非性格内向不善言谈之人。谈起别的事，却有说有笑，口若悬河滔滔不绝。这让小平大惑不解。他想来想去，没有其他解释，刘景和之所以不对他谈他自己，心里肯定藏着什么事。他不告诉他，归根结底还是对他信不过，没有把他看作自家弟兄。这样一来，他对景和就有了看法。有好几次，竟然在言语中明显流露出对景和的不满。

　　“小刘，你不实在哟！”

　　“小平，咋啦？你咋这么说？”

　　“我知道的，你心里有事，可你总瞒着我，不对我说！”

　　“呵呵，小平，你想多了！”然后付之一笑。

　　景和是那种大度之人，对这小小不然的事不以为意，从不放在心上，该怎么着还怎么着。他怕引起小蒋更深的误会。找了个机会，同他进行了一次较为深入的交谈。

　　他说：“小平，我知道你对我有看法。你以为我不爽气，不和你交心。不是的。你要知道，在我心中一直把你当成我的哥哥。甚至比亲哥哥还亲的哥哥。因为在我最困难的时候，你帮助了我，收留了我，让我有口饭吃。你对我的情义，你对我的无私帮助，我是一辈子也不会忘记的。我的情况不是不对你说，你应该相信，我不是有意瞒你。我的事情你还是不知道的好，知道了对你没有什么好处！但是有一点请你相信，我刘景和绝不是什么坏人。从没有坑害过人，从没有做过对社会对人民不利的事……这一点，从我们相处的这段时间，相信你应该能够有一个正确的判断……"

小平对刘景和说的这一番掏心窝子话，不能不为之感动，感受到了朋友的真诚。但是小蒋是那种有着侠肝义胆敢为朋友两肋插刀的人。他觉得既然是朋友是兄弟，就要患难与共风雨同舟，有什么好隐瞒不好说出来的？脑袋掉了不过碗大个疤……

但景和自有他的主意，仍是一如既往不为所动，我行我素，对自己的身份仍然守口如瓶。

时间一晃又过去了几个月，冬天已经降临，树叶开始凋零，冷风呼呼地刮，天气渐渐冷起来。冬季是农闲季节，社员们从生产队分得了一些粮食，多少分得了一点工分钱，或从其他门路搞了些钱。个别家境宽裕的人家，闲下来的时候就想着添置些家具。这个时候，往往是农村打家具或盖房起屋的旺季。

小平的手艺又比别的木匠精湛，自然请他打家具的人就特别多。他接的活总是干不完。一家还没结束，另一家又找上门来约他。他只好挨着号给别人干，有时打家具的人往往等上一个月才轮得上。一些人未免着急："蒋师傅，你快点帮我打柜子哟，我家老二等着结婚用哟！"

"蒋师傅，像这个样子，哪个时候才能挨到我，轮到你来我家做家具哟，怕要等到明年啰！"

听了这些话，他也毫无办法，向那些说好话往他手里塞香烟的主家摊着手说："我也想快点哟，我也想明天就去你家哟，可我不是孙悟空，没有七十二变，只有两只手，你只好再等等哟！"

　　那人给他出主意说："蒋师傅，你不会再找个帮手，有些粗活要帮手干，活儿不是出得快一些呀！"

　　一句话点醒了小平，是呀，有了帮手，如解木板之类的活就不必自己干，可以腾出手来干那些技术精细的活，进度岂不是快多了？他想起家里的两个兄弟，何不把他俩叫来一个呢？小平当天晚上就给家里写了封信，叫他的小兄弟赶紧前来他这里给他帮忙干活。

　　小平有两个兄弟，皆已成年，都在生产队挣工分。干农活辛苦不说，因家庭成分高，动不动受人欺负，受到旁人的训斥，巴不得像哥哥一样出去找点活干学点手艺，以脱离苦境。接到哥哥的信自然喜不自禁。可信里点明要小兄弟去，大兄弟自然不乐意了，撅着嘴和他爸吵起来："凭啥子不叫我去，要弟弟去？不行，我也得去！"

　　小兄弟说："哥哥不叫你去哟！"

　　老二说："凭啥子叫你去？不叫我去？要去咱俩都去哟！"弟兄俩都争着要出去跟哥哥学手艺，谁也不肯留在家里出苦力，当挖土农民。争来争去吵成了一锅粥。小平爸被吵得头痛，最后无奈地决定："都别争了，干脆你弟兄俩都走，都出去！"

　　于是，两兄弟一起来到了小蒋这里。

　　这一来，蒋木匠干活可就热闹了，加上景和，四个人在一起干活儿，就像小作坊似的闹烘烘的。

　　村寨人冬天没有事情干，闲得无聊就跑来看他们做家具，就像看大戏一样，说说笑笑谈天说地，甚至还有人时不时对他们指指点点，向他们问这问那。

　　一天，一个人竟然发现他们几个人说话的口音不一样，向他们问道："你们四个人说话怎么不一个口音？"

　　小平说："你们问得真怪，我们老家不在一个地方，口音怎么会一样？"

　　他们便好奇地向景和问道："你是哪里人？怎么跑到贵州来了……"

景和被问得冒出一头冷汗。情急之下，他非常幽默地用毛主席语录回答了那人的问话："我们都是来自五湖四海，为了一个共同的革命目标走到一起来了！"那人听了哈哈一笑。

但这事过后，立即引起了刘景和的警觉。这么多人在一起干活，目标自然就大。他们既没有户口，更没有证明，万一有人嫉妒他们，暗中使绊子，向有关人员报告，追查起来，岂不是又要出事？轻则像上次小平那样被送到收容所，重则他的身份就要露馅……

想到这里，刘景和觉得还是和小蒋分开为妙。这会儿，他反正已基本掌握了木工的各项技能，一般的家具活不用小蒋指点，独个儿完全能做出来。只不过没有小蒋做得那么精细，那么漂亮罢了。凭这点技术，他相信养活自己不成问题。

于是刘景和找了一个机会，把自己的意思向小蒋说了出来。

"小平，我想单独出去闯闯，总是跟着你，不独立操作，手艺不会长进。我看你现在已不缺人手，我离开这里，不会影响你干活，你考虑一下。"

小平觉得景和说得也对，自他两兄弟来了之后，已不缺帮手，既然景和想独立门户，何尝不可？他便不怎么挽留，爽快地答应了景和的请求："那也好，你先一个人干着试试，不行再回来找我，我随时欢迎！"

话说到这里，景和十分感动："你真是我的好哥哥！"

小平说："你先别着急，过几天我俩一起去遵义，我给你买些干活的家伙，没有家伙，你出去怎么干活？"

小平真是一个讲义气够交情的人，景和临走的时候，给他配齐了全套木工工具。有些新买来的工具不太称手，他把自己用惯了的，景和也喜欢用的几件工具送给了景和。那天，在遵义，他还和景和一起参观了遵义的名胜——遵义会议旧址。

当刘景和背着工具箱和他告辞出来的时候，蒋木匠把他送出很远。直到看不见他的人影，他才转身回去……

第二十八章　结婚

相亲

钟文与凤英分手之后，他对凤英不免产生了怨恨。觉得她太无情，太狠心，思想转变得太快，说变心就变心，经不起一点风浪的考验！原来她对他那么好，相亲相爱，情意绵绵，居然说断就断了，全不念往日的情份。看来，世界上的女人是靠不住的。他又一次尝到了失恋的滋味。可以说，这一次和凤英分手，对他心灵上的打击比上一次更大，伤害更重，对他情绪的影响也更深。上一次他和司慧梅分手，尽管他也曾失魂落魄痛苦不堪，但他和司慧梅毕竟还只属于一个人的单相思，和司慧梅并没有实际性的接触和纠葛，人家也没有对他有所允诺，况且他对司慧梅的那种感情是朦朦胧胧的。自己还在一定程度上把握着主动，最后的分手还多少带有长痛不如短痛的意味。

而这一次，却是致命的，刻骨铭心的，事情发生得那么突然，结束得那么迅速，使他猝不及防，心理上一点准备都没有。仿佛在他酣然入梦的时候，突然有人在他头上打了一闷棒，在他好端端的身上突然被划了一刀，露着血淋淋的肉……

时间是治疗内心伤痛的良药。

随着时间的推移，渐渐地他也想通了。回想这事的全过程，也不能全怨凤英。站在人家的角度，她做出这种选择，是完全能够理解的。换了另一个人差不多也会这样做。他家庭成分高，突然又出现了这种事，洛阳公安把问题说得那么可怕那么严重，在他头上加上了那么吓人的罪名，搁谁都受不了。谁还敢和你谈情说爱？和你结婚？一辈子都将担惊受怕，连下一代都会受到连累……

钟文感到惟一没法交代的是母亲。

他和凤英分手的事，母亲好长时间都不知道，他怕母亲难过，给家里写信的时候，叫兄弟替他隐瞒着，母亲一直蒙在鼓里，母亲还当他结婚了呢！每当母亲要青子给他写信，问起他结婚的情况，青子只好编些瞎话应付。但是纸包不住火，一次，青子在母亲面前说起哥哥的婚事时不小心说漏了嘴，让母亲知道了他和凤英分手的事。母亲非常难过，这无疑给母亲又添了心病，晚上又开始睡不好觉。

眼看着天气逐渐转凉，这一年即将过去，单职工一年一度的探亲假又将来临。钟文心里未免有点忐忑，探亲假回去的时候，他将怎么面对母亲？母亲问起他的婚事，怎么对母亲说？母亲一定会伤心死的！想到这里，不由愁肠百结。

恰在这时，钟文接到了满叔的一封信。满叔在信上说，满婶在孟津县给他物色了一个对象，要他赶快去和姑娘见面。

钟文知道，他和凤英分手，满叔感到自己负有很大的责任，他为此感到深深的内疚和自责，心里一直不安——侄儿年纪一年年大了，加上家庭出身不好，好不容易谈了个对象，却因自己的失言，让人钻了空子而棒打鸳鸯风吹杨柳功败垂成！于是千方百计进行补救，可是他所在的单位是煤矿，女工本来不多，况他又不善交际，认识的人十分有限，满叔只好把钟文的婚事寄希望于满婶。满婶来矿上的时候，他就不停地在满婶的耳边吹风。满婶一回去，给她写信催促。满婶只好四处托人介绍，好不容易帮他物色了一个对象……

钟文向凌师傅请假，说了他准备去孟津见女朋友的事，凌师傅非常理解，满口答应，准了他的假。他有两天加班调休，又利用了一个星期天，就来到了孟津县医院，见到了满婶。

满婶向钟文介绍了姑娘的大致情况，姑娘虽是农村，却在县服装厂干合同工。钟文听了满婶的介绍，在心里掂量了一下，自己是这样的成份，有什么办法呢？也只好将就了，想着合同工有转为正式工的希望。这是最为重要的，他看重的就是这个。过去，也有人给他介绍过几个农村姑娘，可他一听说就回绝了。他不想在农村安家，在农村安家会带来许多意想不到的麻烦。

满婶听了他的意见，说："我一会儿就把她叫来，你和她见见面，说说话。"

他说："也行，先见见面，看情况再说吧。"

在满婶的安排下，钟文和那姑娘见了面。

见面的地点是在满婶家里。姑娘姓许叫素菊，在县城服装厂干临时工，家在县城附近一个叫马下河的农村。素菊跟钟文一样，也是姐弟仨。她是老大，下边是两个兄弟；她也是父亲早逝，姐弟仨由母亲拉扯大。她作为家里的长女，自然吃了不少苦。素菊中等往下的个子，比凤英略显高一些。长相很一般，是让男孩子看了不动心的那一类女孩。钟文第一眼便有点不太满意。但细看，还算可以，比较耐看，皮肤白净，细嫩，所谓一白遮百丑，这样的肤色农村比较少见。也许皮肤本来就好，又是长年在车间干活晒不着太阳，显得特别细腻红润，是白中透红像桃花初绽的颜色，洋溢着青春少女的自然美。可惜脸形稍有点宽，不怎么圆润，眼睛也有点小，要是脸型周正一些，眼睛大一些就好了。

姑娘在钟文的注视下显得有点拘谨，羞答答的低着头，没敢看钟文一眼，也不说话，眼睛不安地盯着脚下的地，两只手在前面相互绞来绞去。

钟文本来也不善于接近女孩子，在工地见了女孩子还没说话就脸红。一副害羞的样子。因为有了和凤英谈恋爱的经验，变得老练了不少，这会儿态度便显得较为从容。他今天的穿着打扮看起来也颇为入时，外边穿一件豆绿色咔叽布纯驼绒毛大衣，里面是带拉练的黑色灯心绒夹克衫，下着一条深灰涤纶裤子，脚下是一双擦得发亮的黑皮鞋。而姑娘穿的则是一件红白相间花格上衣，下边是一条劳动布裤子，脚下是一双自做的条绒方口布鞋。与钟文相比自然就显得有点土气。

这一来，钟文心里就有了自信。钟文觉得老不说话也不是个事，其他方面他从满婶那里已基本了解，只是文化水平怎样？读过什么书？心里还没有底——这是他最关心的。便向姑娘问道："你在家都上过什么学？"

姑娘回答说："俺家穷，上不起学，俺是小学毕业。"

他心里楞登了一下，皱了皱眉，文化水平太低了，最起码也得初中毕业吧。这与他原先的期盼有点距离。农村的小学，学不到什么知识，只不过多少识几个字而已。

钟文对姑娘说："你对我的情况了解吗？"

这一回，她总算抬起了头，看了钟文一眼："王大夫把你的情况都对俺说了。"

"我的家庭成分不好，你知道吗？"

"知道，俺不嫌弃。"

"我们是流动单位，到处搬来搬去，没有固定的地点。"他想把自己的不利条件说严重点，以让姑娘先打退堂鼓。

"知道，王大夫给俺说了。"

"我婶还给你说了什么？"

"俺听王大夫说，你文化很高，爱学习。"

"哪里呀，你别听差了，我文化不是很高。我喜欢学习喜欢看书倒是真的。现在社会上都说知识无用，有许多人讨厌别人看书，你不反对看书吧？"

"看你说的，你爱学习爱看书是好事，俺咋会反对哩？我爷爷还当过教书先生哩！要不是俺家穷，我可想上学了！"

姑娘的回答很合钟文的心意。这会儿姑娘似乎去掉了思想顾虑，话也多了，也不那么拘束了。

原来她并不是一个闷嘴葫芦，话头还是很多的。

这使钟文对她产生了一点好感，又进一步问道："你对我有什么意见？"

姑娘看钟文一眼，不说话了，脸红红的，一副羞羞答答的样子，犹豫了一会，还是把要说的话说了出来："俺对你没意见，俺农村人，条件差，只要你愿意，俺就愿意。"声音怯怯的，勉强才听清。

这样的结果钟文当然料到了，他觉得这姑娘有意思。

也许是缘分

钟文从孟津返回到工地，一直处在矛盾之中，内心很煎熬，思想斗争非常激烈。满婶给他介绍的素菊姑娘，总体印象还是不错的。将来肯定是把过日子的好手，如果和她结婚，在今后的生活道路上，哪怕再苦再难，也会勇敢面对默默承受，能和他走到底。只是素菊文化太低，和她在一起生活，肯定没有共同语言，她不会理解他内心所思所想，更不会懂得他内心深处的精神世界和情感需求。一辈子和一个不理解自己，不知道自己内心想法和精神追求的女人在一起生活，这是多么痛苦的事啊！如果这样，他和她纯粹就是柴米的夫妻了！如果他不接受她，错过了她，又哪去找自己理想的姑娘呢？唉，在当下，他有条件有资格任意挑选对象吗？穷人莫择妻，这话说得多么准确啊！是啊！他已丧失选择的余地！正如一句名言所说：人家挑剩下的才属于你！在这个世界上再也难以遇到心满意足的姑娘了！他不禁又想起了司慧梅，那个远在天边的姑娘，犹如天上的一朵云彩。如今她在哪里呢？想到这里，他的心里就像打翻了五味瓶，心里涩涩的……

白天还好，一到晚上，他就感到格外凄楚，好几个晚上他都无法入眠，窗外索索的寒风一阵阵敲打着窗棂，望着冷寂的夜空，喟然叹息……

直到施工队的单职工们陆续开始回家探亲，钟文还没有做出最后决定。时间已容不得他再作迟疑和延宕，必须立马做出决断！

此时此刻，他的内心有一种说不出来的烦恼和苦闷。仿佛感到四周有一股无形的力量在向他挤压，向他逼迫——这其中有他的亲人和朋友。尤其是母亲，总是在信中催促他赶快结婚，把新媳妇带回去。名江也多次在信里劝说他面对现实，抱务实态度，快刀斩乱麻，尽早解决婚姻问题。他知道，他们都怀着一颗关心爱护他的心，都是为他着想为他好。

除此之外，班组那几个也在看他的热闹——和凤英分手，曾让他们高兴了一阵子，时不时在一旁冷嘲热讽。从反面也给他造成了巨大的心理压力。所有的因素叠加在一起，如同一张大网，把他束缚得紧紧的，挤压得他简直透不过气来，想挣脱也挣脱不了——他实在不想让母亲再为他操心和担忧，以致整宵整宵睡不着觉；也不愿让朋友们失望，为他的婚事操心劳神；更不想让班组那几个人继续看他的笑话，说他连对象也找不到……

为了争一口气，哪怕前边是火坑也得跳，咬紧牙关跳吧……

其实，仔细想想，结婚就是那么回事，什么爱情，什么浪漫。这些对他来说无疑如镜里花水中月，今生今世已与他无缘，在他心里已经死去，摆在他面前供他选择的只有不平等不匹配的婚姻！人活在这个世界上，是不以自己的个人意志为转移的，也许这就是命，还是认命吧，何必为那得不到的东西而烦恼，而为之苦苦追求呢……

怀着难以言说的复杂心情，向工程处一个四十多岁，为人忠厚的秘书，简单介绍了情况，开了张结婚介绍信。

人常说，洞房花烛夜是人生两大快事。可他一点没有感觉马上当新郎的那种渴望和激情，更没有那种刻骨铭心的愉悦。当他怀里揣着结婚介绍信来到孟津的时候，心里沉甸甸的，像是丢失去了什么珍贵的东西似的，内心怀着无比的惆怅和酸楚，憋闷得只想流泪！

那天，正刮着大风，阴沉的天空像要被大风搅翻一样，天地昏暗，树枝摇曳，沙尘滚滚。他顶着呼叫的大风坐火车在洛阳下车后，又坐上汽车，在孟津汽车站下了车，风还在强劲地刮，刮得他抬不起头来，他只能卷曲着身子顶着大风艰难地来到了县医院。

满婶正好在家，听见有人敲门，拉开门一看，惊讶地说："是钟文呀！刮这么大的风，你怎么来了？快进屋吧！"

钟文的到来让满婶有点意外——自那次和素菊见了面，他返回灵宝之后，两个多月了再无音信。

"你是咋回事，和素菊见了那一面，回去以后，这么长时间，连封信都不回，你对素菊的意见究竟怎样？我还以为这事黄了呢！"

从满婶的话里，明显带有埋怨他的意味。钟文不好意思地说："满婶，这段时间我一直在考虑这事，好难下决心啊！"

满婶理解地说："我猜想你对素菊不太满意，而难下决心。可现在就是这样的现实啊。"满婶停了停，换了个口气说："你知道吗？素菊这个老实的姑娘还在等着你的消息哩！因你没有给我准信，我对素菊也不知道说什么好？偶尔在路上见了她，总感觉有点不好意思。"

钟文充满歉意地说："唉，真让你作难了！"

"自家人，说这干啥？"

确实，满婶对钟文非常同情，钟文无论哪方面都是个优秀的青年，应该找一个比较合适的对象。可在以阶级斗争为纲的社会里，有啥法子呢？她也曾多次找人在县城给他介绍对象，有几个姑娘听了她的介绍看了照片都很满意，可一说他的家庭成份，就都拒绝了！连见面都不愿意。只有素菊姑娘同意和他处对象，和钟文见面之后，非常满意，一直等着他呢！

满婶说："你这次来，到底打算咋办？"

"满婶，我打算和素菊结婚算了！"

满婶听钟文说要与素菊结婚，颇感意外："你想好了？"

钟文点点头说："结婚介绍信都开好了！"

满婶不再说什么，得赶紧把消息转告素菊，安排素菊前来和钟文见面。便对钟文交待说："你在家等着我，我去叫素菊过来。"

满婶将头巾包好，打开屋门，顶着风沙，走了出去。窗外是灰蒙蒙的天空，风还在刮，这场大风降温已经连续好几天了，从天亮开始，大风就鬼哭狼嚎似的呼啸而来，不遗余力地发挥着它的淫威，像要将地上的一切东西掀翻，把天地翻过个儿……

钟文怀着茫然和无所谓的心情在房里等待着素菊的到来。

此刻，他的心情像这恶劣的天空一样沉重而晦暗，许多往事浮上心头，像电影镜头在眼前闪现。有司慧梅，有凤英，以及别的人……一时百感交集，鼻子涩涩的，真想大哭一场！其实也没有任何人逼他，他完全可以走掉，不必和素菊见面，可他却像掉进了一个无以自拔的陷阱，动弹不得，想要挣扎出来已不可能，只好接受上天的安排了。想到这，他再也忍不住内心的悲哀，眼泪夺眶而出。他站起身，从自己的挎包里拿出钢笔和信纸，铺在桌上，为埋葬他心中美好的爱情，准备作一个祭奠，写一首挽歌！他要给他的好友王名江写封信！他爬在桌前，任涛涛的情感如奔腾的江河，一泻千里，毫不隐晦地挥笔直书，向好友诉说着此时此刻他心中的惆怅和伤感……

名江：当我提起笔来给你写这封信的时候，心里犹如坠着一块沉重的铁块。都说洞房花烛夜是男人最幸福最开心的时刻。而我却一点体会不到这种快乐，哪怕一丁点也行。我此刻的心情，感觉仿佛办丧事一样沮丧，心里有的只是痛苦和悲伤。明知如此，可我还得硬着头皮和人家结婚！为什么？为什么我是这样的不幸？我明明知道前面是一个陷阱，可我还得心甘情愿往里面跳！难道这是所谓的命运么？命运对我太不公平！太过残酷……

满婶回来了，看见钟文两眼泪花，颇感惊讶，愣了一下说，"你没事吧？"钟文擦了擦脸上的泪痕，苦笑说"没事。"满婶这才告诉他说，素菊下班之后就来，说完带着复杂的感情走开了。。

天将黑的时候，刮了一天的西北风终于停止了尖利的呼啸，阴沉的晚云逐渐散开，西边天空现出了夕阳的余晖，千万道金色的晚霞从暮云的缝隙里放射出来，大地被映照得一片橙红。

奇迹似的，钟文郁闷的心情随着天气的转好，突然开朗了许多。当素菊到来的时候，他不再感到压抑，心情也变得轻松了许多。

素菊进门之后，笑着和满婶打了招呼，便在满婶房里坐下来，满婶和素菊说了几句话就借故出去了。

房里只剩下了两个人。

钟文惊奇地发现，和第一次见面相比，素菊有了明显的改变，仿佛是另一个人，看起来漂亮多了。也许她来之前，经过了一番收拾——头发明显刚刚洗过，蓬蓬松松又黑又浓，前面一束刘海覆盖在光滑的前额上，浓密的头发将半边脸遮住，散发出一股淡淡的香皂的气味。裤子仍是那件蓝色劳动布裤子，而衣服却换了一件蓝地白碎花的罩衫，剪裁得较为合身，不胖不瘦，显现出凸凹有致的身材，脸仍是那种健康的白里透红，像喝了酒似的一派酡红，显露出一股妙龄女孩的青春亮丽。一扫头一次见面时的那种山里的土气。尽管她仍面目含羞，不敢直视钟文，却消去了第一次见面时的卑怯，间或大胆地打量钟文一眼。让钟文奇怪的是原先纠结在他心中的那种沉闷和抑郁，这时竟无形中消散。蓦然间他对她产生了一种好感和爱怜的情愫，一股激情在心里暗自涌动。连他自己也为这种心境的突然变化而感到莫名其妙，说不清究竟是何原因。难道他和她之间真有所谓的缘分？

这时，素菊见钟文久不说话，看了钟文一眼，说："你啥时来的？这么长时间都没有你的音讯，我以为你不来了呢！"

"哪会呢，我这不来了吗？"

"你在工地很忙吧？"

"还好，你呢？"

"忙，车间天天要我们加班赶任务，完不成任务不让我们下班。"

钟文突然来了兴趣，说："你真的很在乎我吗？"

"看你说的……"

"你看中我什么？"

素菊看了看他，不做声了，低下头，好一会儿，才小声地回答说："你知道的，还故意问。"

"你不说我咋知道？"

"你人好……"话没说完，脸就羞成了一块红布，样子十分可爱。

钟文相信她说的是真话。但他明白，还有一个原因她没有说出来，如果他不是工人，她还喜欢他吗？

他便继续问道："还有什么？"

而素菊却怎么也不言语了，红着脸，低着头坐在那里，两只手相互绞动。

看来素菊是聪明的，这让钟文非常感动。和素菊说了几句话，钟文就直截了当地向素菊说了自己的安排。如果她愿意，他俩马上结婚，要素菊跟他一起回湖南老家过春节。素菊怔了怔，还是很爽快地答应了，而且不带任何别的附加条件。

她说："你说咋着就咋着，俺都依你。"

这简单朴实的话，表露了她的心迹。他不知道素菊为什么对他这样钟情？他们之间才见两次面，在一起才呆了几个小时，她竟敢毫无保留地把自己的一切托付给他！

钟文在欣喜之余，想起和凤英谈对象的往事，不免又有点担心：素菊自己愿意，而他的家人是否愿意呢？她母亲就只有她这么一个闺女，女儿突然嫁这么远的地方，又是一个不知根底的南方人，一下子跟着人家千里迢迢去南方老家结婚，家里人难道没有想法？然而，素菊的回答却十分果断："俺妈说了，只要俺愿意，俺妈也没有意见。那天，俺和你见面的时候，俺妈在一边看了你的，俺妈对你印象很好。情放心，你啥时走，俺跟着你走。"素菊回答得非常干脆。

钟文开玩笑说："你就对我那么相信？你不怕我把你拐走。"

一句话把素菊逗笑了："看你说的，你是那样的人吗？"

回头看钟文一眼说："你是不是笑话俺笨？俺农村人实诚，有啥说啥，不来虚的。"

事情进行得这么顺利，看来，素菊铁了心要跟他。有一个姑娘真心爱他，毕竟是件值得高兴的事。钟文心里暗想：难道冥冥中注定他和她要成为夫妻？

窑洞

第二天，钟文在县城稍买了点礼物，由素菊领着，一起去素菊的马下河家。

老天好像特地祝贺他俩似的，刮了几天的风终于停了，迎来了一个难得的风和日丽的晴天。走在路上，冬日的阳光暖暖地照在身上，让人感到非常舒服。抬眼四顾，野地里还残留着昨天大风肆虐过后的痕迹——沟边被吹倒的荒草歪斜着身子，沟底和土坎下积满了被风扫刮过来的枯叶，地里低矮的麦苗紧贴着地面，土路上的浮尘也被大风吹得精光，露着坑凹的实地……

马下河大队在孟津县城的正南边，离县城大约八里地，要翻过两个小山岭。一路上两人说着话，倒也开心，不一会就走到了。

一条小河出现在眼前——这是洛阳四大水系之一的瀍河的上游。隐隐约约可以看出河床宽阔的轮廓，河滩上这里那里堆积着大大小小的石头。估计石头是过去发洪水时从上游的山里冲下来的，已经打磨得十分光滑。从河滩的形状和堆积的石头看，在许多年以前，这条河的水量一定很大，河水涛涛，波浪滚滚。而现在，河水已经干涸。一眼望去，只有一条弯弯曲曲的小溪时断时续地向东流淌。宽阔的河滩，大部分已经开辟成了庄稼地，有的地块闲着，有的种着蔬菜，有的种上了麦子。

他们踩着几块列石过了河。出现在眼前的是一条南北走向很深的狭长的深沟。很显然这是长久的山洪冲刷而形成的。一条土路通到沟里，这就是许家沟。沿着沟越往里地势越高，最里边连到了山脚下。沟里住着一个生产队的人，都是一个姓，一个老祖宗的根脉派生出来的后人。

钟文由素菊领着沿着沟边的土路继续往里走，钟文好奇地一边走一边观看着，沿着沟两帮的土崖下边，全都是人工开挖出来的清一色的窑洞。依着地形，有些窑洞连在一起，有些互不相连，错落有致地建在土崖下边。每一个窑洞的前边都有一个小院子，用土坯或用篱笆围起来，中间有一个院门。

又走了一会，素菊说了声："到了，就这里。"

钟文一看，隔着深沟，靠右边的土崖下出现了两孔窑洞，窑洞前边用土坯围着一个小院。他们走过几根木头横架在水沟上的小桥，来到了窑洞前边的院门。院门十分简陋，也是用土坯砌起来的，上边盖着青瓦，两边的门柱是用木头做的，门板是用几块木板拼成的，看起来极其粗糙，也许年深日久被风雨侵蚀得裂着很深的缝，显得凹凸不平。

门楼的两扇旧木门虚掩着，素菊推开门进到了院里，并排两口窑洞显现在眼前。

素菊对着窑洞大声地叫了声："妈！"

随即，一个皮肤黝黑的老婆从窑洞走了出来。钟文见了，不禁有点疑惑——素菊跟他说过，她妈还不到 40 岁，而面前的老婆看起来至少五十出头。脸上的皮肤不光黎黑还很粗糙，且打着皱，和素菊白皙细嫩的皮肤形成鲜明的反差。钟文疑心素菊妈不是她的亲妈。正在钟文思想走神的时候，从窑屋里又走出两个年轻小伙子。钟文猜想这俩青年一定是素菊的兄弟。素菊说过，她的大兄弟在生产队当记工员，小兄弟还在孟津一高读书。大兄弟皮肤稍黑一些，腼腆得像个小姑娘；小兄弟和素菊有点相像，是那种白皙的皮肤，人也长得帅气。小兄弟到底是高中生，比他哥大方，主动迎上来和钟文说话，很热情地把钟文领进了窑洞里。

钟文是第一次走进窑洞，他对窑洞的全部印象来自电影里延安的窑洞。当他一脚踏进窑洞的时候，一股热气扑面而来。外面正是数九寒天寒气袭人，想不到窑洞里竟这么温暖，让人感到暖烘烘的。怪不得人说住窑洞冬暖夏凉。只不过在温暖的感觉中，又闻到了一股地下室常有的那种霉味。这大约是窑洞空气不流通的缘故。

钟文饶有兴趣地对着窑洞看了看，无论从外形到内里，素菊家的窑洞跟电影里延安的窑洞大同小异。只是延安的窑洞看起来宽敞明亮，而素菊家的窑洞狭窄阴暗些而已。钟文所在的这个窑洞是素菊和她妈住的，而两个兄弟住在另一个窑洞。另一个窑洞和这个窑洞是并排的，钟文在素菊和素菊兄弟的陪同下，又去那个窑洞看了看，开间显然比这一间狭窄，还兼着灶屋，煤火就垒在窑洞的门口。

素菊说："天气暖和以后，灶火就搬到外边。冬天太冷，只好临时搬进来做饭。"

两个窑洞陈设都十分简陋。除了床和几条旧板凳，别无余物。

素菊说："我们这里，大家都住窑洞，不像你们那里人都住房子。"

钟文说："那有啥？住窑洞有住窑洞的好处，冬暖夏凉嘛。"

"你还是第一次来窑洞吧？习惯吗？"

"习惯。有什么不习惯的。毛主席还住过窑洞呢！"

一句话，把素菊逗笑了："看你说得真美。"

"本来嘛！"

素菊又谦和地说："俺这里条件不好。"

钟文连忙接过她的话头："只要你好就行！"

他见兄弟出去了，窑屋没人，拉住了素菊的手，但被素菊推开了："看你，一会他们还要过来哩！"

转眼间，中午到了。素菊妈给钟文做了一碗面条。面条是纯白面手工擀的。没有菜，面条上面放了点蒜泥，河南叫蒜面条——而这已是最好的招待了。家里白面很少，而他们全家人吃的则全是红薯面饸饹。这地方属于邙山腹地，土地虽多，却终年干旱缺雨，小麦产量很低。夏季麦罢，一家几口能分到几十斤麦子，吃不了几个月就完了。粮食作物只适合种红薯和玉米。因此这里的社员一年到头几乎顿顿都以红薯为主食。蒸红薯，烤红薯，红薯稀饭，红薯面窝窝头，红薯粉条，红薯面条，红薯面饸饹，离开红薯就不能活。他们湖南老家也种红薯，稻谷产量有限，全靠红薯弥补，红薯能抵半年粮。这真要感谢几百年前那个费尽千辛万苦冒着危险从南洋把红薯种带回国内的徐光启先生，因为有了这红薯，不知救了多少老百姓的性命！

晚上，吃的是小米红薯稀饭，下饭的菜只有一小碗白水煮萝卜，连油都没有放。尽管这会儿离春节没有几天了，却见不到杀猪宰羊的过年景象，整个村子冷冷清清死气沉沉的，没有一点生气，感觉不出一点年味。

夜里，又发生了一件尴尬事。

钟文睡前有洗脸烫脚的习惯——从工地出来已两天了，很想用热水洗洗脸烫烫脚。他等待着素菊把热水给他端来，然而等了好久却不见动静。也不见素菊家有人烧水，便不好意思地对素菊说："我都几天没洗热水脸了，脏得很，你能不能给我弄点热水让我洗洗。"

听了钟文的话，素菊仿佛没听懂似的对他看了看，迟疑了一下，才明白过来。

钟文哪里知道，此地农村和南方不同，当地人甭说睡觉前洗脚，平时连脸都不洗的。邙山缺水，他们这个生产队也一样，整个一条沟才一口水井。用水都是到井边用辘轳将几十米深的井水绞上来，然后担回家。生产队那么多人都要从井里绞水，往往排着长队。担一担水很费事的，因此水在这里非常珍贵。

钟文也曾听说过北方有些地方人有不洗脚的习惯，想不到，素菊家竟也如此，让他碰上了。他感到非常惊讶，也很震撼。

面对钟文的要求，素菊有些为难，他们家不光不洗脚，连个像样的脸盆都没有，平常洗脸只有一个瓦盆。素菊迟疑着来到灶火，用锅子烧了点水，用瓦盆盛了给钟文端了过来。

而毛巾又成了问题。

钟文来的时候，毛巾放在满婶家，忘了带来。

钟文说："毛巾呢？我忘了带毛巾。"

素菊为难地返回那边窑洞，好大一会儿，才拿了她们家的洗脸毛巾过来，不好意思地递给钟文，说："俺家就这毛巾……"声音像蚊子哼似的，说完，脸红到耳朵根。

钟文接过毛巾一看，毛巾脏兮兮的滴着水，拿在手里粘乎乎的，毛巾显然刚刚洗过，是没有肥皂洗还是怎么的？黑乎乎脏兮兮的，连人家的抹布都不如。钟文用劲拧了拧，流出一股黑水，这样的毛巾怎敢往脸上抹？他紧皱眉头犹豫了好一会儿，不知怎么好？不用吧，又怕伤了素菊的自尊心。最后，只好把毛巾放水里反复搓了几遍，他发现瓦盆里的水已成黑水。只好硬着头皮，强忍着用那黑毛巾往脸上轻轻沾了沾算完事——脚当然泡不成了。

接下来睡觉的被子也让钟文受不了，盖的是那种粗布染成蓝色的棉被。

这倒没什么，令钟文感到难受的是被子里有一股难闻的气味——是那种多日不洗的汗气、脚臭气、或脑油气混合在一起的难闻的气味。钟文闻见这股气味便直皱眉头，感到一阵恶心。他将被子掉了个头重新盖身上，感觉依然如此。躺在床上无法入眠，只好起来把毛衣穿上，把被子往后拉拉，露出半截身子，才勉强睡着。

这里人的生活水平怎么这么差劲？钟文不禁感叹万分！

他曾看过一些古书，知道邙山在古代是很繁荣富足的，算得上是全国的福地，达官贵人争相在这里建园修屋打墓，素有"生在苏杭，葬在北邙"之说。历史上许多人就喜欢在洛阳（包括邙山）修建名园，北宋文学家李格非在洛阳《名园记》里记载的名园就有十九处之多，闻名古今的金谷园就在附近。金谷园曾经的繁华富足史书多有记载，所谓佳木成荫，花草遍地，良田丰茂，文人雅士云集，美女佳丽成群。杜牧曾写有一首描写金谷园的诗：繁华事散逐香尘，流水无情草自春……杜牧的这首诗离奢华的西晋虽已过去五百年，但诗人眼下的邙山仍是流水潺潺，芳草萋萋，是达官贵人向往的胜地，不知从什么时候开始，这里竟变成了如此落后的穷山恶水？

钟文想到他将在这里成家，一辈子在这样贫苦的环境里生活，怎么办呢？他的一颗心一下子又开始发凉！

钟文原也知道这里贫穷，没想到贫穷落后到了这种地步，不亲眼所见，实在难以置信。和湖南他老家农村简直不能相比。如果一辈子在这样的环境生活，那还不把人穷困死！将来有了孩子怎么办？难道也跟着受这样的罪？他不敢多想，好在素菊现在还在县城干着临时工，暂时不需要回来种地。管他呢，开弓没有回头箭。想那么多那么远干什么？走一步说一步吧……

一路缠绵

　　第二天，钟文就和素菊在孟津县城关镇公社领了结婚证。还有两天就是 1974 年的春节，不敢在素菊家再耽搁。和素菊商量了一下，就准备回湖南，也算是旅行结婚吧，素菊家人对这样的安排也表示同意。

　　第二天清晨，钟文和素菊吃了早饭，出发去洛阳搭火车。

　　素菊从没有出过远门，猛一下跟着钟文去那么遥远而又陌生的南方。钟文以为素菊和家人临别的那一刻会伤心落泪，然而素菊却没有哭。从家里出来，她低着头默不作声地走着，看起来很淡然的样子。倒是母亲和兄弟依依不舍的地跟在后边，面色凝重，不断地和素菊吩咐着。来到了村口，快要分手的时候，素菊的眼圈稍稍红了一下，回头对母亲轻轻说了句："你们别送了，都回去吧！"然后向两兄弟挥了挥手。然后背过脸来，眼里闪烁了一点泪光。

　　的确，几天来，素菊沉浸在爱情的甜蜜中，她对钟文非常满意。小伙子长得白白净净的，举止言谈文质彬彬，穿着打扮很有派儿，浑身上下透露出一股男人的青春魅力。她年纪也不小了，转眼就到二十六了，在这里已是大龄青年。她们这里太穷，这里的闺女一般都不愿嫁本地青年，都把目光瞄向吃商品粮的城里人，千方百计也要嫁到城里去，起码也要嫁到洛阳郊区，嫁个种蔬菜的菜农也比嫁这里的农民强。她妈曾托人给她介绍过好几个对象，可总是高不成低不就，便耽搁下来。如今终于遇上了钟文，她当然非常珍惜，为能找到这样的对象打心眼里高兴，心里充满了说不出来的甜美。几天来，一直沉浸在爱情的幸福之中，爱情的甜蜜掩盖了别家的愁绪，内心躁动着探视外面世界的新奇。因她是这个家的长女，吃过很多苦，独立生活能力强。猛然离家远行尽管有点难过，但她竭力将自己内心的感情抑制着，不想让自己的离愁表露出来，以让家人为她的远行担心。

　　一路上，素菊小鸟依人似的跟在钟文身边，很少说话。她不像别的北方农村姑娘那样高门大嗓，说话时声音细细的，显得既温柔又可爱，对钟文缠缠绵绵。钟文深感她可人的温柔，对她体贴入微关爱有加，这更使素菊在心理上得到了慰藉，感情上有了依托，感受着爱情的甜蜜和温馨。

他们在郑州转上五次特快的时候，已是大年三十。平时拥挤不堪的列车上这会儿旅客却特别稀少，空荡荡的车厢没有几个旅客。一个人可以占几个座位，完全可以躺下来睡觉。没有旁人打扰，他们便相互依偎在一起，说不尽的柔情蜜意卿卿我我。

为了庆祝旅客在列车上度过除夕之夜，餐车上的饭菜也比平时丰盛。有各种炒菜和米饭，还有鸡丝面条。钟文知道素菊好吃面条，就和素菊在餐车买了两份鸡丝面。鸡汤很鲜很香，还有少许鸡肉，味道很美。素菊从没有吃过这么美味的面条，算得上是开洋荤，吃得津津有味。素菊是头一次坐火车，对火车上的一切都感到新奇而有趣，钟文便时不时在一旁对她讲解介绍。

火车到达长江大桥的时候，素菊望着浩浩荡荡的江水和雄伟的长江大桥，不由惊叹万分，瞪着双眼目不转睛向外注视着。长江真宽呀，简直望不见边，船那么多停靠在码头边，紧紧地拥挤在一起。江面上还有那么大的航船，那冒着轻烟吼叫着的大船很可能是轮船吧？两岸的房子真多，连绵不断，望不见尽头。火车通过大桥时，发出的巨大轰隆隆的声音，震得耳朵都嗡嗡直响……

过了长江，显现在眼帘的又是不同的景色。长江以北，以黄色为主；过了长江，便是满眼的绿色。越往南走绿得越深，颜色越是青翠风景越美。即便是这隆冬季节，放眼看去全都是青山绿水，这让素菊惊叹不已……

火车经过二十个小时的行进，到达了衡阳。湘江流经衡阳，素菊在火车上看见了碧波荡漾绕城而过的湘江，禁不住又发出一阵惊叹："南方这么多水，真美！"想到自己少雨干旱的家乡，素菊喃喃地对钟文说："要是把这里的水均一点到我那里那该多好啊！"

钟文听了哈哈地笑起来。

在衡阳下车以后，还得从衡阳坐一个多小时的慢车才到白地市。这时，正好有一趟衡阳开往冷水滩的火车已经进站，钟文立即买了两张到白地市的火车票上了火车。

一小时后火车抵达白地市。钟文家在齐云桥，离白地市还有三十多公里，得坐汽车才能到达，而白地市到齐云桥的汽车一天只有两趟。钟文一看腕上的手表才下午五点，归心似箭的他，恨不能马上回到家，拉着素菊，马不停蹄急匆匆往白地市汽车站赶去。然而当他们气喘吁吁赶到汽车站的时候，白地市至齐云桥的汽车却开走了！

——看来只好在白地市住一晚了！

钟文从他第一次离家十多年来，在白地市为等汽车不知停留了多少次。熟悉白地市的每一条街道，每一个旅社和百货商店，闭着眼睛都能想象出来。每个旅社差不多都住过。轻车熟路，他便领着素菊来到了他住得最多也最为满意的红旗旅社。这个旅社尽管价钱跟别的旅社一样，而服务水平却比别的旅社要好得多。不光服务员说话和气，一天到晚都有开水供应，即便寒冬腊月，旅社的澡堂也备有热水供旅客洗澡烫脚。在北方的任何旅社都找不到这样的服务。

钟文从旅行包里翻出结婚证，花一元钱向服务员登记了一个房间。安置下来之后，便领着素菊去吃面。

白地市虽小，只有一条东西走向漫上坡的街，而白地市面却远近闻名。钟文出去工作这么多年，走过了许多地方，吃了无数的面，却从来没有吃过比白地市面更好更可口更有滋味的面。白地市面有两大特点，一是面条全是本地手工加工的挂面，二是汤鲜，臊子味道美。臊子差不多都是精肉剁碎加葱姜蒜辣酱炒熟，再配以肉汤，鲜美香辣无比。昨晚的鸡丝面尽管味道也不错，但比起白地市面来还稍逊一筹，没有白地市面味道足。

钟文领着素菊走进面馆，前来吃面的人很多，在店门口排起了长队，面馆里热气腾腾。钟文让素菊排着队，他去开票。终于轮到了，两人端着热腾腾香喷喷的面，找了个座位坐下便吃起来。

白地市面味道确实很好，味道十足，鲜香无比，但素菊却受不了面里的辣味，辣得咝着嘴直咻溜，但她还是把一碗面吃完了，吃出了一头热汗。

从面馆出来，他们在镇街上转了一会——白地市只有火车站这一带热闹些，别处黑灯瞎火的，连路灯都没有，没有什么好转的，他们便回到了旅社。

这时，天已经黑下来，天空稀稀拉拉下起了毛毛细雨。

几天来的旅途劳顿，风尘仆仆，弄得身上很脏，他很想洗个热水澡——旅社的洗澡间备有热水，正合他的心意。钟文要素菊先洗，素菊有点不好意思，又不好拒绝，口里答应着。钟文便陪着素菊来到洗澡间。正好女洗澡间是空的，钟文便大胆走进去帮素菊把木盆洗干净，又帮她从老虎灶上的大铁锅里提来热水，看着素菊进了洗澡间，这才来到男澡堂自己也倒了热水洗了澡，于是两人相跟着回到房里。

这时，素菊坐在床边不知做什么好，低着头不安地绞着手指。因为刚用热水洗过澡，脸红红的像是抹了胭脂。钟文看见素菊这副娇羞可爱的神态，一股热流传遍全身，心跳也随之加快，情不自禁地拉住了素菊的手往怀里揽，素菊羞怯地红着脸也不违拗，顺势靠在钟文怀里，两人便紧紧地搂在了一起。素菊身子发颤，呼吸急促。钟文也全身发热，哆嗦着手指解开了衣扣，一双手便摸住了她温热的胸部。素菊禁不住惊叫一声，差点晕了过去。钟文便把她揽过来，身子软软的像绵羊似的依偎在钟文怀里，闭上了双眼。渐渐地两人感觉身子像是驾了云彩一样，忽上忽下地飞腾起来，慢慢地飘荡到了半空中……

第二天一早，他们坐汽车回到了齐云桥。当母亲看到儿子领着新媳妇站在面前的时候，高兴得不由抹开了眼泪。

母亲擦了擦眼，忙走过来拉住素菊的手说："莫接得！早就盼着你们回来，左等右等，你们今天才到家。路上坐这么久的车，一定很累吧？快坐下歇着。"

素菊听不懂母亲的话，不知说的什么意思，疑惑地睁着两眼。

钟文连忙把母亲的话说给素菊听，素菊笑着说："不累，你老人家身体还好吧？"

对素菊说的话，母亲也听不懂，还是钟文做了翻译。

钟文继父也为钟文带着媳妇回来高兴得合不拢嘴。青子和青子媳妇都过来见了嫂嫂，青子不到一岁的女儿带着好奇的目光瞧着这一切，一家人沉浸在欢乐的气氛中。

因为是春节，家里有鱼有肉，还杀了鸡，母亲早做了准备，多买了一些东西，菜都是现成的。母亲做了好几样菜，八仙桌都摆满了。还拿出了家里自己蒸煮的糯米甜酒，一家人围坐在一起，说说笑笑。这让素菊大开了眼界。心里直嘀咕：这里的生活真好！她们那里哪有这么好的生活？过年炒菜连油都没有！其实，她哪知道，钟文家乡的生活并不是经常这样，平常也是很少有肉吃的。只有过年的时候才倾尽全力破上老本置办年货，尽一切努力把年过得热闹富足。

母亲对新媳妇非常喜欢，一股劲往素菊碗里挟菜。可是素菊不吃辣椒，湖南人酷爱辣椒，什么菜都放得很辣。素菊被辣得咧着嘴直吸气。

母亲生怕怠慢了这位远方媳妇，看她这个样子，放下筷子要为她重做。素菊连忙止住母亲，说："妈，你坐那儿，不要忙了，我拣不辣的菜吃！"

钟文也说："算了吧，不要再做了，随便吃点算了。"

有几样菜辣椒放得少，如烧鱼、清蒸鸡和黄花、干笋、红萝卜丝和豆腐干杂烩菜没有那么辣，味道很不错。素菊也不客气，该吃吃该喝喝，一点不显拘束，这让钟文一家感到十分高兴。

吃了晚饭就开始安排新房。

继父家只有三间房（还是钟文出去的时候盖的）。继父和母亲住一间，兄弟住一间，中间一间是大堂兼灶屋。新房只好安排在兄弟和兄弟媳妇的房里，委屈他俩暂时住到楼上，也没有新铺盖，用的也是兄弟和兄弟媳妇结婚时的铺盖，铺盖是年前刚拆洗过的，很干净，散发出一股肥皂的香气。素菊也没有说什么，一副心满意足的样子。

冬天天黑得早，一会儿就黑下来了。继父的几个本家叔伯及婶子大娘，听说钟文带了个北方媳妇回来，觉得希罕。晚饭后，陆续过来看了看，想和新媳妇说话。可他们听不懂素菊的河南话，素菊也听不懂他们的话，本家叔婶和母亲说了几句话就走了。

青子夫妇知趣地也早早上楼去了，房里安静下来。母亲看钟文和素菊连日旅途劳累，烧了热水让他们洗过之后，就要他们歇息。

两人进到房里，脱了衣服，双双钻进被窝，却毫无倦意。四目相对，不由得神情激荡，血脉贲张。因为有了昨晚在白地市旅社的经验，两人如鱼得水，不由自主地搂在了一起，如胶似漆地度过了神魂颠倒的一夜。

访名江不遇

钟文老家待客的礼节热情而又隆重。尤其正月，正是待客的时候。从正月初二以后，按照习俗，钟文和素菊夫妻俩被继父的几个本家叔伯弟兄相继请去吃饭。今天这家明天那家，家家都把他俩待作上宾，礼数周到，盛情款待。素菊对这一切感到新奇，这和她那里的习俗大相径庭。她那里正月也待客，时间是初一和初二。客人不是一家吃一餐，而是一上午要吃几家。一个上午要将所拜访的人家全都走遍，请吃的也只有饺子。这就简单多了——一个人的肚子只有那么大，几个饺子便可以把客人打发，请客基本不花费东西，只不过让客人来家坐一坐说说话而已。

而这里却不相同，钟文和素菊几乎天天都要被人请去，请吃的又是油水充足的宴席。刚开始几天，素菊还感觉新鲜，菜肴丰富味道很美，吃得很开心。然而顿顿是大米饭，天天都是鱼肉荤腥，就感到有点腻味。

她把钟文拉到一边，悄悄地说："天天吃这，我都吃腻了，好想吃点面条，稀饭和馒头。"

钟文为难地说："稀饭倒可以做，而馒头不好弄呀，这里人不吃馒头。"

素菊说："只要有面粉也行，我可以自己擀面条！"

钟文把素菊的意见对母亲说了说，母亲说："好呀，家里有现成的面粉。"原来母亲知道素菊爱吃面食，早几天就用钟文带回的粮票，托人在齐云桥粮店买了点面粉。

钟文说："那，家里没有案板呀？"

母亲想了想，说："八仙桌可以当案板呀！"

这倒是好主意，立即叫青子用水将八仙桌洗了洗，可桌面有的地方油漆已经脱落，桌面坑坑洼洼的，直接在上面擀面条，多少面粉也不够填的。

钟文说："在桌面铺上报纸怎么样？"

母亲立即赞成，也只好这样了。青子又找来一根擀面杖粗细的木棍，交到素菊手里："嫂子，用这当擀面杖，你看怎样？"

素菊接了棍子在手里掂了掂，满意地说："中！中！"于是和好面，便在八仙桌上擀起面来。

面条很快擀成了，母亲在旁边看了，点头称赞着："面条擀得好，做事满麻利的嘛！"

吃了几顿面条，素菊还想做馒头，可做馒头得有酵母，弄不来酵母也白搭。退而求其次，素菊做起了饺子。母亲弄了点新鲜猪肉，要钟文剁成饺子馅，素菊便自己擀面自己包。饺子包好了，素菊把饺子煮熟，叫大家都吃了点，一家人都很开心，都说饺子好吃！

过了些日子，素菊竟然想吃酸东西，想吃凉拌菜，便自己动手，将萝卜切成丝放点盐加点醋就吃起来。母亲在一旁看了直想笑："河南人就吃这东西呀？"

　　奇怪的是，素菊不光嗜酸，还时不时恶心，吃进肚里的东西想呕出来。钟文不知怎么回事，以为素菊生病了，未免有点着急。

　　母亲见了，喜滋滋地对钟文说："素菊可能有喜了！"

　　钟文大为吃惊："真的？"

　　母亲说："看样子很像！"

　　"怎么这么快？"钟文说着，不经意间皱起眉头。

　　"这是喜事，看你的样子，好像有点不高兴？"

　　母亲说得不错。这对钟文来说，素菊这么快就怀上了孩子确实感到有点突然，似乎来得太快！他思想上一点准备都没有！凭他俩目前的条件，现在还不是要孩子的时候！他早就思考过这事——按中国的户籍规定：孩子的户口随母亲安置。孩子一出生，将要在马下河那个穷苦的地方落户，孩子将在那里生活，长大了在那里当农民，那可怎么好？这便成了钟文的心病……

　　湖南的天气也有点烦人，春节期间天天下雨！在河南，天干地裂，旱得不行，一个冬天都没有下过一场透雨，也很少下雪，空气干燥，土地一片焦枯。而在这里，自他们回来的半个多月里，几乎天天都有雨，淅淅沥沥不紧不慢下个不停。地上总是湿漉漉黏糊糊的，潮湿得叫人受不了。有时好不容易盼着天空出现一点晴曦，太阳从云缝间露出脸来，人们感受了一丝温暖。可晴不了一天，天气说变就变，不一会儿就乱云飞渡，乌云密布，天空一下子变阴沉，雨随之又哗哗地降下来。晴天感觉还不错，阳光明媚就像春天一样暖融融的。而一下雨，天气便变得潮湿阴冷。气温虽然不是很低，却冷飕飕的寒气逼人。又没有煤炉烤火，冷得很的时候，人们便提着"烘笼子"或"火箱"取暖。母亲看素菊冻得缩手缩脚的样子，便找了一个竹编的"烘笼子"让她烤火。疼爱地对她说："天气太冷了，你用烘笼子烤烤手吧，不要冻着了！"

　　素菊接过母亲递给她的"烘笼子"，烤了烤手，但她用不惯那东西，生怕"烘笼子"里的炭火烧着衣服，烤了一会，就把"烘笼子"放在一边，不再使用……

一连十多天，素菊除了跟着钟文拜望了他的同窗好友谭东林，去过几次齐云桥，哪儿也没有去，一直困在家里。这让素菊简直受不了，心里很烦。

好在时间一晃过去了，钟文的假期就要过完，素菊终于松了口气。钟文母亲听说儿子要回河南，心里便难过起来。心想：儿子在外头结了婚，以后回来一趟就比较难了，不知何时才能再见面？母亲想着这些就无比揪心，连着几个晚上都没有睡安稳。

母亲尤其关心素菊的身孕，临走的时候，母亲拉着素菊的手，也不管素菊能否听懂她的话，反复地叮咛："你怀了毛毛，回去以后要多休息，注意营养，这样才对胎儿发育有利……"

回过头来又吩咐了钟文一番，钟文都一一答应，就要出发返回河南。

他们在齐云桥坐上了汽车，又在白地市坐上了火车，钟文决定途经武汉的时候，下车见见名江——他实在太想念名江了！

自单位搬迁到河南，两人再没见过面。他俩曾是那样亲密无间，情同手足。就因为那次倒霉的洛阳之行，他一下子被打进了十八层地狱，再也没有和他痛痛快快地说过话。在青海的时候，有时在工地偶尔和他见一次面，往往也是时间短暂，欲说还休。他是多么想念名江。如今，名江已结婚成家，他过得怎样？一切都很如意吧？名江曾在信里告诉他，他准备从青海调往武汉，正在办理调动手续。听到这消息，钟文惊喜万分！想不到名江还有如此本事——满叔满婶同在洛阳地区，几年都没调到一起，而名江是跨省调动，何况又是从边远地区调往内地，国家对此卡得很紧，难度之大可想而知，一般人想都不敢想的，而他竟做到了。

这个"拐子"，真有他的！

年前钟文接到了名江的来信。名江在信里说，他非常想念他，常常在梦中梦见他，梦里还和他在一起玩耍，看书。他对他的婚事也非常关心，劝他不要瞻前顾后，早日把婚结了！名江还在信里再三叮嘱：今年回湖南老家探亲，途经武汉的时候，一定要在武汉下车，到他家做客！

钟文这次返湘，本应在武汉下车的，因时间仓促，又逢过春节，急着往家赶，错过了在武汉下车的机会。回去的时候，无论怎样也要在武汉下车，和名江见见面说说话。同时陪素菊看看长江大桥，看看武汉的风景。

钟文多次去过名江家，轻车熟路，从汉口车站下车之后，便坐公共汽车到了利济路口。然而令钟文扫兴的是，当他和素菊兴致勃勃满怀希望来到名江家的时候，却扑了个空！名江不在——去黄石他爱人那里去了！只有名江岳母在家。

名江岳母很热情地接待了钟文和素菊，又是让座又是倒茶，真是礼遇有加。老人见钟文一脸失落的神情，充满歉意地说：“小邓，名江再三向我说过的，你来了，就给他发电报，他一接到电报就会赶回来的。名江还说，他不在家，要我好好招待你们。小邓，有我在是一样的。你们千万不要生分！我一会就去给名江发电报。”

名江岳母的热情，使钟文失落的情绪稍稍有了些消解，忙止住说：“伯母，你老别客气，不要紧的。”

名江岳母家是名江哥嫂家隔壁邻居，房子跟名江哥嫂家一模一样，是那种木板楼，都是二楼，又都是一大间。别看汉口很大，所谓九省通衢，很有名气，但大部分居民的房子都是这种木板房。走在上面脚步得放轻，走步稍用点劲，木楼板就会发出咚咚的声音影响楼下。钟文知道这个规矩，便提醒素菊走路尽可能不发出声音，以引起楼下不满。

趁着名江岳母出去买菜的空档，他在房间看了一下，房子共有两间，很明显，中间用板材隔了隔，外间是岳母的住室，做饭也在外间。门边放着一张小木桌，还有锅和一些餐具。里间是女儿女婿的卧室。“新婚志喜”的红字还在，床上铺着叠得整齐的新铺盖，房里摆着崭新的家具。床，五斗柜，书桌，一看就是名江自己做的。他是木工，做这些东西对他来说是小菜一碟。武汉木料非常紧缺，很难搞到，很可能是名江在青海做好后从火车托运回来的。钟文忽然发现：书桌正中，摆放着一个小巧精致造型很美的台灯——这很可能就是他送给名江的结婚礼物——说来有趣，当钟文知道名江要结婚的时候，在信上问他："你结婚要我送你什么礼物？"

名江也不客气："你送我一个台灯好了！"

钟文知道，灵宝小地方自然买不到看得上眼的台灯，武汉那么大的地方什么样的台灯买不到？干脆寄钱给名江算了，让他自己在武汉买吧。名江也乐得接受，同意了钟文的提议。眼前的这个台灯肯定是用他寄的钱买的，台灯的造型确实很美！

婚房因了这些崭新而又做工精细的家具，加上桌上这个造型精美的台灯，显得非常雅致而温馨，透露出这对新婚夫妻的幸福美满。想到自己和素菊结婚，还不知婚房在哪呢？家具在哪里，和名江相比，他俩的生活和他不在一个档次。

钟文无比感慨地走到窗前，向外探看了一下，视线差不多被房子的阁楼和灰色的屋顶所遮挡，眼里尽是那种木板房，灰色的瓦，狭窄的街道。他感到奇怪：这里的房子竟然跟他老家齐云桥的木板铺面差不多的样式。

不一会，老人乐颠颠回来了，从菜市买来了排骨和鲜藕，要为钟文做他爱吃的莲藕炖排骨汤。这是湖北名菜，这道菜钟文在名江哥嫂家吃过多次。别的菜钟文没留下印象，唯有莲藕炖排骨汤最合钟文口味，令他难以忘怀。

老人把莲藕和排骨洗净剁成块，装进小钢精锅里，放在小泥炉上慢慢地炖起来，渐渐地房里发出一阵诱人的香气。又炖了一会儿，香喷喷的莲藕排骨汤炖好了。

老人把热腾腾的饭菜端上桌，热情地招呼钟文夫妻俩："吃饭吧，没有什么菜，我听名江说，小邓爱吃莲藕排骨汤，我便做了这道菜。"

"伯母，太麻烦你了！"

"小邓，你喜欢就多吃些！"老人又对素菊说："你也吃呀，排骨炖得稀烂的！"

钟文捡起一块排骨放嘴里，一边吃一边赞不绝口："好吃！好吃！"

然而，素菊吃了点莲藕就不吃了，碗里的米饭也难以下咽。老人以为素菊客气，便热情地把炖得稀烂的排骨挟到素菊碗里，劝说道："吃呀，你怎么不吃啊？不要客气哟！"

素菊说："阿姨，我不客气，我不想吃。"说着，她把老人挟到她碗里的排骨一一捡回碗里，排骨一块都没吃。

老人关心地问："你怎么，怎么不吃呢？"

素菊回答说："我不想吃，闻见那股油腻味就感到恶心！" 说完，胃又翻腾起来，想要呕的样子，使劲才没有呕出来。

钟文对老人说："阿姨，你别管她。这些天，她在家就这样，老想吃点酸的，特别想吃点酸面条。"

老人看见素菊又想呕吐的样子，这才明白素菊是害月子。连忙放下碗，为她赶做酸面条。好在家里有现成的挂面，也有青菜，烧了点汤把挂面放进去，稍加了点酱油和醋，把面条煮熟把青菜放进去烫熟，一碗面条就成了。面条看起来清汤寡水的样子，想不到素菊却吃得有滋有味。这使钟文暗自诧异！心想：南北生活习惯差异如此之大，他们以后在一起怎么生活呢？相互能适应吗？然而，如今是新婚燕尔，浓情蜜意之时，当然没怎么多想。

下午，钟文陪着素菊游览了长江大桥，长江大桥白天的景色和那天晚上在火车上看见的又有所不同。站在桥头，只见长江大桥凌空飞驾，气势如虹，浩浩荡荡的长江尽收眼底，耳畔时而传来轮船汽笛的嘀鸣，给人一种大江奔流气势磅礴的震撼力。素菊感到十分惊奇，说："真美，真好看！"

素菊回过头突然向钟文问道："这么宽阔的江面，这么湍急的江水，桥是怎么建起来的？"

不想这无意间说出来一句话却把钟文问住了！

他虽然是水泥工，在建筑工地浇灌过无数混凝土梁柱和基础，但如何在滚滚的江流中灌注桥墩，确实是一头雾水。过去钟文曾听人说起过浇灌桥墩使用的是沉井施工技术，但沉井具体如何进行的？他没有经历过，实在无法想象其中的细节。对于素菊的问话，只好含糊搪塞了几句。

桥头有脖子上挂着相机专为游客照相的摄影师，看见钟文和素菊走过来，便拦住问道："两位，想拍照吗？"钟文本就有和素菊合影的想法，满口答应。在摄影师的指点下，选好了位置，摆好了姿势，两人站在桥头照了一张合影——这是他们新婚惟一的一张合影。

有媳妇真好

因为素菊的妊娠反应，胃口不好，情绪欠佳，钟文感到索然无味。和素菊在武汉只待了一天多，没等名江从黄石赶回来，就要返回洛阳，任老人怎么挽留也无济于事。第二天晚上，他们就在汉口坐上了武昌至西安的火车。

火车到达洛阳才八点钟半，时间尚早。一下火车，他们就直奔汽车站买去孟津的汽车票。然而洛阳至孟津的汽车一天只有两趟——上午的汽车早已开走，只有下午的车。钟文看了看腕上的手表，这时还只是上午九点，离下午开车的时间还有五个小时。区区二三十里路竟要等如此之久，真有点叫人窝火！中国的交通现状就是如此！白地市开往步去桥的客车不也是这样吗？着急也没有用，下午就下午吧！他们只好耐着性子买了下午的汽车票。

到哪去打发这漫长的时间呢？他俩在汽车站前边的马路上徘徊着。只有金谷园附近有几家店铺，别的地方全是一片荒凉，街上行人稀少。真是扫兴，连个打发时光的地方都没有。

钟文突然想起，王城公园距离车站不远，何不到那里消磨这一段时光呢！便对素菊说："咱去王城公园玩吧？"

素菊一听正中下怀——她家虽离洛阳不远，可她天天在生产队出工挣工分，或帮家里忙家务。到了县城，又忙着加班加点赶着做衣服，不得片刻闲暇，她还没有去王城公园玩过呢，听了钟文的提议便欣然答应。

其实冬天的王城公园也没什么可看的。树叶落尽，草木枯萎，花已凋零，花圃里只有一些残存的败菊。放眼望去，整个公园全是一片荒凉萧索的景象。走了好一会儿，也见不到几个游人，整个公园静悄悄的。

钟文说："别的没什么好看的，那就去动物园看看动物吧。"

素菊点点头，于是两人相跟着向动物园走去。可是，刚走到动物园，还没进大门，一阵动物的腥臭气传过来，素菊感到一阵恶心，差点呕起来，他俩只得作罢。还好，这天天气不错，是个上好的晴天。可谓日朗风清，太阳暖暖地照在头顶，给人一种温暖舒适的感觉。他们便在公园茫无目的地转悠起来。不知不觉他们来到了涧河的钢丝吊桥。站在桥栏上停了一会儿。往前看去，弯弯的涧河水向东流去，两岸是光滑如丝绦般的垂柳。可惜是冬天，枝叶落尽。要是春季，一定是柳丝绵绵，阿娜多姿，风景秀美。他们走在晃晃悠悠的钢丝吊桥上，感觉身子像荡秋千似的荡来荡去，倒很有趣儿。钟文怕素菊受不了这种晃荡，便过去扶住她慢慢前行。

过了钢丝吊桥，两人款款来到了公园最北边的一片落光了树叶的杨树林，密密的杨树犹如列队的士兵矗立在面前，给人一种威武雄壮的阵势。这里曾是汉墓遗址，据说郭沫若曾在这里进行过考古发掘，可眼前只看见一点青灰色的砖拱露出地面。钟文看素菊一副疲惫的样子，知道昨晚她在火车上没有睡好，这会儿肯定累了。便对素菊说："咱找个地方，休息一下吧。"

素菊点头同意，说："好呀。在这里坐一会也中。"

　　钟文站在那里看了看，发现那片杨树林前边有一个低凹处，干燥的树叶厚厚地落了一地，觉得可以在那里休息。

　　"就这里了！"说着便走了过去。站在那里一看，旁边有一条干枯的排水沟，树叶铺得特别厚实，很可能是大风把树叶刮进去的。他走过去，一屁股坐在树叶上，身子一下子陷了下去，身子下边的树叶就像沙发床似的软绵绵的。还找什么休息之处？这不是现成的树叶床么，在这里休息多美啊！还可在这里晒晒太阳。于是他朝素菊喊道："快过来，咱就在这里休息休息，在这里还可以进行日光浴，真美呀！"素菊对钟文找的地方也很满意，朝四周望了望，偌大的公园，除了他俩，竟没有一个人，便走过去紧挨着钟文坐下来。

　　太阳暖暖地照在身上，舒服得简直有点让人犯睏，钟文不由打了一个长长的呵欠。他索性躺下身子，十分舒坦地伸了一个懒腰，然后对坐在一旁的素菊说："还早呢，你也躺下来歇歇！"

　　说罢，便坐起身，把周围的树叶向素菊身边拢了拢，素菊便挨着钟文，在厚厚的树叶上躺下，将头枕在钟文身上。钟文用一只手搂着素菊，一只手在身上轻轻拍打着。不一会儿两人就昏昏欲睡，渐渐地竟然睡着了。

　　当他们醒来的时候，已是下午一点。两人感觉有点饿了，从兜里掏出在武汉买的鸡蛋糕吃了几块，便缓缓地朝汽车站走去。

　　下午两点，他们如期坐上了开往孟津的客车。到家时，正是日落黄昏的时候，素菊家里人正在吃晚饭呢。一家人见素菊回来了，欢天喜地迎了出来。

　　"姐！姐！"

　　"你们回来了！"

　　素菊妈忙着要为钟文做饭，说："还没吃饭吧？我这就给你们做去。"

　　钟文不想要岳母费事，连忙拦住，说："妈，忙什么呀，随便吃点就行，有现成的饭吗？"

素菊妈充满歉意地说："只有红薯饭，这样的饭你咋吃？"

钟文连忙说："能吃！我就喜欢吃红薯饭！"他说的是真心话——说也奇怪，钟文在大饥荒时期，天天在学校吃红薯，后来许多人听见吃红薯就觉得反胃，而他却觉得红薯好吃，吃不够似的。尤其邙山的红薯比别地方的红薯更好吃，特别甜，早几年在洛阳刚参加工作那会儿他就吃过。

"那咋中？"

"中！中！"

钟文便去拿碗。素菊妈听钟文这样说，就给他盛了满满一碗红薯稀饭端过来。钟文接了，便跟着家里人一起吃了顿红薯稀饭。

邙山的红薯确实好吃，又是和玉米糁子一起熬成的，吃到嘴里感觉特别爽口，非常舒心。

晚上，素菊和家里人自然有说不完的别后之情，一家人围坐在一起，说说笑笑。听了素菊对钟文老家的介绍及路上的所见所闻，全家人感到非常新鲜，像听故事一样，都有说不出的高兴，一家人谈到很晚才睡。

素菊的假期已满，马上就要回县服装厂上班，在家歇了一天，她便和钟文一起回到了县城。

素菊再不能和服装厂那几个单身姐妹住大宿舍，便租赁了一间民房，算是他们婚后的新家。新家简陋得不能再简陋，没有添置任何东西。床还是服装厂素菊原来睡的单人木板床。两人躺在床上有点挤，不能翻身，钟文有几次睡着了，一翻身差点掉到床下，两人笑得乐不可支。素菊只好找了一块木板加在床里边。没有置办新被褥，还是素菊以前单身时的被褥，连一只放衣服的木箱都没有，不多的几件换洗衣服只好放在一个纸箱里。两个小木凳还是素菊的一个姐妹给拿来的。锅碗瓢盆一样都不能少，这些东西是她母亲给她凑的。没有煤炉，素菊原先单身时有一个小小的煤油炉，她从县城一个亲戚家弄了些煤油，暂时凑合着烧点开水，勾点面汤，炒点菜，下点面条，不过临时对付而已。

　　钟文联想起在武汉见到的名江的婚房，与之相比，确实太寒酸，显然是等而下之了，心里不禁升起一丝酸涩，感觉有点愧对素菊，而素菊一点没有觉得有什么不好，似乎非常满意。

　　钟文感到问题最大的是吃水用水。没有自来水，附近居民吃水用水都是从井里绞上来的井水。水井离住处有一里多地——湖南也有井水，但井水很浅，人一弯腰水桶一放就能取到水。可这里是干旱地区，这里的井往往有十几米或几十米深，把一桶水从那么深的井里吊上来，可不是容易的事。于是，人们就在井口架上辘轳，把水桶放在辘轳上使劲绞动，好一会儿一桶水才能绞上来。

　　钟文有的是力气，把担水不当一回事，但从井里绞水他却是外行。世上凡事都有窍门，所谓熟能生巧。他从没有干过这种活儿，自然摸不着门儿。当他把水桶从地面用辘轳绞着放到井里的时候，水桶却不"吃"水，水桶飘在水面不下去，他拉着系在水桶的绳索在水面摆来摆去，水桶就是沉不到水里。弄得满头大汗将水桶摇上来一看，却只有半桶水！前来担水的人看他这副狼狈样儿，笑得前仰后合，纷纷热心地给他作指导。应该如何如何，通过几次操练，他才熟练掌握了绞水的活儿。这时他才明白，当地人晚上不洗脸不洗脚的原因——水太珍贵了！从此他用水便处处节约，不敢放开使用。

　　偏偏老天也不顾惜，就在他们回来的第二天，天空纷纷扬扬下起了大雪。白茫茫的大雪把大地覆盖得严严实实的，房顶上也全都覆盖了一层厚厚的积雪，天寒地冻滴水成冰，气温骤然降到零下十六七度。屋里没有煤炉取暖，冷得像个冰窟窿。钟文把所有的衣服都穿在身上，还是冷得受不了，不住地索索发抖。他只好坐到床上钻进被窝里。直到晚上素菊下班回来，屋里才开始有了些许暖意。

　　素菊真是一把过日子的好手，一回到家就开始和面擀面条，动作十分麻利。不一会儿，热腾腾的面条就做好了。味道虽不合钟文的口味，但他吃下以后，全身热乎乎的。素菊虽然上班劳累了一天，听说县戏院放映电影《地道战》，非拉钟文去看不可。钟文不想扫她的兴，便和她厮跟着来到剧院，花四毛钱买了两张票。虽是老掉牙的电影，但是前来看电影的人还是不少。他们找到了座位便坐下看起来。素菊看得很投入，直到银幕上出现了"剧终"才站起身。

这会儿，夜已经深沉，两人走在雪地上，脚下发出"卟嚓卟嚓"的声音，从鼻子嘴里呼出的气息顿时成了白雾，眉毛结了冰晶，冷气直往脸上扑，往领子里钻，感到寒气直浸肌肤。戴着手套的手也冷冰冰的，只好把双手插在衣袋里。为了驱赶身上的寒气，两人相互依偎着慢慢地往回走。等走到家时，手脚都快要冻僵了。煤油炉火力太小，烧水很慢，钟文也顾不得睡觉前的习惯，脸也不洗，脚也不烫了，赶紧脱了衣服钻进被窝。当素菊也脱了衣服贴在身边的时候，感到素菊身上就像一盆炭火似的热烘烘地烤过来，他便紧紧地将她搂住，让她身上的热气往自己身上传送。不一会，钟文身上的寒冷便被驱走，整个身子热乎起来。他不由得发出一声感叹："有媳妇真好！"

这时他不由得想起了春明写的一首诗："贫贱夫妻真情侣，携手共进踏平山！"

钟文的假期已经过完，就要返回灵宝工地，素菊恋恋不舍钟文的离去。临走那天，素菊请了半天假在家陪他，又一直送他到汽车站。

第二十九章　重返洛阳

思念

探亲回来之后，省三建公司在灵宝工地的施工逐渐接近尾声。工人们纷纷猜测着下一个工程的去向。消息灵通人士透露说，新工地很可能在洛阳。没过几天，施工队果然接到了从灵宝搬迁到洛阳的通知，大家自然都有说不出的高兴。洛阳毕竟是大城市，九朝古都，比灵宝繁华得多。尤其邓钟文，更希望早点离开灵宝——灵宝是他的伤心地！在这里，曾埋葬过他的爱情，还发生过他生命中最为黑暗耻辱的一幕……这一切的一切让他不堪回首。离开这里，对他来说，是忘记往事疗治伤口的最佳选择。而况，要去的地方是洛阳。洛阳恰是他多年来魂牵梦绕之地。是他参加工作的起点，那里有他相知相亲的朋友杨春明。回到洛阳，就可以经常和春明见面。而更重要的，洛阳离孟津很近，星期天就能和妻子团聚。这是多么美好的事啊，他巴不得明天就走……

终于盼到了那一天。

三月上旬，钟文和班组其他职工满怀着喜悦的心情坐上了灵宝至洛阳的火车，当他从火车上下来，踏上洛阳的土地，心里便翻滚着汹涌的波涛，他真想像《闪闪的红星》胡汉山那样大喊一声："洛阳，我邓钟文又回来了！" 但他极力控制了自己激情，没有喊出声……

是啊，多少往事浮上心头，心头的潮水在奔涌！

十年前，当他来到洛阳投入她怀抱的时候，他还是一个懵懵懂懂不谙世事的孩子，心地纯洁得犹如一张白纸。怀着满腔的热情，远大的理想和热切的希望参加了工作。可是这一切却如肥皂泡似的破灭了，留下的只有心灵上累累的创伤和痛苦。十年来，他经历了太多的事，经受了太多的苦难和磨砺，遭受了太多的屈辱和打击！似乎在苦水碱水里浸泡了一遍，在阎罗殿里走了一遭。然而，这一切毕竟成为过去，他还是挺过来了，经受住了血与火的考验和狂风暴雨的洗礼……

新工地在洛阳西郊，在徐家营附近。南边是弯弯曲曲的洛河和宽阔的洛河滩，北边是一座不高的岭丘，当地人叫作北山。有一条小土路从北山通过，步行半小时就到上海市场。

新工地也是大跃进时期留下的一个烂尾工程，车间还没有竣工，职工宿舍楼主体工程刚刚完成，那场全国性的饥饿便席卷而来。工厂顿时陷入停顿，终于人去楼空。钟文所在的施工队开进来之后，将原有的职工宿舍稍加修整，就成了建筑工人的新家。职工们住惯了简易工棚，猛然住进这样的楼房，房间虽然没有粉刷，毛墙毛地，大家仍然喜笑颜开，非常满意。

钟文安顿好之后，很想抽空回一趟孟津，看看素菊，一直没有机会。

他和素菊分别不觉就是两个月了，几乎天天想她，惦记着她，和她在一起卿卿我我的情景时常浮现在他的脑际。这会儿她怎么样呢？上班那么忙，晚上还得加班加点，忙得过来吗？身体吃得消吗？有水吃吗？下雨天，担水的路一片糟浆泥泞，那么难走，一个女人家怎么办呢？这使他为她扯心扯肺。

他更牵挂着素菊做人流的事——素菊怀孕以来，他在思想上一直进行着激烈的斗争。素菊是头一次怀孕，他也是第一次做准爸爸。他已三十岁了，和他同龄的孩子都有几个了，兄弟的女儿也快两岁了！妻子怀孕本应该是一件值得高兴的大喜事，但他却高兴不起来，他为未出生的孩子将来的落户而发愁，为孩子将来的前途而忧心。想到马下河的贫穷落后，孩子将在那样的地方长大和生活，他心里就十分不安，心如刀割。与其孩子生下来就让他受苦受难，不如不让他降生到这个世上——干脆让素菊把胎儿做了算了……

从湖南回到孟津的时候，他把自己的想法就对素菊说了，素菊对他的意见口头上并没有反对，她不想当面拂他的意，勉强同意去做人流。钟文还是不放心，生怕素菊对做人流不重视，拖延了时间，一直惦记着这事。回灵宝工地上班以后，他又给素菊写了封信，说了之所以不要孩子的理由。在信里反复叮嘱素菊，应趁早把胎儿打下来，以免迟了再做人流将会受更大的痛苦。但素菊在回信中却含糊其辞进行推诿。总之一句话——不想把孩子作掉，如今不知怎样了？

钟文惊奇地发现，素菊读书不多文化不高，而信却写得还算通顺，字里行间充满了对他的思念之情，钟文能够感受到她对他深深的爱意。如果素菊不是家里贫穷，多读点书的话，作文一定写得不错。想到她的温柔，寒冷的晚上给他的温暖，他就禁不住一阵激动，恨不能立即跑到她的身边，感受她温柔的爱。可洛阳到孟津，尽管没有多远的距离，而交通却极不方便。一天只有两趟往返的汽车，汽车票非常难买。他一星期只休息一天，回孟津根本来不及赶回来上班。工地施工紧张，他从来就是一个很自律的人，他不想因为请假回家而耽搁工作。来洛阳眼看一个月了，他一次也没有回去过。

他还惦记着春明。

春明离这里近，只好先去看望春明。

他星期天去了趟煤灰砖厂。然而，和春明见一面也不容易！连着去了两次，可两次都扑了个空！原来春明星期六一下班就骑自行车回了家。

钟文发现，上一次他来煤灰砖厂找春明，那些人对他还不失应有的礼貌和热情。问起春明的情况，他们还能告诉他。而最近这次，钟文明显地感觉出那些人对他抱有一种不友好的态度，打量他的眼神怪怪的。有的说不知道，有的则爱理不理的。其中一个年轻人竟歪着头向他问道："你是杨春明什么人？"

年轻人看他时的目光似乎带着尖刺，仿佛要刺进他的心里。钟文恨不能扭头就走，可为了了解春明的情况，只好按捺着心中的火气，把态度放谦恭些："我是他的朋友。"那青年这才把春明回家的情况告诉他。从那几个职工态度的变化中，钟文猜想到春明在煤灰砖厂的处境一定不妙。他本想给春明写张纸条交给那人，让他告诉春明，他来厂里找过他，可转念一想还是打消了这一念头。

空跑一场，只好悻悻地回来了。

回到工地，他给春明写了封信，表达了对他的思念之情，希望他接到信之后，约一个时间见见面。可是信发出了十多天，都没有等到春明的回信。钟文疑窦百生：春明是怎么了？为什么不给他回信呢？难道信在邮寄途中遗失了没有送达？抑或春明没有收到他的信呢？钟文着急得什么似的。他决定抽空趁春明在厂里上班的时间去看望他。

那天，钟文正好有半天调休，又请了半天病假，来到了煤灰砖厂，好不容易在厂区碰见了春明。

他一走进厂区大门，远远看见有一伙人在那里挖土方，用架子车运土。有一个人弓着腰费力地拉着一辆架子好像在拉土。瘦弱的身影看起来很像春明，头发被风吹得蓬散着，像一蓬乱草。走得近了，看清那个个子瘦弱的人真的是春明，清瘦的脸上粘满了灰土。

钟文吃了一惊：他不是电工吗？怎么干这种活儿？春明的身子比过去越发显得单薄，看起来越发瘦骨伶仃，身子麻杆似的。推着架子车弯腰站在那里，几个人用铁锹往他推的车子上装土。土装满了，春明便吃力地推着车子把土倒进一个土坑里。因为是下坡路，车子跑得飞快，一时车子没有刹住，摇摇晃晃把不住车把，车把从他的手里滑脱了，整个人猛一下栽倒在地，车里的土洒了出来。旁边铲土的人不但不去搀扶，还在一边哈哈大笑。好在春明摔得不重没有受伤，他从地上爬起来，拍打着身上的灰土，弯下腰去推架子车的时候，猛抬头看见了不远处站在那里望着他发呆的钟文，一时怔住了。

钟文叫了声"春明"，春明心头一热，一时语咽，两眼含满了泪花。

这时，中午下班时间到了，干活儿的人收拾东西准备下班。

小楼把盏

钟文到来使得春明非常激动，春明说："钟文，你怎么来了？"

钟文说："想你想得好苦！你是怎么回事？也不给我写封信！你知道吗？我已从灵宝调回洛阳，在 5111 工地上班，我来厂里找过你，也给你写过信，可总得不到你一点音讯，真把我急死了！"

春明说："我也跟你一样，也惦记着你，你写给我的信，有的收到了，有的没有收到，我以为你现在还在灵宝呢！你说的那个 5111，是不是北山脚下那个厂？"

"是呀，离涧西不远，翻过这个山岭就到上海市场。"

"好呀，这么近，我俩以后见面就方便了！"

两位好友相见，都非常激动，说不出的高兴，有许多话想说，一时可又不知从何处说起。钟文想起刚见面看他拉车运土跌倒的情景，问道："春明，你不是干电工吗？今天怎么干起这种挖土方的活了？"

春明见钟文问起这，不由叹了口气，说："唉，一言难尽！现在大食堂正开饭，我去买饭，吃了饭再和你说吧！"

春明说着，便拿着碗去食堂买饭。一会儿饭菜买回来了，两人便坐在桌前吃起来，一边吃，一边说话。春明说："刚才你不是问我怎么不干电工了？这事说起来真叫人气愤！洛阳玻璃厂安排我来煤灰砖厂实际上是个'阳谋'！这是一个小厂，当初没有多少人愿意来的，我原以为离开玻璃厂也好，换一个新环境，日子会好过些。但我想得太简单了！刚开始倒还不错，让我干上了电工。可不久，厂里就开始变脸，天天威逼我写检查，要我交代问题……还叫人把我看管起来，不让我见任何人，连我父母也不让见。你知道，自景和出事我渑邑的家被抄之后，父母不见我回渑邑，也接不到我写给家里的信，天天都牵肠挂肚，母亲天天晚上作噩梦。老人家着急得不得了，商量了一下，俩老便坐火车找到了玻璃厂，又从玻璃厂找到了煤灰砖厂。可狠心的煤灰砖厂那个姓高的家伙，硬是不让我和父母见面，老人只得痛苦欲绝地流着眼泪回了渑邑。

我当然不服，气愤得很，我就写大字报揭露姓高的一些违法乱纪的鸟事。这一来，姓高的恼羞成怒，越发疯狂对我进行报复，竟然对我作了开除公职留厂察看两年的处分！这期间工资也被停发，只发给我一月二十几元的生活费……"

"他们真恶毒呵！"

钟文听了春明的话，才知道春明竟吃了这么多苦。他不知说什么好？也不知怎么安慰他？所有这一切，春明在给钟文的信中，从没有向他提及这事。钟文知道，春明之所以不将实情告诉他，是怕他得知这些坏消息而心里难过，只好把这些不幸埋在心里自个儿承受。钟文望着面前这位善良而受尽磨难的朋友，心里不由感到一阵酸痛！这不平的世道啊，怎么会这样？他邓钟文因为出身不好而受迫害，可春明的家庭出身却是贫农，为什么也有如此的悲惨遭遇？这个世界真是疯了吗？为什么要这样斗来斗去？充满仇恨？

钟文突然想起十年前那个穿着白衬衫意气风发在诗歌朗诵会上高声进行诗朗诵的青年，和面前的春明相比，完全判若两人！过去的春明风流倜傥潇洒英俊；而面前的他却一脸枯黄满面憔悴。他联想到自己，不也是一样吗？不禁惺惺相惜无比伤感，悲从中来……

春明看钟文一副难过的神色，便打住了话头："看看，尽说这些不愉快的事干什么？今天是我们相逢的好日子，还是说些高兴的吧！"

钟文说："是啊，咱俩好不容易重逢了，应该感到高兴啊，不说这些晦气事了！"

春明望着钟文笑了笑，说："钟文，你在信上告诉我说，你已经结婚了，我打心眼里为你高兴。怎么样？夫人是哪里人？一定很漂亮吧？什么时候让我见见嫂子！你婚后生活一定幸福吧！"

钟文说："她是你老乡哩！家在孟津长华。现在孟津服装厂干临时工。我俩是由人介绍认识的。唉！幸福什么呀？我之所以结婚，不过为了成个家，完成任务而已。哪像你和杏芬，自由恋爱，浓情蜜意，那么浪漫富有诗意，呃，春明，你们现在过得怎样……"

然而没等钟文说完，春明就深深叹了口气："钟文，不是你想象那样的！我现在才明白，过日子可不是写诗写小说，是实打实的，柴米油盐酱醋茶，一样都不能少。人说柴米的夫妻！这话一点不错！过去还有一句老话怎么说来着？'贫贱夫妻百事哀'对吧？现在看来，我对这句体会得最深了！"

春明继续说道："自景和的事出来之后，他爹妈为这事差点没有气死！唉！连累得他家都不得安生！调查追问无休无止。杏芬怪我怎么认识这样的朋友？害得她和她家也跟着倒霉……"

钟文深有同感地说："可不是，你不知道，我在灵宝的时候，曾在灵宝县医院谈了一个女朋友，都快要结婚了，也因为景和越狱之后，遭到洛阳公安的恐吓，她害怕得不行，便和我分了手……"

"哦？还有这事！究竟咋回事？"

"唉，说来话长……"

钟文便将和凤英怎么相识怎么分手的情况大致说了说，让春明听了，感叹嘘唏不已，气愤地说："这些人真是无孔不入啊！"

钟文说："是啊，他们还调查追问了我满婶，甚至连我妹妹都不打算放过，被我顶住了！"

春明说："中国现在怎么了？说是社会主义国家，怎么成了这样子？"

说到这里，春明停住了，连忙用眼睛瞅了瞅门口，见宿舍门关得很紧，便望着钟文："嗨，看我，说这些干啥？"连忙自我解嘲说："看看，说是不说不愉快的事，咋又说这些不愉快的事情来了！"

钟文说："不管怎样，我们是问心无愧的。我们要坚强地活下去！相信国家不会总是这样暗无天日！"

"是的，相信我们的问题很快会得到解决。"

说到这里，春明又义愤填膺地说："这是啥世道？河南的王新顽固地执行了林彪的反动路线，林彪倒台以后，许多受王新路线迫害的人都陆续被平反，煤灰砖厂就是不给我平反。我多次向洛阳市建委反映我的问题，市建委领导已经作了批示，我相信他们抗不了多久的……"

听了春明的话，钟文感到无比的欣慰。

吃完中饭，两人又说了一会儿话，午休时间很快就过去了，忽听见有人敲门，随之有人在门口叫："杨春明，上班了，下午还在那里拉土！"

钟文只好和春明告辞，悻悻地回到了工地。

就在他们见面一个月之后，春明竟骑着自行车来到了5111，找到了钟文，难以抑制住内心的兴奋，满面春风似地从怀里掏出一张油印的纸，对钟文说："你看，这是什么？"

钟文接过一看，是一张平反通知。他立即明白了："春明，你终于平反了，真好！祝贺你！"

春明说："真不容易啊！我四处奔走几年，为的就是这一张纸啊！"说完，他突然想起钟文的事，说："相信你的问题总有一天也会解决的！"

钟文说："是的，乌云遮不住太阳，相信国家总不会一直这样无法无天下去的！"

"是的！耐心等待吧！"春明说完，觉得话题有点沉闷，便说："钟文，还有好消息哩，告诉你，扣发我两年的工资，这次也全数补发给了我！"

钟文说："好呀，真为你高兴！"

春明说："钟文，走，咱俩喝酒去！"

"好，应该好好为你庆祝一下！"钟文看春明这么高兴，无疑受到了鼓舞，说："我虽然也不喝酒，但为了庆祝你的平反，为了我们的胜利，我豁上了！"

春明问钟文："你说去哪？"

钟文说："去西工小街如何？"

春明一拍即合："好，就去西工小街！"

西工小街不光是他们刚参加工作常去光顾的地方，也是钟文在那个寒冷之夜的蒙难之地！这次选择去西工小街更具有特殊的意义。

他们高高兴兴说说笑笑骑着自行车来到了西工小街。

两人把自行车在下边支好，就走进了旁边的酒楼。前来用餐的人不多，一向生活俭朴从不肯多花一分钱的春明，竟破天荒地点了好几个菜，还要了一瓶酒。

春明慷慨地说："咱俩今天来个一醉方休！"

钟文跟着说："好！一醉方休！"

两个平时不喝酒几乎是沾酒即脸红的主儿。拿出了男子汉的气概，拼着一醉方休的劲头，你一杯我一杯地喝了起来。

"干！为着你的胜利！"

"干！也为你的冤屈早日伸雪！"

两人直喝得红头涨脸，脖子发粗舌头发直头脑发晕，身子摇摇晃晃飘飘忽忽。这时，钟文禁不住诗兴大发，当即掏出钢笔赋起诗来：

> 为贺春明耻恨消，小楼把盏倍兴豪。
>
> 三载寒冷熬凄夜，一日热血涌春潮。

雷击禹甸腾烈焰，怒发心海摧狂飚。

……

春明乜斜着双眼，读完之后，不住地赞叹着说："好诗……好……诗……"抓起笔也要写，可他抓笔的手颤颤巍巍的，在纸上画了半天，也没有写下一个字。

突然，他把笔一扔，竟然放声痛哭起来……

素菊来了

时间过得好快，转眼五一节就要到了，邓钟文来洛阳这么长时间始终抽不出时间去孟津去看素菊。他心想，"五一"放假一天，再加一个星期天，有两天时间完全可以回去。正要给素菊写信把这消息告诉她的时候，意想不到素菊竟自个儿摸到工地来了！

那天上午，天气晴朗，一扫几天来笼罩大地的阴霾，灰蒙蒙的天空终于出现了明晃晃的太阳。阳光像无数金箭似地从云端射下来，将大地照得明晃晃的。

这正是建筑工人赶工期的最佳时机，不冷不热的春季，工人们加紧施工，工地一片繁忙——人声喧哗，机器轰鸣。钟文正和班组几个人在捣浇混凝土。钟文身穿工作服，头戴柳藤安全帽，脚穿大胶鞋，手提振动棒，在基槽里忙碌着。振动棒咕咕隆隆的声音震耳欲聋，传出去老远。一个基槽的混凝土刚浇灌完，他跳上地面准备振捣第二个基槽的时候，猛一抬头，看见一个年轻的妇女朝工地这边的路上走过来。一边走一边向路边的人打听，看样子是在问路。钟文立即认出了那位问路的妇女，不由暗自吃惊：这不是素菊吗？她怎么来了？素菊越走越近，离钟文干活的地方只有几步之遥。她只顾着往前走，却没有发现路边干活儿的钟文。

"素菊！"钟文兴奋地叫了一声。

　　素菊听见有人叫她，声音很熟，好像是钟文的声音，便停住了脚步，愣怔着两眼朝前方寻找着，没有发现钟文。只看见几个穿工作服的工人在那里干活，她朝那些干活的人看了看，还是没有认出钟文来，疑惑地向四周探看着。

　　钟文干的是水泥工。下班了，干净衣服一换，脸一洗，看起来皮肤光鲜年轻英俊，谁也不知道他是干什么的。而一上班，柳藤安全帽一戴，工作服一穿，便换了个人似的。他穿的又是旧工作服，肩头和膝盖上补了补丁，再加上干活时衣服上糊着水泥，脸上溅了水泥浆，简直就是从地底下钻出来的泥人，素菊当然好半天没认出他来。

　　素菊又往前走了几步，快到跟前的时候，钟文大声地又叫了一声"素菊"。素菊这才认出钟文。素菊从上到下打量着钟文，惊讶地问："是你呀！你咋干的这？"

　　"哈，我不是对你说过嘛，我是水泥工，不干这干啥？"钟文打趣地问："怎么？嫌我这活儿不好吗？"说完哈哈一笑。

　　素菊娇嗔地说："瞧你那样！"

　　钟文说："见我这模样不敢认了吧？"

　　素菊笑了："瞧你那样！"

　　钟文最喜欢素菊说这句话的样子，看着十分可爱，笑着对素菊说："我正准备回孟津看你呢，你怎么来了？"

　　"你还说哩，你调回洛阳这么久了也不回去！是不是把俺忘了？"素菊对钟文抱怨着，话语里充满了怨气。

　　旁边那些干活的人，都纷纷把目光向他俩这边投过来。凌师傅在一旁也看见了，见素菊皮肤白净，人长得端正，很为钟文感到高兴，走过来对钟文说："邓钟文，傻站着干什么？反正也快下班了，领着你爱人先回去吧！"

　　钟文听了凌师傅的话，答应一声，便来到水龙跟前，掬起水认真地冲洗起来。直到把脸上的水泥冲洗得干干净净，皮肤光亮，这才来到素菊面前。素菊抬眼一看，出现在眼前的小伙子除了衣服沾满水泥，有点破旧之外，仍是那个精神焕发她所深深喜欢的钟文。神情显得惊讶而又激动。

"你是怎么找到这里的？"

"你还问哩，把俺找难了！"

"幸好，我今天在这路边干活，看见了你，要不然……"

"确实走累了，腿走得好酸！"

钟文说："你来也不先写封信来，我好到公共汽车站接你呀！"

素菊娇嗔地噘起嘴："看你说得怪美！"

钟文忽然想起素菊的妊娠反应："你身体咋样？还吐得厉害吗？"

"你还说哩！"

"这几天，你在这里好好休息，我给你买好吃的，让你补补身子！"

听到这话，素菊用手在钟文身上轻轻槌打了一下。

一路上，两人说说笑笑便来到职工宿舍，房间虽然没有粉刷，但设备还算齐全，有卧室、厨房和卫生间，条件很不错。这里有两栋宿舍楼，只一个施工队职工在这里住，房子比较宽敞，一个人可以住一间，钟文也单独住着一间。钟文把素菊领进自己的房间，说："进来吧，这是我的宿舍。"

钟文说着，把身上的脏工作服一脱，挂在门后的衣勾上，就迫不及待地把刚走进房间的素菊往床上搂。但素菊一把推开了他："急啥子哩？你看你，也不想想人家这些天过的啥日子？"

"怎么啦？"

"你光知道自己美，也不管俺受的啥罪！"

钟文这才想起素菊怀孕的事，问道："我不是让你做人流吗？"

素菊故意瞪他一眼："看你说的恁容易，做人流哪有那么简单？俺去问过咱婶了，她也不让做。她说，妇女头胎做流产不好，疼着哩！俺害怕，俺想把孩子生下来。"

其实，钟文何尝不想要孩子?他之所以三番两次催促素菊做人流，是担心孩子来到世上将来跟着大人受苦受难！既然如此，胎儿都四个多月了，生米已煮成熟饭，也只好这样了。说实在的，他也三十岁的人了，也该有个孩子了。他看着素菊白嫩光洁的脸，充满柔情地对她说:"你想要孩子，那就要吧，我依你。"

素菊听了钟文的话，脸上露出了笑容，但她很快又嘟着嘴嗔怪地说:"你回到洛阳，离家这么近，也不回去看看俺，是不是把俺忘了？"

钟文说:"哪会呢？看你想哪去了？我哪会把你忘了？实在是回不去。你想想，我们一个星期只休息一天，赶到汽车站买汽车票都要半天，一天时间去孟津咋个也打不了来回。工地太忙，又不好请假，只好每天在梦里和你相会……"

"看你说的比唱的还美，你捣俺哩！"

钟文看她说话时的样子很可爱，乐了:"我捣你，我捣你，我就是要捣你……"说着搂住就要亲。

素菊推开了他，说:"你听，孩子不乐意哩！"素菊说着便掀开自己的衣服，露出白白的肚皮。钟文发现，素菊的肚皮果然已经隆起。他把耳朵贴在素菊的肚皮上听了听，可除了素菊咚咚心跳的声音，什么也听不见。

钟文说:"不知是男孩还是女孩呢？"

素菊望着钟文:"这可说不准！"停了一下，她狡黠地问钟文:"你是想要男娃哩，还是想要闺女？"

钟文说:"我无所谓，男孩闺女都一样，不像你们河南人，非要男孩不可，为了要男孩，就像母鸡下蛋似的，一生就是一扑溜！"

钟文的话一下子把素菊逗笑了，笑得那么灿烂。钟文不由得一把将素菊拉过来就往床上捺，素菊看着穿着背心充满青春热情的丈夫，两只有力的胳膊和宽广结实的胸脯紧贴着她的身体，情绪激动心跳加快，温顺地任由钟文在她脸上亲着……

正在这时，一阵工具碰撞声从楼道外传过来——原来工人们下班了。素菊连忙挣扎着站起身："看你急的，晚上有的是时间……"

"那我去买饭了。"

钟文刚走到门口，回过头问素菊："你吃米饭还是吃馒头？"

素菊说："随你。"

"那就吃米饭吧。你那里吃米饭不容易，吃一顿米饭新鲜新鲜吧。"

小董和小范在工地听说了素菊来工地的消息，一下班，就来到钟文宿舍看望素菊，迎面碰上了拿着碗去食堂买饭的钟文。小董说："听说嫂子来了？"

钟文说："嗯，在房里呢！"

说着便又拐回来，把两人引进房间。两人一见素菊，不等钟文介绍，就热情地和素菊打招呼，亲热地叫"嫂子"。

素菊没见过世面，见了生人有点不好意思，但见他俩一点不外气，嫂子叫得那么亲热，那么甜，神色便自然起来："你们都下班了。"

"嫂子，什么时候来的？"

"刚刚到。"

"这地方离市区较远，不好找哩，嫂子，你是咋摸到的？"

素菊说："可不是，是很难找，一路走一路打听，问了好几个人，才摸到这里的。"

这时，小董见钟文还拿着去食堂买饭打饭的盆和碗，便说："嫂子，吃饭了，吃了饭再来和你说话。"

小范也说："嫂子，这回来了，多住些日子！"

素菊腼腆地说："不哩，住几天就走，要上班哩！"

"嫂子，我也吃饭去了。"小董说完便走了。

吃了中午饭，"法螺"也听说了素菊来工地的消息，也赶来见了素菊，和素菊打了招呼，还特别关照钟文说："你需要什么东西，我那里有，尽管去我那里拿。"

班组同志除林、杨二人之外，其他人都来了，都向素菊打了招呼。凌师傅也来了。凌师傅还和素菊说了话，叫素菊在这里多住几天，并以长辈的口吻嘱咐钟文说："五一节，工地放两天假，陪你爱人到洛阳好好玩玩。这几天，食堂有好菜，多买点甲菜，不要不舍得花钱！"

钟文非常感动，嘴里一一答应。

节日的工地食堂，伙食确实不错，大师傅使出了浑身解数，做出了平时少有的具有江浙风味的菜肴，让大家改善伙食。食堂的菜牌写满了一黑板，除狮子头，红烧肉，黄焖排骨之外，还有什么红烧黄鱼，古老肉，叉烧……

钟文真如凌师傅所吩咐的那样，在食堂捡希罕菜买了几样，端到了宿舍。素菊见钟文给她买了这么多好吃的肉菜，高兴之余又有点心疼："随便吃点就中，买这么多好菜做啥哩？尽花钱！"

钟文说："这些好菜我平时也难得买的，你好不容易来了，这都是你没有吃过的，让你尝尝呀，你也开开洋荤……"

钟文的话把素菊逗乐了："瞧你那样……"

素菊在工地待了四天。

这会儿，素菊的妊娠反应已减轻了许多，什么东西都能吃，而且胃口不错。钟文从食堂买回来的菜吃得津津有味，他每顿饭便从食堂轮流买素菊平时没吃过也吃不到的菜。

五一那天，钟文领着素菊到洛阳玩了一天，在上海市场给她买了一件的确良短衫和一双塑料凉鞋。别的时间大都待在宿舍。吃过晚饭，两人厮跟着外出散步，或上北山，或去洛河滩，过得非常开心。临走的时候，钟文恋恋不舍地把素菊送到金谷园车站上了汽车才回来。

珍贵的自行车

一个月之后，素菊又来工地探望钟文——孟津服装厂大多是女职工，洗衣做饭带孩子侍候老人，她们的家务活自然比男职工要多得多。一星期休息一天干不成什么活，便采取集中休息的办法，把星期天的假期集中到一起，一个月可以休息好几天。这也正合了素菊的心意，她有时间来洛阳看钟文。

随着时间慢慢逝去，素菊的肚子越来越大，身子也越来越笨重，钟文看在眼里疼在心里。他不想让她坐汽车来回颠簸，万一有个闪失可不得了。可自己又没有时间回去照顾她，心里未免着急，怎么办呢？无奈之下，他想起了一个主意——想办法和工地保健室的医生搞好关系，让医生给开张病假单，他好利用一两天的病休时间回去照顾素菊。

钟文认识的那个医生是个广东人——南方人好吃鸡是出了名的，广东人更不在话下。在青海的时候，这些南方人几乎把当地人养的鸡都买完吃净，一些人非常刻薄地给公司起了个绰号叫"吃鸡公司"。

孟津的鸡便宜得难以置信——农村人喂鸡为的是下蛋，不下蛋的公鸡便拿到会上去卖钱，他们从不杀吃的。赶会的时候，他们常常拿着活鸡来会上售卖。别地方卖鸡都是论斤卖，而这里人卖鸡却论个卖，一只几斤重的大公鸡只要两元钱，便宜得不能再便宜。钟文回孟津的时候趁机在会上买了两只公鸡带回工地，捎给了那个广东医生。医生投桃报李，当钟文有事需要回去的时候，偶尔也能给他开一两天病假单。钟文便可以堂而皇之地回家去。但钟文是那种很自律的人。参加工作以来，踏踏实实埋头干活，从没有偷过懒，很少休过病假，当他通过这种法子从医生那里开到病假单回家的时候，觉得做了什么亏心事似的，生怕人家在背后说三道四戳他的脊梁骨。

他觉得这种歪门邪道毕竟不是长久之计。将来孩子出生了，麻烦事更多，素菊更需要人照顾。他想起了自行车，心想，如果有一辆自行车就好了，骑自行车两小时就能赶到孟津。可是，买自行车谈何容易？自行车属于紧俏商品，有钱也买不来的。买这类商品要凭购买券，而购买券非常难搞，有城市户口的一家人一年才发一张购买券。一些人为了买自行车，往往动员亲戚朋友，几家合在一起凑购买券。钟文他们这些单职工是集体户口，购买券不发给个人。他到哪去弄那么多购买券呢？

正当钟文为自行车一筹莫展的时候，小董给他透露了一个好消息——公司给施工队分了一张自行车券和一张缝纫机券。

那天，小董兴冲冲跑来对他说："小邓，你不是急需自行车吗？现在机会来了。"

钟文说："什么机会？"

小董把听来的消息对情况对钟文说了一遍。鼓励他说："这还不是机会呀？你赶快争取吧。"

钟文听了却有点无动于衷，淡然地说："争取也没用，你不想想，全施工队一百多人，只一张自行车票，怎么也轮不到我呀？"

小董说："嗨！那不一定，事在人为嘛，别错过了这个机会！"

不几天，这消息班组的人也知道了，在工地干活的时候，围绕着这张自行车券和缝纫机券，七嘴八舌，说什么的都有。

杨俊和宋林觉得他们这些人根本无望，在一旁说着风凉话："不知这张购买券发给谁，看吧，有的争了，不打破头才怪哩！"

"泡子"对这张自行车券也不抱希望，但他爱逗能的毛病总改不了，不说话不显他能似的，连忙接过话头说："最后还不是发给那几个南方人！"

法螺也插言说："管他呢，反正轮不着咱，咱就不操这个心！"说完，他把脸转向钟文："对了，小邓，你应该争取一下呀。"

钟文说："我？别开玩笑了，会轮到我？"

凌师傅在旁边听见了他们的议论，也插言说："我听说这次张队长下了决心，一定要把这两张购买券发给最需要的人！"

钟文一听，心里不由一动。张队长的刚毅和公正在施工队是有口皆碑的，他曾经亲身感受过。可他还是不相信这样的好事会轮到他头上。

没过几天，施工队召开了班组长会，商讨自行车和缝纫机券分发方案的事。一会儿，凌师傅从施工队开会回来了，他对大家宣布说："大家早知道了，上边给咱施工队发了一张自行车券和一张缝纫机券。刚才党支部研究决定，这两张券，一定要发到最需要的职工手里。咱们班有谁需要缝纫机自行车的，可以先在班组会上提出来。大家进行比较评定，决定最需要人的名单，然后再把名单报送到队里。"

凌师傅话一说完，全班职工鸦雀无声，各自在心中酝酿着。很显然，最需要自行车的莫过于邓钟文。但钟文觉得没有信心，坐在那里默不作声。他不提，其他人便没人提——知道提也是白搭。因此大家你看看我我看看你，谁都不开腔。

这时，法螺用胳膊肘碰碰钟文，但钟文仍装聋作哑只当没听见。凌师傅等了一会，见大家都不说话，便说："怎么？大家都不开口，大家都不想要？是不是？"

说完，他又看看钟文："邓钟文，你呢？你怎么也不说话？"

钟文正在犹豫中，想不到凌师傅竟点了他的名，很显然，凌师傅的话里明显带有鼓励他的意思，便鼓起勇气把自己的情况说了说。

"我的情况想必大家已经知道，我爱人马上就要分娩，需要人照顾，洛阳离孟津虽只有三十里路，可去孟津的班车一天只有两趟，星期天想回去根本不行，如果有一辆自行车就方便得多，只两小时就能骑到家，可以帮家里干点家务活！"

听了钟文的话，房里静下来，人们心里清楚，钟文说的是实情，论需要，眼下确实没有比钟文更需要的。凌师傅看了看大家，说："大家怎么都不说话？都发表意见，谈谈自己的看法。"

这时，韩师傅说："我同意把自行车票发给邓钟文。"

韩师傅开了头，"法螺"也表示应该把自行车票给钟文。别的人也都纷纷表态：赞成韩师傅和"法螺"的意见。

这时，尽管杨宋和"泡子"几个不做声，但班长当即把钟文的名字报了上去。

全施工队十多个班组，有报自行车的，也有报缝纫机的。党支部对这十多个人又进行了筛选，最后只定下三个人，钟文包括在内。党支部又广泛征求了职工意见，在这三个人中又进行比较。比来比去，谁最需要自行车已十分清楚——非邓钟文莫属。指导员唐之宫对这结果却不满意，撅着嘴，摇着头说："怎么能把自行车购买券发给他？不行，不行，他的问题还没作结论呢！得另换一个人……"

但是张队长不同意他的意见："老唐，我知道你的意思，邓钟文是有一些问题，都知道他在文革中挨过批斗，但他的问题属于人民内部矛盾，不能因为人家有错误就一直揪住不放。根据实际情况，他确实最需要自行车，我觉得把自行车购买券发给他最公平公正，真正体现了党的政策……"

张队长在施工队有着极高的威望，平时他的话不多，但一旦说出来往往一言九鼎，其他几个支部委员见张队长说得有理，也都同意张队长的意见。最后投票表决，少数服从多数，最终把自行车券发给了钟文。

这一切，钟文当然不知就里，他是后来才听说的。

那天下午，凌师傅从施工队办公室出来，来到了工地，兴高采烈地叫住正在干活的钟文："邓钟文，你过来。"

"凌师傅，什么事？"

凌师傅从衣袋拿出一张小纸片："你看这是什么？"

钟文的眼睛顿时瞪得老大："自行车票？"

"给你的！"

"真的？"

"赶快去买自行车吧，购买券快过期了！"

当他接过凌师傅手上那一小张薄纸片的时候，简直不相信自己的眼睛。自行车购买券是油印的，只有豆腐干那么大小，上面印着"自行车购买券"几个字，上面盖着"洛阳市商业局"红色大印。可能经手的人多，摸索的次数多，薄薄的纸片已经有点打皱，不小心就会揉碎。钟文像接过稀世珍宝似的，抚摸着那张小小的薄纸片，激动得不知说什么好？好半天。他都不敢相信这是真的，以为自己是在做梦……

回家的感觉

第二天，邓钟文从商店就把自行车买回来了——花了 57 元钱。自行车是天津自行车厂制造的凤凰牌二八加重型。真不愧为名牌产品，轮胎结实，硬扎扎的，钢圈锃亮能照见人影，梁架坚挺油漆闪光。钟文就像征战的战士意想不到地得到了一匹宝马，消失多年钟情已久的姑娘突然来到了身边，高兴的心情不言而喻。

他对这辆自行车真是珍爱有加爱不释手，特地从机修工那儿弄来了一团干净棉纱，去商店买了点腊，把自行车重又打了腊，用棉纱一遍一遍认真地擦拭，直擦得车子起明发亮光可鉴人。他怕车身黑亮的油漆被灰尘弄脏，又从商店买了一圈红色塑料胶带，细心地把自行车梁缠裹起来。为了美观，还买了几个彩色尼龙绒圈，挂在自行车钢圈的辐条上。这一来，自行车顿生光彩。尤其当自行车轱辘转动起来的时候，脚下仿佛腾起一片五彩祥云。钟文产生了脚踩五彩祥云，轻飘飘美滋滋的感觉。他骑着自行车走到哪里，身后都要引来人们一片羡慕的目光，比如今的人拥有一辆劳斯莱斯还要风光体面！宋林和杨俊见了眼睛都有点发绿！

星期六的下午，钟文提前给车子打足气，一下班就骑上他心爱的自行车往孟津赶。一路上，钟文心情很好精神振奋。尽管白天上班干了一天活儿，但他一点不觉得疲累。自行车骑得飞快，在身后刮起一阵旋风。身上的衣服被鼓荡起来，像飞鸟的翅翼呼啦啦随风飞舞，耳边只听见呼呼的风声，从5111工地骑到五股路，40来里路只骑了一个小时，骑出了一头汗。

接下来从市区到孟津的路很不平坦，二三十里全是缓慢上升的大斜坡，有的地方坡度还很大，人只有下车推着车子走才行。但钟文仗着车子崭新年轻有力气，许多骑不上的路段也不下车走，硬是蹬着车子在坡路上骑行。他发现也有一些年轻人跟他一样，使足劲骑着车往坡路上冲。这激起了他的好胜心，丝毫不将那些人放在眼里，暗中便和他们展开了角力。那几个人看钟文在后面撵，也不甘落后，加快了脚下的力量。然而钟文哪肯服输？他使足劲蹬车，两腿越蹬越快，脚下呼呼生风，不一会就把那几辆自行车抛到了身后。回过身望着那几个越拉越远的骑行者，他脸上露出了得意的笑。整个路上，他几乎是逢车必超，不到一小时就骑到了孟庄，孟津县城出现在眼前。

冬天天黑得早，这会儿尽管还是下午六点，可天色已经暗下来，苍茫的暮色已经降临。街道两旁出现了星星点点的灯光，路上都是急匆匆往家赶的车子和行人。反正快要到家，钟文减慢了车速，尽可能避开路上来往的车辆和行人，在通往家门口的一个路口从车子后座上跨下来，推着车子来到了院里。只见屋门半掩着，门缝里透出一缕灯光，素菊正坐在屋里端着碗吃饭呢，囖囖啦啦的声音很响地从屋里传出来。

也许听见了自行车链条"嗒嗒"的磕碰声，素菊转过头朝门口一看，发现了推门进来的钟文，简直不相信自己的眼睛，待确定真是丈夫时，先是惊讶，随后露出满脸的笑："你怎么回来了？"

钟文故意和她打趣："想不到吧？"

"瞧你那样！"素菊娇嗔地撅了一下嘴，样子十分可爱。钟文就喜欢看她说这句话的表情。

素菊赶忙站起身，要为钟文做饭，可她的身子太笨，费了好大劲才站起身。钟文连忙止住她说："你行动不便，忙什么？有现成的凑合着吃点吧。"

"红薯汤是现成的，还有黄面馍，可这样的饭你咋吃得下？"

钟文说："看你说的啥？你怀着孩子都吃这个，我咋那么娇贵？"说着，自己便拿着碗把红薯稀饭盛上，拿起黄面馍大口吃起来。他上了一天班，又拼力骑了两个小时的自行车，这会儿确实饿了。喝着稀饭吃着黄面馍，看着面前含笑望着他的女人，觉得比吃什么美味佳肴还有滋味。心里感到非常烫贴，真切感觉到了小家的温馨，不由在心里感叹着："有家真好，回家的感觉真好！"

丈夫的不期而归，素菊同样也很激动，喜孜孜坐在一旁十分陶醉地望着他，看他吃得那么痛快，那么香甜，嘴里发出很响的吧唧声，她的内心也感到无比甜蜜。

素菊突然想起来似的问道："这么晚了，哪来的客车？你是坐什么车回来的？"

钟文故意拉长声音说："我是坐双轱辘车回来的！"

素菊被钟文的话弄糊涂了，两眼瞪得老大："啥子双轱辘汽车？"

钟文要的是这种效果，不禁得意地哈哈大笑，笑够了，这才指着停在门外的车子说："我就是骑着它回来的！"

素菊站起身走到门口，外边一片夜色，她探着头用眼搜寻着："在哪里呀？"

钟文说："你睁大眼睛往那里看。"

素菊顺着钟文的手指的地方看过去，果然有一辆自行车停在那里。尽管夜色朦胧，看不清车子的全貌，但车子锃亮的钢圈和熠熠闪光的把手，可以看出是一辆新车子。

素菊惊愕地张着嘴："哪来的新自行车？"

钟文不急于回答素菊的问话，故意卖起了关子："你猜猜！"

素菊嗔怪地说:"瞧你那样!"

"我才买的!"

"真的?你捣俺吧?"

"爱信不信。"

"自行车可难买哩,快说说,你是咋买的?"

钟文故意调她的胃口:"想听吗?"

素菊把嘴一撅:"瞧你那样!"

钟文这才把买自行车的经过给素菊说了一遍!

素菊听了不由得心花怒放:"真好,有了自行车就好了……"

"是呀,我总是放心不下你,尤其下雨天,老惦记你担水,没水吃,路不好走,一片泥泞,脚踩进去拔不出来……"

听钟文说到这,素菊眼圈红了,说:"你还想起俺担水呀!那几天接连下雨,院里成了烂泥坑,俺担着水都挪不开步子,脚踩进烂泥窝里陷下去好深,咋着也拔不出来,走一步拔一下,担着水,一路走一路洒,水担到家只剩半桶水……"说到这,眼里噙满了泪水。

素菊说的是实情,钟文也深有体会。孟津县城关镇原不过是一个小集镇,一个公社的所在地。老县城在老城公社那儿。老县城紧靠黄河边,地势低洼,下大雨总担心黄河发洪水被水淹,不利于县城建设。1958 年才搬迁到这里。县城的居民大多是农民,住的房子土坯房居多,路都是土路,院子也全是泥地。素菊租住的房子又是在一个离大路较远的小院子。遇到下雨天,土路被人走牲口踩,便变成了糟浆,人走在上面非常费劲。钟文回来时就经历过好几回这样的天气。他最怕下雨,出来进去都无法下脚,何况一个腆着大肚子的孕妇。

钟文心疼地说:"明天我把水缸给你担满水再回单位。"

素菊擦了擦脸上的泪痕,说:"有你这句话就够了。"

吃过饭,在煤火上烧了热水,两人洗了洗,便双双钻进被窝准备休息。

素菊靠着钟文的肩膀，将头靠在钟文身上，钟文一只手搂住素菊，一只手在她隆起的腹部轻轻抚摸着。

素菊非常享受地倚靠着丈夫，任他抚摸。她也亲热地在丈夫脸上亲了一下，喃喃地说："你们男人真美，一点不受罪。你知道吗，俺身上难受着哩，每天还得完成厂里规定的任务，有时还要加班，真累！不知到时候咋样，心里怯着哩！到时候你得回来……"

"那可说不准，谁知道你是哪天？"

"你咋不知道？你就不把这事放心上！"

"看你，又来了。" 钟文用手在她脸上抚摸了一下。想了想，说："我约摸着就在这个月下旬。"

"嗯，是那几天，宝宝也急着想出来看世界哩，她在里面很不安生，刚才又动了一下。呃，你知道吗？俺心里好怯的！"

钟文安抚素菊说："你什么也不要怕，胆子大一点，你忘了？我婶是县医院妇产科最好的大夫哩！有她作你的后盾，你还怕啥子？"

钟文说着，一只手便有点不安生，慢慢往下滑。素菊把他的手打了一下："看你，一点都忍不住，俺听人家说，临产期间，不让弄这事哩！"

钟文说："哪有那玄乎？没事的。"

"有事就晚了，还是小心点好！"

钟文听素菊这样一说，便泄了气，到底禁不住浑身的疲劳，话一说完，便打了一个长长的呵欠，眼皮开始发粘，头往枕头上一歪，不一会就发出了轻轻的鼾声。

女儿出生

有了自行车，钟文回去就方便多了。每到星期六的下午，钟文早早就把回家的东西准备好，放在自行车后座上，自行车就停放在他干活的工地旁边。一下班，争分夺秒骑上车子就走。在家停留一天，帮妻子干些活，星期一清晨再骑车返回工地，几乎是风雨无阻。有好几次，钟文回工地的路上遇上了暴雨，电闪雷鸣，雨水在头上和身上倾泻。为了不耽搁上班，他毫不畏惧，骑着车子穿行在风里雨里，全身被雨水浇淋得精湿，往下流水，他也不停车子。他身体好，精力充沛，连咳嗽都没有发生过。他曾自豪地写了两首诗，表达他回家路上栉风沐雨的感受：

阵阵战云拥洛滩，　乱风夹雨湿衣寒。

烟尘莽苍腾万马，　涛声如雷迴邙山。

其二

万点灯火挂天边，　烟霞垂地红半天。

清风送爽人增勇，　已驱风轮过险关。

钟文每次回去都要买些素菊喜欢吃的东西。素菊最喜欢吃卤猪头肉——卤猪头肉价钱便宜，才三毛多一斤，香喷喷的，正合她的心意。

除此之外，他还要从洛阳蔬菜店买些新鲜蔬菜带回去——他怕素菊吃不上新鲜蔬菜。邙山干旱少雨，种蔬菜很难，县城蔬菜店卖的蔬菜大多是从洛阳郊区的菜地调剂过来的，价钱比洛阳贵不说，且又黄又蔫，孟津人去洛阳没有不往回带蔬菜的。

随着素菊的预产期一天天临近，钟文越加牵挂。稍使他安心的有满婶在县医院妇产科当医生，心里毕竟有了依靠，便不那么着急。当又一个星期六到来，钟文骑着自行车赶到家时，素菊已经分娩了，为他生了一个可爱的女儿。

钟文来到产房的时候，素菊正搂着孩子在怀里喂奶呢，旁边坐着他的岳母。

岳母说："你可回来了！"

钟文没听出岳母话里的意思，站在旁边心里美滋滋地欣赏稀世宝贝似的看着刚出生几天的女儿，一种慈爱幸福的暖流溢满全身。女儿好像感知面前站着的是她爸爸似的，停止了吸吮，转过了脸。

钟文心里乐开了花："闺女好漂亮，我抱抱咱闺女！"说着伸出手就要抱，然而被素菊阻止了："才几天的孩子，可不敢乱抱！"

他只好笑眯着眼坐在床边的小凳上忘情地观看着，女儿有一张粉嫩的脸，小花骨朵似的嘴，眼睛眯缝着，看起来细长细长的，将来肯定是两只漂亮的大眼睛。

就在他看得入神的时候，素菊说："你只管美，也不知道俺受的啥罪？"

"咋了？"

"你说咋了？你这次差点见不着俺……"

"可不是，危险着哩。"岳母也在旁边说。

原来，素菊是头一次分娩，分娩得并不顺利，分娩了一天多孩子都没有出来，弄得满头大汗筋疲力尽也无济于事。当了十多年妇产科主治大夫的满婶都慌了手脚。生怕产妇有什么意外，准备要救护车把素菊往洛阳的大医院送。好在满叔那几天回到孟津休假赶上素菊分娩。平时优柔寡断的他，这一次却果决地阻止满婶把素菊送往洛阳的作法，说："这时候将产妇送去洛阳，在路上耽搁时间长，体力消耗殆尽，如果作剖腹产就更危险，最好的办法还是在原地分娩。"

满婶听了满叔的意见，重又树立了信心，煮了些鸡蛋汤让素菊吃下，补充了体力。经过一番努力，孩子终于生出来了，大家这才松了口气。

这情况确实有点出乎钟文意料，他感到心里很不安，心疼素菊，觉得好像亏欠了她似的，坐在素菊身边，拉着她的手深情地望着她，说："你想吃什么？我去给你买，给你做，让你好好补补身子。"

素菊见丈夫这样心疼她，眼里充满柔情，向他点点头。

第二天，钟文要满婶帮忙弄了点肉票，在食品店排了半天队，买了些猪肉，切成肉丝做了香喷喷的肉丝面。兴冲冲用钢精锅装着面条来到产房，把面条舀到碗里递到素菊手里，素菊满脸带笑接了面条。当她端着冒着热气的面条拿起筷子正要吃的时候，发现面条里的肉丝，竟然皱起了眉头，想吃又不敢吃的样子。

这让钟文有点莫名其妙："你咋啦？咋不吃了？嫌不好吃吗？"

素菊支支吾吾地说："面条里有肉丝，这让俺咋吃哩？俺妈说了，除了鸡蛋，月子婆娘一个月不让沾荤腥哩！"

钟文一听愣住了，对素菊的话不免感到可笑。想不到，这地方还有这样的习俗，一个月不沾荤腥，这不是对产妇的摧残和虐待吗？便对素菊说："月子婆娘不吃肉？这是什么习俗？月子婆不吃荤腥，产后的身体怎么恢复？怎么有奶水喂孩子？"

"人家都这样，不是好好的？"

钟文说："我们那里月子婆娘坐月子，鸡鸭鱼肉什么都吃，没听说出过什么事？你听我的，不要怕，你只管吃！我还准备到会上买鸡，给你煨鸡汤哩！"

素菊连连摇头："可不敢！你别乱花钱，买了俺也不吃的！"

听了素菊的话，钟文呆立在那里，哪有这样的习俗？真是愚不可及，令人哭笑不得！他再怎么劝说，也是枉费唇舌。可他一时又没有办法。也许这里人太穷，除了自家养鸡下的蛋拿来给月子婆吃，便没有钱买别的荤菜。久而久之，便成了习惯。这根深蒂固的传统风俗，代代相传，已在人们的脑子里深深地扎根，不是凭他简单几句话就能改变过来的。怎么才能打消她的顾虑呢？看来只有让权威人士来做她的说服工作了。这权威人士莫过于满婶。满婶是当地人，又是大夫，受过高等教育，不至于像偏僻的乡下娘们那样愚昧无知。

他找到了满婶，说。"婶子，你快去劝劝素菊吧。你给我弄的肉票我买了肉，做了肉丝面给她吃，她硬是不吃。我问她为什么？素菊回答说，她妈说的，月子里不准吃荤腥？怎么？这里竟还有这么奇怪的习俗！"

满婶听了钟文的话，淡淡地笑了笑，说："是呀，这里人穷嘛。你不要着急，我去帮你说说。"

满婶来到了产房，耐心地向素菊进行了解释，说："产妇月子期间加强营养是十分重要的，产后流血过多，身体要恢复，还要给孩子哺乳，不吃点营养食品是不行的。猪肉呀，鸡汤呀都能吃的，你已经分娩四天了，正需要补充营养哩……"

满婶的话十分管用，素菊这才放心大胆地吃起来。很长时间没有吃肉了，猛一吃肉，当然感觉特别香，加上又刚生了孩子，体力消耗太大，腹内空空，她实在太饿了，把钢精锅里的面条全吃完了，吃了两大碗！

钟文看素菊吃得那么香，感觉比自己吃了还舒服。下午，又到会上买了两只鸡。晚上把鸡杀了一只，弄干净之后慢慢地熬了一锅鸡汤，连鸡肉一起端到了产房，素菊再不反对，端起碗就吃起来。喝了热乎乎的鸡汤，还吃了几块炖得稀烂的鸡肉，吃得头上冒出了细细的汗珠。

一天时间很快过去了。钟文是回来过星期天的，他还没有向单位请假，准备明天一早赶回工地，向单位请几天假，再回来侍候素菊。

第二天早上，钟文准备返回洛阳的时候，来到产房，疼爱地对素菊说："你好好在医院休息吧，我得回单位，向领导请假。明天晚上我就回来侍候你！"

素菊说："请啥假哩？你不上班就没有工资，这里有俺妈招呼着，你只管回去上你的班，不要管我！"

素菊妈也说："你放心，素菊有俺哩，你只管忙你的事！不用担心这里。"

钟文听了，心里非常感动，难为她们对他如此理解，但他仍不放心。他倒不担心别的，有岳母照顾素菊当然最合适不过，只是担心岳母不会给素菊弄吃的。当地一些人连鸡都不会杀，更不要说炖鸡了。这并非刻薄话，是真的。当初钟文也不相信，他曾亲身经历过这样的事。

那是几星期之前，钟文回到家，在房东家门前闲坐的时候，见房东喂的一只下蛋的鸡被过路的汽车轧死了。大娘拿着那只被轧死的鸡扎撒着两手，吧唧着嘴不知怎么处置？想了想便吩咐他的孩子说："算了，把鸡扔了算了！"

钟文大感诧异，忍不住对大娘说："好好的鸡，怎么扔了呢？鸡肉能吃呀！"

大娘睁大双眼问钟文："你吃过鸡肉？"

大娘的话让钟文大感诧异："咋的，你们没吃过鸡肉？"

大娘不屑地回答说："谁吃过那东西！"

要不是钟文亲耳听见，怎么也不会相信这是真的？怪不得呢，这里的鸡卖得那么便宜！

钟文说："鸡肉好吃着哩，比猪肉好吃，可香哩！比猪肉还有营养。"

大娘说："可俺们不知道咋摆置呀！"

钟文从大娘的话里，才知道大娘这辈子还没吃过鸡肉，更没有杀过鸡。钟文是那种热心肠人，也有心想让大娘尝尝鸡肉，便对大娘说："你别扔了，来，我帮你弄！"

大娘满脸堆笑："那敢情好！麻烦你了，这咋使得？"

"没事，没事，不客气，我是举手之劳。你去烧点热水，别的事不用你管。"

大娘赶紧回厨房烧了热水。钟文用热水把鸡毛烫了烫，鸡毛拔干净，用清水把鸡洗净切块，帮大娘把鸡肉放锅里炖起来。鸡肉炖熟了，飘出一股香气，钟文叫大娘尝尝，大娘连声说："好吃，好吃！还怪好吃哩！"

他估计岳母也没有吃过鸡肉，担心岳母也不会摆弄。这一星期他不在这里，拿什么给素菊补充营养？只好把买来的鸡又杀了一只，把岳母叫过来要她在旁边看着。一边拔毛、开膛、切块，然后放锅里炖上。不厌其繁，每一个细节都耐心进行了讲解。岳母说："好了，你放心走吧。"

钟文这才离开，骑上车子准备返回单位。

这天恰是城关镇逢会，当钟文骑着自行车从县城经过的时候，道路都被赶会的人堵塞了，人来人往摩肩接踵，他推着自行车艰难地前行，生怕车子碰着行人。一边走一边吆喊着"让路！小心碰着！"

突然，前边不远处一个卖鸡的引起他的注意。他想过去看看，可人太多，他又推着车子，挤不过去。这时，又一个干瘦老头手拎两只公鸡，来到跟前，卖鸡的老头看钟文的穿着像个工人，便眯着两眼对他说："你买鸡吧？"

钟文随口问道："这两只鸡你要多少钱？"

老头谦恭地笑着说："你看着给吧。"

钟文估摸着一只鸡得二元钱，他上次买的鸡就是两元一只。摸了摸口袋，口袋里只有三元钱，便说："我身上只有三元钱，买你两只鸡，行吗？"

老头看了看钟文，犹豫了一下，最后还是同意了，说："你拿去吧！"

钟文掏出口袋里仅有的三元钱递给了老头，接了老头手里的鸡，放在自行车把上挂好，推着车子就往家走。进了家，岳母正推门出来，迎面看见钟文手里提着两只公鸡，惊讶地说："咋，你又买了两只公鸡？"

钟文听岳母说话的口气，似乎嫌他鸡买多了似的。怎么回事？人家巴不得让女儿在月子里多吃些东西呢。她倒反过来了。钟文把两只大公鸡在门口的墙根放下，回过头向岳母解释说："妈，不多，我们那里产妇坐月子，要吃十多只鸡哩！刚才，我走到会上，遇见卖鸡的，一问价钱，好便宜的，两只大公鸡才要三元钱！"

岳母说："买这些鸡咋吃哩？"

钟文说："妈，鸡肉营养丰富哩，现在素菊正需要营养，她能吃你尽量做给她吃，我不是告诉你做了吗？你照着做就是，千万不要不舍得。吃鸡肉，喝鸡汤。用鸡汤下面条都可以的！"

岳母不再说什么，连声答应："中！中！"。

然而，岳母还是没有把钟文的话当一回事儿，等他下一个星期六回来的时候，会上买的两只公鸡素菊一只也没有吃到嘴里。莫名其妙死了一只，还留下一只，余下的那只公鸡也因为没有喂食而瘦得轻飘飘的。钟文感到十分扫兴。

他怕这样下去，素菊会缺少奶水，千方百计为她补充营养。一天，他搞了张肉票到食品店买猪肉。轮到他的时候，突然发现肉店柜台下边放着不少猪脚。猪脚可是好东西！在他们老家，猪脚是发奶最好的食品，不托熟人是买不来的。不由心里一动，忙问营业员："这些猪脚卖吗？"

营业员立即回答说："卖呀，卖呀，你要吗？"

钟文说："我要，不过我没有肉票，买猪脚要肉票吗？"

营业员回答说："不要肉票，猪脚要啥子肉票？"

钟文又问了价钱，特别便宜，竟然才一角五分钱一斤。钟文听了高兴得像捡了个元宝似的："那太好了，你给我称五斤吧。"

营业员听他一下子买这么多猪脚，瞪大了吃惊的眼睛，打量着钟文，心里直嘀咕：这是啥人？在这里，猪脚是没有人要的。赶忙用绳子把猪脚捆扎好，挂称钩上称了称，正好五斤。钟文付了钱，接了营业员递过来的猪脚。好家伙，这么好的东西不费吹灰之力就买到了！他喜孜孜拎着一大兜沉甸甸的猪脚回到家，一进门就喊道："看，我买到什么了？"

素菊看见钟文手里提着的一大兜猪脚，茫然地瞪大两眼，嘴张开成一个"0"字："你疯了？买这做啥？"

钟文说："给你吃呀！"

素菊嘴一撇："那有啥吃的，没有肉，全是骨头！"

钟文听了，哈哈一笑："这你就不懂了！这是最好的下奶食品，在我们老家买都买不来的！"

素菊不说话了，有点将信将疑。

钟文转过身就去拾掇猪脚，拿出刀子先将猪脚上没刮干净的毛重新刮了刮，经过一阵忙乎，把猪脚刮洗干净，切开之后便放锅里炖起来，雪白的猪脚汤如乳汁似的，飘出一股香气。吃饭的时候，钟文将炖得稀烂的猪脚用大碗盛了一碗端到桌上说："吃吧！"

素菊看了看钟文做好的炖猪脚，用筷子挟起一块猪脚，放嘴里吃起来，一块还没吃完，便放下筷子："这有啥吃的，除了皮就是骨头，一点肉也没有！"

怎么会这样？钟文心里顿时凉下来。

锅碗瓢盆

有人说，夫妻双方是两条来自不同源头的河流，这话是不无道理的。当两条河流刚刚汇合在一起的时候，河水是互不相容的，按各自的水道流动着，水量、流速及水流的颜色也都存在着明显的差异。随着流程的加长，两条河的水流经过不停的交流和渗透，渐渐融合到一起，终于汇成了一条河。

钟文和素菊婚后的生活就是这样的。

因为思想观念和生活习惯的不同，文化水平的差异，随着孩子的出生，爱情的甜蜜期过去，彼此在某些方面的不相适应，两人之间隐藏在各自身上的毛病便渐渐凸现出来，时不时发生一些不快和纠纷。

首先在生活上表现出来——湖南人好吃辣椒，几天不吃辣椒就受不了，没有辣椒吃什么东西嘴里都感到寡淡无味。而素菊却最怕辣，一点辣味都不能沾，菜里稍有点辣味就辣得嘴直哧溜，喉咙里冒烟起火。

一个星期天，钟文像往常一样，骑着自行车欢快地回到家。把女儿从岳母家接了回来，一家三口一起过了一个欢欢喜喜的周末。第二天一早，素菊上班去了，钟文带着女儿在家。他看水缸的水快用完了。趁着女儿睡着的时候，赶紧担着水桶，来到井口绞了几担水担回来，把水缸倒满，又将家里收拾了一番。快到做中午饭的时候，手脚麻利地做了个辣椒炒肉片，辣椒的香味传出好远，房东大娘在隔壁都闻到了香味，笑眯着眼，向他打招呼：你炒的辣椒好香！。

素菊回来了，钟文说："饿了吧，饭做好了，吃饭吧！"

素菊说："可不是，成天做不完的活，厂里的任务赶得老紧！"

钟文把馒头拿出来，兴冲冲端出了炒好的辣椒炒肉片："今天让你尝尝鲜！"

素菊刚坐下，看见钟文端上的菜是辣椒，眉头一皱："怎么是辣椒？"

钟文知道她怕辣，连忙解释说："我知道你不吃辣椒，特地买的不辣的辣椒炒的，你尝尝，一点都不辣。"素菊拿筷子捡了一点放嘴里尝了尝，巴咂着嘴说："辣死了，辣死了！"说着还用水漱了漱嘴。

钟文大为扫兴，心里想，哪有一点辣味呀？至于吗！嘴里小声地嘀咕着："怎么会这样？连一点辣都受不了！"

素菊倒没再说什么，放下手里的馍，来到放蔬菜的篮子找出一根萝卜放盆里洗了洗，拿起切菜刀嚓嚓地将萝卜切成了细丝，往萝卜丝里放了点盐又放了点醋端到桌上，就着新腌的萝卜丝一边吃馍一边喝汤，吃得很有味的样子。

湖南人是不吃这些生东西的，钟文在一边瞧着，心里不是滋味，炒辣椒在他嘴里也失去了滋味。

素菊不吃辣椒，而对醋却有着一种特殊的偏爱，就跟钟文喜欢吃辣椒一样，吃什么都要放点醋，哪怕吃面条也要弄得酸酸的才有味。

北方人还好吃生菜凉拌菜。尤其冬天，萝卜白菜芹菜洗净切好，放点盐搁点醋和酱油就能吃，吃得有滋有味，常常乐此不疲。而湖南人却烦吃生菜，什么菜都要炒熟才吃。钟文尽管从湖南出来十多年了，可他生活的圈子仍是南方人主导的天地。省三建公司虽经过多次搬迁，从不同地方招进来了不少北方人。但搬来搬去，一个工地换成另一个工地，仍以南方人的生活习惯为主体，食堂的饭菜仍保持着南方风味，他便一直保持着南方人的生活方式。那天，因为素菊不吃辣椒，见她自己动手做了盘凉拌萝卜丝，算是领教了素菊吃凉拌菜的本事。

一次，钟文从洛阳回来了，素菊喜滋滋地对钟文说："你难得回来，今天俺特地给你做点好吃的！"

钟文高兴地问："哦，做的什么好饭？"

素菊故意吊他的胃口，神秘兮兮地说："先不告诉你，到时候你就知道了，给你一点惊喜。"

经过一阵忙乎，天将黑的时候，钟文早饿了，问素菊："饭做好了吗？我肚子咕咕叫了！"

素菊说："好了！好了！"说着将饭装了端了上来。他怎么也想不到，素菊端上来的竟是一碗稀面条！

素菊得意地说："请吃吧，'洛阳浆面条'。"

钟文早听说过'洛阳浆面条'。据说这是洛阳有名的小吃，洛阳人最爱吃。只是他还没有吃过，不知什么滋味？便端起面条吃起来。然而一入口，他就被酸得咧着嘴，呲着牙。什么美食？什么好饭？除了酸，什么味道也没有！他等了这么久，肚子早饿得咕咕直叫唤，等来的竟然是这样酸唧唧的东西！他也是年轻气盛火气旺，竟然把那碗浆面条"咚"的一声墩放在桌子上。因为用劲太猛，碗里的面条汤汁洒了出来！见此情景，素菊委屈极了，愣怔着两眼生气地望着钟文，眼泪在眼眶里打转——人家好心好意为你忙乎了半晌，为你做了这么好的饭食，你不但不领情，还给我脸色看，真是不知好歹！算啥人啊！气得饭也不吃了，撅着嘴坐在床边抹起眼泪来。

钟文见不得女人流泪，见素菊嘤嘤地哭得伤心，心里不是滋味，想想这事他确实做得有点过分。何必呢？不吃也就罢了，不该给人家脸色看，那么好的面条洒在桌子上，无疑是打她脸。于是便回过头来抚慰素菊说："别哭了，我不是故意的！"

素菊见钟文向她说了软话，便起来擦了擦脸上的泪，收拾起碗筷，开始吃饭。

这是他们第一次闹别扭。

如果说，这一次闹别扭有点怨钟文，而接下来发生的一件事却完全怨素菊。

那天，钟文正在工地上班，多日不见的"法螺"来到工地找钟文——公司从青海调回洛阳不久，公司吊装队需要人手，吊装队长和"法螺"是老乡，和他关系不错，还在一起喝过酒，见他脑子灵活，就把他调到了吊装队，"法螺"就干起了吊装工。两人不在一起上班难得见面，偶尔才有空找钟文玩说说话。

"小潘，你咋有空来了？也不回来看看我，把我忘了吧。"

"哪里，总想回来看看你，可总也抽不出时间。"

"今天咋有空了？"

"我们吊装队的汽车路过这里，我特地拐来看看你，近来都好吧。"

"就那样吧，你呢？你现在真不错，吊装队多好！"

法螺说："吊装队说起来很风光，其实有时也很危险。上高爬低的，混凝土梁柱很重，碰一下可不得了！"

"那你千万注意，高空作业是危险，你得格外小心。"

"嗯，我会注意的。"法螺说完，看旁边有人，小声地说："小邓，到那边一下，我有话对你说。"

钟文随着法螺来到一个没人注意的地方，神秘地凑近钟文的耳朵说："你喜欢书，我给你弄了几本书哩！"

钟文听说书，惊喜地瞪大了两眼，忙问："真的？"

"前两天我从一个熟人那里弄来的，知道你爱看书，便给你拿了几本。"

"什么书？"

"法螺"说："我也不知道，字密密麻麻的，没有标点，和现在的书的印法也不一样，是竖排的。"

听他这么说，钟文猜想八成是古书。问道："书在哪里？"

"法螺"说："在我宿舍放着哩！明天我给你捎过来吧。"

钟文高兴得合不拢嘴："好好，太好了！"

第二天上班的时候，"法螺"果然顺道把书送来了。

这会儿是 1975 年，文革还没结束，政治空气虽然不像文革初期那么严酷，有了一些缓和迹象，对书籍没有过去管得那么严厉，但除毛著以外的一些书还是不敢公开看的。为了怕人发现，引起不必要的麻烦，"法螺"把书用报纸包裹得严严的。钟文从"法螺"手里接过纸包，趁着旁边没人，便小心翼翼地把报纸一层层揭开，钟文顿时睁大了两眼，果然是三本线装书！他拿起一看，一本是《韩昌黎诗集》，一本是《古诗源》，另一本是《古文释义》。前两本书的书面已经破损，看不出出版年代。《古文释义》倒很完整，有重版序言，是由康乾时代的大学问家诚自明作的序，重版时间是乾隆八年，上海广益书局刻印出版。

法螺是怎么弄到这些书的？他没有顾上多问。看样子，这些书是文革初期在抄家的高潮中被人抄走的。随着时间的推移，工地的搬迁，就像钟文被查抄去的那些书一样，堆放在那里无人问津，任意被人随便拿去，又流散出来。

无论怎样，这对钟文来说，猛然得到这么稀罕的书，无异于雪中送炭，高兴的心情可想而知。犹如一个饱受饥饿的人意想不到地得到了一堆美味佳肴，又好似一文不名的穷汉不意间得到了一笔财富，激动得眼睛都有点潮润，他不停地抚摸着发黄的书页，望着法螺，久久说不出话来。好一会儿才握住"法螺"的手，说："谢谢！谢谢！"

"法螺"也很高兴，看着钟文对这几本书这么珍爱，觉得值了，说："谢啥子？你忘了，咱们是朋友……"

于是，这三本线装书成了钟文的至宝。下班之后，别人打扑克下棋，他便躺在床上津津有味地看书。为了掩人耳目，不让人知道他在看禁书，他把书进行了伪装，用报纸把书包裹起来，一些人还以为他在学毛著呢。

但世上没有不透风的墙，钟文看古书的事还是被班组的林宋两人的狗鼻子闻到了，立即反映到唐之宫那里，唐之宫听说后，眼睛瞪成牛眼似的："好呀，这小子本性难改，又蠢蠢欲动了！"

好在钟文事先从小董那里得知了这个消息，不等唐之宫采取行动，利用星期六回家的机会，先一步把书带回了孟津的家。

然而，那三本线装书还是没有逃过厄运——谁能想到，肇事者竟是素菊！

家里没有放书的地方，连有限的几件衣服都放在纸箱里。他将书看完之后，便放在床上的枕头边，有空余时间也好随手翻看。周日在家待了一天，周一清晨返回洛阳时，他怕素菊不小心把书弄脏弄坏，又特意将书塞在枕头边的席子底下。

偏偏不巧，他回工地上班那几天下了几天雨，他刚满一岁的女儿因为吃了什么不干净的东西拉开了肚子。半夜时分，素菊正在睡梦中，女儿哇哇地哭起来，随之"哗啦"一声，女儿又拉开了稀巴巴，弄得床上一塌糊涂。没有电灯（那时整个县城居民家都没有安装电灯），深更半夜黑灯瞎火的。素菊起急慌忙爬起来点上煤油灯，给女儿寻找擦屁股纸的时候，用来换洗的干净尿布也不知放在哪里？手忙脚乱之中，突然想起钟文放在枕头底下的书，便摸索着将席子底下那几本线装书拿了出来，一页一页撕下来给孩子当了手纸，擦开了屎巴巴——书是宣纸印的，又软又绵，当手纸再好不过，一本撕完了，还不够，又撕了一本……

当钟文再一个星期天回到家，从枕头底下拿书看的时候，不由得惊呆了！只有《古文释义》还在，其他两本书已不见踪影！犹如掉了魂儿，又好似身上的血被抽干，感到了一阵疼痛，头发晕，脸都白了！喃喃地说："我的书呢？我的书呢……"

书从来都是他的宝贝，他一辈子迷的是书，爱的是书，书简直就是他的命！专案组对他审查时，他的书被唐之宫无辜抄去，他无可奈何心疼了好久。这会儿，他万没想到放在家里的书竟也找不见了，仿佛他的心肝宝贝被人摘走了一样。一时间，他简直失魂落魄六神无主。茫然地在屋子里转着圈子，四处翻找着。寻找了半天，忽然发现在门后的灰斗里，扔着那两本书的书脊。两条残破的书脊就像两条被剔净吃尽的鱼刺骨，可怜兮兮地躺在灰斗里。

他又急又气，这究竟是怎么啦？她疯了？这个娘们！为什么要毁他的书？她不知道书就是他的命根子吗？别的什么都可以不要，他不在乎，惟独书在他眼里比什么都还要珍贵，何况是这样稀有的古籍，用钱都买不来的！他沮丧地坐在床边发着怔，等待着素菊下班回来，想知道究竟是怎么回事？为什么毁他的书？

素菊终于下班回来了，路还没干，脚上带着满脚的泥，还没顾得上刮掉，钟文走过去气呼呼问道："我的书是不是你撕掉了？"

素菊弯下腰一边用一支竹签刮泥，一边淡然地说："俺给妞妞擦屁股了！"

"啊？"他差点晕倒！这个娘们！

"一直下雨，妞妞拉肚子，尿布屎布都晒不干，找不来擦屁股的东西，就撕了……"

"看你说得多么轻巧！怎么能这样？别的书撕了也就罢了，你知道那两本书对我多么珍贵，多么重要！"

"那有啥，只不过两本书，啥稀罕？到书店买两本就是，值得发那么大火！"

"啥稀罕？到书店买两本？亏你说得出？这两本书到书店能买到吗？你到书店给我买来试试！真是没文化，愚昧！"

素菊也不示弱，"你读那些书有啥用？能抵吃还是能抵喝？你只管在洛阳上班，我既要带妞妞，还要上班，忙得饭都吃不到嘴里。我和妞妞在家受挣！你管过没有？妞妞拉肚子几天了，也不见好，我都急死了，你就一星期回来一次，啥事都不操心，只管看你的书！你倒有闲心看书！"

"……"

钟文听了这话，不知道说什么好？一个小学没毕业的女人，跟她有什么理好讲？而况，整个社会都是这样，读书人在人们眼里早就一文不值，谁还看书？书已成弃之路旁的敝履。是呀，人家何尝说得不是呢？书能抵吃还能抵喝？文革初期，"破四旧"那会儿，多少古书都被付之一炬，有些还是世上少有的善本孤本……

书已经被毁，再吵也无济于事，再也无法挽回。钟文还能说什么呢？他突然想起了春明说的那句古语："贫贱夫妻百事哀！"

钟文深深感到了一种悲哀。

素菊一边哭着吵着，她心里也是满腹委屈，一腔怨气，黑着脸不和他说话……

以后，又为了一点小得不值一提的事，因习惯风俗不同看法不同，发生了争吵，弄得剑拔弩张。后来，素菊也不和他吵，干脆带着孩子回了娘家！

钟文星期天风尘仆仆回到家，看见铁将军把门，他好难过，不禁黯然神伤！想着自己在工地累死累活干了一星期的水泥活，好不容易休息一天，骑那么远的车子赶回来，想看看孩子，得到妻子的安慰，可却是这样的结果，越想越生气，转身返回了洛阳。一气之下连着好几个星期都没有回孟津。

两人认知水平差距如此之大，这样的日子还能过下去吗？他不止一次地反思自己的婚姻，觉得和素菊结婚确实是一个错误。明知双方差异太大，为什么还要硬着头皮和她结婚呢？他感到无比的懊悔。这样的日子还能过吗？这样的婚姻还能维持下去吗？他突然产生了离婚的念头。

可是，他的脑际总是出现女儿的影子，女儿可爱的笑脸，女儿是他的心肝宝贝。当他抱着女儿逗她玩的时候，女儿格格的笑声犹如天籁之音，浸润他的心田，再大的痛苦和烦恼也会付之脑外……离了婚，女儿怎么办呢？女儿那么小，肯定跟着她妈，没有了爸爸，跟着她妈过，女儿还会好吗？将会在那个穷地方受一辈子穷受一辈子罪！自己一辈子够可怜的了，如果再让女儿从小受那种罪，他的良心也会不安宁……

唉，生气归生气，吵归吵，生活还得继续，为了孩子，日子还得过下去。大约中国人的婚姻大多都是如此吧！

第三十章 初做生意

第一单活儿

太阳像一个红球挂在天空，没有一丝云彩，山野沐浴在金色的光照里。岭上的林木深深浅浅红绿相间，层次分明。远处的山坡上偶尔显现出一片深红，火焰般在那里燃烧——那是经霜的枫叶。从山湾深处升腾起一缕缕乳白色雾岚。气候还像秋天一样温暖，丝毫看不出隆冬的景象。

刘景和背着工具篓在山路上行走着，急于揽到活做，遇见村寨就走进去打听是否有要做家具的人家？这一带全是山地，所谓地无三尺平，见不到河南那样广阔的平地。远处是黛青色雾蒙蒙的高山，近处是连绵不断的丘陵。山岭不是很高，生长着稀稀落落的树木和茅草，山下是一条汩汩流淌的小溪，小溪绕着山岭蜿蜒曲折而行，江水清澈澄碧，浇灌着山下的农田。水田随着山势，一层一层往上延伸。如今晚稻已经收割，在阳光的照射下，一块块不规则的水田像镜子似地泛着水光。无数只鸥鹭在水田觅食，见有人走近，不时煽动翅翼飞上天空。村寨错落有致地建在水洼边，有的隐藏在山坳里。

刘景和离开小蒋单干之后，起先也在小蒋干活的附近揽活干。可是小蒋的手艺太好了，在那一带名气太响，一提起蒋木匠无人不知。他连着跑了几天，一单活都没有揽着。那一带想做家具的只认蒋木匠，不认别的匠人。他意识到，必须离开那里，得靠自己的努力开辟一块新天地！景和坐汽车来到了绥阳，在半水公社下了车。

一路走一路打听，走了好几个村寨都没有打听出要做家具的人家。没揽着木工活儿，就不能停下来，还得继续走继续揽活。两条腿走得酸溜溜的，腰背也有点酸胀……

他肚子也早饿了，从汽车上下来，在半水公社吃了一碗米线填饱了肚子，便开始走村串寨，可是走了好几个生产队，仍然没有打听到要做家具的人。已经晌午了。这会儿肚子饿得抽搐着疼，身上直冒虚汗，口也渴得厉害，喉咙里像要冒出烟来，他以极大的忍耐力迈动着沉重的脚步。

将近半下午的时候，又来到了一个村寨，远远看见一户人家的门敞开着，他背着背篓非常艰难地来到了那户人家的屋门口。把背上的工具篓放下来准备歇歇脚，顺便讨碗水喝，再想法弄点吃的。

这时，屋里的人也许听见了门口的响动，走出来一个矮个子农民。看样子四十岁左右，脸宽宽的一副忠厚模样。看见了站在门口的景和，放在台阶上的背篓里装着木匠师傅的工具，脸上立即露出一副惊喜，向景和问道："你是木匠师傅？"

景和应声回答说："是的，大哥。"

那人看看他，对他笑了笑，见景和一副疲惫的样子，说："你要到哪里去呀？"

景和顾不上回答对方的话，喘着气说："我实在渴了，大哥，想向你讨碗水喝。"

那人爽快地答应一声，指指放在屋门口的板凳："你坐下歇歇脚吧，我给你舀水去。"

说完转身走进屋里，不一会儿，拿着一节竹筒，里面装着一竹筒水，递给景和，说了句："喝吧。"

景和感激地接过水，牛饮江河似的咕咚咕咚喝了个痛快。

矮个子农民等景和喝完水，问道："师傅，你要去哪里做活哟？"

景和回答说："嗨，还没揽下生意呢！"

矮个子听景和这样说，高兴地笑笑说："这也巧了，我正想找木匠做衣柜哩，既然你没有揽到活儿，干脆哪里也不要去了，就给我做衣柜咚。"

景和一听这话，如同要饭的遇上了慷慨的财主，自然满心欢喜，爽快地答应说："行行！那太好了！"

矮个子问景和工钱："做一个衣柜要多少钱？"

景和说："工钱好说，我做功夫的工钱是最低的。你看着给就行。"

"那总得有个价，你说出来听听！"

景和说："大哥，你也知道的，一般木匠做一个衣柜十八元钱，我要你十六元钱，怎么样？"

矮个子听了景和的话，觉得价钱确实便宜，便说："就按你说的办吧！不过你得把柜子给我做好，做不好我不给你钱的！"

景和生怕人家不相信他，而黄了这单生意："那当然，大哥，你放心，保管叫你满意！不满意不让你付工钱！"说完，又补充了一句："不过，吃住得主家管，现在把话对你说明白。"

主家连忙答应说："这个自然，不由你说我也晓得，师傅放心吧！"

这时，肚子又开始翻搅，景和饥饿难忍，不好意思地对矮个子说："大哥，不怕你笑话，从早晨吃了碗米线到现在，我还没吃中饭呢，我都快饿扁了，你家里有吃的么？不管啥都行！"

矮个子见他说得这样可怜，笑着回答说："有！你怎么不早说？你们出门在外做工夫的人也真不容易哟！"矮个子说着就走进屋里，和他的婆娘说了几句，很快从屋里走出来，说："师傅，进屋里坐吧，饭不好，对不住，你随便吃点。"

景和也不客气，随着矮个子农民进了家。在房里一张十分简陋的木桌旁坐下。这时，矮个子农民的老婆，一个眼泡有点淤肿的女人，看了看景和，对他笑了笑，算是打了招呼，转身从灶屋里端出一碗吃剩的包谷米饭还有一小碗咸菜放在桌上。景和说声"谢谢"，便拿起筷子狼吞虎咽吃起来。三下五除二，不一会就把米饭吃完了。矮个子农民在一旁看了景和吃饭的饿相，知道那碗参杂着玉米的米饭远不够他吃的，转身又从灶屋拿出一块蒸红薯递过来。

"师傅，看你的样子，还没有吃饱哟，没有饭了，你将就吃块红薯吧！"

景和接了红薯，不几口又吃完了，肚子总算马马虎虎填饱了。肚里有了食物，毕竟增添了能量，身上有了力气，头也不晕了。

景和对矮个子说："大哥，你做衣柜的木料呢？木料准备齐了吗？"

矮个子回答说："木料有！有！木料早备齐了。"

景和说："你拿出来让我看看吧。"

木料放在他家的木楼上，矮个子立即搬了一架梯子，非常麻溜地上到楼上，噼噼啪啪扔下一堆木料。木材在楼上放久了，烟熏火燎，积满了厚厚的灰尘。弄得尘土飞扬，他连打了两个喷嚏。矮个子找来一把扫帚，将木材上的灰尘扫了扫。景和看了看，木料很不错，有板材有方料，足够做一个柜子用的。木匠最怕做家具的木料不干燥，湿木料做出来的家具会走样变形，矮个子家的木料正适合做家具用。

景和说："在哪里做活呢？你找个地方吧。"

矮个子说："没有别的地方，看来只有在台阶上做啰。"

景和扫了一眼台阶，房屋前边的台阶倒也宽敞，说："也行，那就在台阶上做活吧。"

说着，矮个子男人就开始往台阶上搬木料，景和也帮着搬起木料来，一会儿就搬完了。

做木工活，要先有干活的作凳，景和从矮个子刚搬过来的木料堆里找出几根能做作凳的料子，用锯子锯了锯，便做成了一个扎实的作凳。然后从背篓里把一应工具拿出来，拿出尺子和墨斗，根据柜子的高低长短开始备料。经过几个小时的忙乎，日头西沉的时候，衣柜的各种木料基本备齐。

天已黑下来，景和收了工具，这时晚饭也做好了。房间里亮起了油灯，跟大多数农村没有电一样，这里人点的都是煤油灯，堂屋在煤油灯的照耀下黄亮亮的。主家很有礼数，矮个子老婆做了两个菜，一碗炒鸡蛋一碗炒丝瓜。主食是包谷米饭还有红薯。景和早饿了，在主人的招呼下，拿起筷子就吃起来，吃了两碗包谷米饭外加一个蒸红薯！

晚上自然住在矮个子家，也跟大山家一样，主家安排他住在他家堂屋的木楼上。一架木楼梯直通到楼上，楼梯口靠墙的木楼板就是临时睡觉的床——上面是席子，下边铺着厚厚的稻草，席子上还有一块蓝布盖被。

一家人对他非常客气，晚饭后，矮个子还让他老婆烧了热水让景和洗脸洗脚。景和脱了身上那身被汗水濡湿的内衣放盆里洗了洗，把衣服搭晒在台阶的竹竿上才上床睡觉。

第二天，天刚蒙蒙亮，景和就起来做活儿，山寨里响起锯子刨子的声音。

附近几个邻居看见矮个子家请来木匠做柜子，都跑过来看热闹，和矮个子说话："你家做木匠活？"

矮个子回答说："是啰，木料都准备几年了，一直请不到木匠，昨天刘师傅正好路过这里，我叫他帮我把柜子做好算了。"

"好呀，我也想做个箱子，不知他的活做得哪个样子？"

矮个子说："看他说话的口气，应该做得不错吧。"说完，矮个子补充说："他做活的工钱还是最低的。"

另一个邻居也说："我也想做个吃饭桌子哟！"

邻居和主家的对话，被在一旁埋头干活的景和听见了，他不由得暗自高兴，看来，他的运气不错，走村串寨总算揽到了活，这应该是一个好的开端。

他心里清楚，干好这一单活儿具有非同寻常的意义。这是他离开蒋木匠之后自己单独接到的第一单活儿，柜子做得好坏，带有广告宣传和样板作用。要想在这一带站住脚，必须把柜子做好，成败在此一举！他便暗中为自己加油，做起活儿来特别用心。无论是下料，锯料，划线，刨光，打眼，开榫，每一道工序务求精确细致，一丝不苟，决不容许自己有一丝一毫的马虎。经过一星期的忙乎，衣柜终于做好了。衣柜硬扎扎立在台阶当中。柜子的板面刨得光洁明亮，线条流畅明快，榫眼吻合规整，整个衣柜没用一个木尖，几乎是一气呵成。尽管跟蒋木匠做的家具比起来还有这样那样的不足，但就他目前的手艺来说，确是最高水平了。他自跟蒋木匠干木匠活儿以来，还从没有做过令他如此满意的家具呢。

他立即找到了自信。

主家自然也很满意，工钱要的又少，活儿做得不错，矮个子看了看衣柜，欣喜得用手摸了又摸，反复开关柜子门，门关上严严实实的，一开一关感觉非常顺溜。邻居们也来参观他做的新柜子。那个想做箱子的邻居也说景和的手艺不错，当即就和景和说定，明天就去他家帮他做箱子："刘师傅，我们说定了，明天清早你一定来我家哟！在我家吃早饭！"

景和连忙答应："好！明天去你家做活，你把早饭做好等着我哟！"

主家也在旁边对那人说："放心吧，明天他肯定去你家的！"

矮个子农民是个爽快人，为了答谢景和为他做好了柜子，晚上特地让老婆炒了几个菜，还拿出家里的包谷酒，请景和喝了几杯。景和本不喝酒，也是高兴，就端起了酒杯，虽然喝得不多，却是面红耳赤，头晕晕乎乎的。睡觉的时候，矮个子怕他走不稳，想搀扶着他。景和说："没事，大哥放心吧！"矮个子农民还是跟在景和后边。直到景和躺到床上，他才下来。脚未落地，就听见楼上发出呼噜噜的鼾声。

第二天一早，景和一觉醒来，看看太阳从屋顶的瓦缝里透了进来，想起昨天下午答应去那一家做箱子的事，感到有点晚了，赶紧翻身起床，脸也顾不上洗，就往楼下爬。果然，那家人已在楼下等他了。

箱子好做多了，景和做得很认真，经过两天忙乎，箱子做好了，主家对景和做的箱子非常满意，连连称赞说："不错！不错！"

这两单活，无疑产生了极好的广告效应，消息便传播开来。附近生产队要做家具的社员，便纷纷邀约景和到他们家做家具。就这样，景和不用揽活儿，他的木匠活儿总是做不完。人累是累点，他感到很开心。

难缠

但是，刘景和给人做家具活儿，并非总是顺利，也有遇到麻烦让他头痛的时候。

那是第二年春天，他来到了枫乡公社的一个村寨，揽了一个活，给一家人家做板凳。

是个阴雨天，连着几天下着纷纷扬扬的细雨，地上湿漉漉的，社员们不能出工都猫在家里歇息。一些人无事可干，便围过来一边看他做木匠活儿，一边说着闲话。

下午，当景和把板凳的榫眼开好，准备往一起拼装的时候。那些看热闹的年轻人，便在一旁七嘴八舌挑开了毛病。

"刘木匠，你这活儿做得不怎么样哟！"

另一个附和说："是的啰，把凳子的榫眼开成这个样儿，凳子的腿能装上个鬼哟！"

景和心里清楚，这条凳子的榫眼确实开得有点不很标准——懂得点木工活的都知道：凳子看起来简单，要把凳子做好，其实并不容易。凳子的榫眼不同别的家具榫眼都是直的，只要照着尺寸做就行。而凳子的四条腿呈外八字形，榫眼朝外的方向有一个斜度。斜度大斜度小都不行，全凭木匠自己的经验和眼力，弄不好就出问题。景和也发现了板凳的一头所开的榫眼有点不合规，但问题也不至于像那几个人所说的那样严重。

主家是一个瘦个子，嘴唇有点向外翻，牙齿往外翘，有点像昆明遇见的那个流打鬼刘春生。和他短短的交谈和接触，感觉这是一个做事毫无主见的人。听邻居们这样一说，就犯起了嘀咕，对景和说了许多不是。

"你把我凳子做坏了，这可不行哟！你怎么这样，你的手艺到底怎样？怎么连条板凳也做不好哟？"

景和说："我跟你说过的，我做的活儿并不是特别好，我要的工钱才比别人少。"

"那你也不能把凳子做坏吧。"

景和解释说："哪里就做坏了？还没对起来呢！我对起来让你看看，你觉得不好再说行不行？"

那几个便在一旁帮开了腔："凳子对起了，撇七扭八的还叫么子凳子哟？"

听大家这样七嘴八舌一说，那人站在那里越发没了主意。景和是个直爽人，对那人说："你看这样行不行？我自认倒霉，不要你工钱，白给你做，这下你该满意了吧！"

可那人还说不行！

景和一听，哪有这样不讲理的？这不是没事找事吗？可他又不好发作，他明白，自己纵有千条理，也不能得罪这种人，只好压下心中的火气："那你说怎么办？"

那人把头一歪，说："你得赔我木料！"

景和觉得和主家继续纠缠下去也不是办法，贵州这地方不缺木材，木料非常便宜，一条凳子的木料也值不了多少钱。便息事宁人地说："赔你木料就赔你木料，你说吧，你这些木料多少钱买的？"

那人又犹豫起来，故意给景和出难题："你赔我原来的木料哟！"

世上哪有这样的事？这分明是刁蛮了。景和听了也有点生气，声音提高了八度："我用同样质地的木料赔你还不行，原来的木料明明已经做了凳子，哪还有原先的木料？好比碗已经打破了，哪有原来的碗？你这不是刁难人吗……"

那人自知理亏，坐在那里耷拉着一张脸，也不说话，事情便僵在那里。

天色逐渐黑下来，景和肚子早饿了。这会儿，主家仍不松口，非要景和赔他原来的木料不可，要是照景和以往的脾气，他早火了，但这会儿，他只好忍下心中的恶气，遇上这样的人怎么办呢？景和着急得直挠头。

正在这时，一个人从外面走了进来。一屋子人连忙毕恭毕敬向进来的人打招呼："三哥回来了！"

那人嘴里答应一声，并不怎么理会那几个和他打招呼的人，很气势地继续往里走，带着一股很大的气场。

景和抬眼一看，那叫"三哥"的中等个儿，头戴一顶蓝色的干部帽，穿一身深蓝色涤卡上衣，下着一条黑色裤子。一张表情严肃的脸上有一双炯炯有神的眼睛，看年龄大约四十多岁。景和从那人的穿着打扮以及人们对他恭敬的态度看，判断出那位"三哥"决不是普通社员，一定是公社的什么干部。心想，这事如何解决，就看这位"三哥"的态度了。

"三哥"看这么多人围在一起，感到气氛有点不对劲儿，便问道："你们怎么？发生了什么事哟？"

一旁的人便把景和做坏凳子的事说了一遍。

那叫"三哥"的走过来把景和打量了一下，并没有说话。景和便趁机将事情的原委向 "三哥"说了说。"三哥"瞄了瞄景和，见他脸上一副委屈无辜的样子，低头看了看景和所做板凳的腿榫和凳面上的眼孔，这才开口对主家说："你不叫人家把板凳对起来，你咋个知道板凳没有做好？"

那人梗着脖子犟道："凳子做坏了，对起来有啥子用？我要他赔木料！"

"三哥"说："人家不是答应赔你木料了？"

那人闷声闷气地说："我要我原来的木料！"

　　话说到这儿，"三哥"明白了，他这个堂兄弟就这副德性，脑子不清白，这不是胡搅蛮缠嘛？不禁有点生气："你这是不讲理哟，你原来的木料已经做了凳子，哪有打死和尚要和尚的？"

　　一旁的人听"三哥"这样说，也都不说话了，在一边哑吧着嘴。瘦个子主家仍然不说话，勾着个头没有主意。

　　"三哥"想了想，对做凳子的堂兄弟说："你也不要吊着张苦脸，这样吧，刘木匠做的板凳你嫌做坏了不想要，干脆我要算了，我给你木料。"

　　那人没话说了，看看"三哥"，又向景和翻了翻眼。

　　"三哥"回过头对景和说："走吧，去我家。反正我也有几件东西要做。"

　　原来，"三哥"就是专门回来请木匠的，他早想给他阿妈做一副寿木，另外再做些别的东西。在公社上班的时候，听说了一个姓刘的木匠在他老家的村寨做木工活，下班以后就赶回来了——这情况景和当然不得而知。

　　出现这样戏剧性的结果，这是景和没有想到的，在这穷乡僻壤还能遇到这样主持公道的干部，为他化解了难题，他激动得不知说什么好。

　　"三哥"看景和呆立在那里，便说："走吧，站着干啥子嘛，把你的工具带上，跟我走呀！"

　　景和忙不迭把工具收拾好，"三哥"也帮着带上没做成的那条凳子的腿衬。一次拿不了，景和又回转身来拿了一次。

　　"三哥"的家自然与众不同，是一所青砖砌成的瓦房，和此地其他房子样式差不多，一共三大间，楼上都铺着木楼板，楼板厚实光洁，堂屋比较宽大。整个房子看起来非常气派。堂屋的双扇门半开着，"三哥"叫了声："阿妈！"

　　走出一个七十多岁非常精干的老太太。老太太头上包着贵州人通常包的那种蓝头巾，穿一身黑色的衣裤。"三哥"对母亲说："阿妈，刘师傅在我们村寨做木工，我特地把他请了过来。"

老太太听了满脸带笑说："好！"

"三哥"说："刘师傅，天快黑了，趁着还有点亮光能看见，你先把凳子对起来吧。"

"在哪里对？咱找个地方吧。"

"就在这堂屋吧！"景和看了看堂屋，宽敞亮堂，除了八仙桌和几条板凳，没放什么东西。景和立即动手，凳子很快拼装起来了，榫卯都十分合窍，腿衬硬扎扎的。

"三哥"很内行地对景和做的板凳进行了检测——把旁边一条同样的旧板凳翻倒在地，然后把景和新做的板凳放在原先那条旧板凳的腿上，两条板凳的腿完全吻合就算标准。测试的结果，两条板凳的腿对上了，只是另一头的两条腿稍稍有点朝外撇，不在一条直线上，不仔细看是看不出来的。

"三哥"说："板凳做得这么扎实，多少有一点毛病怕啥子？不一样坐吗？"

就在"三哥"将板凳检测完，做板凳的主家不知听了谁的话，又改变了主意，来到"三哥"家要板凳来了。看了看放在地上崭新的板凳，十分后悔地说："这板凳做得不错哟，我还是把板凳拿走吧！"

话一说完，就遭到"三哥"劈头盖脸一顿训斥："你的嘴是厕所门，自己把不住，你想要就要不想要就不要，天下哪有这样的好事？这凳子现在归我了！"

听了这话，那人没趣地立在那里，耷拉着脑袋，嘴唇往外翻着，一张脸显得更丑陋，低着头一会看看景和，一会看看"三哥"。景和看"三哥"不吭声，他也不好表态，便将脸扭一边只当没瞧见。

"三哥"对那人看了看，觉得那副灰头土脸的样子既可恨又可怜，动了恻隐之心，转换口气说："你这个人啊，我真不知道对你说什么好哟？以后凡事多长点脑子，不要听人家一说，耳根子就软了，没有一点主意！唉，你把板凳拿走吧！”

那人听了"三哥"的话，立即露出一脸的笑，说："三哥，那我拿走了！"说完，咧着嘴把板凳往肩上一扛便回去了。

"三哥"这才回头对景和说："刘师傅，我叫你过来，是要你给我做另一样东西。"

景和问："做什么东西呀？"

"我老母亲的寿木。""三哥"又看了看老人："你老要做寿木，总催着我找个木匠来家，现在有现成的木匠在这里，我就把他请过来了！这一回你老满意了吧？"

老太太高兴地说："好，好！满意，满意！"

旁边的景和听了，却感觉有点头大，没想到"三哥"要他做的是寿木！做寿木他虽说不上门外汉，也是大姑娘上轿——头一回！他跟小蒋学木匠的时候，只做过一次寿木。活都是小蒋干的，小蒋当时也给他说过寿木的厚薄尺寸，但他毕竟没有单独做过这东西，心里有点怯。如果拒绝吧，显得太手拙，答应吧，万一做不好怎么办？看老三的架式，这单活是非接不可了，只好横下一条心，答应下来。

景和说："你的木材在哪，让我先过过眼！"老三领着景和来到后院，指着立在那里几根杉木筒子说："你看，都放在那，行吗？"

景和一看，全是又粗又直的杉木，确是上好的木料。

"好，很不错。只是不知在哪里做？"

老三说："还是在这堂屋做吧！堂屋宽敞，万一下雨也不受影响！"

他们把堂屋稍稍收拾了一下，就成了作坊。

老三说："今天太晚了，明天开始做吧！"

景和当然同意，当晚就在老三家吃了晚饭，睡在老三家。

景和连着在老三家做了十来天工夫，寿木终于做好了，这才嘘了口气！做这口寿木，他确实煞费苦心，使出了浑身解数。生怕做不好寿木，不光对"三哥"无法交代，还要丢人现眼打家伙。做活的时候，就特别上心，像走在钢丝绳上一颗心悬在半空中。每一道工序都小心翼翼认真操作，从下料、开榫、弹墨线，都经过反复思忖，才肯下锯或下斧子劈砍。棺木的前盖是关键部位，棺盖的前头要呈弧形，要稍稍往上翘起，太高太低都不行，做不好就不好看。为此他颇费了一番心思。慢工出细活，当棺木拼装好，放在堂屋的两条板凳上，显现出应有的气派，他才松了口气。

老太太看了立在堂屋的寿木乐得合不拢嘴，用手摸了又摸。眉眼间流露出一种掩饰不住的喜悦。

"三哥"平时在公社忙工作，很少在家，偶尔回家看看，当棺木快要做成的时候，特地赶了回来，对景和做的棺木也非常满意。

"不错，不错！过些日子再找个油漆匠把棺木上上漆就更好了！"

景和通过这些天做活时和老人交谈，对"三哥"的情况多少有些了解，原来这位叫"三哥"的人姓王，是枫乡公社的书记。猛知道这消息，刘景和心里非常紧张，生怕这位公社书记问他的情况。还好，王书记似乎只关心他做木工活，不向他打听别的，他多少有些心安。王书记母亲是个很宽厚的老太太，对景和的饭食安排得很周到，吃的比别家都好。景和还听说王书记的爱人也是干部，在县城上班，平时很少回来，景和一次也没有见过。

王书记一点没有书记的架子，偶尔在家时，也和他聊聊天。

一次，王书记突然问道："你木匠活做了几年了？"

景和回答说："才学不久，单独干木工还不到两年呢！"

"你老家在哪？"

景和见问起这，愣了愣，犹豫了一下，还是回答了："我老家在山东。"

王书记也跟许多南方人分不清山东话和河南话一样，听不出景和是哪里人。此刻的刘景和像是被架在火上烧烤一样。王书记虽然问得很随便，但景和听了，神经猛一下绷得紧紧的，心也在咚咚地跳。生怕他继续追问下去。偏偏怕什么来什么，王书记竟又问道："你以前是干什么的？"

景和心里一惊！一颗心差点蹦出来，他只好稳定自己的情绪，口气平淡地回答说："怎么说呢，为了混口饭吃，什么都干过。"

"你没干过坏事吧？"

王书记说这句话的时候虽然带着开玩笑的口气，但刘景和听了犹如雷劈一般，差点吓破胆子，但他毕竟久经沙场，紧张的情绪很快平静下来："哈哈！王书记说话好幽默，你看我像干坏事的人吗……"

王书记也哈哈笑了。

王书记打量了他一眼，又补充了一句："谁知道呢，坏人头上又没有写字！"说完，就又哈哈笑起来，他的笑看起来很诡异。

"你反正不是好人"

随着时光的流逝，刘景和做的家具越来越多，他的木工手艺也大有长进，再不像当初离开蒋木匠的时候，为了揽活少收工钱。如今，他做的家具很受主家欢迎，工钱自然无须再打折扣。他现在的日子过得非常舒心。干木匠活儿虽然辛苦，却不用为吃饭穿衣发愁。手头也活泛起来，口袋里多少总有些余钱，买东西再不用死抠。适当添置了一些衣服鞋帽等生活必须品。每当闲来无事的时候，他就想起小蒋——教他手艺的师傅。

常言说，吃水不忘挖井人。

因为小平教会了他木工手艺，才过上了虽然辛苦但却稳定而又有尊严的生活。不然他这会儿不知在哪乞讨流浪呢！

好久没有见到小平了——自他独立门户开始单干以来，就再没见过他，不知他如今怎样了？很想抽个时间去看看他，和他说说话，聊聊别后之情。可是，他总是抽不开身。手边接的活儿比较多。心想把下一家活儿做完再去，等到他把这家活儿做完，又接到了另一家的活儿。主家个个都是急性子，一接着活，就像催命鬼似的催着他赶紧完工，一天都不愿等。于是，一晃就到了又一个年底，快过春节的时候，他下定决心，一定要去看看小蒋。

临出发那天，因为有事出发得晚了点，当他来到枫乡公社，天就黑下来了。傍晚的云层很厚，天很快黑下来。没有月亮，漆黑得伸手不见五指。北风在呼呼地刮，天气也有点寒冷，时不时飘下些小雪花，看样子要下雪。他想着这里离小平干活的地方有点远，山路高低不平，他不想赶夜路，想找个人家借宿一晚等天亮再走。正这样想的时候，抬头发现路前方不远处有一户人家的屋里亮着灯，他便加快脚步朝亮灯的房屋走去。走近了，只见房门虚掩着。他推开门探头朝里看了看，只见里面一个五十多岁的半拉老头抱着竹烟筒坐在火塘边吧哒吧哒吸烟。

"大伯，你老好呀！"

老人看了看景和，觉得陌生："你是？"

景和说："大伯，我是过路的，我想去遵义，天太晚了，怕要下雪，想在你这里借住一晚，不知行不行？"

贵州也跟登封一样，民风淳厚，一般过路人因天晚要求借宿没有不答应的。何况景和又带着木工工具，一看是个木匠。木匠在这里是颇受尊敬的。老头听了景和说要在他家借宿，二话没说，就答应说："怎么不行？进来吧，只要你不嫌家里铺盖不干净！"

景和说："说哪里话？大伯太客气了，那就给你添麻烦了。"

景和肚子还饿着，还想要主人给他弄点吃的："大伯，我还没吃晚饭呢！不知道家里有没有吃的东西？"他怕主人为难，又补充说："当然，我不会白吃的，我会给你钱……"

老头连忙答应说："说啥子话哟，什么钱不钱的！只是饭不好，你莫见怪！"老头说完，吩咐老婆烧火做饭。

一会儿饭菜做好了，是那种包谷饭，还有蒸红薯，菜是炒萝卜丝。景和也不嫌弃，津津有味地吃起来，吃了饭付钱的时候，索性把第二天的早饭钱也付了："大伯，明天早上我还想在你这里吃早饭呢，麻烦了！"

"说啥子嘛？"老头推让了一下，还是把钱接了。

主人连忙吩咐婆娘烧水，让景和洗脸泡脚。待景和洗好脚，老头便安排地方让他睡觉。

景和睡到天亮，第二天刚吃了早饭准备出发时，却被老头拦住了，走过来陪着笑脸对他说："师傅，耽搁你点时间，我家的桌子坏了一条腿，正想找匠人修修哩，烦劳你帮我把桌子给修修再走吧。"

景和看那人说得恳切，何况昨晚又在他家借宿，早上还在他家吃早饭，耽搁一下就耽搁一下吧，于是便答应了那人的请求。

他看了看桌子，可能桌子有些年代了，油漆已经掉落，桌面的一块木板朽坏了，桌面朽坏得凹凸不平，一条腿也折了。

"大伯，你这桌子桌面上的这块木板得换新的，腿也断了，也得换。你能找一块同样大小的木板和桌腿同样的木料吗？"景和比划了一下。

老人说："有，我去给你拿。"

老人一会儿拿来了一块旧木板和一根桌子腿粗细的小方料，景和接过木料看了看，就开始动手，从工具篓里拿起锯子将木料锯了锯，将锯好的木料用斧子将木头砍了砍，又细心地用刨子将木料刨光滑。到了半晌午，桌子修好了。

主家看景和把他家的桌子修得不错，连声称赞说："师傅，你手艺真好，修好的桌子跟新的一样！"

说完，老人又拿出一些东西叫他修理，他觉得有点不好意思，谦卑地连连说着好话："真是对不住了！说是叫你修桌子，可这几样东西也想让你修修，急等着用呢！我看，干脆你明天再走吧！"

景和是个热心肠人，听老人说得真切，不好拒绝，只好耐着性子，帮老人修理起来。等他把那些家具全都修好的时候，已接近黄昏。这时，突然走进来一个人，那人看了看景和，对老人说："你家请了木匠了！"

老人说："哪里哟！这位刘师傅是路过这里的，我叫他把我家的东西修了修！"

"那正好哟，我家想打个板箱，一直没得空闲请老师傅，那就烦劳这位师傅去我家给我做箱子吧！"

没等景和说话，老人便给景和挡了驾："怕不行哟！这位刘师傅急着去遵义，是我再三请求他，才帮我修理这几件家具的！"

景和见势也立即对那人说："真的是这样，对不起了，我明天无论如何得去遵义，不能去你家做活了，你再请别的匠人吧！"

那人极不高兴，拉长了脸，说："你是木匠，有活要你做，你还拿搪，哼！"说完就气冲冲走了。

这时，天已黑下来，他走不成了，只得在那家人家再住一宿，等天明再去找小蒋。

然而，他这一耽搁，却出了大事！

贵州的冬天，天黑得早，那几天又是寒潮来袭，外边呜呜地刮着北风，气温很低，有点冻手冻脚的。景和在那人家吃了晚饭，和老头说了几句闲话，准备休息，好明早早点赶路。他刚在床上躺下不久，老头还半躺在床上呼噜呼噜过烟瘾。这时，村寨附近突然响起了一阵狗吠声，接着整个村寨的狗都吠叫起来，狗吠声乱成了一团。景和心里暗自吃惊——自他到遵义这边做木工活儿以来，一直比较安全和顺利，从没有遇到异常情况。今天是怎么啦？他觉得今晚的狗吠叫得有点蹊跷。他想出去看看究竟怎么回事？然而，还没有等他从床上爬起身，一阵急促的敲门声响起："开门！开门！"

老头披衣下床，赶紧把门开开，一伙人便挤了进来，手电筒在屋里乱晃。

"你们干啥子嘛？"老头向。

"你家来的那个木匠呢？"

老头听出来了，很可能有人对他使了拌子，向大队报告了他家来了木匠的事。

"找木匠干啥子？"

来人毫不客气，口气很硬："我们搞清查。"

说着，那伙人晃着手电筒照见了睡在床上的刘景和。厉声问道："你是哪来的？"

景和心里一阵紧张，以为他们已发觉了他的身份，他们是奉命来缉拿他的。他只好强作镇静以平和的声音回答说："过路的木匠。"

对方严厉地问："叫啥子名字？"

"刘景和。"

接下来是一连串的发问："老家在啥子地方？"

"山东。"

"证明呢？"

"证明被我弄丢了。"

"那就是没得证明。"

另一个也跟着粗声粗气地说："没得证明就是盲流。"

景和这才恍然大悟，很可能是没答应去那人家里做活，而被告发了。恰这时又临近年关，上边布置了清查遣送盲流的任务，大队见有人举报，两下一拍即合，才有了这次清查盲流的行动。

"走！快走！"他被推搡着走出了那人的家门，被带到了大队部。一个像是大队的头儿，穿一身褪色的军装，袖子上带着红袖套，很可能是民兵队长或者治保主任之类的人物。把景和全身上下打量了又打量，然后凶巴巴对景和讯问了一遍。他跟刚才一样作了回答，人家便不再问他。

因是晚上，天太黑，通往山外是一条狭窄崎岖的山路，很不好走，不便往公社遣送，只好把他带到大队部的一间房子里，把他推了进去。"砰"

的一声，把门一关，又将门咔嗒上了锁。

景和在黑屋子里被关了一晚上，也被冻了一晚上，冻得索索发抖，全身僵硬。直到天明，那伙人才把门开开。

审讯他的那人在外边粗暴地对他叫嚷着："出来，出来！"

景和从房里出来了，嘴唇被冻得乌青。他睁眼一看，发现叫喊他出来的人就是昨天下午叫他去做箱子的人，那人很可能是生产队的基干民兵。景和正这样想的时候，讯问他的人向他走过来，手里还拿着一根麻绳，两人一起动手把他捆了个结实。

"你们凭什么绑我？"他用劲挣扎了一下，却被那个讯问他的人粗暴地踢了一脚："老实一点！"

原来，他们怕他半路逃跑。这里山高林密，人一钻进林子，就很难找着，才将他捆绑起来牵着走。

他们要将他押往枫乡公社。

一路上景和情绪低沉，好好的事怎么弄成这样呢？他很担心被送进收容所。一边走一边东张西望，企图寻找着逃脱的机会。但他的双手被绑得牢牢的不能动弹，押送他的三个人一个在前紧紧地拉着绳子，其余两个在后边盯着他的每一步行动，他休想走脱！谁都没有说话，在山路上默默地走着。路两边都是密密的树林，不时传来唧啁的鸟叫声。

半晌的时候，他们终于来到了公社，一排排房屋出现在面前。景和一看墙壁上用石灰刷的宣传标语，落款写的是枫乡公社，才知道这里是枫乡公社所在地。景和心想：枫乡公社的王书记和他熟悉，能否遇上他呢？

说也巧了，刚进公社大门，景和忽然看见一个熟悉的身影从一个办公室走出来，他心里一阵惊喜。那熟悉的身影好像是王书记，渐渐走近了，果然是他。

王书记也发现了景和，稍怔了一下，又朝景和看了一眼，便不动声色地把脸扭向一边。押送景和的那几个大队干部连忙巴结地向王书记打着招呼："王书记好！"

"你们干啥子？"王书记停住脚步，故意大声问道。

大队干部回答说："我们抓了个……"

王书记不等大队干部把话说完，就把脸转向景和，竟然和景和大声调侃起来："刘木匠，你这家伙，咋个搞的？管不住你的老二，昨晚被人家在床上摁住了。今儿个有你的好果子吃啰！"

听王书记这么一说，送景和来的那几个大队干部立即怔住了！随之明白过来，赶忙对王书记说："王书记，原来你和刘木匠是熟人呀。我们还当他是什么盲流呢！"说着，连忙动手解开捆绑在景和身上的绳子，绳子绑得太紧，好一会才解开。那几个充满歉意地对景和说："对不住了，刘木匠，我们错抓了你……"

等那几个大队干部离开之后，景和便感激地对王书记说："王书记，谢谢你，又一次为我解了围。"

王书记看了看景和，不冷不热地说："不用谢我，你反正不是什么好人……"

听了王书记莫测高深的话，景和什么也没说，两人彼此心照不宣地笑了笑。

因了王书记的这层关系，景和从此在枫乡公社扎下了根。

浙江放蜂人

贵州山多树多花也多，气候不冷不热不湿不燥，具有蜜蜂最适宜生长繁殖和采花酿蜜的环境，从来就是放蜂人的理想之地。春暖花开的时候，枫乡公社从浙江来了几个放蜂人。蜂箱就堆放在大队旁边的山脚下，一排溜摆放了好几层。大队部旁边的场地上，搭着一个绿色的帐蓬，放蜂人吃住都在帐蓬里。蜂箱周围一天到晚都飞舞着成群结队的蜜蜂，来来往往飞舞的蜜蜂发出嗡嗡的声音，放蜂人戴着面罩每天都在那里忙碌着。

刘景和出去干活时，常路过那里。没事的时候，便十分好奇地站在那里看养蜂人把蜂蜜从蜂巢板上割下来；有时也跟他们在一起闲谈一会。渐渐地和他们熟悉了。其中一个二十多岁叫郑山根的小青年很对他的脾气。小郑对他也特别友好，常拦住他和他说话，彼此谈得很投缘。小郑瘦长条个子，白皙的皮肤，不光人长得帅，脑子也很灵活。景和从他嘴里了解到了一些养蜂的知识，也了解了一些浙江一带的风土人情和思想观念。

谈到全国的形势，刘景和问小郑对文化大革命有什么看法？小郑说："管他呢？什么文化大革命，什么阶级斗争，阶级敌人？我们才不管呢！过好自己的日子才是根本！说得再好，再响亮，没有钱，你去买东西试试，少一分钱也不行！"说完。他便哈哈大笑："你会讥笑我思想落后，是不是？"

景和听了，觉得有趣，也跟着哈哈笑起来。他觉得这个人有意思，他们的思想观念和内地人完全不同。景和对小郑产生了兴趣。他觉得和这样的人打交道非常安全还能开阔眼界，便常去和他说话。

一天，景和背着工具篓经过养蜂人住的帐篷时，小郑很客气地把景和叫住了："刘师傅，早呀，又去哪里做活计？"

说着，从兜里掏出一盒崭新的硬纸盒香烟，慢慢撕开了，抽出一支很亲热地递给他："刘师傅，你抽烟。"

景和虽不抽烟，但一眼看出是带把的烟，知道这种烟价钱不菲，一般人抽不起也买不到的。今天是怎么了，这么客气？猜想他一定有什么事求他，便向他摆摆手说："我不抽烟，你不必客气，有什么事吗？你只管说。"

小郑说："刘师傅，我知道你是个爽快人，我也不绕弯子，你在这里时间长，认识的人多，想找你帮我点忙。"

"你甭外气，只要我做得到的，你说吧，要我做什么？只要我能做到。"

"我有些粮票……"小郑说到这里停住了，似乎思想还有点顾虑。

景和说："看你这人这么不爽气，说话吞吞吐吐的！有什么事你尽管说。"

"刘师傅，是这样，我从老家带了些粮票，想在这里卖了……"

景和明白了。

现在社会上到处都有倒买卖粮票布票的，这种买卖几乎遍布全国，无论南方北方，城市和乡村，都有这种黑市交易。政府虽然对这种黑市交易进行过严格的管制和取缔，可往往不起作用，就像懒人头上的虱子灭不干净，看起来弄干净了，可过几天又出现了。景和自己也从黑市买过粮票和布票。

这些年来，他走村串乡，认识的人多，什么样的人都接触过，一些人也常向他打听买卖粮票布票的事。听了小郑的话，便明白了是想托他帮他销售粮票。

——人都说浙江人会做生意会赚钱，果真如此，在外放蜂还兼做粮票生意。

景和是个热心肠人，心想，出门在外，谁还不用着谁呀？既然人家相信你，找到你头上，这个忙不能不帮。景和问道："你带了多少？"

"有两千多斤！"

景和感到愕然："那么多！"以前他也见过卖粮票的，不过几十斤最多也是几百斤，没见过几千斤的！

他对小郑说："我试试吧。"

小郑见景和答应帮他的忙，自然非常欢喜，说："刘师傅，我不会让你白帮忙的。"

说完，便把两千多斤粮票从帐蓬里拿出来交给了景和。用报纸包了一大包。景和接过那鼓囊囊的一包粮票，对山根说："你把这么多粮票交给我，就不怕我不认账，黑了你？"

小郑笑了，说："刘师傅，你说笑了！你不是那样的人！如果我不相信你，这种事我会找你吗？"

景和笑了，把那包粮票在背篓里放好，向干活的地方走去。

贵州田少土少，粮食紧缺，农村人粮食大多不够吃，一年之中农民主要靠红薯玉米等杂粮充饥。一些手头活泛的人总是千方百计买一些高价粮进行补贴，因而粮票黑市交易在这里非常盛行。景和认识的人多，和人家一说他能搞到粮票，人家当然求之不得，纷纷要他帮忙。过了半个月，就把那两千多斤粮票给卖完了，他把卖粮票的钱如数交给了小郑。

"小郑，粮票给你处理完了，按你说的价钱卖的，这是卖粮票的钱。你数数。"

小郑接了钱，没有数，就放进了兜里。第二天，景和又路过小郑的帐蓬，小郑拦住了景和，从衣袋里掏出一叠钞票递过来："刘师傅，你别急着走啊，给，这是给你的报酬！"

景和没接小郑手里的钱，说："小郑，你这是干吗？给我钱做啥子？说是给你帮忙，要钱还算帮忙呀？快把钱收起来！要不然，我要生气了！"

"这是你应该拿的，你出了那么大力，给你这点钱，还推让干吗？多不好意思！"

景和说："你这人真啰嗦，我说不要就不要，你再怎么说我也不会接的，赶快收起来！"

景和的举动让小郑颇感意外，犹豫了一下，只好把钱收回去。

过了几天，小郑为了答谢景和，趁景和不忙的时候，抽了个空，和一个叫陆水生的同乡一起，在枫乡公社最好的饭店——红星饭店，请景和吃了一顿。这次景和没有拒绝，欣然答应去了饭店。

饭桌上，各种菜肴摆满一桌，景和第一次吃这么丰盛的饭菜。小郑对景和说："刘师傅，请你吃饭，一是为了感谢你，二是还有事要请你帮忙！"

景和暗自思忖："要我帮什么忙？难道还要我帮他卖粮票？"

小郑看景和一副狐疑的表情，还没等景和问他，便把托他的事说了出来："刘师傅，别担心，不会让你为难的。是这样，你也知道，这里出产上好的生漆，农村人经常偷偷地跑到山上割生漆卖。你是木匠，对生漆一定非常了解。"

景和说："是呀，贵州出产生漆，贵州的生漆质量很好。此地人油漆家具用的都是生漆，别的油漆如调和漆此地人是不用的。"

陆水生忍不住对景和亮出了自己的底牌："你想没想到过做生意？"

景和说："做生意？作什么生意？这我还真没有想过呢。"

小郑接着说："刘师傅，我看你是个实在人，不妨对你直说了吧，我想和你一起做生漆生意，把这里的生漆运到我们浙江，怎么样？"

景和简直不相信自己的耳朵："哦？我？和你们一起做生漆生意？"

"是呀！刘师傅，你考虑考虑。你这木匠手艺虽说也不错，但你做木匠活儿多辛苦呀，哪有做生意舒服，来钱也快！"

小郑说的是实情，他干这木匠活确实很累，每天干完活，总感到腰酸胳膊疼，骨头像散了架似的。可他从没有做过生意呀，他一点底气都没有。何况倒卖生漆属投机倒把，这是政策明文禁止的！谁敢碰这根高压线？便回绝说："我从没做过生意，哪会做什么生意？你们自个儿作不行吗？"

小郑说："我自己做行是行，可我不知生漆质量的好坏。你是木匠，对生漆很内行。你在这一带干活时间长，谁家有生漆卖，你最清楚，所以我才拉你和我们一起干。我问了问，这里的生漆只有五元钱一斤，而拿到我们温州，你猜一斤能卖多少钱？"说着，山根伸出一只手在景和眼前晃了晃。

景和明白了，吃惊地问："五六倍？赚头那么大？"

小郑说："可不是，一点不假。"

陆水生也在一旁用浙江话帮腔说："是的，赚么老老（赚头大得很），跟着我们一起干吧……"

景和听到这，有点动心了。但他还是担心，有点害怕，一想起"投机倒把"四个字，那诱人的火花在他脑际闪烁了一下很快就熄灭了，担心地说："现如今，倒卖生漆算投机倒把，抓住了可不得了，那可不是闹着玩的！"

小郑反正是非拉他入伙不可，尽力打消他的顾虑说："哪里会被抓住？不会的。小刘师傅，放心吧！退一万步说，即使被抓住，那也不怕。比方有些人去云南贩运天麻，我看见他们被抓住过——搜查的人只把天麻拿走，货被没收，而人便放了。那些人不过要东西而已，他们对人不会怎样。"

景和说："那本钱呢？哪有那么多本钱？在这里买生漆贩卖到温州，来回一趟可不是小数目！"

小郑说："这个你放心，我们有本钱，不要你拿一分钱！我卖粮票的钱完全够带一趟生漆的！咱们分工合作，你只管给我们收生漆。在这里收生漆是你的事，由你负责，到温州卖生漆是我们的事，不用你出面，赚了钱，我们三个人三一三十一！你想想如何？"

天下哪有这样的好事呢？景和回去想了想，终于同意了，开始和小郑他们做起生漆生意来。

生漆生意

贵州处处都是崇山峻岭，气候温暖多雨，山上森林茂密，一年到头云雾缭绕。最适合漆树生长，山上到处长着漆树。这里平地很少，村寨大多散布在山脚下，村寨前边是汩汩流淌的溪流，后边是深山。一片山林划归一个生产队所有。到了采刮生漆的季节，生产队便组织社员集体上山采刮，一般私人是不允许上山采刮的。但这里的社员大多很贫穷，家里连个油盐钱都寻不来，他们便偷偷地跑到山上采刮生漆私自拿去变卖。生产队干部尽管也知道这事，也加以制止，但这也跟国家制止买卖粮票布票一样，屡禁不绝，人们穷急了，什么限制也不起作用，仍偷偷地照干不误。时间长了，生产队干部便睁只眼闭只眼。后来，连生产队干部自己也偷偷地采割起生漆来。

为了收购社员手里的生漆，供销社在各大队设有收购点。收购点把生漆收购价压得很低，一斤生漆不过三元钱。除公家的收购点外，还有一些像小郑这样的小商小贩也前来村寨收购社员家里的生漆。私人商贩给的价钱比公家收购点的价格差不多高出一倍。社员私人家中的生漆自然都愿意卖给小商贩。

景和答应和小郑合伙作生漆生意，不再接新的木工活，把没有完工的家具做好交给主家之后，便将木工工具涂上油，再用油纸仔细包起来，以免日后再用的时候工具不生锈，用起来称手。

于是他便开始在附近社员家收购起生漆来。他在这一带做家具时间长，和当地人熟悉，有些人连名字都能叫出来，知道谁家有生漆，而且他收购生漆的价格比收购站要高出二元钱，手头有生漆的社员当然乐意把生漆卖给他。他做了几年木工，有时也油漆家具，对生漆的成色看得很准，一看颜色就知道生漆掺没掺假，生漆纯不纯。大多又都是抬头不见低头见的熟人，社员们私人卖给他的生漆没掺一点水，收购上来的生漆全是上等货。

不几天，就收购了百十斤生漆，足够他们三个人往温州带一趟的了。小郑找来了三个厚实的塑料袋，把这百十斤生漆分装在塑料袋里，然后把塑料袋放在三个旅行包里，就和普通旅客带的行李差不多。他们在遵义火车站坐上火车就出发了。一路上没有碰到人盘查，一路顺风，经过了一天一夜旅程，终于顺利到达了温州车站。

小郑和陆水生的家在温州农村的一个小镇里，离温州市区还有六七十公里的汽车路程。他们带着东西，没敢在温州市区停留，很快坐上了汽车往家赶。景和跟着他们一起来到温州，路上有人陪伴说话，并不感到寂寞。坐在汽车上，颇有兴致地观看着沿途的风景。景和发现，温州这地方环境不错，一面靠海，天边浩浩渺渺宽广无垠，呈现水天一色的景象。视线时而被青山挡住。连绵起伏的群山，地势高低不平，山上长满了青葱的树，下边是广阔的稻田，稻秧长得绿油油的，真所谓山清水秀，风景秀丽……

汽车在一个小镇停下来。

小郑、陆水生、刘景和三人背着沉重的旅行包下了车。小郑的家离汽车站较近，他们先到小郑家。

走不多远，就来到一排农舍前——这是小郑的家。房子建造得很精巧，小郑敲了敲门，门开了。一个面目清秀的女子出现在门口，无疑是小郑的妻子。小郑妻子长着一张鸭蛋形的脸，皮肤白皙细腻，具有南方女孩的秀气和妩媚。看见丈夫回来了，高兴得没法形容，正想嗲嗲地上去拥抱小郑，看见后边的景和，愣了愣，把手往回缩了缩。小郑连忙介绍说："这是小刘师傅，我的朋友。"

景和对她点点头："给你添麻烦了。"

"麻烦什么？都进家吧。"小郑媳妇很大方地招呼着，一边上前帮着拿东西。

小郑止住了她，吩咐他爱人说："行李不用你管，我们都饿了，你快去做饭吧！"

小郑媳妇答应一声，走进厨房束上围腰忙乎起来。小郑的家布置得很精致，干净整洁，很有韵味。家具都很精巧——五斗柜，一头沉书桌，梳妆台上安着一面椭圆形的镜子，还有老式的架子床。家具油漆得起明发亮，能照出人影子。景和一眼看出，这些家具都是用生漆漆出来的——只有生漆漆的家具才有这样的效果。南方人爱干净，家里被收拾得纤尘不染，可以看出这一家人的生活富有格调和品位，小日子过得滋润而甜美。景和感觉到这是一个充满温馨和爱的家庭。小郑媳妇厨艺不错，饭菜一会儿就做好了，香喷喷的饭菜便端上来，饭是白森森的米饭，菜是绿莹莹的炒青菜，青菜上还有几片朱红色的香肠。三个人围着小桌坐下便吃起来。吃完饭，陆水根回去了，他家离小郑不远。

景和便在小郑家住下来。第二天，小郑对景和交待了几句，他便出去联系卖生漆的事。

生漆卖得出乎意外的顺当。

浙江人大多对家具很考究，油漆家具喜欢用生漆。郑山根认识镇上一些木匠和油漆匠，他找到几个和他谈得来，关系不错的油漆匠，先和他们通了通气。对他们说，他刚从贵州回来，这次专门搞回来了一批生漆，价钱也公道，谁想要就对他说一声。

那些木匠油漆匠听了小郑的话，高兴得眼里放光："真的？生漆好难搞啊！你怎么搞来的？小郑，你得给我留一些。"

"当然了，这东西确实不好搞，我是想办法托人搞的，你我关系铁，我不给你留给谁留呀？"

"那就这样说定了。"

百十斤生漆不出三天就被抢购一空！

小郑也说话算话，这一趟贩生漆所卖的钱，扣去本钱，剩下的钱按三份分，一分不少地给了刘景和。刘景和一下子拿到了三百多元钱！他接到那一摞子钱的时候，简直有点不敢相信是真的。他在遵义做木匠活儿，一天的工钱是一块五，不歇不停干一年还不到五百元，而这次贩生漆，只几天时间就挣这么多！他除了在新疆挖药手头有过这么多钱，还从没有拥有过这么多钞票呢！他觉得钱太多了，来得也太容易！他现在只不过是个逃犯，没有丝毫的安全保障，随时都有被公安抓住的危险，他要这么多钱有何用？身上带的钱够他每天花销就行了。这么多钞票带在身上反而不便，容易出事。于是想了想，便把自己的钱抽出一百元递给了小郑。

小郑开始不明白景和给他钱是什么意思："刘师傅，这，这是怎么啦？你不是嫌少吧？"

"看你，说哪里话？小郑，说实在的，我要不了这么多钱，带这么多钱放身上非常不安全。"

"那你存银行嘛。"

"我从不在银行存钱的，你我是朋友，你不要客气。"

小郑说："那怎么行？没有这样的道理，你的钱我无论如何不能要的！"

景和说："实在不行，你就替我保管着，我什么时候要用钱的时候，向你要。"

小郑听景和这么说，想了想便把钱收下了。

人人都说温州人会做生意，此话一点不假。

几天后，当他们返回遵义再搞生漆的时候，他们路过温州，在集市上逛了逛。温州市场和外地完全不一样，真让景和开了眼界。这里商品真多，应有尽有，琳琅满目，五金、手工艺品、服饰、食品，家具……景和简直看花了眼。这些商品有国营企业生产的，有大队集体企业做的，也有个体私人加工的。景和大感惊奇：温州人真是另类，别地方都是商品紧缺，什么也买不到，而这里却要有尽有，什么都能买到。这里人也与别处不同，他们对别的事不感兴趣，只知埋头赚钱，只关心能否赚到钱！

三个人兴致勃勃，在市场转来转去，小郑和陆水生，各买了一些自己所需要的东西。景和来到一家卖剃须刀的摊子前，被摆在玻璃柜里的剃须刀吸引住了。想不到，这里的剃须刀有那么多样式，有用电池的，也有充电的。他的胡须长得又旺又硬，一般的刀片用不了几次就不能用，几天不刮胡须就乱糟糟的，便掏钱买了一把剃须刀，一边走一边吱吱地刮起胡须来。

他们来到一个卖钉鞋机的地方，各种精制的手摇钉鞋机吸引了小郑的注意，小郑对景和陆水生说："咱进去看看！"说着便走了过去。

其实，精明的小郑心里早有了主意，在贵州的时候，他就注意到了，街上那些钉鞋师傅用的钉鞋机差不多都是从他们温州运去的。他曾向钉鞋师傅打听过，一台钉鞋机在贵州竟然要卖 130 多元钱，心里便有了主意。返回贵州的时候，这才带着陆水生和景和在市场上转悠。小郑走进卖钉鞋机的门店，口气淡然地向店主问道："这钉鞋机多少钱一台？"

卖钉鞋机的老板看了看他，然后伸出一个巴掌在小郑跟前一晃，小郑笑了笑："太贵了。"

卖钉鞋机的重又打量了他一眼，对他说："看你也不像钉鞋的，你又不诚心要。"

"不是钉鞋的就不买你的钉鞋机呀？"

"那你是……"

小郑说："不管我是不是钉鞋的，我真要买呢？你说个实价。"

卖钉鞋机的说："你要几台，四十五。"

小郑看看有门，便说："我要得多呢？"

卖钉鞋机的看他一眼，问："你要多少？"

"我要十多台！"

卖钉鞋机的怔了怔，说："我说嘛，你就不是钉鞋的，一看一个准，你是老板！既然这样，我亏本卖给你，一台三十五元！"

小郑说："我们商量一下吧，回来再对你说。"

他回过头来把陆水生景和拉到一边，说："一架手摇缝鞋机在这里不过三十多元钱！在遵义一架卖一百三十多。如果从这里带一台机子过去，一架就能赚一百元，多划算的生意！"

听小郑一说完，陆水生立即赞成说："买吧，买吧！这么好的事去哪找呀！"小郑转过身来又问景和："小刘师傅，你看呢？"景和当然听他们的。

小郑他们重又来到卖缝鞋机的地方，对那人说："我们几个刚才商量了一下，觉得你的那个价还是高了点。我也不多说了，一台三十元。你卖不卖？"

卖钉鞋机的装出一副挨宰的样子，说："你也太会砍价了，这个价卖给你，我都亏死了，不行！不行！"

小郑说："亏什么呀，我知道，我一下子买你十多台，你一次哪会卖这么多？"

卖钉鞋机的想了想对小郑说："你真想要，这样吧，我愿交你这个朋友，我再给你每台让两元，三十三元一台，再不能少了，怎样？"

小郑想了想便慷慨地答应说："成交！"

于是他们当即买了十台钉鞋机。旅途中，累是累点，但想到这些铁傢伙一转手就能变成哗哗的钞票，就一个个乐开了花。

回到遵义，所带去的修鞋机成了抢手货，不几天就卖完了，他们又赚了一笔。卖钉鞋机所赚的钱足够做生漆生意的本钱。

有了第一次做生意成功的经验，景和对做生漆生意就有了信心。凭着他和当地人的关系，一百斤生漆很快就买好了。他们马不停蹄，坐火车把生漆带到了温州。就像上次一样，小郑仍安排景和住在他家，无须景和动手，小郑和陆水生分头拿着生漆去联系买家。不几天，他们又赚了一大笔。

就在他们的生漆生意做得顺风顺水的时候，小郑却在甘肃有了更大的生意。他看景和人实在，又年轻，还有头脑，是生意上的得力帮手，很想拉他一起去。景和也十分倚重小郑，年纪轻轻的就有这样的经济头脑和见识，在他交往的人中是不多见的。说实在的，景和也很想跟着他去甘肃走走。可想到去甘肃做生意得途经河南，来来往往经常要在河南地界坐火车，在郑州转车，时间长了难免不出问题。万一有人认出他来，岂不糟了？这样一想只好打消了去甘肃的主意。

当然，这些话是不能对小郑说的，他找了别的拒绝的理由。小郑看他不想去，劝了一阵见无效果也就作罢。临分手的时候，小郑要把那几百元钱还给景和，但景和没有要。他说："你我是朋友，难道友谊能用钱买到吗？"

没收

小郑走后，景和和陆水生的生漆生意没了主心骨，便停了下来。景和在家闲了几天，没有事干便感到无聊，老这样歇着也不是办法，打算过几天去乡下揽活，准备重操旧业。把上了油的工具打开看了看，刨子锯子都好好的，都没有生锈，他把家伙什擦了又擦，准备下乡去揽活。

陆水生在蜂箱旁边侍弄了几天蜜蜂，便有点耐不住，总想着去作生漆生意，忘不了贩卖生漆的甜头。那一天，他找到景和："小刘师傅，小郑走了，生漆生意也停了，我有一个想法，咱俩合伙怎样？反正你也没别的事，闲着也是闲着，你看怎么样？"

景和知道陆水生几斤几两，便有点不想答理，说："咋没有事做呀？我准备去乡下继续揽活呢。"

"你呀，真是出苦力的命，放着好好的赚钱生意不做，要干什么木匠活！"

景和说："小郑走了，就凭咱俩。咋做生意？"

老陆说："走了胡屠户，就吃混毛猪呀？他走了还有咱俩呢，咱俩合伙呀。"

老陆年龄尽管比小郑大，无论人品和脑子都不能和小郑相比。看起来很精明，凡事工于算计，但在一些事情上却稀里糊涂脑子拎不清。这一点，景和非常清楚，因此，景和充满疑虑地说："只咱俩行吗？"

"怎么不行？照样行！你只管收生漆，卖生漆由我负责。温州那边我人头熟，关系还是有一点的，你放心吧！只要把生漆收上来不怕卖不掉！"

景和听他这一说，便有点动心："那咱俩就试试吧。"

老陆信心满满地说："不用试，保管行，你就看我的吧！"

然而陆水生吹得很大，景和头一遭和他合伙做生意就让他给砸了锅！

做生意是有风险的，尤其这种投机倒把生意，风险自然更大，陆水生深知这一点。他看刘景和在钱上慷慨大方好说话，就动开了歪脑筋，打起了小九九，明明家里有钱却在景和跟前装出一副可怜样儿，向景和哭穷："刘师傅，你哪里晓得，我虽然做生意赚了点钱，但家里刚刚修了新屋欠账太多，还了人家的账就没剩下多少了，实在不好意思，这次你能不能先把本钱垫出来……"

　　景和听了，也不知真假，对他的话没有往深处想。反正枫乡公社这边他人头熟，卖生漆的人见他是常客，又很讲信用，有时也不必付现钱，过后再给钱也行。想了想便答应了："那有什么？既然如此，你放心，这次买生漆的本钱就由我先垫出来。"

　　"那就先谢谢你了。"

　　第二天，景和就去村寨收购生漆，一家家从老乡手里把生漆收购起来，几天之间，就收购了七十多斤生漆，足够他俩一次带的。回来之后，他们把生漆分装在两个行李包里，两人在遵义坐上火车就出发了。

　　不知怎么的，陆水生一路上就像瘟鸡似的没有精神，坐一路火车打了一路瞌睡。

　　去温州的列车要在鹰潭车站换乘，经过一天一夜的开行，火车在天亮前到达了鹰潭车站。列车员广播着列车到站了！旅客们拿好自己的行李物品赶快下车。陆水生睁开惺忪的睡眼，迷迷糊糊地问："到哪了？到哪了？"。

　　"起来！起来！不睡了！老陆，火车到站了！"

　　陆水生被景和摇醒，迷瞪着眼，提起行李跟着景和慌慌张张下了火车。跟在景和的身后，来到候车室办换乘的签证。这时，陆水生的瞌睡才算醒过来。

　　候车室人很多，人来人往，人声嘈杂。他们找了个地方把行李放下，景和让老陆看着行李，他去排队签证。不一会，签证弄好了。景和觉得离开车时间还有两小时，他这些日子因为忙着下乡收购生漆，早出晚归，头发老长了都没顾上理，乱蓬蓬的，想利用这个时间去理个发，刮刮胡子，把自己好好收拾一下。

　　"老陆，我去那边理发店理个发，你看好咱们的东西。"

　　老陆说："好的，你去吧！"

　　景和刚走出候车室，突然想起老陆一路上萎靡不振，瞌睡不断，担心他去理发时，老陆又打瞌睡，把东西弄丢，便拐了回来，特别关照说："老陆，你千万别睡觉，要睡觉等上了火车，你怎么睡都行！"

老陆口里答应说："不睡，不睡，你去吧，没有事的。"

景和一走，老陆在候车室坐了一会儿，不知怎么的，瞌睡又袭上来了，两眼发饴，头一冲一冲地禁不住打起瞌睡来，鼻子里还发出了很响的鼾声。

这时，车站人来人往，声音嘈杂，热闹非凡。值班民警走了过来，看见陆水生只顾着瞌睡，身边带着两个行李包也不管不顾，就摇醒他说："喂！喂！别睡了，看着你的东西！"民警说完便走了。

老陆被民警叫醒，用手拍了拍头，头脑稍清醒了一些，振作精神看着行李。但坐了不一会，眼皮又禁不住发粘，瞌睡又向他袭来。他在自己额头上使劲拍了拍，瞌睡下去了。但不一会，瞌睡虫卷土重来，头一拱一磕的，他又打起瞌睡来。刚才提醒他甭打瞌睡的那个年轻民警走到候车室那头，又拐了回来。看见老陆还在打瞌睡，便说："嗨嗨！别睡了，看好你的东西！"

老陆猛然惊醒，惊慌地睁开眼摸摸身边的行李。行李还在，他稍稍放了点心。当民警走过去的时候，民警回头对着陆水生望了望，眼光又落在脚下的行李包上。陆水生心里有鬼，见民警注视他的旅行包，心里顿感紧张，脸上表现出一副惊慌的神色。他脸上这细微的表情变化立即引起了年轻民警的警觉，这里面一定有问题！民警返身走了回来，随手在两个旅行包上摸了摸，问道"里面装的什么东西？"

老陆回答说："包里装的蜂蜜。"

民警问："你是干什么的？"

回答说："我是放蜂的！"

"你去哪里？"

"回浙江。"

稍有常识的人都知道，放蜂人都是在当地把蜂蜜卖了，一般是不往回带那么多蜂蜜的。民警便对他的话产生了怀疑，问道："放蜂的哪有往家带这么多蜂蜜的？"

老陆一时不知怎么回答好，神色更加慌乱，这更引起了民警的怀疑："把你的旅行包打开看看。"

这时老陆慌神了，坐在那里迟迟不肯动手，年轻民警见他这个样子越发觉得不对劲，这里面肯定有名堂，便弯下腰亲自把提包的拉链拉开检查起来。

这一来自然露了馅。生漆的气味很大，旅行包拉链一拉开，就有一股生漆气味冲进鼻子。

"这是怎么回事？说，里面究竟什么东西？"

陆水生说："里面是油漆。"

年轻民警很内行地嘿嘿笑道："恐怕不是油漆是生漆吧？还不老实！我们查的就是这东西！走，拿着东西跟我到警务室去！"

陆水生傻眼了，站立着不肯动身。年轻民警严厉地对他说："你走不走？"

陆水生尿了，只得提着旅行包乖乖地跟着民警向警务室走去。

这时，刘景和刚好理完发走到候车室，看见了眼前这一幕。他不敢吭声，生怕民警发现他是陆水生的同伙，只远远地跟在后边。

进了警务室，还有一个值班民警，年轻民警说："抓住了一个倒卖生漆的投机倒把分子！"然后回头对陆水生厉声喝叫道："把东西放那里，老实给我站好！"

陆水生哪经过这阵势，惊吓得全身哆索了一下，只好恭恭敬敬重新站好。

"叫什么名字？"

"我叫陆水生？"

"什么成份？"

"中农！"

"籍贯？"

陆水生一时没听明白，眨着眼："侬说啥么事？"

"你家在哪里？"

"浙江温州！"

"老实交待，这些生漆是哪里弄的？"

"贵州买来的。"

"准备带到哪里去？"

"带到温州。"

"带到温州干吗？"

"卖。"

"你倒卖生漆一共干了几次？"

陆水生脑子还不糊涂，稍愣了一下，便回答说："就这一次，头一次干这事就被你们抓住了，真倒霉……"

"到底干了几次？"

"天地良心就这一次！"

民警转而又问："知道这是什么行为吗？"

"不知道。"

"真不知道还是假不知道？生漆是国家战略物资，你私自买卖生漆，犯了投机倒把罪！把你抓起来，关进去吃八大两！"

一问一答结束了。还好，车站警务室民警并没有拘留他，要他吃八大两，只把他的生漆没收，训斥了他一顿就把他放了。

陆水生走出警务室没多远，迎面碰见了刘景和。一脸晦气地对景和说："小刘，哪能这么倒霉？你刚走不久，就碰到民警查问，把生漆全没收了！"

刘景和问："他们是怎么发现的？"

老陆只好说实话："这事全怨我，我也不知怎么搞的，这些天老瞌睡，你一走，就又打开了瞌睡，被人家发现了……生漆全没了，怎么办？"

景和说："怎么办？自认倒霉吧！"

老陆这会儿却来劲了："不能这样便宜他们，我得向他们要去，他们说，等我把我的同伴找到，再一起去找他们，他们就会把漆还给我们！"

景和觉得好气又好笑，这人头脑怎么这么简单："你别做梦吧！生漆被他们拿去了，你一个人去不给你，两个人去就给了？你以为人多去打架呀？你脑子是不是进水了？"

"不行，我非向他们要回来不可！"他实在心疼那些生漆。说完，真的又跑到警务室，景和拦也拦不住。

扣他生漆的那个民警还在，他对民警说："你得把漆还我！"

年轻民警把眼一瞪："你进行投机倒把活动，不把你关起来就不错了，还你生漆？简直岂有此理！走走！把我惹恼了，马上把你铐起来，你信不信？"

陆水生讨了个没趣，拉着长脸回到候车室。生意砸了，没必要去温州，他们只好买了车票返回贵州。

这次买生漆的钱是景和掏的，生漆被没收，连本钱都折了进去，陆水生怕景和要他分摊所受的损失，不停地在景和面前诉苦。说他家如何困难，如何欠了别人的账。景和明白他话里的意思，便说："你别在这里给我念这些难经，你不想分担损失我也不会勉强你，算我自己倒霉！"

不能白便宜了他们

刘景和做木匠手艺的时候，都是主家做好了饭菜，到时候吃现成的，睡觉也一样，天黑以后，人家都会把床铺给他安排好，干完活吃完饭摊开被子倒头就睡，不用自己操心。而他自做起生漆生意，吃饭得自己管，睡觉也要自己解决。好在，他手头有钱，不必焦心。想了想，准备找一间合适的房子自己单独过。经过打听，在枫乡公社枫乡大队的一个农户家里，租赁了一间房子，作为自己的安身之所。房里空空，除了一张竹床，什么也没有。这难不倒他，他买了些木料，自己动手做了桌子凳子，又添置了一些被褥和锅碗瓢盆等一应东西，开始自己做饭炒菜，像模像样地过起日子来。

就在他搬过去的不久，一天早上，突然听见有人前来找他。来人对着他的房门叫道："小刘师傅！小刘师傅！在家吗？"

房里的景和听见了外边叫他的声音，连忙开门出来。来人见他出来，见了真佛似地满心欢喜："小刘师傅，可找到你了！"

来人跟老陆一样，带着浙江口音。景和仔细一看，站在他面前的是个五十多岁的细高个子长着一张黑瘦脸的男子。景和感到很陌生，从没有见过他，奇怪他怎么认识他，还能叫出他的名字。疑惑地问道："你找我什么事？"

来人立即从衣袋里掏出一盒带过滤嘴的香烟抽出一支恭敬地递过来，"小刘师傅，请抽烟。"

景和摆摆手，说："我不抽烟。你有什么事？"

来人把烟又放进烟盒里，说："小刘师傅，到你屋里说吧。"

两人进了屋，景和说："说吧，你找我做什么？"

"我是浙江温岭的，叫钱金桂。"来人自我介绍完，一点也不绕弯子，直接将他的来意亮了出来："小刘师傅，实不相瞒，我想找你合伙做生漆生意！"

"和我做生漆生意？"景和听了有点大惑不解，他和他面不相识，怎么想起要和他做生意？

"是呀，我听人说了，你这人很讲义气，够朋友。收购生漆经验丰富，很懂生漆的成色，一看就知道掺不掺假？"

全是对景和的恭维和仰慕让他高兴的话。

　　景和听了未免诧异：他怎么知道我这么多。我和这人从没打过交道，他是怎么知道我刘景和的？又是怎么找到这里的？这是个什么人呢？

　　原来这个温岭人老钱，是个急于赚钱的主儿，在家也小打小闹做过生意——贩卖点手工制品，如鞋帽，眼镜，打火机之类。这类商品赚头不大。一次他在和熟人聊天的时候，听说在他们那里非常抢手的生漆，产自贵州一带的深山里，昂贵的生漆在原产地稀烂便宜。一些人从贵州将生漆带到他们那里都卖发了，比干什么都划算。他便动了心思，进一步打听到了贵州的绥阳是生漆的主要产地。便怀着发财的梦想，带着他的侄儿来到了绥阳，想先摸摸情况再做打算。可他人生地不熟，两眼一抹黑，对生漆毫不了解，完全是个外行，不知怎么入手？一个偶然的机会，他听人说起放蜂人陆水生是他浙江老乡，说他曾贩卖过生漆。通过多方打听，找到了陆水生。陆水生自那次和刘景和贩运生漆在鹰潭被没收之后，再没做过生漆生意，仍安份地放他的蜂。老钱邀他和他合伙做生漆生意，但被他一口回绝了！

　　一朝被蛇咬十年怕井绳，任钱金桂怎么劝说，陆水生也没有答应。老钱搭拉着一张黑瘦的长脸准备离去。临出门的时候，老陆看他一副失落的样子，便叫住了他："你真要做生漆生意，我告诉你一个人，你可以找他！"

　　"谁呀？"

　　"刘景和。"于是，陆水生便把刘景和的情况给钱金桂详细地作了介绍，并对景和很是夸赞了一番。

　　老钱犹如久旱的禾苗遇上了甘霖，他央求陆水生："老陆，我和这个人面不相识，我去找他怕要吃闭门羹！看在老乡的面上，你带我去吧！"

　　说着从衣兜里掏出一盒带过滤嘴的香烟往陆水生的口袋里塞。老陆赶忙推开了钱金桂手里的烟，说："不行，我带你去不行！我把他住的地方告诉你，你自己找他好好说说比我亲自去管用！"

　　其实，陆水生是没脸见刘景和，他又不肯明说这事。老钱看他实在不愿意去，不再勉强，只好自己去顾"茅庐"，经过几番打听，找到了刘景和的住处。

景和自和老陆做生意砸锅之后，一气之下便和陆水生分道扬镳，不再和他合伙做生意。他也曾想过自己带着生漆到温州去，可在温州那边又没有销售渠道，想了想只好作罢。这会儿听了老钱的话，虽然有点动心，又担心老钱也不靠谱，连忙拒绝说："我早已不干这事。准备干我的木匠活呢！"

但老钱不达目的决不罢休，非要请景和出山不可。态度真诚，言辞恳切，几乎是央求他了。

"小刘师傅，我真的很需要你帮助。你晓得的，我大老远从浙江跑来，多不容易呀！我不能这样空手回去，是吧？我知道你心肠好，人也耿直，好帮助人。你放心，我这个人最讲义气的，不会让你吃亏，你只要把生漆给我弄到手，温岭那边不要你出面。你不知道，我们温岭，这种生漆缺得很，有时你拿多少钱想买都买不来的！"

经不住老钱再三劝说，他便答应和他合伙先做一单生意看看再说。景和也有他自己的想法，他想找个浙江人作帮手，熟悉情况后，将来有一天自己也好单独干！

老钱见景和同意了，自然喜不自禁，便从旅社把他侄儿带过去让景和看了看。景和对他侄子参与进来也没有说什么。只是接受了上一次和陆水生做生意的教训，做生意之前须先把本钱拿出来，共同承担生意上的风险。老钱倒也爽气，二话没说，连同他侄子的那一份本钱都拿出来交到了景和手里。

商量好之后，景和便安排老钱叔侄俩在枫乡公社招待所205房间住下，他去乡下联系货源。这时，生漆的收割期已经过去，社员家里是否还有生漆？他没有把握，得先去乡下了解一下情况再说。景和担心自己带着那么多现金去乡下不安全，万一弄丢了怎么办？就把凑在一起买生漆的钞票交给老钱，让他先保管着。

　　然而，画虎画皮难画骨！当景和联系好生漆，急匆匆跑到枫乡公社招待所，来到205房间向老钱取钱的时候，竟然人去屋空，不见老钱叔侄俩的踪影！他气得两眼冒火，这是怎么回事，这会儿他们去了哪里？他忙向招待所服务员打听："住205房间的那两个浙江人哪去了？"

　　服务员说："他们上午八点就退了房，赶九点那趟班车走了！"

　　景和傻眼了！感觉上当受骗，气得直跺脚。这人怎么这么不讲信用？红口白牙说得好好的，竟然卷款而去！他恨恨地骂了几句粗话，恨不能把他们抓回来暴打一顿。但是，事已至此，光生气也没有用。景和虽然对钱财不太看重，但这样不讲信义之人，最为他所痛恨。在新疆伊宁他就吃过亏受过害！弄得他差点被陷于绝地！决不能容忍这种背信弃义的事再发生！白白便宜他们让他们跑了，必须把他们截住！可是，他们是坐班车走的，枫乡公社到遵义一天只一趟长途班车，他走路再快，两条腿也跑不过汽车轮子。这两人也正因为吃准了这一点，才敢肆无忌惮地干这种卑鄙龌龊的事儿。但景和还是不顾一切急匆匆往公路边跑去。希望奇迹出现——能截住一辆过路汽车！

　　景和满头大汗跑到公路边，站在那里伸长脖子，望着通向远处的公路，除了白光光通往远处的公路，并没有看见汽车的影子。公路上静悄悄的，连个人影也没有！正感到茫然无助的时候，他忽然想起：离这里二三里有一个三岔口，那里常有通往遵义的运煤车经过，何不去那里碰碰运气？碰巧了也许能搭上一辆运煤车呢！于是，他加快脚步很快来到了三岔路口，在路边着急地等待着。时间一分一秒地过去，他觉得好像过得特别慢似的，目不转睛地朝公路上望着。过了不一会，果然听见一阵隆隆的汽车发动机声由远而近传过来，放眼一看，正是一辆朝遵义方向开过来的运煤车！

　　景和赶紧往路当中一站，不顾一切地向司机招手，汽车在他前边停下来。司机见景和不管不顾地拦汽车，非常生气，极不情愿地拉着长脸，火气十足地冲他吼道："你不要命啰！有你这样拦车的吗？"

景和只好放下身段向师傅一个劲地说好话："对不起，师傅，我有急事！我被骗了！我和一个人合伙做生意，他趁我不在的时候，把钱统统卷走了，他坐的是班车，我怕赶不上，才拼命拦你的车……"景和气喘吁吁上气不按下气，话说得啰啰嗦嗦又快又急，但司机还是听明白了，把车门打开了："那，快上车吧。"

景和上了车，真是千恩万谢。司机是个很有正义感的人，紧踩油门向前开去。汽车开得飞快，车身在路上一阵阵剧烈的颠簸着，发出哐当的声音。但景和似乎还嫌汽车太慢："快点！再快点！"但他没有把话说出来。他怕师傅不高兴。

景和对遵义火车站的车次非常熟悉，开往浙江方向去的火车每天只有一趟，这会儿离火车开车时间还有好几小时，只要在开车前赶到火车站就能把他俩截住。

运煤车司机经过两个小时的行驶，眼看就到遵义了，不料汽车却突然减慢速度，在路边停下来。司机从车窗探出头，望着站在煤车上的景和，非常抱歉地说："我只能带你到这里了，这里离市区不远了。你下车吧！有过路车你就拦一辆，不坐车走路也行，反正路不远了。"

景和只得从煤堆上爬了下来，谢了司机。他也看不见自己脸上已经染满了煤尘，一副黑老包模样，生怕赶不上那趟火车，拼命往前奔跑，跑得满头大汗，上气不接下气。翻过了一个小山坳，没走多久，果然遵义火车站出现在眼前。景和看看手表，离钱桂金所坐的那趟火车开车时间还有一小时呢，他便放下心来。来到了车站，在窗玻璃上看见了自己的模样，"呵呵"一声笑了。他觉得时间还来得及，先把脸上的煤灰洗干净再说。他四处瞄了瞄，找到了厕所，来到水龙跟前，掬起水把脸上的煤灰冲洗干净，才来到候车室。先没进候车室，站在窗口向里看了看。候车室人很多，连椅上坐满了人，他用眼睛一个个挨着寻找过去。老钱叔侄俩正肩挨肩坐在一张连椅上打瞌睡呢！

　　两人做梦也不会想到，刘景和从天而降，这会儿会出现在他们面前！

　　景和轻轻走过去，用手拍拍老钱的肩膀。老钱回过头，发现跟前站着刘景和，猛然一愣怔，吓了一跳！有点不相信自己的眼睛，使劲揉了揉眼，还以为是在做梦呢！当他确定站在面前的是刘景和的时候，就像突然从天上掉下了一个恶煞！脸一下变了色，嘴里结结巴巴说不出成句的话。景和真想打他一个耳光，把他狠狠地训斥一番。但他还是忍住了，把怒气从心里压制住，尽力将态度放缓和些，声音平静地说："你们叔侄俩也太不够意思了，走了连声招呼都不打！"

　　"我……准备回温岭去……家里有点急事……"老钱结结巴巴话说不出成句的话。

　　景和平静地说："车票买好了吗？"

　　老钱看景和说话的口气很平和，好像并不想怎样为难他，说："买好了，这不。"说着把两张车票从口袋掏出来。景和顺势把车票抓在手里，看都不看，把车票放进了自己的上衣口袋。这才口气严厉地对老钱说："老钱，我刘景和怎么也没有想到你是这么一个人！你口口声声求我和你合伙做生意，你却口是心非，出尔反尔，出门做事怎么能这样？你格局也太低了吧？这一点钱你都看在眼里！"

　　老钱只好腆着张脸一声不吭，任景和数落训斥。而老钱的侄子却不乐意了，虎着脸"腾"地从座位上站起来，瞪起双眼，想要无赖："你哪能这样说话？小心我做你！"

　　老钱连忙把他侄子按住："你这孩子，你凶什么凶？说你你不听，非要这样干不行！事情弄成这样，嗨……"

　　这事确实是他侄儿的主意，他暗自后悔，他不该带这个侄儿来，他也知道，他这个侄儿在家就不干正事，是个小混混，成天打麻将赌博，欠了别人不少债，他爸担心儿子在家继续待下去要学坏，再三央求他将孩子带出来和他一起跑跑生意。不想他也一时鬼迷心窍，贪图那一点钱财，弄得丢人打家伙！

景和从老钱的话里听出来了，看来想黑他钱的原来是他侄子的主意。景和说："你说吧，你打算怎么办？"

老钱连忙向景和说好话："还能怎么办，都是我这不争气的侄子不听我的话，在外欠了人家的赌债，急红了眼干出这种对不起人的事。小刘师傅，我把钱还你……"

说完，从衣袋里掏出一摞钱，景和看他说话的态度还不错，也就不再说什么，接了钱，然后把车票还给了老钱。

景和虽然挽回了损失，但他却高兴不起来，心里像压着一块石头似的，感到十分郁闷。

秀秀

刘景和虽然受过温岭人的骗，但他还是乐意和浙江人打交道，常到温州做生意。温州的政治环境远比别处宽松。来到这里，好像进入了世外桃源，感觉和别处完全是两个世界，一切都是那么平和而又平静。虽然也有一些外地常见的那种充满火药味刺激性极强的标语口号挂在显眼的地方，但人和人之间的交流还是比较宽容的。这里人都一心一意只想着经营自己的小日子，不像别地方人总爱惦记别人的事。哪怕穷得叮当响揭不开锅，也要关心国家大事，不忘阶级和阶级斗争，总想着解放世界上受压迫受剥削的劳动人民。温州人想的是如何做生意，如何外出作手艺挣钱。他们不怕苦不怕累，什么活都能干——理发、钉鞋、修锁、修雨伞、打家具等，只要能赚钱就行。因此温州人比较有钱。温州人还会造假，擅于仿制别人的产品。只要市面上出现新东西，他们很快就会仿造出来。别地方弄不来的空白介绍信，在这里搞一本易如反掌。尽管都是假的，但和真的没有什么区别，以假乱真。景和拿着这些介绍信住旅社畅通无阻，从没有引起别人怀疑，可见他们造假水平之高。这地方简直是国中之国，有点让人不可思议。这正好为他这样身份的人提供了保护，景和有点如鱼得水，往来于遵义和温州之间做他的生意。有时贩生漆，有时贩运修鞋机。有时一个人单干，有时和别人合伙。

腰包鼓起来了，刘景和人又不错，自然会有人想要给他介绍对象。有人劝他找个贵州女人在这里安家算了，但都被他一一婉言拒绝。

而他对房东的女儿秀秀差点动心，差点爱上秀秀，干出傻事！

那是他租住房东的房子不久。

房东是夫妻俩，五十多岁，都是老实巴交的农民，每天都在生产队出工干活，家中无男孩，膝下只有一个二十岁的女儿，名字叫秀秀。秀秀长得水灵灵的十分可人。老两口看景和是个手艺人，皮肤白白的，说话随和，年龄虽然大秀秀十多岁，看起来却像小青年。有心将女儿许给景和，只是不好意思向他开口。

其实，秀秀早就和刘景和对上了眼。景和刚住进来的时候，秀秀就喜欢上了他，见了景和就阿哥阿哥地叫，怀里就像藏着一只不安份小鹿怦怦直跳。

秀秀虽然从心里喜欢景和，但女孩子大多害羞，在男孩子面前总要保持自己的矜持，不敢直接表露内心的感情。但秀秀自有她的办法，大凡家里有什么新鲜东西，例如刚蒸好的新鲜包谷，又粉又甜的蒸红薯，或者刚从地里采摘的新鲜蔬菜瓜果，总要设法给景和送点过去。送的次数多了，景和敏锐地从秀秀两只黑亮的眼睛里发现了一股透人心腑的柔情和暖人的秋波。这时，他心里就像吃了蜜一样甜，就会引起他内心的躁动。

景和当然明白秀秀的心思。他也是正常男人，又正当青春盛年，面对这样一个纯洁善良令人喜爱的女孩子，岂能没有感觉，不动春心？

他经常想起小蒋曾对他说过的那句话："你可以考虑成个家，贵州女人很不错的！很懂感情，很有女人味儿，对男人很体贴疼爱的。只要她真心喜欢你，就会不顾一切地爱你，惦记你。"

是啊！他何尝不想成家？何尝不想得到一个姑娘的爱？被一个女孩子所疼爱所惦记是多么美妙的事啊！他也老大不小了，马上就是三十二岁。在寂寞无聊的夜晚，他也难受，多么想得到一个姑娘的温存和爱抚，过正常人那种小家庭生活。秀秀对他如此多情，他当然非常感动，多么想把秀秀搂在怀里，亲她吻他抚摸她。晚上曾做个无数次这样的梦，好几次醒来裤衩都是湿的。可是，他不敢，他知道自己的身份。他不止一次警告自己：万万不可造次！每当头脑中产生这种想法的时候，他就情绪激动。他知道，他这样身份的人不可能和人家结婚。不结婚，有了那种关系，那算什么呢？是不道德的！对人家女孩也不公平！他一个人受苦受难已经够了。如果有了那种关系，还会贻害别人，别人也会跟着遭罪。一旦有了孩子，更会给孩子带来不幸！他只有把心中的渴望使劲按捺下去，把心中爱火无情地扑灭！以尖利的钢刀，将心中的情丝斩断，千万不能让自己有一丝一毫的柔情，以酿成一生的大错，否则他将万劫不复……

因此每次见到秀秀，尽可能和秀秀保持一定的距离，说话很有分寸，就像大哥哥对待小妹一样。

有一次，当秀秀亲热地叫他"阿哥"，又来给他送东西的时候，景和冷静地看着她说："秀秀，谢谢你的好意，今后，你不要再送了！"

"阿哥，怎么？"

景和的话让秀秀怔在那里，黑亮的眼睛疑惑地望着他，平时温和可亲的阿哥，这会儿脸上竟然挂着一层冰霜，她做错什么了吗？秀秀像一只受惊的兔子，难受得低下头，脸一阵红一阵白，咬着嘴唇出去了。之后，秀秀隔了几天没来找他，和他碰见的时候，显得心事重重的样子，带着一种忧郁的眼神。可过了一段时间，秀秀又来敲他的门："阿哥，在家吗？阿妈让我给你送点刚煮好的包谷！"

　　声音仍然那么清悦而温柔。

　　这次，秀秀打着阿妈的旗号，景和不好拒绝，但仍然对秀秀不冷不热的。秀秀似乎并不在意，深情地看他一眼，东西一放，便迈着轻快的步子走了。

　　过了两天，秀秀又来了，这天，她的衣服穿得有点短，露出白藕似的胳膊，雪白的大腿，身上凹凸有致的线条突显了少女青春的韵致。秀秀虽天天在生产队出工干农活，上山挖土种地，可她皮肤总晒不黑。

　　"阿哥，你有脏衣服吗？今天天气好好，我准备洗衣服，你有脏衣服就给我吧，我捎带给你洗了！"

　　景和平和地说："哪有脏衣服呀，我昨天刚洗过的。"

　　秀秀不信，一双清亮的眼睛在房里搜寻起来，突然发现了扔在床下的裤头。秀秀走过去把裤头拿在手里："阿哥，你说谎！这不是吗？"

　　景和慌了神，羞红着脸，这是昨晚在梦中弄脏的裤头呀。想起昨晚的梦，他就无比的羞愧。天亮的时候竟然梦见和秀秀在一起做了那种令人不堪的事！裤头都弄湿了。纯洁无瑕的秀秀看着精湿的裤头，还以为景和是尿床了呢。秀秀疑惑地望了景和一眼："阿哥，你这是……"

　　景和无法回答，低着头，嘴里嚅嚅着，这更使他感到无地自容！恨不能有一条地缝钻进去！这反常的举动，使秀秀感到好奇怪，带着怀疑的眼光望了他一眼。秀秀迟疑了片刻，掂着裤头准备出去。景和急了，这样的东西怎能让一个小姑娘去洗？他慌忙跑过去夺秀秀手里的裤头。由于紧张，脚没有站稳，身子偏了偏，秀秀又下意识躲了他一下，身子也跟跄了一下，失去了平衡，景和赶紧拉住了秀秀，两人正好抱在了一起！

　　景和抱着秀秀柔软的身子，脑子"轰"地响了一下，热血涌上脑门，心口一阵狂跳。秀秀穿的衣衫较短，露着雪白的大腿，鼓突突的胸部挤在他的胸前，软软地像两个面包。景和看得眼睛直了，一只手抓住胸前那两只令人神往的面包揉了一下。秀秀感到一阵窒息，涨红着脸，晕乎乎气都差点喘不过来，便依偎在他的怀里。景和犹如在梦境一样，抱紧了秀秀绵软的身子。忽然感觉秀秀温热的嘴唇贴了过来，他连忙迎着秀秀的嘴唇，将舌头填充进了秀秀温润而柔软的嘴里。秀秀的舌头迎合着他，两条舌头像蛇信子似地互相纠缠在一起，相互翻卷，拉伸，勾连，似乎彼此都想将对方吸进肚里。啃咬了一阵，景和感觉全身燥热，心中有一股火在呼呼燃烧，一只手不顾一切地伸进了秀秀的裤腰，慢慢移动着手指，摸住了那柔软而富弹性的部位……

就在这时，理智到底还是战胜了本能。不行！梦景中的景和突然清醒过来，头脑轰响着，全身一阵惊颤。他调整了一下呼吸，使自己渐渐冷静下来。

暴风雨终于过去，全身的血液被抽干似的，身子僵住了一样，无力地将手抽了出来，使劲将秀秀朝外一推："不能这样。秀秀，你快回去吧！"

然而秀秀似乎已被欲火冲昏了头脑，失去了理智，重又扑进景和的怀里，抱着他的脖子不松手！

"阿哥！阿哥……"梦恹似的叫着。

"不行！不行，不能这样！"

秀秀依然不松手，他无计可施，只得撒谎："秀秀，不能这样！我结过婚，家里有爱人……"

秀秀听了这话，像被蛇咬了一下似的，立即松开双手，沮丧地低着头走了，差点哭出声。

冷静下来的刘景和，感觉心里一阵刺痛，他觉得对不起秀秀。因了他，让一个纯洁善良的姑娘陷入了感情的漩涡里不能自拔。不能再和秀秀这样纠缠下去。这样下去早晚会出事的，万一哪一天他把握不住，感情失控做出傻事，将会害人害己！必须快刀斩乱麻尽快做出决断。

他想了想，惟一的办法，只有搬家！

第二天，通过打听，在另一个生产队重又找了一间房子，他要赶紧搬过去。

当他搬着行李离开秀秀家的时候，脚步非常沉重。简直与秀秀无法面对。

昨天，他只对秀秀爸妈说了要搬走的事。秀秀爸妈问他为啥要搬走？景和吱吱唔唔说，那边有个朋友要他搬过去住。秀秀爸妈对景和说的理由有点怀疑，他们觉得这事有点蹊跷。从秀秀近些日子的表现和这几天女儿反常的举动，感觉刘木匠搬走，很可能与秀秀有关。

母亲把女儿叫到床前，问她发生了什么事？为什么躲在房里不出去，女儿闷着头努着嘴，什么也不说，秀秀爸妈多少明白了其中的原因。景和临走那天，秀秀呆在她房里没有出来，坐在床边低着头轻声哭泣。秀秀的爹妈思想还是比较开通的，心想：人家不愿意，这是没法子的事，强扭的瓜不甜。

秀秀爹妈恋恋不舍地将景和送到了门外。

这会儿，景和心里的创痛比秀秀还要严重，一路走着，耳边一直回响着秀秀亲切地叫他"阿哥"的声音和她那天真无邪的笑声。还有她那柔软的身体，这是他第一次和一个姑娘这样亲热啊！他感觉自己的心仿佛在流血。他不敢回头再看一下那个小屋，曾经充满温馨，在他的内心深处将永难忘怀。

走在路上，他的脑里又出现了业嫱幽怨的眼神，除了新疆的那个湘妹子，如今，又增添了这个秀秀，他觉得对这两个女人都有亏欠，很对不起她俩。这也许会是他一辈子的情债，一辈子的遗恨，一辈子的痛……

惊雷

时光的车轮在飞快地前进，转眼到了 1976 年的秋天。

连绵阴雨下了几天，终于停了下来。但天空仍浓云密布，像锅盖似的压在头顶。看样子雨还要下，到处湿漉漉的，山林间缭绕着浓浓的雾气，空气沉闷，让人有点透不过气来。

一天晚上，景和刚从温州回到绥阳的枫乡公社枫乡大队他的住处。点火烧了点稀饭，炒了点菜，又将路上吃剩的食物吃了些，将肚子填饱以后，正想躺床上休息。突然，从夜空中传来一阵哀乐声。他侧耳一听，悲伤的哀乐在夜空久久地回荡，时断时续。让他心里戚戚的很不好受。他感觉好像是一个什么大人物去世了——这是他今年以来第三次从广播里听到哀乐了。前两次是周总理和朱老总的逝世，今晚广播的哀乐不知又是谁死了？看样子一定是个了不起的大人物。

正当他胡思乱想的时候，大队的广播喇叭里突然传来一个熟悉而响亮的名字："毛泽东"！

他心里猛然一惊：毛泽东？难道是毛主席逝世了？屏声静气听了听，真真切切听见是毛主席！

他不敢相信这是真的，这怎么可能？难道毛主席真死了？

一时间，心里激起一股无比复杂的感情——混杂着激动、惧怕、迷惘，还有一丝丝莫名其妙的兴奋。他支起耳朵想要继续往下听的时候，广播喇叭突然停了。天地间顿然变得空荡荡的一片寂静。他侧起耳朵仔细听了好久，希望广播喇叭再度响起，可是，夜空里的一切就像死去了似的，再没有一点声息，只有秋虫在夜空中唧唧啾啾地低吟。景和弄不明白广播为什么突然半途停播？这究竟是怎么回事呢？这消息是真的还是假的？刚才明明听见了那个惊人的消息和那个人的名字的，怎么再不播放了？他再也睡不着觉……

今年是怎么了？似乎流年不利，灾难连连——六月驻马店出现了特大洪水，人畜被洪水冲走，淹死了无数的人。接着又发生了唐山大地震，偌大个唐山市一瞬间被夷为平地，成为一片废墟。听人传言，这次唐山大地震，死伤的人数多达二十多万！真是太惨了，那是怎么一个惨状？简直无法想象！人好好的躺在床上，还在睡梦中，也许有些母亲还在给婴儿喂奶，有些年轻夫妻还在相拥相抱，一声巨响，突然天崩地裂，人还来不及反应，不知不觉中就死于非命……

古往今来的历史上，改朝换代的时候，往往会发生许多灾异，难道今年出现的许多灾难，就应在这个人身上？他不敢再胡想八想……

这么大的事为什么播了一半又停播了呢？　他堕入重重迷雾中……

景和当然怎么也想不明白大队广播喇叭突然停播的原因——

原来大队广播室的播放员是个小姑娘。在广播里收听到毛主席逝世的消息之后，不敢相信这个消息是真的。大家不是天天都喊毛主席万岁吗？毛主席在电视电影里出现的时候，身体那么健康，走起路来脚步矫健，神采奕奕，怎么突然就死了呢？毛主席怎么也会死呢？广播员觉得有些不可思议，越想越糊涂，越想越觉得不对劲儿。生怕什么地方出了差错——这可不是小事，这是严重的政治问题！不是好玩的！她亲眼看见过，平时谁要是说了一句对毛主席不敬的话，读毛主席语录读错了几个字，或是打碎了毛主席塑像都会遭到批斗，甚至被判刑。如今广播说毛主席死了，这还了得！这可是天大的事，这肯定是个惊天的阴谋！

警惕性极高的她，立即联想到阶级斗争的复杂性，很可能这是阶级斗争的新动向，阶级敌人在造谣，妄图扰乱革命群众的思想，颠覆无产阶级专政！传播这样的谣言可是了不得的罪名！就是十恶不赦的现行反革命！她越想越感到害怕，潜意识促使她不由自主地关掉了广播……

小广播员坐在广播室感到惶恐不安，巴望着找个人问问。可这夜深人静的乡村，向谁去问呢？一时也想不起有这样贴心的人。她虽然年纪小，但她懂得在这人人自危动辄得咎的年代，谁都不能相信，她便不敢声张。她突然想起，刚才的广播一定被人听到了，如果是谣言，那就糟了，可不得了！传播这样的谣言，那还了得！明天等待她的将会是怎样的后果？想到这里，小姑娘不由胆颤心惊，脊背发凉，越想越怕，战战兢兢偷跑着回到了家里，对她父母说了这事。小姑娘的父母是个不识字的农民，似乎也隐隐约约听见了刚才的广播。这会儿听女儿一说，也吓得半死！为女儿捏了一把汗："这何了得！这何了得！"

小姑娘更怯了，像只待宰的羔羊，躺在床上一夜没有合眼。

刘景和也同样睁着眼睛躺在床上睡不着，他企盼着广播再度响起来，竖起两只耳朵一直听着外边的声音，哪怕一点细小的声音都不放过。可是好久好久，广播喇叭哑了似的，一直寂静无声！

夜已经深了，景和仍无法入眠，心情烦躁不安地在床上辗转反侧。四周黑洞洞的，伸手不见五指，没有一点声响，只有一些秋虫在屋角唧唧地鸣叫，整个世界好像死去似的。不管怎样，那个人逝世的消息景和是听见了，他相信这是真的！希望是真的！一种十分复杂的情感涌向他的心头，他隐隐地感到一种说不出来的情绪在全身荡漾，使他心潮澎湃，不能自己……

他知道，这个人太重要了，整个中国的命运和中国人的命运都与他有关！都掌握在他手里！他刘景和个人的命运也与这个人紧紧地牵连在一起，他所遭受的一切苦难应该也与他制定的政策有关，"千万不要忘记阶级斗争"，"阶级斗争一抓就灵"，就是他提出的……

他的死去，也许会带来一场政治上的大地震，大变动。这种变化也许是翻天覆地的，不亚于唐山大地震，他盼望着这一场大地震早点到来，来得更猛烈些……

第二天，报纸和新闻联播都相继证实了毛主席逝世的消息。山区上空连续几天都播放着毛主席逝世的消息，响着哀乐。

听着令人催泪的哀乐，刘景和不由产生一种说不出来的滋味。有一种说不清道不明的情绪在他内心深处激荡，还带着一种期盼和兴奋。凭他的直感，毛主席一死，中国的政局必将发生变化。怎么变化呢？凭他那时的思想水平，他脑子模模糊糊的想不清楚……

　　果如他想象的那样，毛主席逝世以后，国家的政治局势发生了明显的改变。

　　不久，"四人帮"倒了台，邓小平又重返政坛，文革彻底结束！报纸广播天天都在播放声讨四人帮罪行的消息，说"四人帮"是制造文革冤案的罪魁祸首。景和听了有点犯糊涂，这四个人不都是按照毛主席的指示办的吗？文革不是毛主席亲自发动的吗？按现在的这个说法，毛主席岂不是完全成了摆设，文革好像全是四人帮发动的，与毛主席一点关系也没有。这是怎么回事呢？

　　弄不懂，眼前是一片迷雾。管他呢？人家都这样说，他也只好这样听。

　　不管怎样，他感到这些变化对他这样的人越来越有利。产生了一种朦胧的希冀——看来自己伸冤雪屈耻的日子快要到了！犹如一个在茫茫黑夜跋涉的人，猛然间看到了黎明的曙光。他相信自己结束四处漂泊脱离苦海，恢复自由的日子为时不远了！

　　不多久，广播喇叭上每天都有许多有关平反冤假错案的消息被播送出来，连右派分子都得到了平反，他不由心花怒放，跟全国人民一样，天天都像过节一样高兴，但他还不敢轻举妄动。中国政治的多变，翻云覆雨是尽人皆知的，他还是小心谨慎为妙，耐心等待形势的变化，静观其变吧。

　　他现在的日子过得很滋润，往返于贵州和浙江之间，继续做他的生意。虽然生意不好做，有赔有赚，毕竟赔得少赚得多。何况他又没有别的负担，只一个人生活，挣的钱足够他花的。但他的目的不在于赚钱，做生意挣钱只不过为了生存而已。

　　此刻，他内心越来越不安稳，越来越想家，想念母亲和妹妹们。母亲还好吗？不知道他们怎么样了，他出来十多年了，小妹应该长大成人，大妹二妹很可能已结婚成家了。而他如今却孤零零远在数千里之遥的大西南，得不到一点家里的消息，多么使人无奈和痛苦！想到这里，他恨不能马上回到他们身边，心里感到酸酸的不是滋味。

　　不久，他从广播上听到了一个重磅消息：中共中央决定在全国农村取消阶级成份！这可是从来没有的变化，这表明从此在全国没有了地主富农，从此消灭了阶级，再也没有阶级斗争！

　　这一来，刘景和彻底打消了思想上的顾虑。他意识到，自己伸冤雪屈恢复自由的时机到了，该是结束自己在黑暗中隐藏蛰伏，四处流亡生活的时候了。但具体究竟怎么办，他对上边的有关政策实在了解得太少，吃不透。他想找个人咨询一下，将目前的政策吃准吃透才好作出决定。找谁呢？周围的人没有这么高的政策理论水平——他接触的人大多是不识字的农民，或是几个从浙江来贵州做生意的商贩。这些商贩也许对国家的政策方针有些了解，但景和不想将真情告诉他们。还有他的挚友蒋小平，他可以和他说说这事，但小平的文化不高，对上边政策的理解也十分有限，比自己也强不哪去。那么找谁好呢？正在他左思右想之际，突然想起了一个人——枫乡公社的王书记。

　　对呀，何不找他咨询呢？他觉得找王书记最合适不过了。

　　这些年来，他在枫乡公社能够落脚，全仗了这位王书记。从和他几次十分有限的接触中，从他的只言片语里，王书记似乎对他的身份有所觉察，只是没有说破罢了。几年来，他丝毫没有找他的麻烦，允许他在他的眼皮子底下活动。仅凭这一点，他就从内心充满了感激。做生意有了钱之后，他曾几次想买点东西去看看他，以表达自己的心意。但他不敢。他刘景和是何许人？王书记是何许人？他俩毕竟属于两个完全不同世界的人。景和心里明白，王书记对他也是避而远之，有意和他拉开距离，不想和他走得太近。有时偶尔和王书记在路上碰见了，充其量和他点点头，而他给他递一支烟而已。哪有资格和他说话？更不敢和他拉近乎。王书记和他始终保持着一种若即若离的关系。景和一点都不怪怨他，觉得这样最好，更适合他在这里生存……。

　　那天，景和抽了个时间，鼓起勇气，走进枫乡公社，找到了王书记。

王书记正在忙着看文件，对景和的到来颇感惊讶："稀客！站着干吗？坐呀！"

"王书记，你这么忙，不好意思，打扰你了！"

"最近落实政策，确实有点忙。"王书记说着，对景和打量了一下："呃，我记得，你来这里好几年了，从没有找过我，今天有什么事吗？"

景和说："我哪敢呀，你是政府官员，我躲都来不及呢！老鼠敢和猫对话吗？"景和的话里明显蕴含着某种寓意，王书记当然听明白了，被景和这句话逗乐了。"哈哈，你这比喻有点意思！"

"王书记，真人面前不说假话，我知道你是高人，也是好人，我今天特地找你请教一些政策上的事。"

王书记平静地说："你说吧。"

于是，景和把自己的情况对王书记如实地说了说。王书记非常耐心地听了他的介绍，似乎早对他的情况有所掌握似的，对他所说的事并不感到惊讶，反而打趣说："你看看，我说得不错吧，你果然不是好人吧……"

说完之后，两人会心地哈哈笑起来。

笑完了，王书记告诉他说："解铃还须系铃人，你的问题还得'属地解决'。也就是说，你想得到平反，还得回到洛阳劳改砖厂。要他们帮你落实。"

问题得到了解答，看王书记又很忙，不敢多打扰，景和说了声谢谢，便告辞出来了。

回到自己的住处，没敢耽搁，稍捎收拾了一下，和房东结清了房租。第二天，刘景和就坐上了上午九点的班车，赶到了遵义。又从遵义坐上了开往南昌的火车，几经辗转，终于回到了阔别九年的洛阳。他从洛阳车站乘上五路公交汽车，在北关下车后，没有停留就直奔洛阳劳改砖厂，叩响了那道厚重的大门……

第三十一章　曙光

清明节的悼念

小董自灵宝来到洛阳，犹如游鱼来到了大海，棋艺有了很大的长进。

洛阳是九朝古都，藏龙卧虎之地，人文底蕴深厚。尤其象棋，棋坛荟萃，高手如林，他有了学习和探讨棋艺的机会。只要一下班，就不顾疲劳以棋会友，结识了许多棋坛宿将弈林高手。他的足迹几乎遍及洛阳各大厂，顿感视野扩大，棋艺随之更加精进。在一次对弈中，连"文革"前洛阳市的一位象棋冠军都败在了他的手下。从此他便名声大振，令人刮目相看，被称为洛阳最有前途的棋坛新秀。每当取得一个胜利，他总会满怀欣喜地把好消息首先告诉钟文，要好友分享他的快乐。

这会儿，钟文仍迷恋着书籍，业余时间尽情地在书本中徜徉，也为朋友取得的每个成绩而感到欣喜。

时光荏苒，转眼到了 1976 年的春天。穷冬不肯轻易退场，春天姗姗来迟。天气格外寒冷，不时出现倒春寒天气。刮起风来，沙尘滚滚，天昏地暗。风沙过后又开始雪花飞舞，寒彻肌肤。在这寒凝大地的天气里，公园的牡丹刚刚露头的嫩叶在寒风中艰难地挣扎着。眼看就到四月了，林荫道上露出一点嫩绿细芽的柳枝，还在寒风中瑟瑟发抖。人们期盼着天气早点放晴春寒散尽，春天回归……

不时有小道消息传来，说什么的都有，真真假假扑朔迷离，差不多都是与上边主流媒体相左的消息。人们不知所云，在迷茫中艰难度日。

那是个星期天，小董从市里下棋回来，神色严峻地来到钟文宿舍，对钟文说："小邓，在干吗哩？"

"没事，随便看点书。你刚回来吧？"

"嗯，咱们到外边走走吧！"

听了小董的话，钟文颇感诧异，这么冷的天气，还刮着风，外边有什么走的？看他脸上那副严肃的神情，似乎有什么重要的事要告诉他。想起"9·13"时，好友张小虎找他的情形，莫非小董也有什么重要的消息要对他说？便跟着小董一起走出了宿舍，来到了工地一个没人的地方，小董看了看钟文："小邓，你知道前一阵子的'评法批儒'批宋江，是针对谁的吗？"

钟文想了想说："不是说批判投降派吗？"

"中央谁是投降派？"

钟文摇摇头："谁？"

前段时间班组学习文件和"两报一刊"社论，说要批判投降派。钟文就发生怀疑，脑子一片浆糊，谁是投降派？投降什么人了？他实在分不清也搞不懂。韩师傅一边念，班组的人一边听，谁也不去多想，大家都是稀里糊涂的。

小董见钟文一脸懵圈，说："评法批儒是针对周总理的！他们想搞倒周总理！"小董说完，加了一句："想不到吧？"

这消息确实够震撼的！没想到连最有威望的周总理竟也是投降派，连他都被批判？连他都要打倒？看来，中国没有好人了！这是怎么回事呢？太复杂了，这情况真让人难以理解。

他愣怔着两眼："究竟怎么回事？"

小董说："搞不懂。据说现在毛主席现在身体不好，'评法批儒'是江青、张春桥他们几个人搞起来的，谁知道呢……"

"哦？那，太不可思议了！"小董的话在钟文心里引起的震动，不亚于当初张小虎告诉他"9·13"事件。在全国进行声势浩大的"评法批儒"，毛主席竟不知道？实在让人捉摸不透。没想到中国的政治如此复杂，高层的政治斗争竟然这么激烈！真所谓波谲云诡。是啊，他们小老百姓就像冬天树上的落叶，被大风刮来刮去全凭风的意愿，一点抵挡的能力都是没有的。

"小董，你说的如果是真的，这事太复杂了！"

"听我的一个棋友说的，他刚从北京回来。周总理逝世以后，群众议论纷纷，北京各种各样的传言满天飞，据说现在中央高层斗争激烈着呢！"

"难道政策会有变化？"这是钟文最希望的，他对这种高压政策已经受够了。

"反正是山雨欲来风满楼，过几天就会见分晓。"

听了小董的话，钟文感到有一股激情在心中荡漾——中国的政治空气太沉闷，全国就像一座密不透风的铁屋子，见不到一丝阳光，屋子里的人简直快要被窒息，又好比一潭死水，泛不起一点涟漪。他想起高尔基《海燕》里的几句话："让暴风雨来得更猛烈些吧！"最好来一场狂风暴雨，把这潭死水搅翻，把这沉闷的铁屋子掀掉！随之，他不禁为自己的想法感到吃惊——按当时的政治标准，他目前的想法，很明显属于"思想反动"的范围，是非常危险的，文革中多少人因此而被打成反革命！遇罗克，还有他的湖南老乡丁祖晓等就是这样被判处死刑的！他不敢往深处再想……

转眼间，清明节到了。

那天是星期六，钟文和往常一样，下午一下班，就骑着自行车赶回了孟津。在家领孩子做家务，忙碌了一天。星期一清早，吃了素菊为他做的早饭，骑着自行车就赶回洛阳。当他骑着自行车经过西工花坛的时候，他被那里发生的事怔住了！

　　花坛四处摆满了花圈，花圈的纸条上写的全是悼念周总理的悼词！他感到十分震惊——星期六他回孟津，路过这里的时候，这里还是光光的，什么也没有。今天怎么突然摆放了这么多花圈？

　　他突然想起来了，原来昨天正是清明节，是对先辈悼念的日子，这些花圈应该是昨天摆放在这里的。他放眼往花坛四周看了看，花圈有大有小，小的是一般殡仪馆悼念死人的那种花圈。大的竟有二层楼那么高，奇怪的是那些巨大的花圈还用三角铁架焊接着。

　　这会儿，花坛已挤满了人，人们都不说话，脸上呈现出一种庄严肃穆的表情。

　　钟文连忙找了个地方把自行车停放好，来到花坛观看起来。他发现，除悼念周总理的花圈之外，在花坛中央的廊柱上，还张贴着许多悼念周总理的诗文。一些观看的人正拿着纸和笔记本在认真地抄写着。前来观看花圈和抄写诗文的人从各个方向蜂拥而来。他们大多是青年，也有中年人和中学生。钟文想起几天前，小董对他说的小道消息，果不其然，今天得到了验证。钟文的情绪不禁有点激动，心潮起伏地看起诗文来。

　　他发现，贴在建筑物廊柱上的诗文除洛阳人自己写的之外，大部分内容都是从北京转抄过来的！虽然大多数都是悼念周总理的，但也有悼念以外的内容。词句尖锐激烈大胆且直露，明显是对时下政治的强烈不满和抗议！尤其从北京传抄来的两首诗更为大胆尖锐：

　　　　欲悲闻鬼叫，我哭豺狼笑，

　　　　洒泪祭雄杰，扬眉剑出鞘！

　　　　　　——《扬眉剑出鞘》。

　　　　清明时节，痛悼英烈，千言万语，

　　　　欲诉又咽。哀向总理，泪水纵横。

> 怒恨国贼，又刮黑风。正告你们，
>
> 小小一撮，人民威力，休要看轻。
>
> 遥祝英灵，可慰红心。……
>
> ——《正告你们》。

钟文看过之后，大感振奋。这些诗的内容正合他的心意，说出了他内心深处想说而没有说或不敢说的话！一种从未有过的激情和快意在胸中奔涌激荡，想哭想喊，很想写一首诗表达自己的心意，可他身上没带纸笔，只好作罢。因为还要上班，他不能在西工花坛久待，便骑着自行车匆匆赶回了工地。

在工地，钟文见到了小董，向他谈起了人们在西工花坛悼念周总理的活动。原来小董早知道了，昨天他也去看过。小董说："西工花坛的悼念活动昨天就开始了，你正在孟津家里呢，当然不知道。"

小董继续说："小邓，你知道吗？洛阳市委可能接到了上边的指示，对西工花坛群众自发悼念周总理的活动并不支持。可洛阳市群众自发的悼念活动声势浩大，他们目前还不敢公开表示反对，只好晚上趁着夜深人静的时候，派人偷偷把花圈收走。群众对此非常气愤，涧西几个大厂的工人就想了个法子，用高大沉重的铁架子把花圈焊在上面，以使花圈无法搬走。"

听了小董的话，他才恍然明白——人们为什么要将花圈焊在高大的铁架上，原来是为了防止被人移走……

下午一下班，钟文便用自行车带着小董一起来到了西工花坛。他们发现，走廊的建筑物上，人们又送了不少新花圈，张贴了不少新诗文，前来观看的人比昨天多得多。这会儿，聚集在花坛四周的人几乎是摩肩接踵人头攒动。刚下班的人们还从四面八方赶来。大多数人都表情严肃而凝重，心里似乎都憋着一股怨气，一种压抑了太久的气愤。这种气愤在在胸腔撞击着，形成汹涌澎湃的洪流，在这里正好得到了释放！这个时候，任何一点小小的火花都会燃烧和爆炸！

突然，不远处发生了骚动，人们轰一下像海浪似的拥了过去。钟文和小董不知发生了什么事？连忙挤过去看究竟。可是人太多，怎么也挤不到里面。他只好踮起脚，往高处站了站，只隐隐约约看见一个二十多岁的小青年被围在人群中，四周的人纷纷向他发出质问："我们悼念周总理有什么错？"

"是呀，为什么不让我们悼念周总理？"

听不清那青年回答了一句什么，发问的人情绪越发激愤，把那青年围在当中不让他走。愤怒的群众把那青年推过来搡过去。

一些人甚至发出了喊打声："哪有这样的道理？我们悼念周总理为什么不允许？"

"打！打他个鳖孙……"

那青年就像一片树叶被抛掷在洪流中，几乎被愤怒的人们所淹没。正在这时，几个穿蓝制服的公安挤进人群，架起那青年的胳膊就往外冲。人围得太多，警察只好拼力拨开人群，用身子抵挡着汹涌而来的人流的包围和冲击。终于挣脱了人们的包围，带着青年消失在茫茫夜幕中。

钟文忙向走过来的人探问原因，一个知情者告诉他说，原来那青年在观看诗文的时候说了句："上边不允许人们参加悼念活动！"

这句话立即引起了人们的强烈不满，质问他是谁说的？上边为什么不让悼念周总理？小青年吭吭哧哧当然不好说出真实原因——人们在激愤中，没有细究那青年说这话的深层背景，以为那青年反对悼念周总理，便迁怒到他的头上，把他当成了反对悼念周总理的人，便将心中的不满和愤怒发泄到他身上，对他进行了围攻。要不是公安来得及时，恐怕要不了多久，他就会丧生人海。

天色渐渐暗下来，附近楼房的电灯和路灯都亮起来，人们仍不愿离去。但黑色的夜幕已经降临，视线模糊，已看不清东西，钟文和小董只得返回工地。

较劲

第二天一下班，钟文骑着自行车载着小董又赶到了西工花坛。

钟文放眼向花坛四周看了看，大为愕然——除几个大厂送来的那几个特大的搬不动的花圈之外，昨天下午群众放在显眼位置的那些花圈全不见了！余下的花圈差不多都是当天送的，很显然，那些花圈又被收走了！

越是不让人们进行悼念，人们越是气愤，骂的人越多，送来的花圈也越多，花坛前后的空地上都堆满了花圈。前来西工花坛参加悼念活动的人比昨天增加了好几倍，真可谓人山人海人如潮涌，把百货楼前边东西两侧的马路和空地都挤得水泄不通，行人道上也挤满了人。看着这一切，钟文心情激动，心潮澎湃，情不自禁地把自己所写的一首诗也贴了上去。他和小董早准备了钢笔和笔记本，趁着黄昏落日的余晖，分头抄写起贴在建筑物上的诗文来。诗文内容仍跟昨天的差不多，有对周总理的怀念，有对"四人帮"的不满，有对高压政治的愤怒控诉。

从参加悼念活动的一些人的言谈中，钟文方才明白，原来这次对周总理的悼念活动是全国性的，首先是从北京发起的。

在清明节前几天，北京的人民群众就纷纷自发地涌向天安门广场，向人民英雄纪念碑敬献花圈，写诗文，表达对周总理的悼念，对高压政治的不满和控诉。参加活动的有数十万人，声势浩大，场面壮阔。这场活动由北京又波及到外地，为响应北京天安门广场的悼念活动，全国各大城市都自发地进行了悼念活动。西工花坛人民群众的悼念活动，也是在北京天安门广场的悼念活动影响下开展起来……

面对眼前汹涌的人潮和堆得小山似的花圈，钟文大感快意，情绪无比激动，他和小董一样，尽可能将贴在上面的诗文抄写下来，也许，这将是一段历史的见证……

他飞快地抄写着，每一首诗文每一段短语，他都不想漏过，字写得潦草，只有他自己才能看明白。时间很快过去，诗文还没抄完，天已经黑下来，实在看不清纸上的字迹，他和小董这才骑车返回工地，准备明天再来。

然而，第二天下午，钟文在工地干完活儿，准备和小董一起去西工花坛观看时，突然听见从工地的高音喇叭里传来令人震惊的消息——人民群众在天安门广场悼念周总理的活动竟然被宣布为"反革命"活动！全副武装的民兵和警察，马上就要开进天安门广场进行清场！北京市革委会主任吴德在天安门广场发表了广播讲话，吴德的广播讲话是现场直播。他要人们群众赶快从广场离开，不要为坏人所蛊惑。吴德颤动着声音宣布说：马上就要在北京市实行戒严，大家赶快撤离，赶快回去……

吴德那苍老尖厉的声音在空中回响着，听起来是那么刺耳而又惊心。

这是怎么啦？悼念周总理的活动也成了反革命活动？派军队在首都实行戒严，自中华人民共和国成立以来，这还是第一次。国家怎么会这样？

钟文不由感到一阵失望和失落，仿佛从节日般的欢乐一下子跌入阴暗的深谷，心里沉甸甸的不是滋味。联想到洛阳人民在西工花坛的悼念活动，肯定也会受到波及，预感到一场政治暴风雨又将袭来。

钟文预想得不错！很快地，洛阳市人民群众在西工花坛的悼念活动也被洛阳市委定性为"反革命"活动，唐之宫阴沉着一张扁脸，尖着嗓子在职工大会上宣读了洛阳市委的这一文件决定。于是在全市范围内开展了对"反革命"活动的清查运动。

早有人把邓钟文在西工花坛参加悼念活动的事报告了唐之宫。

唐之宫铁青着脸撅着嘴找到他，把他叫进了办公室，要他交代参加西工花坛"反革命"活动的罪行。

唐之宫带着嘲弄的口吻说："阶级斗争的弦松一松，阶级敌人就攻一攻，主席的话说得真好啊。这段时间我们放松了对你的看管，你就开始蠢蠢欲动了。邓钟文，老实交代，这些天你是否参加了西工花坛的反革命活动？"

钟文心里十分坦然，回答说："我去过西工花坛，但我没有送花圈，只是看看而已。"

"说得好轻巧，只是看看而已！你只是看看吗？我念首诗给你听听。"唐之宫说完，便拿腔捏调怪声怪气念了一首诗：

"悼总理

清明时节雨纷纷，强忍悲声吊国魂。

功盖天地垂千古，名闻宇宙连万春。

鞠躬尽为黎民愿，磊落毫无半私心。

忠骨遍洒江河土，犹是功德不朽文。

1976 年清明节。"

念完了，唐之宫得意地看着钟文，说："这首诗是你写的吧？"

钟文说："是我写的，这首诗有问题吗？"

这首诗的内容是找不出毛病，歌颂了周总理一生的丰功伟绩。但唐之宫对邓钟文回话时那副满不在乎他的态度，觉得是对他的一种藐视，让他看了就来气。便以他惯有的以势压人的作法给钟文扣上大帽子："你这是以悼念周总理之名，行反革命之实！"

钟文说："你还想说什么？"

唐之宫接着问："你为什么写这首诗？动机是什么？"

"为了悼念周总理。"钟文慨然地回答说。

唐之宫实在找不出对方的破绽，只好将话头转到另一方面："你参加西工花坛的活动，是和谁联系的？"

钟文说："谁也没有联系，我自个儿去的，我从家回工地路过那里，看见那里有不少花圈，便去看了看。我们公司去的人也不少，你没去吗？"

唐之宫反被钟文问住了，其实他也去过。他一时不知怎么回答好，只得端出架子，板着脸气急地对钟文说："现在是我问你，你，你什么态度？"

"我的态度很诚恳，你问的，我都如实回答了你。"

　　唐之宫虽然心里十分窝火，可也没有别的办法。

　　这次清查的重点是追查参加悼念活动的幕后策划者，钟文当然不可能是幕后策划者。唐之宫问来问去见问不出什么有价值的东西，只得不了了之，但他并没有对钟文有所放松。

　　天安门广场事件之后，邓小平第二次被打倒，反击右倾翻案风在全国如火如荼地开展起来。唐之宫不甘落后，除了在施工队召开反击右倾翻案风的批判会之外，还以黑板报墙报的形式大造声势。

　　令钟文意想不到的是，唐之宫竟破天荒地要他给黑板报写稿。

　　"邓钟文，大家都知道你会写，施工队要办一期黑板报，批判反击右倾翻案风，我们想要你写一篇稿子。"

　　钟文听了唐之宫的话，大感诧异，这实在是希罕事！自他被审查被批判以来，除了逼迫他写检查交代之外，唐之宫从没有要他写过什么稿子。前些天，因为清明节在西工花坛悼念周总理的事还被他紧追不舍，这会儿倒向他约起稿来了，这分明是黄鼠狼给鸡拜年不安好心，这是唐之宫试探他对反击右倾翻案风所抱的态度。

　　钟文不想直接回绝他，便推却说："我久不写东西了，我哪会写什么稿子？"

　　唐之宫仍不放松："你不写文章，诗也可以。"

　　是答应呢，还是拒绝？钟文面临两难选择。说实在的，钟文从内心早已对"文化大革命"彻底失望和厌弃，从某种程度上说，甚至是反对！自己遭受批判不说，国家闹成了什么样子？自文革以来，工厂停产，铁路停运，老干部统统被打倒，冤狱遍地，国民经济濒临破产的边缘……天安门广场人民群众自发组织的悼念活动，表达了全国民众一致的意愿。表面是悼念周总理，但醉翁之意不在酒，谁都心里明白：实质包含着更深层的政治上的含义。这正代表了他的心声。他多么希望群众的不满情绪来得更激烈些，活动进行得更猛烈些，把当前的高压政治冲个稀巴烂！他才以十二万分的热情和小董一道参加了西工花坛的悼念活动。可谁知刚刚燃烧起来的火焰，一下子又被扑灭。邓小平竟被打成了天安门广场悼念活动的幕后黑手，右倾翻案风的总后台！此时此刻，他内心的痛苦和茫然简直无以复加，照此下去，国家的命运，个人的出路将在哪里……

不写稿子，唐之宫那一关肯定不好过去，无疑为抓他的小辫子留下了口实。但钟文从小养成的宁折不弯的性格占据了上风——即便过去，唐之宫对他实施的种种威逼，他尚且没有说过违心的话做过违心的事。这会儿他当然更不会违背自己的意愿屈从别人。他便采取了蘑菇战术不说写也不说不写，当唐之宫前来催促的时候，他说："还没写好呢！"

这当然使唐之宫十分恼火，他算是进一步认识了邓钟文的"反动"本质，简直是茅坑里的石头又臭又硬，这种人不好好整治，他就不知道马王爷有三只眼！

恰这时，唐之宫意外地收到了从公司党委转来了他的一封信。那封信是前段时间钟文写给公司党委的。

自洛阳公安搅散了他和凤英的婚姻，他就极为不满，一直想要讨个说法。专案组对他的审查一晃就是几年了，他的问题仍被挂在那里，为什么对他的审查迟迟不做结论？早在灵宝工地，他被查抄去的书籍被流传出来之后，他就想找专案组问个究竟。尤其洛阳公安对他捕风捉影的跟踪和对凤英的恫吓，使他的爱情遭到摧折，他便更为气愤，于是怀着满腔的激愤向公司党委写了封长信，要求公司党委对他的问题尽快做出结论，还他以清白……

钟文哪里知道，他早几年的那个对头——高文来因造反有功，已提为公司革委会的副主任。

这封信自然落到了高文来手里，反击右倾翻案风一开始，这封信便被高文来转给了他曾经的老搭档唐之宫。这封信便成了邓钟文参与右倾翻案的铁证！加上他态度恶劣，顽固不化，不思悔改，明目张胆地对抗运动，于是钟文便被唐之宫打成了"翻案风"在基层的典型！

唐之宫又一次在全施工队召开了对邓钟文的批判大会。批判大会在施工队食堂举行。前边的横幅倒没有写上他的名字，他也没有被"揪"上台去，而和班组职工们坐在会场上。批判发言的只有唐之宫一个人。唐之宫在会上以严厉的口气批判他参与右倾翻案的罪行。可具体内容却不多，这些所谓的"罪行"，都是牵强附会东拼西凑来的。他参加西工花坛的悼念活动便是所谓的罪证之一，还特别强调他在西工花坛的悼念活动中，非常活跃，书写并张贴了反动诗词。可诗词的内容唐之宫却又不敢念出来。

其实大家心里清楚，西工花坛的悼念活动，施工队的职工差不多都参加了，根本不算个事儿。惟一的事实就是他写给公司党委的那封信。唐之宫拿着那封信拿腔拿调地念了一段，断章取义进行了批判。然后要钟文回答，要他表明态度。可钟文并不低头认罪，说他写的那封信没有错，并不是翻案！他说："专案组审查了我好几年，难道没必要给我的所谓问题做出结论吗？要求专案组对我的审查结果作一个结论，完全是我正当的要求！"

他昂然地对大家说："这几年，我身心备受摧残，背负着巨大的压力，我向公司党委讨个说法难道不应该吗？"

听了钟文的话，参加批判会的人都鸦雀无声！唐之宫气得暴跳如雷，连声指责钟文气焰嚣张！

"你这是对党委不满，这是攻击共产党的言行！"

可是群众并不积极响应，会场冷冷清清的。

这会儿，"文化大革命"毕竟是强弩之末，人们早已身心疲惫，对这个整人的政治运动和批判会早已习以为常司空见惯，失去了往日的热情。开会的时候，谁都不想往前边的座位上坐，一个个往后排退缩。每次开会，前头的大片座位都空荡荡的。后边的人三三两两交头接耳，台上开大会，台下开小会。

这次也一样，尽管唐之宫在会上气急败坏对钟文上纲上线进行了批判，他手下那几个应声虫咋咋呼呼吆喊一阵之外，别的职工都默不作声，充满了对钟文的同情。唐之宫想对钟文进行进一步的行动，连张队长都不支持。

后来唐之宫又在职工大会上点了钟文几次名，毕竟是雷声大雨点小，不多久便偃旗息鼓。

悲喜的泪水

天安门广场的悼念活动，无异于沉闷的中国大地响起了一阵惊雷！死寂的夜晚发出的一声呐喊，漆黑的长空划出的一道闪电！对当前的高压政治发出了强烈的抗议，表达了中国人民的心声。这是近些年来未曾有过的，无疑给人民群众带来了无比希望。但是惊雷毕竟过于短暂，声音随之消失，闪电也稍纵即逝，天空一闪即成黑夜！天安门广场的悼念活动很快被镇压下去。中国的政治空气又陷于一片沉腐的死水之中，人们重又被关进了铁屋子里，看不见一丝亮光。人们在心理上普遍感到憋闷，简直有一种被压迫得透不过气来的感觉。

钟文更是如此，他的情绪低落到了极点，心情也苦闷到了极点，就像生了一场大病。饭量明显减少，往常吃什么都很有滋味，如今饭菜吃到嘴里好似嚼着木屑似地难以下咽。做什么都打不起精神。平时干活浑身有使不完的劲儿，而这会儿仿佛生了一场大病，浑身软塌塌的有气无力，还没到下班时间，两条腿就灌了铅似的迈不动步子。常常失眠，有时一晚上都睡不着觉。

连凌师傅都感到奇怪："你怎么啦？一幅没精打采的样子！是不是生病了？"

他自己也有点莫名其妙："我也不知道怎么回事？"

他抽空到工地医务室找那个广东医生给看了看，医生也说不出所以然，说："你可能累了，休息几天吧。"

　　说完便刷刷地给他开了几天病假单，也好，休息就休息吧，他把病假单交给了凌师傅，便骑上自行车回到了孟津的家。在家的几天时间里，他仍病蔫蔫的，干什么都提不起神儿，以往从洛阳回来，哪怕再苦再累，都精神抖擞。这次就像换了个人似的，心情烦躁，动不动好动肝火，好发脾气，有时为一点小事和素菊争吵，素菊两眼茫然地望着脾气暴躁的丈夫，就像一只受到惊吓的兔子。

　　在难耐的沉闷中，他休完了三天病假。傍晚，牵着两岁的女儿在院子里玩耍的时候，忽然，在广播喇叭里听见空中传来一阵哀乐声。紧接着听见广播里播送了一个惊人的消息——毛主席在北京逝世！猛听见这个消息，他不相信是真的，耳边嗡嗡地响了许久，脑子混混沌沌像是人傻了一样，不知悲哀还是兴奋？

　　哀乐还在继续，报纸也登载了这一消息。他记得：时间是1976年10月9日。

　　这消息太震撼了，仿佛一场八级大地震，比刚刚过去的唐山大地震的烈度还要强烈！

　　他预感到中国将要发生巨大的变化！

　　还没等他紧张激动的情绪平复过来，又传来了一个振奋人心的好消息——全国人民一举粉碎了"四人帮"！

　　那是1976年的10月6日。

　　——这无疑是中国大地响起的一声春雷，这一声春雷驱散了笼罩在人们头上的乌云，迎来了胜利的曙光，具有划时代的意义，标志着一个时代的结束，一个新时代的来临！接下来的几天时间里，全国一扫伟人逝世的悲哀，沉浸在节日般的狂欢之中，人民群众敲锣打鼓，载歌载舞喜笑颜开欢庆粉碎"四人帮"的伟大的胜利。钟文一扫病蔫蔫的萎靡情绪，精神为之一振，也跟全国人民一样沉浸在欢乐的气氛中。

　　可是没过几天，"两个凡是"的提出又把他打入闷葫芦里，好在"两个凡是"并没有存在多久，随着党的十一届三中全会的召开便烟消云散寿终正寝。

一天晚上，夜已经很深了，小董从市里下棋回来，顾不得睡觉，就急匆匆来到钟文宿舍，对钟文说："我听到了一个小道消息，不知是真是假？"

"什么小道消息，快说出来听听！"

小董说："胡耀邦正准备给在文化大革命期间受到政治迫害的人平反呢！"

钟文连忙问道："这是真的吗？你听谁说的？"

"我的一个棋友刚从北京回来。我听他说的！"

钟文回想起天安门广场事件之前，小董向他透露过的小道消息，便对这个消息的真实性深信不疑——自文革以来，一些小道消息或者说谣传，在日后无不一一得到了验证。小董的话无疑如一场春风和甘霖，浸润了钟文的心田，使他产生了希望。也许自己十多年来所受的苦难和屈辱就要结束，离伸雪冤屈的一天已为期不远了！想到这里，不由心情激动，夜难成寐……

事情并没有马上出现转机，就像春暖花开到来之前，还有一个漫长的春寒料峭的过程，还会出现寒凝大地的倒春寒天气。生活仍是不紧不慢按着惯有的节奏和轨迹运行着。中国这艘巨轮要调转方向得有一个过程。但天空毕竟出现了曙色，给黑夜中的行路者带来了希望。因为有了希望，才激励着人们迈开脚步奋力向前。春天虽然行走得有点迟缓，但谁也阻止不了春天的脚步，明媚的春天就像一个羞涩的小姑娘在慢慢地降临。

钟文天天关注着媒体上的消息，天天看《人民日报》、《河南日报》和收听新闻联播的广播，果然不多久，报纸上出现了一些平反冤假错案的报道。

每当读完报纸上刊载的有关平反冤假错案的消息报道，钟文感觉希望又朝自己走近了一步，朝阳又升高了一点。他焦急地等待着，但这种时间漫长的等待有时还是非常痛苦很折磨人的，心灵上的煎熬也是令人难以忍受的，这需要坚强的意志和足够的耐心。

一晃过去了半年多，日历翻到了1978年4月，施工队结束了5111工地的施工，搬迁到了八一路的一个工地。钟文在苦盼苦熬中，终于盼来了这一天。

将要上班的时候，他被工程处党委那个忠厚的中年秘书叫到了办公室。党委书记李文秀早等在那里——李书记是最近才调来这个工程处的。在文革中曾受到批判和批斗，饱受折磨，"三结合"的时候，才恢复了职务。钟文对李书记一向印象很好，尤其刚参加工作那会儿，得到了他的帮助，他一直铭记于心。

李书记见他来了，很热情地向他伸出手和他握了握："小邓同志，你受苦了！让你受委屈了！你在文化大革命中受到了不公正的待遇，我代表公司党委向你表示歉意！"

说完，便拿出一张油印的平反通知书，郑重地以平缓的语速向钟文宣读了公司党委为他在"文革"期间所受冤屈的平反决定。宣读完毕，便把那份盖着公司党委鲜红印章的文件郑重地交到钟文手里。

钟文在听李书记向他宣读文件的时候，一颗心就像荡秋千似的，晃晃悠悠。公司党委对他的平反，在他的意料之中，又觉得有点突然，心中犹如打翻了五味瓶，什么滋味都有！盼呀盼，这一天终于盼到了。此刻，心里顿时刮起了十二级台风，仿佛有一股强大的气流在他的胸膛里剧烈地冲撞，一种震耳的声音在他头脑里轰鸣。他似乎听见了批判大会震耳欲聋的口号声和人们的吆喊声，唐之宫尖利的吼叫声；汽车奔驰在邙山上寒风扑面的呼啸声……也许什么也不是，耳边只是一片混乱的嗡嗡声，脑子一片模糊……

他颤抖着手指接过李书记手里的平反决定——一张薄薄的散发油墨气味的纸。他拿着那张纸的手不停地抖着。他极力控制了一下情绪，屏住呼吸看下去："……邓钟文同志利用业余时间写了一些诗词，日记，但由于林彪"四人帮"推行'文艺黑线专政论'和'怀疑一切'的左倾机会主义路线，在'无产阶级文化大革命'中，对邓钟文同志的作品无限上纲，在群众中进行批判，造成了不良影响。为了落实党的政策，恢复党的实事求是的光荣传统，经公司党委常委会议讨论决定，对强加在邓钟文头上的一切不实之词统统推倒……"

还没读完，泪水已经溢满了他的双眼。

李书记看见钟文眼含泪水，像木头人似地呆立着，非常理解地看着他。过了一会儿，生怕惊动他似的，指着堆在桌上的东西小声地提醒他说："小邓同志，这是你的东西，你收好。"

这时，经李书记提醒，钟文才从梦幻中清醒过来，看见桌上堆放着的笔记本和书籍。这是过去专案组从他宿舍查抄去的，还有他写的检查和交待。这些东西像小山一样堆满了一桌子。他用手抹了一下眼里溢出的泪水，从李书记手中接过那些日记、书信、笔记本和检查。

当他抚摸着那些发黄的书和纸，心中的台风又一次骤然刮起。好像听到风在吼叫浪在拍击，并伴随着阵阵电闪雷鸣。那些曾经倾注着他的心血用自己双手写成的纸页。这会儿，仿佛突然间变成了一面面镜子。十分清晰地照见了他的过去，他从那里窥见了他的过往，他的青春容颜，照见了他走过的每一个脚步和身影，记载着他所遭受的屈辱和所流过的泪水！他仿佛从那些发黄的纸页里看到了十多年前的自己，听见了自己的呼吸和心脏的跳动，感觉到了自己身上鲜活的生命气息；那时的他，多么年轻，才二十岁，天真无邪，正所谓花样年华，青春的热情正在身上放光，意气风发朝气蓬勃充满活力，满脑子都是幻想，都是五彩斑斓的梦。可是谁能料想，那场突如其来的风暴，一下子就把他卷入了苦难的漩涡，把他推入了万丈深渊，开始了漫长十年噩梦！如今噩梦终于结束，可是，过去那个青春年少健康俊朗的他却不复存在，已消逝在滚滚劫尘之中，包括他的爱情……

那所有的一切再也不复存在！永远离他而去！而今，活在这个世上的只有那个满心伤痕，脸上有了细微皱褶的他。虽是同一个名字，都叫邓钟文，可是过去的那个他，再也回不来了，已经在这个世界永远地消逝了！那些美好和美丽只存在于这些发黄褪色的纸页里，变成了留存在灵魂深处永难磨灭的记忆……

想到这里，他深深地感到一种莫名的悲伤和悲哀，鼻子酸涩，嘴唇一阵阵抽动，再也无法抑制住自己内心情感激烈的冲撞，发出了一阵呜呜的狼叫似的哭声。这哭声使李书记怔了一下，李书记用手在他的肩上轻轻按了一下，说："小邓，坚强些。"

钟文突然清醒过来，他意识到，这是在党委办公室，不是他随意发泄的地方，他以极大的克制力把自己潮水般的情绪强压下去。对李书记说了声"谢谢"，便抱着那些东西奔回自己的宿舍，关上房门，趴在床上，尽情地放声痛哭起来……

古城重逢

粉碎"四人帮"之后，文坛也逐渐解冻，一些作家陆陆续续发表了一些具有震撼力批判文革的文学作品。继徐迟的《哥德巴赫猜想》之后，刘心武发表了《班主任》，蒋子龙发表了《乔厂长上任记》，其他一些作家也相继发表了一些震撼人心的佳作。这些作品一经发表，就在社会上引起了轰动，人们奔走相告，街谈巷议，争相传阅。在文艺春天的感召下，邓钟文同样也激发了文学创作的热情，没日没夜地读书、爬格子，想要把这十年被耽搁的时间夺回来。董英明积极备战准备参加河南省象棋锦标赛，王名江也在努力，在医术上取得了不少收获，发表了一些医学论文。他在信中对钟文的创作热情大加称赞，希望他继续努力，创作出满意的文学作品。钟文很受鼓舞，他将一篇感觉不错的短篇《幽幽情怀》寄给了名江，名江看过之后，对这篇小说大加赞赏，这无疑为钟文的文学创作增添了助力。钟文将这篇小说又进行了认真的修改和润色，寄给了一家刊物。想不到，竟然得到了这家刊物主编的首肯，不久便被这家刊物作为头条刊发了。当他拿到编辑部寄来的样刊的时候，激动得热泪盈眶！

十年浩劫，百废待兴，尤其文化教育和科技方面遭受了重创，人才匮乏。党中央审时度势，恢复了中断十年的高考制度，开始在全国范围内进行高考招生。

上大学是钟文孜孜以求的梦，他本想参加全国高考，可他已经三十四岁，也已结婚生子，生活负担太大，便放弃了高考的机会——他后来才知道，其实，那时参加高考的学生年龄最大的竟有三十六岁！

皇天不负有心人，他终于成为洛阳大学中文系的一名学生！圆了他几十年的大学梦！

那天，素菊正好月末休息，来洛阳看望钟文。吃过晚饭之后，两人在百货楼买了点东西回到八一路住处，转到洛阳大学校门口的时候，突然发现在大门旁边的墙上张贴着一张招生通知。钟文颇感兴趣地读起来。原来洛阳大学跟全国别的高校一样，为加速培养人才，满足在文革中被耽搁的一代的求学愿望，除招收全日制学生之外，还开办了业余大专班，利用晚上或业余时间授课。

招生通知像春风似的拂过钟文的心扉，他对素菊说："我想上大学，你同意吗？"

"你能考上吗？"

钟文说："那试试吧，我想我行！"

"真能考上，我支持你！"

钟文说："我上了学，便不能为你分担家务，你要辛苦了！"

想不到，一向受"读书无用论"影响很深的素菊这一次却一反常态：

"这是人生大事，只要你考上，我辛苦点有啥？你情上了！"

"那我谢谢你！"钟文说这句话的时候有点动情，声音有点颤抖。

素菊看了一眼钟文，说了句："瞧你那样。" 素菊好久没用这个神态说这句话了！钟文听了倍感亲切！情不自禁在她脸上吧了一下，素菊看看旁边有人，赶紧将钟文推开："要死了，不怕人看见！"

"看见就看见，怕啥！"

"瞧你那样！"

"哈哈！"

第二天，钟文便迫不及待地赶到洛阳大学报了名，随之参加了考试。凭着自己的实力，没复习一天，他轻松地被学校所录取。被编入中文三班学习。白天在工地上班，晚上争分夺秒赶去学校上课，像小伙子一样充满活力，风里来雨里去，忙得不亦乐乎，干了一天的水泥活，虽然辛苦，但当他走进校园，坐在课堂听老师讲课的时候，便找到了当学生的感觉，感受了学习所带来的乐趣。

1980年将要入夏的时候，随着全国平反冤假错案向纵深发展，钟文联想到了刘景和。不知他现在何处？情况怎样？自他越狱之后，再没有他的消息。钟文意识到，他，春明再加上景和，他们三人重逢的日子为时不远了。

那天晚上，钟文从洛阳大学下学回来，忽然瞅见床上放着一封信。他拿起信一看，觉得有点奇怪：信封只有收信人的地址和姓名，没有寄信人的地址，下边只写着"内详"。信是谁写来的呢？他心里十分纳闷，不管三七二十一，看了信就知道了。钟文赶紧拆开信读起来。他怎么也想不到，信竟然是刘景和写来的！这个刘景和！他竟给他来信了！受他的牵连，十年来为他吃了多少苦头！

他怀着无比激动的心情赶紧读下去。

信上说，他现在正在洛阳的一个看守所里。他在信里说，他本来不知道钟文现在的通信地址，是因为他在看守所认识了一个刚从省三建公司进来的工人，他向那人问起邓钟文，那人说，邓钟文？太熟悉了！便把钟文的情况一一告诉了他。

景和在信里还说，他很快就要出狱了，他的问题已经弄清，马上就要平反，因为他非常非常想念他，所以一听到这一信息，便刻不容缓地给他写了这封信。

钟文真是又惊又喜，抑制不住内心的激动，在他心里，景和是一个猜不透的迷。他是怎么走出国境到别的国家的？到底去了哪里？这一切都充满了神秘，也感到非常有趣！这会儿，他的脑子里像过电影似的，眼前尽是景和的影子，耳边响起他的声音。不知他变样了没有？如今是什么样子？还那么英俊潇洒吗？肯定像他一样变化不少——在狱中他还会好吗？刻不容缓，立马请了半天假准备去看景和。

他以为景和被关在西工小街的拘留所——十多年前，他曾在那里度过了那个令他终生难忘的寒冷之夜。小街不远，骑自行车很快就到了。他决定给他买点吃的带去——他早听人说过，服刑的犯人每天都是"八大两"，他们最需要最稀罕的东西莫过于吃的。他骑着自行车拐到百货楼买了几斤好糕点。然后来到西工小街。想着马上就要见到景和，激动得心口禁不住嘭嘭直跳！

然而，来到看守所附近，发现他在那里住过一夜的小院已不复存在，关押犯人的拘留所荡然无存，正在打基桩准备建楼呢！向人一打听，人家告诉他说，原来拘留所早撤了。那么，洛阳看守所在哪里呢？他问旁人，和他说话的那个人也是一脸茫然。接连探问了几个人，总算问到了拘留所的详细地址，说是在西关的某个地方。钟文连忙调转自行车头，急急忙忙赶往西关。又打听了一个人，果然一道大铁门出现在眼前。一个持枪站岗的警卫出现在门口，他从自行车上跨下来，把车子支好，然后走过去打听。警卫问他找谁？他向警卫说了要找的人，警卫想了想，说这里没有刘景和这个人。警卫看他着急的样子，又帮他查了犯人的名单，没有刘景和的名字。

这是怎么回事呢？也许景和被关在另一个地方，因他信里没有写地址，无法寻找，他只得失望而归。

钟文心里再也放不下这事，打算过几天找春明问问，他是否知道景和的消息？连着好几天，因为有事顾不上找春明，便耽搁下来了。

这天晚上，钟文竟然作了个梦，梦见了景和，景和穿得破破烂烂的，头发又脏又乱，胡子乱扎扎的。他正要走过去和他说话，却突然转身离开了，一下子不见了踪影，他着急地在后边喊，可没人回答，他一着急便醒来了，原来是南柯一梦……

第二天清晨，天刚蒙蒙亮，钟文还在酣梦中，忽然，一阵敲门声把他惊醒，朦胧中听见一个人在叫他："小邓！小邓！"

他听出是春明的声音。

在钟文的印象中，春明还从没有这么早来找过他。什么事呢？钟文把门拉开，只见春明笑眯眯走了进来，后头还跟着一个人。在他疑惑之际，春明指着后面的人对他说："钟文，你看谁来了？"

钟文仔细一看，连呼吸都要屏息了，进来的竟是刘景和！

他无比惊喜地叫了一声："景和！"随后，不由得怔了怔，他以为自己又是在做梦！他揉揉眼，对春明说："我不是做梦吧？"

春明说："不是梦！是真的！"

钟文瞪着眼睛对着进来的人看了看，不错，站在面前的千真万确是刘景和。他长着一张长方形的脸，白皙的皮肤，除了刮得乌青的下巴和额头上刻着细细的皱纹，和十六年前的景和没有多大变化。只是显了出一脸沧桑，似乎比过去老成了许多。他上穿白色细纹隐格尼龙衬衫，下穿咖啡色条纹两合一裤子，这是目前像他这个年纪最时尚的衣着。从他身上一点看不出受过牢狱之灾的痕迹。

景和也非常激动，说："钟文，想不到吧，分别十六年，我们又见面了！"

春明感慨地说"是呀，十六年啊！世事难料呀！谁能想到我们会在洛阳重逢！"

钟文这才回到现实中来，说："别只顾着高兴，傻站着了，坐下说话吧！哎，景和，你是从哪里来？"

"景和从渑邑来，"春明代替景和做了回答，"景和已经平反了！"

景和说："春明说的是真的。我回来见了春明才知道，想不到因为我的事牵连到那么多人，给你们带来那么多的灾难和不幸！"

钟文说："这怨不得你呀，整个国家都在发疯，人民都在受苦受难，上至国家主席下到黎民百姓，任何个人都无法主宰自己的命运！谁也无可奈何！"

春明说："是呀，这些年，我们过得多么不容易啊！受尽了磨难！现在好了！总算熬过来了！"

钟文说："是呀！景和，你是怎么熬过来的，你一定比我们受了更多的苦吧？"

"一言难尽，一言难尽！以后慢慢给你说吧！"

钟文说："对，今天是个不同寻常的日子！是个好日子！我们应该高兴，应该好好地庆祝我们的重逢！"

景和说："走！喝酒去，我请你们喝酒！"

春明说："喝酒还是晚上吧！"他指了指窗外："你们看，今天天气真好，又是星期天，我们现在应该痛痛快快地玩去！"

这的确是个不错的主意。

钟文立即赞成："好呀！你说去哪？"

"去王城公园！"景和说。

"好，去王城公园！"春明突然想起来似的说："现在王城的公园牡丹也快开了！咱们看牡丹去！"

　　钟文明白景和的用意，十六年前，景和从新疆回来，他们三人首先游玩的地方正是王城公园。春明对于景和的建议，非常赞同。于是历尽劫波的三位好友，欢天喜地地从钟文的宿舍走出来。

　　这是一个难得的晴日，太阳还没出来，朝霞已映红了东方的天空，到处被晕染成玫瑰色，空气凉爽而又湿润。中州路上，林荫道两旁高耸的梧桐树上刚刚爆出嫩芽，柳树也泛出了嫩黄的柳丝。正是上班时候，骑着自行车急匆匆上班的人流，像潮水似的向前拥去。广播喇叭里响起《年轻的朋友来相会》热烈欢快的歌声，热情明朗的旋律在空中回荡。

　　三个历尽劫波受尽苦难的朋友，就像回到了青年时代一样，一边走一边热烈地交谈着，相互介绍着各自的情况，都有说不完的话，问不完的问题……

　　这时一轮喷薄欲出的红日正从远处的楼顶冉冉升起，万道金碧辉煌的阳光从高处照射下来，把城市上空映照得透亮，一缕缕金色的霞光挥洒在他们身上，眼前亮闪闪的耀人眼睛，他们仿佛重又回到了过去的青年时代，说说笑笑朝前走去……

2011 年初稿
2017 年 11 月 1 日修改
2021 年 2 月 4 日修改
2023 年 12 月最后修改

后　记

　　我在创作这部长篇的过程中，曾多少次怀疑自己今生今世能否有能力和精力完成这部作品。如今当我终于完成这部长篇的初稿，在书稿上划上最后一个句号的时候，我才长吁了一口气。

　　我产生写作这部长篇的念头已经三十一年了。当我和我的朋友及亲属历经磨难从"文革"的劫难中走过来的时候，我就萌生了写作这部长篇的打算，并且进行了大致的构思，当时拟定全书共分65章，每个章节还拟好了标题。但那时无论怎样也没有条件从事如此长篇巨制的创作的，因为我还是一个建筑工人，要养家糊口，每天为生计而疲于奔命。后来幸而调入了一个县级市文联，有了一定的写作时间，但是仍没有从事这部长篇创作的条件和环境。我自认很笨，才思不敏，不像别人那样下笔千言一挥而就。我写东西太慢，一篇短文都要打磨几遍，视创作长篇为畏途。况还得赶写出一些短东西，想方设法把那些呕心沥血写出来的文字在报纸和期刊上发表出来变成铅字，以对得起我的工资和待遇，对单位领导也好有所交代。所以不敢稍有分心，只得全心全意进行一些短篇及散文的写作，稍长些的充其量只是一些中篇而已。

　　谁知时不我待逝者如斯，转眼间就到了退休的年龄。当我从单位打点行囊回到家的时候，思想上产生了一种远离喧嚣尘世的轻松和解脱。尽管我仍念念不忘那埋入心底的长篇，但此时的我已远非当初的我。意志也早被生活的激流和世俗的浊气消磨殆尽。思想上也有了看破红尘的慵懒和百事无趣的消沉。看见旁人悠哉游哉地安度晚年，我也不想费心劳神再作旁骛，只想安然地度过余生。因此，仍迟迟没有动笔。但是，三十一年前所构思的那个长篇犹如一个不安分的魔鬼，不时在我心里蠢蠢欲动，搅得我心神不安夜不能寐，我不得不拿起笔来。而使我动笔的直接动因，是我的一个熟人，在患有癌症的情况下且还笔耕不止，这使我感到十分汗颜。觉得如果我不把这本书写出来实在对不起自己，对不起那段逝去的岁月，更对不起我的亲朋好友。因此，我便下定了进行这部长篇写作的决心。

　　然而，真正写作起来谈何容易？开始，我不会使用电脑，采用的是传统的手写方式。这就苦了我，一天下来，手腕写得酸疼，撕坏的稿纸扔得遍地都是，且写作的速度很慢。后来在熟人的提醒下开始学习电脑写作。较为省力气的办法是拼音打字，此法容易掌握也最简单。然而我从小没有学过汉语拼音，尽管年轻时曾为掌握汉语拼音进行过一番努力，但顽固的湖南口音，许多汉字的发音仍无法完全弄准。一些字总打不出来，着急的时候恨不能把键盘砸了，于是迎难而进改学五笔打字。一个六十多岁的老头，手指已经僵硬，从没接触过电脑，刚开始在键盘上操作时手忙脚乱的窘相就像两岁孩童学步，足可以令人喷饭。令人头疼的是背记字根，在记忆力日渐衰退的情况下，要熟记诸多字根，其难度之大，实在不亚于蜀道之难。倒还不错，功夫不负有心人，我还是慢慢掌握了五笔打字，感觉到了电脑写作不同于手写的诸多妙处。

　　也许这本书注定要遭遇难产，书稿刚刚开了个头，老伴突然被摔伤造成骨折住进了医院，我只好丢下写作当起了看护。老伴卧床半年我就当了半年看护，每天为老伴护理打点，洗衣做饭搞卫生，一应家务全都落到我身上。直到老伴腿伤痊愈，我才从繁重的家务劳动中解脱出来，重新进行书稿的写作。

　　然而一波未平一波又起，当书稿进行到一多半的时候，不料老天又在我家降下灾难，儿子突然患了重病。仿佛天要塌下来似的，一家人陷入了暗无天日的境况之中。我千方百计为儿子筹钱治病，在医院为儿子打点侍候，不得不中止了本书的写作。全家人为儿子的安危提心吊胆睡不安寝，诚惶诚恐在刀尖上过着日子。经过治疗，儿子的身体终于痊愈康复，我才重新坐在电脑桌前进行书稿的写作。由此可见，这部书稿的完成是何等的艰难，多么的不易！从最初的动笔写作到全书的脱稿，断断续续用时十年。其实，认真说起来，何止十年，从初稿的完成到反复几次的修改定稿，屈指算来，已二十年矣！煌煌巨著《红楼梦》的写作不过十年，而拙作竟用了二十年！

　　不管怎样，历尽千辛万苦这部长篇如今终于脱稿，如释重负似的算是了却了我平生的夙愿。至于这部书究竟写得如何？我清楚自己的斤两，不敢做太大的奢望。但敝帚自珍，本人也同样难以脱俗，对于此书我从内心来说还是珍爱的，它毕竟是我十年心血的结晶。扪心自问，我确实尽力了。书一旦面世，则不是我的事了，是好是坏由人评说去罢。

作者

2023 年 12 月 12 日